U0504774

《列国志》编辑委员会

主　任　陈佳贵
副主任　黄浩涛　武　寅
委　员　（以姓氏笔画为序）
　　　　于　沛　王立强　王延中　王缉思
　　　　邢广程　江时学　孙士海　李正乐
　　　　李向阳　李静杰　杨　光　张　森
　　　　张蕴岭　周　弘　赵国忠　蒋立峰
　　　　温伯友　谢寿光
秘书长　王延中（兼）　谢寿光（兼）

中国社会科学院重大课题
国家"十五"重点出版项目

列国志

GUIDE TO THE WORLD STATES

中国社会科学院《列国志》编辑委员会

摩洛哥

◉ 肖克 编著

社会科学文献出版社

SOCIAL SCIENCES ACADEMIC PRESS (CHINA)

摩洛哥行政区划图

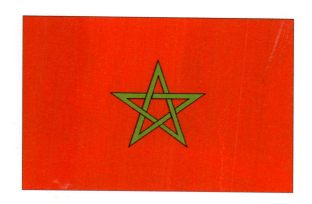

摩洛哥国旗

摩洛哥国徽

拉巴特穆罕默德五世大街。

本·尤素福伊斯兰大学内景。

卫兵。

富有民族特色的铜盘和银器。

穆罕默德五世墓。

拉巴特"宣礼塔"遗址。

王宫正门。

街头卖水人。

位于拉巴特的议会大楼。

身着民族服装的少女。

舍拉废墟遗址（古罗马）。

卡萨布兰卡市政厅广场。

手工艺人。

乒乓球比赛。

马拉喀什古城墙。

丹吉尔旅游胜地 —— 非洲洞
（因酷似非洲版图而得名）。

哈桑二世清真寺。

梅克内斯老城街景。

前　言

　　自 1840 年前后中国被迫开关、步入世界以来，对外国舆地政情的了解即应时而起。还在第一次鸦片战争期间，受林则徐之托，1842 年魏源编辑刊刻了近代中国首部介绍当时世界主要国家舆地政情的大型志书《海国图志》。林、魏之目的是为长期生活在闭关锁国之中、对外部世界知之甚少的国人"睁眼看世界"，提供一部基本的参考资料，尤其是让当时中国的各级统治者知道"天朝上国"之外的天地，学习西方的科学技术，"师夷之长技以制夷"。这部著作，在当时乃至其后相当长一段时间内，产生过巨大影响，对国人了解外部世界起到了积极的作用。

　　自那时起中国认识世界、融入世界的步伐就再也没有停止过。中华人民共和国成立以后，尤其是 1978 年改革开放以来，中国更以主动的自信自强的积极姿态，加速融入世界的步伐。与之相适应，不同时期先后出版过相当数量的不同层次的有关国际问题、列国政情、异域风俗等方面的著作，数量之多，可谓汗牛充栋。它们

对时人了解外部世界起到了积极的作用。

当今世界，资本与现代科技正以前所未有的速度与广度在国际间流动和传播，"全球化"浪潮席卷世界各地，极大地影响着世界历史进程，对中国的发展也产生极其深刻的影响。面临不同以往的"大变局"，中国已经并将继续以更开放的姿态、更快的步伐全面步入世界，迎接时代的挑战。不同的是，我们所面临的已不是林则徐、魏源时代要不要"睁眼看世界"、要不要"开放"问题，而是在新的历史条件下，在新的世界发展大势下，如何更好地步入世界，如何在融入世界的进程中更好地维护民族国家的主权与独立，积极参与国际事务，为维护世界和平，促进世界与人类共同发展做出贡献。这就要求我们对外部世界有比以往更深切、全面的了解，我们只有更全面、更深入地了解世界，才能在更高的层次上融入世界，也才能在融入世界的进程中不迷失方向，保持自我。

与此时代要求相比，已有的种种有关介绍、论述各国史地政情的著述，无论就规模还是内容来看，已远远不能适应我们了解外部世界的要求。人们期盼有更新、更系统、更权威的著作问世。

中国社会科学院作为国家哲学社会科学的最高研究机构和国际问题综合研究中心，有 11 个专门研究国际问题和外国问题的研究所，学科门类齐全，研究力量雄厚，有能力也有责任担当这一重任。早在 20 世纪 90 年代初，中国社会科学院的领导和中国社会科学出版社就提出编撰"简明国际百科全书"的设想。1993 年 3 月 11 日，时任中国社会科学院院长的胡绳先生在科研局的一份报告上批示："我想，国际片各所可考虑出一套列国志，体例类似几年前出的《简明中国百科全书》，以一国（美、日、英、法等）或几个国家（北欧各国、印支各国）为一册，请考虑可行否。"

中国社会科学院科研局根据胡绳院长的批示，在调查研究的基础上，于 1994 年 2 月 28 日发出《关于编纂〈简明国际百科全书〉和〈列国志〉立项的通报》。《列国志》和《简明国际百科全书》一起被列为中国社会科学院重点项目。按照当时的计划，首先编写《简明国际百科全书》，待这一项目完成后，再着手编写《列国志》。

1998 年，率先完成《简明国际百科全书》有关卷编写任务的研究所开始了《列国志》的编写工作。随后，其他研究所也陆续启动这一项目。为了保证《列国志》这套大型丛书的高质量，科研局和社会科学文献出版社于 1999 年 1 月 27 日召开国际学科片各研究所及世界历史研究所负责人会议，讨论了这套大型丛书的编写大纲及基本要求。根据会议精神，科研局随后印发了《关于〈列国志〉编写工作有关事项的通知》，陆续为启动项目

拨付研究经费。

为了加强对《列国志》项目编撰出版工作的组织协调，根据时任中国社会科学院院长的李铁映同志的提议，2002 年 8 月，成立了由分管国际学科片的陈佳贵副院长为主任的《列国志》编辑委员会。编委会成员包括国际片各研究所、科研局、研究生院及社会科学文献出版社等部门的主要领导及有关同志。科研局和社会科学文献出版社组成《列国志》项目工作组，社会科学文献出版社成立了《列国志》工作室。同年，《列国志》项目被批准为中国社会科学院重大课题，国家新闻出版总署将《列国志》项目列入国家重点图书出版计划。

在《列国志》编辑委员会的领导下，《列国志》各承担单位尤其是各位学者加快了编撰进度。作为一项大型研究项目和大型丛书，编委会对《列国志》提出的基本要求是：资料详实、准确、最新，文笔流畅，学术性和可读性兼备。《列国志》之所以强调学术性，是因为这套丛书不是一般的"手册"、"概览"，而是在尽可能吸收前人成果的基础上，体现专家学者们的研究所得和个人见解。正因为如此，《列国志》在强调基本要求的同时，本着文责自负的原则，没有对各卷的具体内容及学术观点强行统一。应当指出，参加这一浩繁工程的，除了中国社会科学院的专业科研人员以外，还有院外的一些在该领域颇有研究的专家学者。

现在凝聚着数百位专家学者心血、约计 200 卷的《列国志》丛书，将陆续出版与广大读者见面。我们希望这样一套大型丛书，能为各级干部了解、认识当代世界各国及主要国际组织的情况，了解世界发展趋势，把握时代发展脉络，提供有益的帮助；希望它能成为我国外交外事工作者、国际经贸企业及日渐增多的广大出国公民和旅游者走向世界的忠实"向导"，引领其步入更广阔的世界；希望它在帮助中国人民认识世界的同时，也能够架起世界各国人民认识中国的一座"桥梁"，一座中国走向世界、世界走向中国的"桥梁"。

《列国志》编辑委员会

2003 年 6 月

CONTENTS

目　录

CONTENTS

目　录

CONTENTS

目　录

CONTENTS

目　录

CONTENTS

目　录

CONTENTS

目 录

CONTENTS

目 录

12

CONTENTS
目 录

CONTENTS

目　录

CONTENTS
目　录

CONTENTS

目　录

自　序

一部好莱坞影片《卡萨布兰卡》（也译《北非谍影》）使人难忘，也使中国人知道了摩洛哥的港口城市卡萨布兰卡①。然而，摩洛哥作为北非的一个古老而新兴的国家，留给我们的印象不仅仅是这些。

摩洛哥位于非洲大陆西北部，北临地中海，西濒大西洋；幅员辽阔，地貌复杂。国土面积约为 44.66 万平方公里（不包括西撒哈拉的 25.21 万平方公里），人口 3324 万。

摩洛哥是一个历史悠久的国家。早在 200 万~100 万年前，摩洛哥的大西洋海岸就出现了阿舍利文化。② 大约在 50 万~40 万年前，出现了直立人人种——拉巴特人和卡萨布兰卡人。在公元前 800 年至公元前 600 年期间，摩洛哥进入有记载的历史。公元前 6 世纪至公元前 5 世纪时，在摩洛哥沿海一带建立了最早的奴隶制国家。公元前 4 世纪，在摩洛哥的北部建立了一个柏柏尔人的王国——毛里塔尼亚。从公元 8 世纪起，摩洛哥境内相继建立以部落联邦为基础的几个王朝：伊德里斯王朝、阿尔摩拉维

---

① 即"达尔贝达"（Dar el Baida，阿拉伯语），西班牙语名卡萨布兰卡。
② 指旧石器初期的一种文化。最初发现于法国北部的圣阿舍利（St. Acheul），故名。

1

德王朝、阿尔摩哈德王朝、马里尼德王朝和萨阿德王朝。1660年，建立了阿拉维王朝，该王朝至今仍统治着摩洛哥。

19世纪后，摩洛哥成为西方列强的商品市场、原料产地和投资场所，同时，由于封建割据和政治分裂，摩洛哥处于经济落后的状态。1912年11月27日，摩洛哥沦为法国的"保护国"。1956年3月2日，摩洛哥人民获得了国家的独立。

摩洛哥独立后至今，经过穆罕默德五世国王、哈桑二世国王和穆罕默德六世国王前后三位国王的统治。在政治上，摩洛哥由一个封建君主专制的国家逐步向民主的方向过渡，建立了一个君主立宪制的国家，有了两院制的议会。在经济上，摩洛哥经过穆罕默德五世国王时期的逐步摆脱殖民主义的经济体系阶段，到哈桑二世国王时期的全面建设、巩固王权和稳定政局、全面调整与整顿、以政治的民主化达到社会的安定阶段，最终使摩洛哥由一个殖民地国家发展成为一个在国际上占有一席地位的主权国家，经济得到很大的发展。穆罕默德六世国王继位后，继续推动政治和经济的改革，以期使摩洛哥取得较以往更快的发展。

摩洛哥的气候温和宜人，四季花木繁茂，有"烈日下的清凉国土"的美誉。加之丰富的人文景观，独具特色的文化艺术和风土人情吸引着外国旅游者。自20世纪80年代，摩洛哥开始发展旅游业，被人们誉为"新兴的旅游王国"。

摩洛哥因其资源的丰富和战略地位的重要被称为"西方的锁钥"。

中国和摩洛哥两国相距遥远，但是两国友好交往历史悠久。早在公元8世纪，中国唐朝的杜环曾经到达摩洛哥。14世纪时，摩洛哥伟大的旅行家伊本·白图泰和中国的大旅行家汪大渊几乎在同一时期"互访"。中国古代文明的许多成就，如造纸术和火药等，均由摩洛哥传至欧洲。1958年11月1日，继埃及之后摩洛哥成为第二个同中国建交的非洲国家。两国的政治关系基本平稳，在许多重大的国际和地区事务中一直相互理解和支持，共同维护发展中国家的权益。双方在经贸、文化和卫生等领域积极开展合作，取得了显著成果。

本书是根据中国社会科学院统一拟定的《列国志》编写大纲而编撰，其宗旨为全面而客观地反映摩洛哥政治、经济、历史、地理、军事、外交和教科文等方面的发展概况。在写作过程中，考虑到摩洛哥的具体情况及国内现有的文献资料，在原编写大纲的基础上，笔者对部分章节作了一些调整和改动，如第二章《历史》部分。书中引用资料截止的时间一般为2006年12月，个别篇章延至2007年3月。

摩洛哥是一个以阿拉伯语和法语为官方语言的国家，有关摩洛哥的第一手材料主要以阿拉伯文和法文为主。由于受到国内资料的条件限制及笔者的阿拉伯文和法文的欠缺，本书的资料来源主要为各种中、英文的文献。尽管本人特别注意尽可能参考摩洛哥本国的英文文献资料，但是这些资料的数量相当有限。虽然笔者收集的文献内容比较丰富，也较具权威性，但是，大多数文献毕竟不是第一手材料，同时，它们也不够系统和完整。对此笔者深感遗憾。另外，由于缺少必要的经费，笔者在本书完稿前，一直没有机会对摩洛哥进行实地考察或访问，因而也就无法把笔者对摩洛哥的感性认识融入书中。尽管如此，笔者历经4年多的时间，尽己所能，精心完成了摩洛哥志。相信这本著作将会为中国读者全面了解摩洛哥提供比较权威、翔实的资料与信息及客观、公正的分析与评论。鉴于本书涉及范围之广、时间跨度之长，加之笔者对该国的研究尚处于初始阶段及资料来源的匮乏，书中难免存在某些缺陷。诚恳希望本书出版后能够得到各位专家、学者和读者的批评、指正意见。

在本书付梓之际，笔者要感谢杨光研究员、王京烈研究员、

张毓熙研究员、摩洛哥驻华大使馆，他们在课题立项、资料搜集和写作过程中给予了很大的帮助，这些帮助使笔者获益匪浅。感谢书稿审读和鉴定专家陈宗德研究员和前中国驻摩洛哥大使、中国人民外交学会副会长程涛先生，感谢《列国志》编委会成员温伯友研究员和赵国忠研究员，感谢王林聪研究员，他们先后审阅了书稿并提出了宝贵的修改意见，使本书增色不少。最后笔者特别要感谢杨鲁萍副研究员，她在课题申请和审阅书稿时给予笔者极大支持和帮助，这些支持和帮助更加坚定了笔者努力完成这本书稿的决心。

本书所附图片由中国社会科学院日本研究所林昶提供，在此表示感谢。

肖　克

2007 年 8 月

4

第一章

国土与人民

1956 年 3 月 2 日，摩洛哥独立。1957 年 8 月 14 日，定国名为摩洛哥王国（The Kingdom of Morocco, Le Royaume du Maroc），简称"摩洛哥"。

第一节　自然地理

一　地理位置

摩洛哥位于非洲大陆西北部，国土面积约为 44.66 万平方公里（不包括西撒哈拉的 25.21 万平方公里），陆地面积 44.63 万平方公里，水域面积 250 平方公里；陆地边界线长达 2017.9 公里，其中与阿尔及利亚的边界线长 1559 公里，与西撒哈拉的边界线长 443 公里。海岸线长 1835 公里。领海范围为 12 海里，经济区为 200 海里①。

摩洛哥北濒地中海，与南欧各国隔海相望；西北角的领土隔直布罗陀海峡（宽约 15 公里）与欧洲西南角的西班牙相对；西濒大西洋，与美洲大陆遥相呼应。摩洛哥东面和东南面与阿尔及

---

① 美国中央情报局网站资料（2006 年）（http：//www.cia.gov）。

1

利亚接壤，南面是西撒哈拉地区。

摩洛哥位于欧洲、非洲两个大陆和地中海、大西洋两个水域的交界处，扼守着地中海出入大西洋的门户，是欧洲、非洲、西南亚和美洲各国海、陆、空之间最活跃的交通要道。摩洛哥北方的丹吉尔港和休达港①，是地中海通往大西洋的咽喉，其战略地位十分重要。

二 行政区划

根据 1997 年 3 月摩洛哥议会通过的地区法，全国被划分为 16 个大区，下设若干省和直辖市。摩洛哥行政区划的概况如下。

1. **乌埃·台德达伯—拉古里拉区**（Region of Oued Eddahab-Lagouira）

管辖乌埃·台德达伯（Oued Eddahab）1 个省，主要城市是达黑莱（Dakhla）。该区人口 3.68 万，其中城市居民约 3.12 万。该区是摩洛哥人口较少的地区，人口的年龄构成比较年轻，约 30% 的人小于 15 岁。54% 的人从事第三产业，32.1% 的城市居民是公务员，13.1% 的人从事贸易。

2. **阿尤恩—卜杜—撒利亚·埃拉·姆拉区**（Region of Laâyoune-Boujdour-Sakia Al Hamra）

管辖阿尤恩（Laâyoune）和卜杜（Boujdour）2 个省，主要城市是阿尤恩（Laâyoune）。该区人口 17.57 万，其中 16.1 万人住在城市。第三产业在地区经济活动中处于支配地位，其次是第一产业和第二产业。

3. **盖勒敏—埃斯·塞玛拉区**（Region of Guelmim-Es Smara）

管辖盖勒敏（Guelmim）、塔塔（Tata）、阿萨—扎格（Assa-

---

① 休达港现在仍为西班牙的飞地。

Zag)、埃斯·塞玛拉（Es-Semara）和坦坦（Tan Tan）5个省。主要城市是盖勒敏（Guelmim）。该区大多数人居住在南方省区，人口38.61万，其中45%的人住在农村。第三产业在经济活动中占有重要地位，提供44%以上的就业机会；第一产业和第二产业分别提供35.8%和18.6%的就业机会。

4. 苏斯—马萨—达拉区（Region of Souss-Massa-Draâ）

管辖瓦尔扎扎特（Ouarzazate）、扎古拉（Zagora）、图喀—艾特·巴哈（Chtouka-Ait Baha）、塔鲁丹特（Taroudant）、提兹尼特（Tiznit）5个省和阿加迪尔—伊达·乌—塔纳内（Agadir-Ida Ou-tanane）、艾内兹加内—艾特·梅卢尔（Inezgane-Aït Melloul）2个省区，主要城市是阿加迪尔（Agadir）。该区是农业经济区。

5. 噶尔伯—喀达—贝尼森区（Region of Gharb-Chrarda-Beni Hsen）

管辖盖尼特拉（Kénitra）和西迪·卡泽姆（Sidi Kacem）2个省。主要城市是盖尼特拉（Kénitra）。人口170多万，其中农村人口110万，城市人口62.42万。初级产业支配着该地区的经济活动，提供50%以上的就业机会，第二和第三产业分别提供29.2%和15.5%的就业机会。

6. 喀乌亚—乌亚迪加区（Region of Chaouia-Ouardigha）

管辖塞塔特（Settat）、本苏来曼（Benslimane）和胡里卜盖（Khouribga）3个省。主要城市是塞塔特（Settat）。人口155.42万，其中农村人口100万。初级产业支配着该地区的经济活动，提供50%的就业机会，第三和第二产业分别提供33%和17%的就业机会。

7. 马拉喀什—丹斯夫特—阿拉乌区（Region of Marrakech-Tensift-Al Haouz）

管辖豪兹（Al Haouz）、希沙沃（Chichaoua）、斯拉格奈堡

（Kelâat Es-Sraghna）和索维拉（Essaouira）4 个省和马拉喀什·梅纳拉（Marrakesh Menara）、马拉喀什·麦迪（Marrakesh Medin）和西迪·优素夫·本·阿里（Sidi Youssef Ben Ali）3 个省区。主要城市是马拉喀什（Marrakech）。人口 272.42 万，其中 33.3% 的人住在城市。初级产业提供 53.8% 以上的就业机会，第二产业和第三产业分别提供 17.5% 和 27.4% 的就业机会。

8. 劳里安大（东部）地区（Region of the Oriental）

管辖杰拉代（Jerada）、拜尔坎（Berkane）、陶里尔特（Taourirt）、菲吉格（Figuig）和纳祖尔（Nador）4 个省及乌季达·安加德（Oujda-Angad）1 个省区。主要城市是乌季达（Oujda）。人口约 176.87 万，其中城市人口 97.59 万。第三产业提供 42% 的就业机会，初级产业和第二产业分别提供 34% 和 21.4% 的就业机会。

9. 大卡萨布兰卡区（Region of Casablanca）

管辖卡萨布兰卡—安法（Casablanca-Anfa）、艾因·塞巴—海·穆罕默迪（Aïn Sebaa-Hay Mohammadi）、艾因·乔克—海·哈桑尼（Aïn Chok-Hay Hassani）、本·姆西克—西迪·奥西马内（Ben Msik-Sidi Othmane）、卡萨布兰卡的菲达—德布索尔坦尼（Al Fida-Derb Soltane）、卡萨布兰卡的迈舒瓦尔（Al Mechouar of Casablanca）、西迪·博努希—扎纳塔（Sidi Bernoussi-Zenata）和穆罕默迪耶（Mohammedia）8 个省区。主要城市是卡萨布兰卡（Casablanca）。人口 300 多万，其中农村人口只有 15 万。该区是城市集中的地区。30% 的人口是青少年（不到 15 岁）。就居住条件而言，城市地区体现着摩洛哥的建筑风格（不论是现代的，还是传统的），摩洛哥风格的建筑占该地区家庭住房的 60%。

第三产业是该区主要的经济活动，提供 54.6% 的就业机会，

其次是第二产业，提供 40.5% 的就业机会。

10. 拉巴特—塞拉—扎姆尔—扎埃尔区 （Region of Rabat-Salé-Zemmur-Zaër）

管辖海米萨特（Khemisset）1 个省和拉巴特（Rabat）、塞拉（Sale）、斯基拉特（Skhirat）、特曼拉（Temara）4 个省区。主要城市是拉巴特（Rabat）。人口约 200 万，3/4 的人住在城市。第三产业支配着该地区的经济活动，提供 56% 的就业机会，第二产业提供 25.2% 的就业机会。

11. 杜卡拉—阿卜达区 （Region of Doukkala-Abda）

管辖杰迪代（El Jadida）和萨菲（Safi）2 个省。主要城市是萨菲（Safi）。人口 179.35 万，约 2/3 的人住在城市。农业占经济活动的 56.6%。第三产业和第二产业各占 24.1% 和 15.5%。

12. 塔拉—阿其拉区 （Region of Tadla-Azilal）

管辖贝尼迈拉勒（Beni-Mellal）和阿其拉（Azilal）2 个省。主要城市是贝尼迈拉勒（Beni Mellal）。人口约 130 万，城市人口和农村人口各半。农业占经济活动的 60% 左右，商业占 10.6%，工业和手工艺占 7%。

13. 梅克内斯—塔非拉勒区 （Region of Meknès-Tafilalet）

管辖哈杰卜（El Hajeb）、伊弗兰（Ifrane）、海尼夫拉（Khenifra）和埃拉希代（Errachidia）4 个省和梅克内斯—门泽（Meknes-El Menzeh）、伊斯马拉（Al-Ismaïlia）2 个省区。主要城市是梅克内斯（Meknès）。人口 200 万，农村人口和城市人口各半，第三产业占其经济活动的 43.2%。

14. 非斯—布莱曼区 （Region of Fèz-Boulemane）

管辖布莱曼（Boulemane）和塞弗鲁（Sefrou）2 个省和非斯·杰代—达·德比布（Fez·Jdid-Dar Dbibegh）、非斯—麦迪纳（Fez-Medina）和祖阿加—穆莱·亚库布（Zouagha-Moulay Yacoub）3 个省区。主要城市是非斯（Fèz）。该区的特点是城市人口占 2/3。第三产业、第二产业和初级产业分别占其经济活动的 38.7%、33.4% 和 26.1%。

15. 塔扎—胡塞马—陶纳特区 (Region of Taza-Al Hoceima-Taounate)

管辖塔扎 (Taza)、胡塞马 (Al Hoceima) 和陶纳特 (Taounate) 3 个省。主要城市是胡塞马 (Hoceima)。人口 171.98 万，其特点是农村人口占大多数，城市人口只占 21.6%。初级产业支配该地区的经济活动，提供 70% 的就业机会，第二产业和第三产业分别提供 9.6% 和 19% 的就业机会。

16. 丹吉尔—得土安区 (Region of Tangier-Tétouan)

管辖沙万 (Chefchaouen)、阿拉伊什 (Larache) 和得土安 (Tetouan) 3 个省及丹吉尔—艾西拉 (Tangier-Assilah) 和法斯—贝尼马卡达 (Fahs-Beni Makada) 2 个省区。主要城市是丹吉尔 (Tangier)。人口约 203.6 万，其中城市人口 113.79 万人，占总人口的 55.9%。农业、饲养业、林业和渔业为主要的经济活动，占 43.5%；商业占 14.4%，工业和手工业占 13.7%。

2003 年 9 月 10 日，摩洛哥通过了调整行政区划的法令，将全国重新划分为 17 个大区，49 个省和 12 个省级市，1547 个市镇①。

三　地形特点

摩洛哥的地形十分复杂，大部分为非洲大陆西北端的阿特拉斯山脉 (Atlas Mountains，阿尔卑斯山系的一部分) 所盘踞，这是由在第三纪时期形成的最高和最崎岖的山系

---

① 参见摩洛哥政府网站资料 (2006 年) (http：//www. maroc. ma)；中国商务部网站资料 (2006 年) (http：//ma. mofcom. gov. cn)；中国外交部网站资料 (2006 年) (http：//www. fmprc. gov. cn)。

组成的；山地占全国面积的 1/3 以上。阿特拉斯山脉由四条山脉组成，由北向南分别为：里夫山、中阿特拉斯山、大阿特拉斯山和小阿特拉斯山。这些山被狭长低缓的平原和高原所围绕。西北部的沿海一带为狭长低缓的平原。

摩洛哥的最北部是里夫山，与地中海平行，西起直布罗陀海峡，向东延伸至穆卢耶河下游，最高点海拔 2465 米，是由石灰岩和砂岩构成的东西向的一道天然屏障。

里夫山的南部是中阿特拉斯山，被塔扎山分开，位于阿尔及利亚西部和摩洛哥大西洋沿岸之间，中间有一隘口构成两国中间的边界屏障。山的高度约为 3000 米，中阿特拉斯山是划分摩洛哥主要流域和摩洛哥两条主要河流——从西流向大西洋的乌姆赖比阿河（Oum er Rbia）和从东流向地中海的穆卢耶河（Moulouya）——的源头。中阿特拉斯山大多由被河谷切割的石灰岩高原组成。在那里，有火山口和熔岩。

中阿特拉斯山的南部是大阿特拉斯山，从地中海沿岸的摩洛哥与阿尔及利亚接壤的边境地带到大西洋沿岸的阿加迪尔，由东北到西南斜穿中部地区，蜿蜒 700 多公里，山地险峻，多悬崖峭壁。高度大约在 4000 米左右，冬季被白雪覆盖。大部分山峰在海拔 3000 米以上，其中图卜卡勒山（Toubkal）海拔高达 4165 米，是摩洛哥乃至非洲北部的最高峰。这道高山构成良好的自然屏障，山脉的背后便是世界上最大的沙漠——撒哈拉大沙漠。

大阿特拉斯山南部是小阿特拉斯山，它是摩洛哥最低和最南部的山，是因大阿特拉斯山边缘的抬升而形成的山，范围较小，高度较低，最高为 2531 米。苏斯河由小阿特拉斯山向西流向大西洋。山的南部是贫瘠的坡地，由峡谷组成，种植棕榈树。

大阿特拉斯山脉北部、小阿特拉斯山以南是热布尔—贝尼山脉，海拔 1000~1600 米。

摩洛哥的东北部是大阿特拉斯山脉的延伸部分，平均海拔 1100~1300 米；东南部是沙漠地带，称前撒哈拉沙漠，海拔在 1000 米以下，其中点缀着零星的沙漠绿洲，绿洲的水源较为丰富。再往东南是撒哈拉大沙漠。西北部的大西洋沿岸一带为狭长低缓的平原、台地，平原分布较零散。这里是人口聚集的地区，大多数讲阿拉伯语的摩洛哥人居住在此。最西部的北里夫山区与中阿特拉斯山之间是著名的塞布（Sebou）平原，这里比较宽阔，土地肥沃，雨水丰富，气候宜人，为农业区；塞布河下游北部是拉尔布平原，地势广阔而平坦，多沼泽；中游南部是赛斯平原，形成一条天然的走廊。从拉巴特延伸到索维拉是西部沿海平原，长 400 多公里，宽 30~50 公里，由乌姆赖比阿河、坦西夫特河等冲积而成，地表平坦，沿海多沙丘。摩洛哥东北部的木卢耶河（Moulouya）和西南部的苏斯河（Souss）下游，有两个孤立的河谷平原，面积不大，这里地势低洼，水源充沛。西部沿海平原与阿特拉斯山之间的地区，是一个广阔的台地，呈梯形，南北宽 100~130 公里，平均海拔 330 米，地表起伏平缓，向大西洋逐渐降低①。

目前，摩洛哥存在着一些环境问题，主要有：土地退化和沙漠化，土地因边缘地区农耕、过度放牧而造成植被受到侵蚀等。同时，供水受到污染，水库淤积，海岸受到采油的污染。

四　河流与湖泊

1. 河流

摩洛哥是北非河流较多的国家，全境有 10 多条较大的河流，均源于中部山地，流向大西洋、地中海和撒哈

---

① 参见地图出版社编辑部编《非洲地图集》，北京，地图出版社，1985。

拉，形成一个近似辐射状的水系。

自东向西流入大西洋的河流有：乌姆赖比阿河（Oum Rbia），位于中阿特拉斯山和大阿特拉斯山之间，长 600 公里，是摩洛哥第一大河；塞布河，位于里夫山区，长 500 公里；坦西夫特河（Tensift），位于大阿特拉斯山区，长 270 公里；德拉河（Draa），位于大阿特拉斯山区，长 1200 公里，是最大的间歇河；还有苏斯河等。自南向北流入地中海的河流有：穆卢耶河（Moulouya），位于中阿特拉斯山和大阿特拉斯山的里夫地区，长 450 公里，是东北部的大河。流向撒哈拉沙漠的河流有齐兹河、吉尔河、埃里斯河等河流，是间歇性的内流河，雨季上游水量丰富，下游潜入沙漠，旱季全河断流，干涸见底[1]。

2. 湖泊

摩洛哥的湖泊较小。在大阿特拉斯山和中阿特拉斯山的盆地中有一些小湖泊，当地称为"阿格尔曼"。在东部的奥兰—摩洛哥方山以及南部的一些地区有像在阿尔及利亚和突尼斯那样被称作"谢勃哈"的咸水湖泊[2]，最大的"谢勃哈"是绍特—加尔比和绍特—季格里。在沿海地带有潟湖[3]。

五　气候

摩洛哥地处非洲西北部，属亚热带气候；夏季较干燥炎热，冬季温和潮湿。由于摩洛哥濒临大西洋和地中海，阿特拉斯山脉又挡住南部撒哈拉沙漠的热浪，所以摩洛哥的气候温和宜人，四季花木繁茂，有"烈日下的清凉国土"的美

---

① 参见地图出版社编辑部编《非洲地图集》，北京，地图出版社，1985；摩洛哥政府网站资料（2006 年）（http://www.maroc.ma）。

② 这是一种盐沼地，只在雨期和洪水期河流注入时，才能蓄积一些水。

③ 〔苏〕М. Б. 高农、Г. Н. 乌脱金著《摩洛哥：自然地理和经济地理概要》，西北大学地理系翻译组译，西安，陕西人民出版社，1977，第 79~80 页。

誉。但是，摩洛哥又是一个位于不同自然带交接处、濒临海洋的山国，自然环境独特，具有多种多样的气候，自北向南分为四种类型。

第一种，摩洛哥北部和中部沿海地区受地中海影响，属地中海型气候。冬季温和潮湿，夏季较炎热，但湿润，年平均气温在18℃左右，年降水量从北部的700～800毫米递减到南部的300～400毫米。每年4～9月为旱季，10月至翌年3月为雨季。1月份平均气温为12℃，7月份平均气温为22℃～24℃。大西洋沿岸受加那利寒流的影响，7月份平均气温不到21℃；湿度高，雨量少，露水重，雾气多。海拔200米以上的里夫山脉，冬季的降雪期有2～3月。

第二种，西部和西北部的大西洋沿海地区，因受大西洋影响，气候温和，属亚热带地中海式气候。夏季较炎热干燥，冬季温和湿润。卡萨布兰卡1月平均气温12℃，8月份为23℃。降雨量为300～800毫米。

第三种，中部内陆地区，包括大、中、小阿特拉斯山地属亚热带山地气候。温和湿润，气温垂直分布明显，并且随海拔高度的增加而递减。山麓地区年平均气温约20℃。1月份平均气温为12℃，7月份平均气温为28℃左右。海拔1600米的地带，年平均气温为10℃，1月份平均气温为2℃，7月份平均气温为21℃以上，一年有130天霜期；海拔2000米以上地区全年有5个月的积雪。年降水量随高度的增加而递增，山麓地带在400毫米左右，高处可达1000毫米，迎风坡的最高部分超过1400毫米，台地一带仅300毫米。

第四种，大阿特拉斯山以南及东部地区属沙漠性气候。夏季从撒哈拉沙漠吹来"西罗科风"（Sirocco），带来大量沙尘，炎热干燥，年平均气温在20℃左右；冬季湿润的西北风被阿特拉斯山脉所阻，雨量稀少，年降水量在250毫米以下，南部不

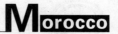

足 100 毫米。大阿特拉斯山区，降雪期在半年以上，有的地方终年积雪。

第二节 自然资源

摩洛哥多样化的地质结构决定了摩洛哥拥有多种自然资源。摩洛哥的自然资源包括：矿物、植物和动物。

一 矿物

摩洛哥的矿物资源丰富，主要有：磷酸盐、油页岩、石油、天然气、无烟煤、铁、磁铁、铅、锌、铜、钴、锰、钡、锡、金、盐、石墨、云母、石棉等。主要矿物资源的储量、产量和分布地区如下。

磷酸盐。磷酸盐是摩洛哥的最主要的矿物资源，目前已探明的磷酸盐储量为 1100 亿吨，占世界总蕴藏量的 75%，被人们誉为"磷酸盐王国"。主要分布在阿特拉斯山脉以西一直到大西洋沿岸的地区。其中，最大的胡里卜加盖磷酸盐矿区面积达 4000 多平方公里，矿脉总厚度为 10 米，含量高达 70% 以上，可列为世界上最大、最好的磷酸盐矿之一。

油页岩。摩洛哥的油页岩储量也较多，达 1000 亿吨以上，含原油 60 亿吨。

石油。2000 年，根据最新的地震测定技术探明，在摩洛哥内陆的几个地区和近海的几个地区拥有具有开采价值的油气资源。

二 植物

摩洛哥大片国土为沙漠、半沙漠或沙漠边缘地区，森林资源有限。摩洛哥的主要植物在山地，有低矮的灌木和抗干旱的灌木。由于烧毁、过度的砍伐和放牧等原因，许多地方的自然植被遭到破坏。近些年，政府开始保护森林和植树造林，对现有植被，特别是森林保护较好。目前，森林面积为500万公顷，约占国土面积的12%，主要分布在大阿特拉斯山脉和中阿特拉斯山脉的西侧斜坡、里夫山脉一带及首都拉巴特附近，主要有侧柏、刺柏、橡树、松树、雪松、冷杉等树种。阿特拉斯山脉地坡特产栓皮栎，多森林和果园。

三　动物

洛哥的动物界属于古非洲动物地理区域的地中海副区，其动物类群的成分多于植物类群。但是，在历史上，由于受到人类的经济活动，如大面积开垦农田、森林的缩减、移民的发展和狩猎等因素的影响，摩洛哥的动物资源受到很大的破坏，有了变化。公元4世纪时，摩洛哥还有许多著名的大动物，如鳄鱼、河马、长颈鹿、水牛和大象等。到19世纪末至20世纪初，由于欧洲人的狩猎，许多大动物灭绝，狮子和多种羚羊的数量骤减。

在摩洛哥的各个地区都发现了很多动物类群的代表：有无脊椎动物、水陆两栖动物、爬行动物、鸟类动物和哺乳类动物。

全国可划分为四个主要的动物地理区。

1. 山区

位于摩洛哥北部和中部的高山区。这里有多种的动物类群，其中有属于古北区①种属的许多昆虫类的动物、鱼类、水陆两栖类和鸟类，还有阿尔卑斯种的鱼（淡水鲑）和鸟；有属于地中

---

① 本区特有动物主要是刺猬、欧鼹、驯鹿、驼鹿、獐、骆驼、欧洲野牛、蒙古野马、黄羊、绵羊、貉、貂、河狸、黄鼠、旱獭、跳鼠、鼠兔、松鸡、潜鸟、海雀、鸦、喜鹊以及两栖纲的有尾类。

海种属的北非饲兔和猿猴；有热带种属的猛兽，如土狼和现在已经很少发现的豹。

2. 大西洋沿岸区

位于里夫以南，靠近海洋的沿海地区。这里有许多属于热带种属的脊椎类、爬虫类和哺乳类（松鼠和摩洛哥的獭）的动物。由于该地区有大量的河流，所以有丰富的河流动物群。

3. 东部区

位于东部的高平原、山间盆地和河谷地区。这里有属于地中海种属的动物类群，还有许多前撒哈拉以及撒哈拉的动物类群。有许多沙漠的昆虫类和爬虫类动物，还有野雁；有丰富的啮齿目动物，如兔、跳鼠和家鼠等；蹄类动物有阿非利加羚羊；野兽有胡狼和土狼，还有大山猫、猞猁、猢狲和狐狸。

4. 南部区

位于大阿特拉斯山以南的地区。主要的动物群是撒哈拉和热带的动物群。爬虫类动物有非洲眼镜蛇和有角的毒蛇；还有鸵鸟、砂土鼠和跳鼠及少量的猎豹属动物。

摩洛哥自然特征导致该国缺少淡水动物群。但是，由于摩洛哥两面临海——地中海和大西洋，有长达 1835 公里的海岸线，拥有 200 海里的经济专属区，且气候温和。因此在大西洋沿海的水流中，蕴藏着丰富的鱼类资源。主要海洋资源有：沙丁鱼、金枪鱼、鲭鱼、鳕鱼、龙虾、大虾和海蟹等。

目前，海洋经济在摩洛哥国民经济中的地位不断提高。海洋经济领域出现了由"资源"开发型向海洋"服务"型的转变。海洋生物资源和非生物资源开发所产生的经济价值不断增长，以服务为基础的海洋经济发展尤为迅速。传统海洋产业与新兴海洋产业发生积极的变化。

摩洛哥的动物群中，缺乏可以渔猎的动物，但存在一些有害的动物。在鸟类区系中有燕雀类，它们在消灭有害的昆虫的同

时，也毁坏了粮食作物和其它农作物。摩洛哥有害的昆虫有蝗虫如摩洛哥的飞蝗，它们对农作物的破坏极大。摩洛哥领土周期性地遭受来自东部和东南部蝗虫毁灭性的危害。其中，1956～1957年，全国都受到蝗虫的危害。2004年，摩洛哥南部地区又遭到蝗虫的袭击。

摩洛哥有许多牧场，牧养多种家畜，主要有：骆驼、马、山羊、绵羊、牛、骡和驴等。其中骆驼最为宝贵，是摩洛哥人的沙漠之舟①。

第三节　居民与宗教

一　人　口

自独立以来，摩洛哥的人口增长速度比较快。1960～1982年期间，全国人口由1162万上升到2042万，年增长率为2.8%。此后，摩洛哥的人口增长开始迅速下降。1982～1994年，人口的年增长率为2.1%。1994～2004年，人口的年增长率为1.4%。根据2006年7月估计，摩洛哥总人口为3324.13万，人口增长率为1.55%②。

1. 人口分布

摩洛哥每平方公里164人（1999年）③。人口密度分布极不均衡，西北部人口稠密，卡萨布兰卡市人口密度高达每平方公里1510人。东南部人口稀疏。在前撒哈拉半沙漠地区，每平方公里不足1人。

---

① 〔苏〕М. Б. 高农、Г. Н. 乌脱金著《摩洛哥：自然地理和经济地理概要》，西北大学地理系翻译组译，西安，陕西人民出版社，1977，第96～99页。
② 美国中央情报局网站资料（2006年）（http：//www.cia.gov）。
③ 中国人口网站资料（2001年）（http：//www.fpc.ln.gov.cn）。

2. 人口的构成

人口的构成包括自然构成、地域构成和社会构成。

（1）自然构成。

性别。摩洛哥人口的性别比例男性略多于女性，但基本上持平。根据2006年估计，摩洛哥总人口为3324.13万，其中0~14岁的人占全国人口的31.6%，有男性534.4万人，女性514.5万人；15~64岁的人占全国人口的63.4%，男性1050.5万人，女性1058.06；65岁以上的人占人口的5%，男性72.52万人，女性94.15万人。人口的性别比例为：婴儿出生时的男女比例为1.05∶1，15岁以下的男女比例为1.04∶1，15~64岁之间的男女比例为0.99∶1，65岁以上的男女比例为0.99∶1。

婚育。2000年7月统计，摩洛哥人的平均结婚年龄在23.61岁，男性为23.11岁，女性为24.13岁。多年以来，摩洛哥育龄妇女的生育率呈下降趋势。1979年，平均每位摩洛哥育龄妇女生5.9个孩子；到1994年，减少到3.3个孩子；2006年估计，又减少到2.68个孩子。

年龄构成。进入21世纪，摩洛哥的人口呈现年轻化趋势。2006年估计，摩洛哥总人口为3324.13万人。平均年龄在23.9岁，男性为23.4岁，女性为24.5岁。

出生率与死亡率。2006年估计，人口增长率为1.5%，出生率为2.19%，总死亡率为0.558%，其中，婴儿的总死亡率为4.024%（男婴4.399%，女婴为3.63%）。

2006年估计，摩洛哥人的预期寿命为70.94岁，其中男性68.62岁，女性73.37岁[1]。

（2）地域构成。

城乡分布。自20世纪初以来，为了摆脱农村的艰苦生活环

---

① 美国中央情报局网站资料（2006年）（http：//www. cia. gov）。

境，大批的农村人口来到城市，以寻求更好的就业机会，从而造成摩洛哥人口的城乡分布极不均衡。城市人口持续增长，由1971年的35%上升到1994年51%，现在大约有55%的人口生活在城市。根据2003年底的统计，城市人口为1266.3万人，农村人口为833.3万人。

主要城市的人口分布（2004年中估计）：大卡萨布兰卡295万人、拉巴特—塞拉139.8万人、马拉喀什84.4万人、非斯95.4万人、盖尼特拉57.3万人、丹吉尔70.4万人、贝尼迈拉勒44.7万人、得土安46.4万人①。

（3）社会构成。

就业结构。摩洛哥宪法规定：公共政府机关和职位的就业机会对所有公民一律平等。2002年，摩洛哥的劳动力人口的就业情况是：全国15岁以上人口为2047.5万人，15岁以上的劳动力人口为1037.8万人，其中就业人口为917.6万人，城市为454.1万人，农村为463.5万人。失业率为11.6%，城市的失业率为18.3%，农村为3.9%。

人口的教育结构。摩洛哥宪法规定：所有公民在寻求教育和就业上拥有平等的权利。2003年估计，15岁以上能读和写的人数占总人口的51.7%，其中男性为64.1%，女性为39.4%②。

二 民族

摩洛哥人基本上是由阿拉伯人和土著柏柏尔人及许多外来移民长期融合而形成的。阿拉伯人和柏柏尔人占人

---

① 英国经济学家情报社编《2006年国家概况：摩洛哥》，伦敦，英国经济学家情报社，2006，第18页。（Economic Intelligence Unit, *Country Profile 2006: Morocco*, p.18, London: EIU, 2006.）

② 美国中央情报局网站资料（2006年）（http://www.cia.gov）。

口的 99.1%，犹太人占 0.2%，其他人占 0.7%。

1. 阿拉伯人

阿拉伯人是摩洛哥的主要民族。公元 7 世纪，阿拉伯人开始迁入摩洛哥，在与柏柏尔人长期通婚中，逐渐融为一体，形成现在的摩洛哥人，其内含较多的汪达尔人和伊比利亚人的成分①。根据摩洛哥官方的统计，阿拉伯人约占摩洛哥人口的 80%，大多数人生活在城市或大西洋沿海地带。他们属于欧罗巴人种地中海类型。

2. 柏柏尔人

柏柏尔人是摩洛哥的土著居民。

柏柏尔人的起源至今尚无定论。科学家们普遍认为柏柏尔种族是由几个部分组成的：一部分是东方血统的、棕发的柏柏尔人，他们由西亚迁徙而来，即原始闪米特人，他们构成了柏柏尔人的主要成分；另一部分是从欧洲的西班牙迁徙而来的金发的柏柏尔人，据说他们是在公元前 20 世纪来到北非，与东方人融合，采用东方语言；另外还有少数当地土著黑人，他们是马斯穆达族。柏柏尔人主要生活在山区。

柏柏尔人有三个主要的部族：桑哈贾人（Sanhaja），马斯幕达人（Masmoda）和扎纳塔人（Zenata）。桑哈贾人是柏柏尔部落中人数最多的部落之一，直到目前为止，这个部落成为马格里布居民的主要部分。他们是来自南方的草原和沙漠中骑骆驼的游牧民，分布在中阿特拉斯山和大阿特拉斯山的东部，其社会的阶级分化显著。桑哈贾族分为两支：一支定居在沿海与沙漠之间，另一支则进入撒哈拉沙漠。马斯幕达人是组成摩洛哥最古老的柏柏尔人的部族，他们生活在大阿特拉斯山的西部和阿特拉斯山脉

---

① 李毅夫、王恩庆等编著《世界各国民族概览》，北京，世界知识出版社，1989，第 266 页。

的西北部的里夫和大西洋平原，他们是主要从事农业的定居居民。马斯幕达族分为三支：古马拉人、柏尔加瓦人和马斯幕达人。扎纳塔人来自东部的塔菲拉勒（Tafilalet）和阿尔及利亚地区，他们从事游牧，控制着塔扎走廊。扎纳塔族分为两个大的部落：伊夫林部落和马格拉瓦部落。

区分阿拉伯人和柏柏尔人的主要方法：一是相貌差别，二是语言差别，即阿拉伯语和柏柏尔语。

3. 外籍移民

在摩洛哥，有 5 万多外国移民，包括法国人、西班牙人、犹太人、意大利人、葡萄牙人和德国人。

三　语言

19 96 年 9 月颁布的摩洛哥宪法规定，摩洛哥的官方语言为阿拉伯语，通用法语，一部分人讲柏柏尔语。

山区的柏柏尔人因生存环境闭塞而只会讲柏柏尔语。柏柏尔语没有文字。

四　宗教

摩 洛哥宪法中明确规定：伊斯兰教是国教。摩洛哥居民中 98.7% 的人信奉伊斯兰教，主要信奉逊尼派的马立克教法学派；伊斯兰教义对摩洛哥的社会生活和家庭生活影响极大。

摩洛哥的基督教徒占总人口的 1.1%，犹太教徒占 0.2%[①]。基督教徒人数约为 6.9 万，在卡萨布兰卡和丹吉尔建有教堂。摩洛哥的犹太人大多数已返回以色列，目前只有 4 万人左右。

---

① 美国中央情报局网站资料（2006 年）（http：//www.cia.gov）。

第四节　民俗与节日

一　民俗

1. 服装服饰

摩洛哥人的服装和服饰分两类，一类是传统服装，在城市和农村，多数人仍穿着传统的民族服装；一类是受西方影响的服饰。随着时代的变迁，摩洛哥的服装和服饰在式样和色彩方面都发生了很大的变化。在西北地区的旅游观光圣地，可以看到穿着时髦的青年人。

在摩洛哥传统服装中，男人一般穿一件长到脚面的、带帽的白色长袍。长袍有多种用途，既作大衣和外套，又当作睡衣和毯子。头戴一顶有黑色流苏、四寸高的硬壳红绒帽，脚上穿一双白色或黄色的生羊皮的尖头拖鞋。头上还经常戴着一块厚头巾，天热时用于隔热防晒，天冷时用来御寒防风。摩洛哥虽然是穆斯林国家，但是，现在妇女很少戴面纱，只有少数妇女保持这种习惯。这些妇女在脸上裹着黑色或素色的面纱，只露出两只眼睛。已离婚或孀居的妇女，穿的是光顶斗篷，以示她们可接受求婚，不必经过家长出面，也不必长期交往。在室内或在某些场合中，则穿长袖长衫。

2. 饮食

摩洛哥饭菜丰盛、食品讲究传统。主要菜肴有：一种是被称为"巴斯蒂亚"的大酥饼，它的外面是一层极薄而酥脆的面皮，上撒一层糖粉，里面包有鸽子肉、鸡蛋、杏仁、蔬菜等。每张大饼直径2尺、厚2寸，可七八个人同桌而食。还有一种是被称为"哈里拉"的斋月汤，这是一种糊糊汤，里面有肉丁、大米、鹰嘴豆、面粉及各种香料。吃的时候往汤里挤一些鲜柠檬汁，其味

道可口，能润肠，增食欲。另外，还有被称为"库斯库斯"的饭和烤全羊、羊肉串、甜食、水果等。

摩洛哥人喜欢饮中国的绿茶，但均在煮后加入薄荷和糖。摩洛哥已经有 2000 年的饮茶历史，茶是摩洛哥文化的一部分。摩洛哥人一日三餐都喝茶。在亲朋相聚、婚礼、喜丧、宗教活动和官方宴会等场合，摩洛哥人均以茶飨客，这已成为一种民族礼节。

摩洛哥人喝的茶是一种薄荷茶。摩洛哥人煮、饮薄荷糖茶的方法十分讲究，有一套专用茶具，包括阿拉伯式银合金煮茶壶，配有高尖、红帽的壶盖和 4 只壶脚（一般居民则用搪瓷茶壶，小玻璃杯数只）。煮茶的方法是取绿茶 25 克左右入壶，冲进温开水后，摇晃几下，立即将水倒掉，谓之"洗茶"（此乃中国古代饮茶的方法），再加水、白糖和鲜薄荷（冬季有时加点苦艾），把茶壶放在炉上熬煮。几分钟后，将茶水倒进杯中。当地人认为泡沫越多说明茶的质量越好，此谓"一道茶"。之后，再加水、糖和薄荷一起煮，此谓"二道茶"。饮"三道茶"时，如果茶的味道不浓，则再加一些干茶，如法调饮。茶的渣用来喂食牛羊或骆驼。

3. 婚姻习俗

（1）包办婚姻。

摩洛哥存在父母包办婚姻的情况。一般先由男方的母亲或媒人到女方家进行交涉，然后女方的父亲开始打听男方家的情况。双方家长同意后，商定聘礼的数目和确定订婚的日期。从订婚到结婚时隔半年至两年，男方将彩礼全部交清后，双方到公证处签署婚姻契约。

婚礼前两个星期，待嫁姑娘独居一室。婚前 5 天，女傧相被请来陪伴新娘，布置新房。

婚礼当天，新娘的面颊、额头、下巴上用浓胭脂点上梅花点，手脚用花汁涂上几何图案，腰系一条缀满宝石的金的或银的宽腰带，头戴与腰带相配的金的或银的花冠。女傧相高举点燃的大蜡烛，嘴里念着赞颂真主的词句，簇拥着新娘与女客人们见面。入夜后，新郎要回去理发并穿上白袍。同时，两家设宴招待至亲。宴后，新郎再返回。此时，朋友们借机把新娘抢出来，让头戴面纱的新娘骑马或者坐轿子，在乐曲声的伴随下，把新娘送到婆家门前，新郎的母亲出来迎接儿媳，并送上鲜奶和椰枣。然后，新郎出来把新娘领到证婚人面前，共同表示要相爱相随白头偕老，并由公证人将他们的誓言记录在案。婚礼一般从星期四开始，持续几天。婚礼第二天，新娘要举办盛大宴席招待女亲友；第三天，新郎要为男亲友举办大型欢宴。

（2）柏柏尔人的婚俗——"抢新娘"和"新娘庙会"。

抢新娘。这是在柏柏尔族的一些部落中流行的一种婚俗。当双方举行婚礼时，村子里的小伙子设法把新娘抢走，并留一段时间。

新娘庙会。每年9月，柏柏尔部落在其居住的阿特拉斯山区的伊米尔地区举行一年一度的新娘庙会，也叫"穆塞姆"节，历时3天。在节日期间，达到结婚年龄的青年男女来庙会找对象。待嫁女在伊米尔的祠堂前端坐一排，一面等待别人挑选，一面留意选择自己的意中人。待嫁的妇女身着白衣，外披带有部族标志的花格羊皮披风，罩着黑色面纱，仅露出两只眼睛，等候别人挑选。离婚妇女、寡妇与未婚妇女的服饰不同。未婚妇女头戴圆形饰物，丧偶或离婚妇女头戴尖顶饰物。求婚的小伙子身穿白袍，头上裹着白毛巾，穿行于姑娘群中，精心选择理想的伴侣。小伙子看中某姑娘后，即停在她面前交谈，并伸出右手向女方求爱。如姑娘不中意，便将手缩回。如果姑娘伸出友好的手，小伙子就一直握她的手，热烈地交谈。姑娘要是同意，便会说"你掳走了我的肝"（因为柏柏尔人认为真正的爱情寓于肝脏），这样，美满姻缘就算结成。等到家长同意后，双方即商定婚期，签订婚约，并去婚姻登记处领取结婚证书。

4. 居住

摩洛哥的建筑艺术颇具特色。传统的摩洛哥房屋与中国四合院相似，但墙壁更高，且临街的墙上没有窗户，为的是不让外面的行人看见屋里的情形，更不让女眷看见外面。一般屋门都是用优质木料雕花油漆而成，地板用陶瓷或大理石碎块拼成各种图案，四面墙围也是用陶瓷片镶嵌的五彩图案，天花板用雕花细木组合的图案或用石膏粘、砌而成，看上去极其讲究和精致。

摩洛哥的农村住宅式样种类较多。南部地区居民的住宅多用砖砌而建，其他地区的住宅则大都用木头和石块建造。这些住宅一般都有一间用作厨房、起居室、卧室和粮仓的大房间。有些村民至今仍然遵循游牧民的生活方式，住在帐篷里。

5. 风俗习惯

摩洛哥人有许多独特的风俗习惯。

（1）妇女的文身。

伊斯兰教禁止人们文身①。但是，摩洛哥妇女相信文身是一种赐福的记号，是进入圣灵世界的门径；还有人认为可使其更加漂亮，并起护身符、驱邪的作用。因此，在 8～11 岁时，妇女在前额和下颌部位刺上淡且对称的蓝黑色花纹，或在胸部、肚脐和腿上刺花纹。

（2）崇敬谢里夫。

伊斯兰教的先知穆罕默德倡导人们只信奉真主安拉，并禁止人们崇拜他本人。但是，摩洛哥人认为先知是安拉的使者，有先知血统的人，应受到人们的崇敬。谢里夫是穆罕默德的后代，因此，从阿拉维王朝开始，历代君主被认为是先知的后代，受到崇

---

① 先知穆罕默德曾说过，"绝不可以破坏真主创造的身体"。

敬。国王是宗教领袖，各级伊斯兰讲坛的首领、各部落的首领、各显要职位都由谢里夫即王族成员担任。摩洛哥人认为，无论在什么场合，只要有谢里夫在场，都会给大家带来好运。

（3）姓名。

摩洛哥人的姓在前，名在后。但是，由于摩洛哥通用法语，因此，译成法文后则名在前，姓在后。摩洛哥人以先知及其亲属的名字命名。摩洛哥人常见的名字有：阿卜达拉赫（先知之父），阿米娜（先知之母），穆罕默德（先知），摩洛哥人一般以这些名字给长子命名；法蒂玛（先知的独生女，阿里的妻子），摩洛哥人一般以此给长女命名；还有阿里（先知的女婿），哈桑或侯赛因（先知的两个外孙）、哈迪佳（先知的第一个妻子），阿伊莎（先知的另一个妻子），哈莉玛（先知的奶娘）、奥斯曼（先知的继承人）等。如果是先知穆罕默德的后代，男性的名字前可加"穆莱"（老爷），若是穆罕默德，在其名字前加"西迪"；女性的名字前可加"拉拉"（贵夫人）。

（4）社交礼仪。

摩洛哥人讲究礼仪，注重礼貌。当众高声谈论、发怒和激动，都会被人看作是无教养和下层人的表现。摩洛哥人见到客人行握手礼。熟悉的朋友见面，握手后还要相互贴面，表示亲密友好。但是，与人握手后不能搓手或洗手，这些行为都被看作是极不礼貌的举止。

摩洛哥人接待贵宾的最高礼遇有两样东西，一是堆起冒尖的一大盆椰枣，二是盛一小碗鲜牛奶放在托盘里。当外国元首来访，检阅完仪仗队后，他们就要捧出这两样东西。宾客要吃两颗椰枣，呷两口牛奶或一饮而尽。

6. 禁忌

去摩洛哥朋友家做客，未经邀请和允许是不得进门的。进入室内之前要脱鞋；摩洛哥人一般不让家眷出来会客，客人不要打听主人家人的情况，也不要盯着主人的妻子看。主人敬的茶一定要喝，否则是对主人的不尊敬；晚餐后，喝完第三杯薄荷茶后，客人即应起身告退。吃手抓饭时要用三个或五个手指，不要用两个。

招待摩洛哥人时，忌用猪肉和不带骨头的肉类。

斋月期间，非穆斯林不要在大庭广众之中吃东西，非穆斯林也不得进入清真寺；掉在地上的纸片不能践踏，因为那上面可能印有《古兰经》上的词句，践踏就是对真主的亵渎。

与摩洛哥人交谈，忌讨论有关国王、政治、领土、种族和宗教方面的话题。

摩洛哥人喜欢绿、红、黑色；忌讳白色，认为它是贫困的象征。喜爱鸽子、骆驼、孔雀的图案，而禁忌六角星、猫头鹰的图案。在摩洛哥，13 是消极的数字，而 3、5、7 和 40 却带有积极的含义。

二　主要节日

1. 摩洛哥的主要节日有：

立宣言日，1 月 11 日；

独立日，3 月 2 日；

劳动节，5 月 1 日；

国王登基日，7 月 30 日；

国王与人民革命日，8 月 20 日；

青年节（国王生日），8 月 21 日；

绿色进军节，11 月 6 日。

另外，还有回历新年，开斋节，宰牲节和先知生日（回历节日按回历计算，每年有所不同）。每年 8 月前后为摩洛哥休假期，政府等公职部门、企业等职员会陆续休假①。

---

① 中国商务部网站资料（2006 年）（http：//ma. mofcom. gov. cn）。

2. 主要节日介绍

（1）独立日。

3月2日。1912年，摩洛哥沦为法国和西班牙的殖民地。第二次世界大战期间，摩洛哥人民开展民族解放运动，举行大规模的罢工和示威游行，要求国家独立。1953年，苏丹穆罕默德五世要求独立，遭到殖民当局的废黜并被流放。摩洛哥人民为争取民族解放和国家独立继续进行反法武装斗争。1955年11月，在摩洛哥人民的坚决斗争下，法国殖民当局被迫同意苏丹穆罕默德五世回国复位。1956年3月2日，法国承认摩洛哥独立。同年4月7日，西班牙也被迫承认摩洛哥独立。

（2）国庆日。

7月30日。摩洛哥国王的登基日即国庆日。1956年3月2日，摩洛哥获得独立，1957年8月14日，定国名为"摩洛哥王国"，原苏丹改称国王。1961年1月，穆罕默德五世国王逝世。同年3月3日，哈桑二世国王继位登基。1999年7月23日，哈桑二世国王因病逝世，王储西迪·穆罕默德于同日即位，7月30日正式登基，称穆罕默德六世。

（3）国王和人民革命日。

8月20日。又称"忠诚和牺牲节"。摩洛哥独立前，苏丹穆罕默德五世因支持民族独立运动而遭到法国殖民当局的迫害。1953年8月20日，法国殖民当局废黜苏丹穆罕默德五世，将其放逐国外，并对摩洛哥的民族解放运动进行镇压。1956年8月16日，摩洛哥全国抵抗运动和解放军宣布每年8月20日为国王和人民革命日。

（4）蜡烛节。

教历3月13日，即伊斯兰教的节日——圣纪日的前一天。在这一天，人们在塞拉城举行盛大的庆祝活动，主要街道张灯结彩，红旗飘扬，人们高举巨型蜡烛游行，乐队演奏当地流行的安

达卢西亚民间乐曲，全城的人都上街欢度节日。

（5）皇家建军节。

5月14日。1956年3月2日，摩洛哥获得独立后，开始建立皇家军队，同年5月14日举行建军仪式，在长期的解放战争中同法国殖民军进行作战的5000人的摩洛哥解放军加入皇家军队。

（6）赛羊日。

在每年6月上旬举行。比赛地点一般在提齐恩特雷登高原牧区。节日期间，部落居民赶着数万只绵羊前来参加比赛，搭起数千顶帐篷就地住宿。在比赛中，获得最佳质量羊和最高质量羊毛的主人被授予奖品。在节日期间，还举行各种民间舞蹈表演。

（7）宰牲节。

也叫"献羊节"。每年7月下旬举行，是摩洛哥穆斯林的盛大的宗教节日。节日前，人们就开始买卖羊的活动。节日里，举行盛大的献羊仪式，每家准备一只羊，在祈祷仪式后，由一名壮士用刀插入羊的颈，然后背起流血的羊跑向清真寺。到清真寺时，羊还没死，就鸣枪表示吉祥、丰收的喜讯即将来到，接着开始狂欢活动。家家大摆羊宴，招待来宾。每年在这一节日期间，摩洛哥人都宰杀数百万只羊。1981年，哈桑二世国王号召在节日里不宰羊。该年，摩洛哥的穆斯林以不宰羊的方式过节。宰牲节还是摩洛哥传统的"和平节"。在节日期间，人们严格遵守自古流传下来的规矩，各部族和家庭的成员、邻居之间要和平相处；即便是敌对的部族，也不得发生冲突和纠纷。

（8）赛马节。

每年9月在梅克内斯举行，节期共5天。节日期间，每天下午表演赛马，骑手们云集赛马场，身着白色长罩袍，肩扛旧式大火枪，10匹马为1组，列队冲杀，激烈地争夺冠军称号。赛后，骑手们高举火枪，欢呼而归，表现出摩洛哥人民英勇顽强的气概。

（9）庆生会与割礼。

摩洛哥的孩子出生后，按照惯例要举行庆生会，把孩子的头发剪掉，让其重新长出。一般在孩子出生 40 天后举行割礼，但因各地的习俗不同，日子也有所不同①。

第五节 主要城市和古迹

一 拉巴特（Rabat）

拉巴特是摩洛哥的首都，位于大西洋东岸，布·雷格里格河南岸，隔河与古城塞拉相望。城市由 1912 年摩洛哥成为法国"保护国"后兴建的新城和 18 世纪所建的塞拉旧城两部分组成，构成拉巴特—塞拉联合城市。面积 2100 平方公里，人口 139.8 万。拉巴特是一座古城，公元 10 世纪得名；在阿拉伯语中，拉巴特的意思是"设防的居民"或者"兵营"。12 世纪，雅吉布·曼苏尔国王在此建筑城堡。从 17 世纪起，随着大批的安达鲁西亚的伊斯兰教徒（摩尔人）、熟练的工匠、商人和航海家由西班牙迁徙过来，拉巴特迅速发展起来。在 1627 ~ 1666 年期间，拉巴特实际上成为独立于中央政权的国家城市。1666 年起，拉巴特成为在西马格里布建立起来的阿拉维国家的一个组成部分。在 18 ~ 19 世纪，拉巴特是摩洛哥大西洋沿岸的唯一的城市，与西班牙、英国、荷兰、丹麦和法国之间的贸易都要经过这里。19 世纪时，拉巴特成为摩洛哥中央政府统治的重要中心。到 1912 年，法国殖民者攻占当时摩洛哥的首都非斯并迁都于此，拉巴特成为法国"保护国"的行政首府。1956 年独

---

① 参见唐进修、蒙宪谟主编《世界节日纪念日辞典》，北京，中国对外翻译出版公司，1990，第 233 页。

立后，正式成为摩洛哥的首都。

拉巴特是摩洛哥的政治和金融中心，王宫、政府机关、外国机构、金融、商业、拉巴特大学、国家图书馆和许多科研机构①均设在这里。

拉巴特是摩洛哥的文化中心，市内的摩洛哥美术馆，展示摩洛哥的文化。梅迪纳古城的艺术博物馆，展示摩洛哥各族人民历代的传统服装、地毯和刀等物品。此外，还有乌达亚城堡、摩洛哥艺术博物馆、考古博物馆和古物博物馆等。

拉巴特是摩洛哥的交通中心，铁路和公路通往国内各大城市，并与邻近的国家阿尔及利亚和突尼斯相通。国际机场和海港是西北非与欧洲和拉丁美洲之间的交通枢纽。

拉巴特市区南面临大西洋海岸，是夏季旅游胜地。新城集现代化艺术与古老的阿拉伯传统建筑艺术为一体。旧城塞拉是典型的阿拉伯式城市，红色围墙，街巷狭窄弯曲，两侧是古老的阿拉伯建筑和清真寺。有一些手工艺作坊，居民的生活和生产方式存留着浓厚的中世纪风采。

拉巴特是摩洛哥四大皇城之一，拥有众多的名胜古迹。其中有反映摩洛哥悠久灿烂的古代文明的皇陵、哈桑清真寺、库图比亚塔、吉拉勒达塔、哈桑塔、拉巴特王宫和军事要塞遗址②，还有保存完好的古城墙以及罗马时代的许多遗址、穆罕默德五世国王的陵墓。

由于历史的原因，拉巴特首先是作为政治行政中心而发展起来的，因此，拉巴特的工业不太发达，有食品、纺织、化学工业与皮革制品和地毯等名产，其中最有名的是拉巴特地毯，色彩艳

---

① 设在拉巴特的科研机构有：舍里夫科学研究所、摩洛哥地理学会、全国地理委员会和全国经济、社会及统计研究协会等。
② 公元1~5世纪时期罗马人建筑的乌达亚城堡等。

28

丽，极富民族特色。金融业、捕鱼业和旅游业较为发达。

拉巴特的主要景观有：

舍拉废墟遗址。舍拉①古城原为腓尼基、迦太基和古罗马帝国时代北非的重要港口城市，与摩洛哥境内的沃吕比利斯古城和伯纳萨古城齐名，公元5世纪荒废。公元13世纪，马里尼德王朝君主阿布·雅库布定都拉巴特城，修筑城墙，在古城遗址的基础上建成。1755年，在一场以里斯本为震中的大地震中，舍拉古城被夷为废墟。现在，在舍拉废墟遗址上，仍可见古罗马时期的台地园、凯旋门、元老院、论坛、法院、公共浴池等建筑群，马里尼德王朝时期修筑的外围城墙、清真寺宣礼塔、王妃墓碑和放生池等基本保持了原貌。1980年被列为摩洛哥国家重点保护文物。

哈桑清真寺。位于城东南，建于1195年，曾是北非最大的清真寺。长183米、宽139米，四周有16道门。15世纪，因地震而受到严重损坏。

哈桑塔。位于哈桑清真寺正面，1755年大地震时，该塔顶部被毁，其余部分保存完好，高69米，用玫瑰色石块砌成，四周雕刻图案各异，具有摩洛哥的传统艺术特色。

皇陵。建于12世纪，现保存着门楼、墓碑、清真寺、放生池和花园。

乌达亚堡。位于拉巴特老城以东，布雷格雷格河入海处，濒临大西洋，是一古城堡建筑群，当年是一座军事要塞。始建于12世纪的柏柏尔王朝，后为阿拉伯王朝所用，曾被葡萄牙人和法国人占领。现存的乌达亚堡对外开放三个部分：一是在17世纪时由伊斯梅尔国王所建的、具有安达鲁西亚园林建筑风格的院内花园；二是博物馆，展出历代珠宝、乐器和历代民族服装，包

---

① 古语"土地"的意思。

括柏柏尔人、撒哈拉人、摩洛哥犹太人的服饰以及古代红铜和土陶器皿；三是高空平台，为古时空中市场遗迹。乌达亚堡内保留着柏柏尔民居和街道。

拉巴特王宫。位于拉巴特市中心，建于 1785 年，占地两平方公里，是一座典型的阿拉伯风格的宫殿建筑。大门上用黄铜雕成图案，绿玻璃瓦屋顶，宫内有各种式样的宫殿，其中哈桑二世国王用于接见宾客的里亚德宫最为壮观。

穆罕默德五世墓。位于拉巴特市中心。1961 年，穆罕默德五世国王逝世。1962 年开始修建，1971 年竣工。墓室中央为穆罕默德五世墓，两侧分别为哈桑二世国王及其弟阿卜杜拉亲王的墓，并建有陈列馆，藏有阿拉维王朝历代君主画像和穆罕默德五世国王遗物及其统治时期的历史资料与文献。墓的正面是拉巴特的象征——哈桑塔和哈桑大清真寺遗址。

二　古老的港口城市丹吉尔（Tanger）

丹吉尔是摩洛哥北部的重要城市，位于非洲西北角的顶端，大西洋和地中海的交汇处，距直布罗陀海峡 58 公里，为非洲经海路通往欧洲的必经门户，战略地位十分重要。丹吉尔是摩洛哥伟大的旅行家伊本·白图泰的故乡。丹吉尔是世界上最古老的城市之一，公元前 2 世纪由腓尼基人建立。公元前 146 年成为著名的大城市，称丹吉斯。公元前 15 世纪，成为腓尼基人的贸易中心，后又成为迦太基人和罗马人的聚居地。公元 42 年成为自由城市。罗马人统治时期，称为毛里塔尼亚·廷吉塔纳，是当时西北非最大的城市。在罗马人统治 500 年之后，丹吉尔市先后由汪达尔人、拜占庭人和阿拉伯人所管辖。此后，阿拉伯人、葡萄牙人、西班牙人、法国人相继在这里进行统治，使之变成一座国际性城市。1417 年，曾作为葡萄牙殖民地的首府，后又转让给英国。19 世纪中期，丹吉尔发展成一个具有先进设

备的港口。1923 年，丹吉尔由英国、法国、西班牙和意大利等 8
个欧洲强国与摩洛哥"共同管理"。第二次世界大战期间
（1940～1945 年），被西班牙侵占。战后，美国、英国、法国和
苏联等国在这里建立新的国际共管。1956 年，摩洛哥独立，正
式收回丹吉尔主权。

1962 年，丹吉尔宣布为自由港。1965 年，建立自由贸易区，
成为摩洛哥西北地区的一个重要港口，有大量本国产品从这里输
出。丹吉尔国际机场是最繁忙的机场之一。丹吉尔至非斯的铁
路，与全国铁路网相通。该市的高速公路可通往拉巴特和得土
安。

现在的丹吉尔市坐落在一个圆形的石灰岩丘陵的斜坡上，可
以眺望大西洋，西、北两面有防波堤。市区东面的地中海沿岸是
天然游泳场，市区分为阿拉伯人居住的旧市街和欧洲人居住的新
市街。旧市街的大索科广场是商业广场，分布着咖啡馆、杂货
铺、绸布庄和服装店。广场附近是西迪·布阿比德清真寺。丹吉
尔市还有大量的历史古迹，如阿尔西拉、阿塔什、古代的迎客
厅、清真寺、天主教堂、大教堂、法庭、苏丹王宫（现改为博
物馆）、朝向海上的炮楼、马拉巴塔古城堡和国库等，吸引着众
多的游客。在非洲西北的斯帕特尔角，隔直布罗陀海峡可看见对
面西班牙的安达鲁斯海岸。

三　卡萨布兰卡（Casablanca）

卡萨布兰卡又名"达尔贝达"（Dar el Baida），是摩洛
哥的"经济首都"。西临大西洋，东北距首都拉巴特
92 公里。是全国最大的城市和直辖市，行政建制为 17 大区之
一，管辖 9 个省。市区和郊区总面积 1650 平方公里，人口 295
万（2004 年）。

卡萨布兰卡具有悠久的历史，在迦太基、古罗马和柏柏尔人

的时代，这里曾经是一个贸易中心。公元 7 世纪，柏柏尔人在这里建立了城市，最初叫做"安发"。12 世纪时，安发成了一座繁华的商港，与意大利、西班牙和葡萄牙进行频繁的贸易；是周围地区（如沙维区、兰纳和塔德拉）的中心，在这些地区与欧洲的联结上起了重要的作用，该地区的玉米、毛、皮、蜂蜡和油品等货物从这里出口到欧洲。后来，这里因染指海盗活动遭到葡萄牙人的疯狂报复，两度被夷为平地。1575 年被葡萄牙侵占，改称卡萨布朗卡。18 世纪中叶，摩洛哥的阿拉伯国王开始重建这座城市，修建了富丽堂皇的清真寺和神殿，同时赋予城市一个新的名字"达尔贝达"（意为"白色的房子"）。18 世纪末，西班牙侵占此地，将它译为西班牙语"卡萨布兰卡"（西班牙语亦为"白色的房子"之意）。1755 年，当地发生大地震，整个城市变成废墟，曾一度被放弃。1770 年重建。独立后，摩洛哥又将其译为阿拉伯语，叫"达尔贝达"，这三种文字的原意都是"白色之家"或"白房子"，是由于这里的白色建筑物而得名并闻名遐迩。现在，卡萨布兰卡发展成为摩洛哥的第一大港和第一大城市，世界上最大的人造港口之一。

卡萨布兰卡举行过许多重要的会议。第二次世界大战期间，盟军领袖曾在这里举行首脑会议。1961 年，穆罕默德五世国王在这里主持了非洲国家会议，建立了卡萨布兰卡非洲国家集团。卡萨布兰卡还以一年一度的国际博览会和好莱坞影片《卡萨布兰卡》而闻名于世。

卡萨布兰卡是摩洛哥现代工商业、金融和外贸的中心，国家主要的经济、商业集团均设在这里。它集中了全国 60% 的工业企业，30% 的电力能源消耗，占摩洛哥国内生产总值的 30%。它还是外国公司和金融代表机构的所在地。工业区集中在城市东部，有造船、机械、金属加工、制铁、炼油、化工、水泥、造纸、皮革和食品加工工厂及火力发电厂等。食品工业居国内领先

地位，其中食糖、面粉、各类罐头、食油、饮料等产量极高。还有纺织、服装、化学、制药、炼油、建材、水泥、机械、车辆装配、造船、炼钢、印刷等工业部门。银行业发达，集中了1/3的摩洛哥银行总部。

卡萨布兰卡是摩洛哥海、陆、空交通运输的重要枢纽和进出口商品的集散地。铁路、公路网连接全国各地。有两个大的国际机场，与五大洲有贸易运输往来。卡萨布兰卡的穆罕默德五世机场是全国最大的国际机场，有20多条国际航线通往欧洲、美洲和非洲等的国家，年运送旅客达400多万人次，其中，摩洛哥航空公司的客运量达236万人次。

卡萨布兰卡港是非洲最大的装卸作业港之一、世界最大的磷酸盐输出港。总面积为605公顷，码头岸线全长7580米，有35个泊位。全港分为货运和渔业两个港口，由港务局统一管理，实现机械化和专业化分工。装卸作业区建有东港、西港两个国际集装箱运输码头、杂货码头、柑橘蔬菜装卸码头、磷酸盐及燃料等矿产品运输码头、船舶补给和拖船停泊码头；分设易燃物品、重型机械、集装箱卸后废料堆场区；专设船舶修理和安装区。可同时接纳20艘商船。1996年摩洛哥港口开发总局投资1亿美元兴建的东港码头为目前卡萨布兰卡港最大和最现代化的码头，完全符合国际海运标准。

卡萨布兰卡的建筑兼有民族与西洋相结合的风格。城市分新旧两个部分。新城位于城西，是欧洲人移居此地后兴建的住宅区，街道以穆罕默德五世广场为中心向外辐射，与环形路相交，街道宽阔，建筑多为白色。联合国广场一带是商业和行政中心。旧城位于城东，是阿拉伯人和犹太人的聚居地，有古老的阿拉伯传统建筑。老城之外还有新建的新阿拉伯区。

卡萨布兰卡是摩洛哥重要的旅游城市，旅馆、餐饮设施齐全。现有五星级饭店 4 家，四星级饭店 12 家。主要旅游景点有：哈桑二世清真寺、穆罕默德五世广场、联合国广场、阿盟公园、穆罕默德的亚海滩、摩洛哥艺术博物馆、手工艺品市场、王宫和西迪布·斯迈拉陵墓等。梅迪耶区是传统的手工艺品市场，出售摩洛哥风格的手工艺品。

哈桑二世清真寺 位于市区西北部、伊斯兰世界最西端，是世界上最大的清真寺之一。1987 年 8 月动工修建，1993 年 8 月 30 日落成；全部工程由法国一家公司承包，耗资 5 亿多美元，3/5 的经费由国内外捐赠，其余由摩洛哥政府拨款。清真寺的创意和布局均出自哈桑二世国王，该建筑具有典型的阿拉伯建筑风格，是摩洛哥建筑工艺的代表作。它占地面积 9 公顷，为纪念摩洛哥的阿拉伯人祖先由海上而来，将其中 1/3 面积建在海上；主体工程建筑面积 2 公顷，礼拜殿长 200 米，宽 100 米，高 60 米，可同时容纳 10 万人祈祷；寺外的广场可容 8 万人礼拜。屋顶重 1100 吨，可以启闭，25 扇自动门全部由钛合金铸成，可抗海水腐蚀，寺内大理石地面常年供暖，被誉为穆斯林世界的一大"宝物"（Joyau）。清真寺的宣礼塔高 172 米。夜晚，宣礼塔顶的激光束射向圣地麦加；晚祷过后，亮光打开，为航行在大西洋的船只导航。清真寺主体建筑的地下有浴室和停车场。附属建筑还有宗教学校、国家图书馆、博物馆。

四 新兴旅游城市阿加迪尔（Agadir）

加迪尔是苏斯地区的首府，位于大阿特拉斯山脉与小阿特拉斯山脉之间的苏斯河谷地带，距苏斯河口 10 公里，是大西洋沿岸的一座港口城市，摩洛哥南方的门户，有近千年的历史。1960 年 2 月，该城遭受两次强烈地震，并受到海啸和大火的严重破坏。地震之后，经过 30 多年的建设，在旧城南面重建具有阿拉伯民族特色和国外建筑艺术风格的新城。

阿加迪尔是摩洛哥、也是北非最大的远洋渔港,摩洛哥渔业中心之一,捕鱼业前景十分可观,集中了数十家沙丁鱼的鱼类罐头厂、水泥厂、食品厂和金属加工厂。

阿加迪尔整个城市犹如一座大花园,市区街道纵横交错,白色的建筑物掩映在绿树丛中,街心花坛四季花开,大西洋沿岸有各种风格的旅馆和商业区。市中心广场是举行联欢会和民间歌舞等大型活动的地方。

阿加迪尔是摩洛哥的度假胜地。由于东面和南面的阿特拉斯山阻挡大沙漠的热浪,所以阿加迪尔的气候温和,阳光充足,四季如春。西面是大西洋,人们可以享受海水浴和日光浴。东面是富饶的苏斯平原,往南是著名的撒哈拉大沙漠,人们可以观赏神秘的"海市蜃楼"景观,参加沙漠绿洲村庄举办的具有当地民族情趣的联欢活动。

阿加迪尔是一个旅游中转站,有国际机场通往国外,有公路与萨菲和马拉喀什相通,游客可从这里到北部或到南部沙漠中的塔鲁丹特、提兹尼特、吉利敏等地参观游览。

五 古城非斯(Fès)

非斯是摩洛哥中北部城市,位于阿特拉斯山麓,横跨非斯河,西距拉巴特 190 公里,摩洛哥的四大皇城之一。非斯是摩洛哥土地上最早出现的阿拉伯城市,公元 9 世纪初,非斯成为摩洛哥第一个王朝——伊德里斯王朝的都城(当时在位的国王是伊德里斯王朝的第二位国王)。直到 20 世纪初,非斯都是摩洛哥历代王朝的都城。非斯还是伊斯兰世界的圣城之一和文化古城,素有"摩洛哥文明之都"和"学术首都"之称,是摩洛哥领土上建立最早的阿拉伯城市。11 世纪时,非斯是摩洛哥经济与科学文化的中心及宗教圣地。14 世纪,许多学者、科学家、研究者及伊斯兰教的法学家汇集此地,带来和留下许多

十分重要的阿拉伯伊斯兰书籍。

非斯是连接东部、西部和北部摩洛哥的铁路、公路的重要交通枢纽站。东南面有大型国际机场。

非斯古城本身就是一部摩洛哥史。公元 789 年，伊斯兰教创始人穆罕默德先知的后裔伊德里斯一世国王始建；公元 808 年，穆莱·伊德里斯二世大规模扩建并定为首都。现在的非斯城由伊德里斯父子、1276 年马里尼德王朝所建的两座古城和本世纪建的新城组成。非斯有古老的商业区和现代的商业中心，有传统的陶器、毛织品、丝织品和皮革制品等手工业，也有近几十年建立起来的纺织、面粉、木材和金属加工业。

非斯老城建于公元 808 年，占地 250 公顷，17 公里长的城墙基本保存完好。非斯城以精湛的伊斯兰建筑艺术著称于世，有古城堡、宫殿、伊德里斯二世国王的陵墓、收集传统武器和美术品的博物馆、藏书丰富的图书馆等。12 世纪伊斯兰教全盛时，市内曾有清真寺 785 座，现保留有 360 座；其中，有建城初期的第一座清真寺——布阿纳尼亚清真寺，马里尼德王朝时修建的王宫与学校，建于 14 世纪的几所神学院、阿纳尼亚和阿塔林伊斯兰高等学校。现在，城内建筑风格与居民的生活习惯以及生产方式仍保持着中世纪的风貌。由于非斯的古迹、供水系统、丰富多彩的手工艺、高超的建筑艺术和其他文化遗产，联合国教科文组织决定把非斯作为世界重点文物紧急抢救项目。1981 年，非斯老城被联合国教科文组织作为文化遗产列入《世界遗产名录》。1993 年 9 月 8 日，世界遗产城市组织（Organization of World Heritage Cities）在摩洛哥的非斯成立，56 个城市代表与会。大会通过了《非斯宪章》。摩洛哥的非斯、马拉喀什、梅克内斯、得土安是该组织的成员城市。非斯还是世界历史都市联盟（League of Historical Cities）的成员，与世界历史都市之间开展合作和交流，努力保护古老的文化和传统。

非斯是摩洛哥手工艺术的发源地。12 世纪是非斯历史上的全盛时期，城市人口近 10 万。据记载，当时有 9000 多家商店，有肥皂、硝、染色、铜铁、建筑材料、纸张、陶器等作坊和工场几百家，还有许多生产皮革制品、银、铁制品、木器和从事缝纫等的家庭手工业。主要产品有毛毯、皮革及其制品、金属加工品、陶瓷和木制家具。今天，非斯仍是手工业都城，它生产的皮革制品、陶瓷器、地毯、成衣、刺绣、木器及以铜、银、铁为原料的家庭日用品等，除在当地销售外还远销海外。为使传统手工艺术世代相传，摩洛哥政府在非斯开办了一个皮革纺织学院。独立后，在非斯发展了加工工业，如面粉、木材加工、纺织和金属加工等。

非斯的卡拉维因大学（Qayrawaniyin）。 它不仅是大学，还是一座宏伟的清真寺——卡拉维因清真寺①，有 1100 多年历史，建于公元 859 年，被喻为世界上最古老的一所大学，世界上最古老的伊斯兰高等学府之一②，专门从事伊斯兰教的学习和研究。当时，它就讲授古兰经、哲学、历史、文学、法律、数学、医学和天文学等学科，学生来自北非、黑非洲和欧洲。现在，卡拉维因大学由三部分组成：大学、清真寺和图书馆；有学生 2000 多人。清真寺只供人们祈祷和参观。图书馆早在中世纪就久负盛名，珍藏着具有伊斯兰文明的、带有彩色画面的《古兰经》以及大量手抄本和其他古籍、书籍几十万册，其中有 8000 多册珍贵的手抄本。

非斯城的引水系统。 非斯古城的引水系统以设计高超而著

---

① 在卡萨哈桑二世清真寺建成前，卡拉维因清真寺为北非最大的清真寺。整座建筑由 270 根廊柱支撑，用大理石、石灰、石膏、鸡蛋清等为原料建造而成。由于当时摩洛哥不产大理石，因而是用一吨糖换一吨大理石，由意大利进口运抵非斯。清真寺可容纳 2.2 万名教徒祈祷。

② 比英国的牛津大学早 390 年，比法国巴黎大学早 291 年。

名。伊德里斯二世国王建城时，设计了周密的供水系统，使非斯河的河水流经每座庭院并引进每座住房。这种引水方法一直沿用至今。近来，非斯河每年有 6 个月以上处于干涸状态。

六　古都梅克内斯（Maknès）

克内斯是梅克内斯—塔非拉勒区首府所在地，位于首都拉巴特以东 130 公里，交通方便，有铁路、公路与这两大城市相通，公路、铁路及航空四通八达，是摩洛哥东西、南北各重镇要冲。该城建于公元 9 世纪，是摩洛哥的四大古都之一。1672 年，阿拉维王朝的苏丹穆莱·伊斯梅尔迁都到此，这也是该城的鼎盛时期。1996 年，梅克内斯被联合国教科文组织作为文化遗产列入《世界遗产名录》。

梅克内斯城内留有许多名胜古迹，如古代王宫建筑、神学院、纪念门及 17 世纪的宫殿、清真寺等；有建筑艺术精湛的巨型曼苏尔城门、雕刻和镶嵌工艺精致的王宫、穆莱·伊斯梅尔的陵墓、白里马大清真寺、赛义德·奥斯曼大清真寺、罗马人建造的古城区"沃利莱"、贾米阿艺术馆等。老城有长达 45 公里的城墙，城内有庞大的古代粮仓和马厩以及可以关押 2 万名俘虏和奴隶的地下监狱及一个 4 公顷的大水池。

在梅克内斯附近的"伊夫兰"山区，有鲁阿马厩，可饲养 1.2 万匹马。每年 9 月，在马厩附近的广场上，举行摩洛哥全国骑术表演。

在梅克内斯城以北 30 公里处，有一个罗马古城废墟——沃吕比利斯（Volubilis）考古遗址，始建于公元前 3 世纪，是罗马帝国的前哨城市，公元前 1 世纪，曾是朱巴二世（Juba II）的行宫。公元 2～3 世纪，曾盛极一时，是罗马帝国橄榄油的主要供应地和斗兽场动物的采办地。随着罗马人退守地中海，沃吕比利斯城开始衰落。到公元 8 世纪，阿拉伯王国建都非斯，沃吕比利

斯居民迁往非斯。1755年，一场以里斯本为震中的大地震的余波将其毁坏，只留下凯旋门、剧场的白石圆柱。古城的街道、住房、油坊、公共浴室和市场等仍清晰可辨。1874年，沃吕比利斯遗址被发现。1915年开始大规模的发掘，出土的文物制作精致。沃吕比利斯遗址的建筑风格十分奇特，具有宝贵的学术价值。1997年，沃吕比利斯考古遗址被联合国教科文组织作为文化遗产列入《世界遗产名录》。

梅克内斯北部的伊德里斯是摩洛哥伊德里斯王朝的发源地，开国君主墓葬在此处，后成为伊斯兰教的圣城之一。

梅克内斯气候温和，建有许多造型别致的别墅，被称之为"非洲的瑞士"。现在梅克内斯已发展为重要商业和工业中心。有大型纺织工业企业、木材加工和食品加工企业，还有水泥厂、毛毯厂等。

七　历史文化名城马拉喀什（Marrakech）

马拉喀什是摩洛哥南部进出撒哈拉沙漠的重镇，有南部首都之称。位于摩洛哥南部，在大阿特拉斯山脉以西、坦西夫特河南部的豪兹平原中部，是摩洛哥的四大皇城之一。1062年，阿尔摩拉维德王朝开始建马拉喀什城——"红城"①。这里曾是摩洛哥几个王朝的都城，至今已有900多年的历史。

马拉喀什是摩洛哥南部商业和工业的中心。有传统的皮革和地毯等手工业，也有纺织、食品加工和木材加工等现代工业。

马拉喀什交通发达，有公路和铁路通往沿海和内地。国际机

---

① 建于1126年的城墙用红色泥土建筑，至今仍保留部分遗址，建筑物的颜色是红褐色，而在柏柏尔语中"马拉喀什"即"红色"之意，因而得名"红城"。

场可降落大型客货机。

马拉喀什宫殿林立，有许多名胜古迹，素有"南方明珠"之称。

城内有著名的库杜比亚清真寺，有700多年历史的阿盖达尔橄榄园，16世纪萨阿德王朝时代的圆顶陵墓，19世纪的巴希亚王宫和达西赛义德博物馆。从12世纪至16世纪，马拉喀什出现了一些著名的历史人物，被称为"七圣徒"。至今仍有人说去朝拜"七圣徒"，意即去马拉喀什。

市中心的"非奈伊广场"，建于800年前，是世界上最奇妙的广场。有长达7公里用红砖砌成的古城，城堡上筑有200个高塔。附近的杰马·埃勒·弗纳广场，是游艺活动中心；其周围是最繁华的地区，有购物街、工艺品货摊，还有地方风味的小吃铺；有各式各样的摩洛哥民间艺术，其中最引人入胜的是吞火、玩蛇、耍猴及各种杂技的节目。1985年，这个古老而独具特色的广场被列入《世界文化遗产名录》。

东部阿特拉斯山的雪景、滑雪场和瀑布吸引着众多的游客。南部大沙漠可使游人一览沙漠奇观。

库杜比亚清真寺。建于1195年，是摩洛哥人民为庆祝对西班牙战争的胜利而建造的一座宏伟的纪念性建筑，是当时北非最高的建筑物。相传宣礼塔是用红色的石头建成，石块筑成的塔壁，因由掺入名贵香料的泥浆而粘合，至今似乎还散发着浓郁的芳香。

阿盖达尔橄榄园。园内分布6个巨大水池，池水是通过暗渠和坎儿井引来的阿特拉斯山上的雪水，用于灌溉园林。

八　得土安（Tétouan）

得土安位于丹吉尔以东的达斯拉斯山中，因建筑物外墙都涂成白色，体现出浓郁的西班牙—阿拉伯艺术色

彩,素有"白鸽"之称。始建于公元 1307 年,是一座罗马古城。16 世纪,西班牙发动反穆斯林的战争,把数千穆斯林和犹太人流放到得土安。17 世纪,在苏丹穆莱·伊斯梅尔执政期间,得土安与西方各国的贸易往来频繁。1860 年和 1913 年,这里曾两次被西班牙占领。

得土安是摩洛哥的古文化中心。在得土安古城遗址上,有 3 面城墙,7 座城门,36 座清真寺。现在建有摩洛哥艺术博物馆和国立考古博物馆,珍藏了许多史前文化和迦太基、罗马和伊斯兰教的稀世珍品。著名的安达卢西亚音乐学院,反映该地区与安达卢西亚王朝曾有密切的文化交往。有研究所、博物馆、档案中心及其他文化机构。

得土安交通发达,盛产谷物、水果和茶叶、橄榄、栓皮栎等。这里一年四季阳光灿烂,气候宜人。近年来,摩洛哥政府兴建了许多高楼大厦、旅游中心及私人别墅,吸引众多的世界各国的游客。

得土安是摩洛哥商业和手工业的中心。食品、纺织、制皂和水泥工业以及手工工业的生产(皮革、金属和丝等制品)发达。

第二章

历　史

第一节　古代简史
（远古至公元 7 世纪）

一　史前史（公元前 17 世纪前）

摩洛哥是原始人最早居住的地方之一。根据考古学家和人类学家的研究表明，大约在 200 万 ~ 100 万年前，摩洛哥大西洋海岸就出现了包括复杂的、两面打制石器（手斧）在内的阿舍利文化。大约在 50 万 ~ 40 万年前，摩洛哥出现了直立人人种——拉巴特人①和卡萨布兰卡人②。

在旧石器时代中期或晚期的开始阶段，摩洛哥存在一种莫斯

---

① 在拉巴特西北部、距大西洋不远处有第四纪的砂岩。1946 年，法国人马尔塞斯（Marcais）在那里发现人类下颚骨 1 个和上颚骨 1 块，称为拉巴特人。裴文中著《第二次大战前后世界各地对于人类化石的新研究》，北京，科学出版社，1954，第 23 页。

② 1955 年，在摩洛哥大西洋沿海地带的卡萨布兰卡以南几公里的地方，发现了生活在大约 40 万 ~ 30 万年前的"卡萨布兰卡人"的遗迹。在丹吉尔市附近、拉巴特市附近、德拉河谷、木卢亚河谷、中阿特拉斯山中和前撒哈拉地区等地也有这种考古发现。见〔苏〕М.Б.高农、Г.Н.乌脱金著《摩洛哥：自然地理和经济地理概要》，西安，陕西人民出版社，1977，第 113 页。

特—阿特利文化（大约在 35000 年前），出现了智人人种——阿特利人①。旧石器时代后期，大约在公元前 13000 年时，出现了一种沿海文化——伊比利亚—毛鲁西文化，形成这种文化的种族是梅奇塔—阿尔比人，他们可能是马格里布最早的种族。大约在公元前 9000 年末到公元前 8000 年时，这种文化消失，代之以一种新的文化——卡普萨文化。

新石器时代（公元前 6000 年至公元前 5500 年），在今天的摩洛哥地中海沿海，居住着伊比利亚—毛鲁西亚人，出现了早期的新石器时代文化，这种文化包含一种几乎没有任何装饰的粗制陶器、炉石和极少的石器工具。考古遗址表明，那一时期，西北非是游牧部落大迁徙的场所，人们已经开始对牛的驯化、农作物的栽培并出现了陶器。从出土的陶器中，我们可以看到人类从一种游牧的生活方式过渡到另一种定居的生活方式，发明新的储存、运输和烹饪食物的方法。在以后的年代，这里成为最早出现人类定居的农业发源地。

公元前 5000 年，来自近东的移民与摩洛哥土著居民通婚，这些人就是柏柏尔人的祖先。他们在这里从事农耕，进行海上贸易。

二 青铜时代（公元前 17 世纪至公元前 9 世纪）

约 在公元前 1600 年的青铜时代，柏柏尔的牧民在大阿特拉斯山的岩石上刻下图案，有短剑、矛、盾和斧头。这一时期，他们主要的活动是狩猎和捕鱼。

摩洛哥的土著居民是古代的柏柏尔人或利比亚人②，在摩洛

---

① 联合国教科文组织编写《非洲通史》第一卷《编史方法及非洲史前史》，《非洲通史》国际科学委员会编辑，北京，中国对外翻译出版公司，1984，第 421～425 页。Harold D. Nelson：*Morocco*：*a country study*，p. 4，the American University，Washington D. C，1985.

② 在古时候，整个北非地域都称为利比亚。

哥的柏柏尔人主要是由两部分组成：一部分是公元前 20 世纪以前，从亚洲高原大规模迁徙过来的棕发的柏柏尔人，即原始闪族人。另一部分可能是在公元前 20 世纪从北方的西班牙迁徙过来的金发的柏柏尔人，他们与东方人融合，采用东方语言。这些部落主要从事狩猎和畜牧业，也种植谷物。柏柏尔人的社会和政治组织的基本结构是家庭的延伸，通常以一个村子或一个传统的放牧地为一个单位，以一个共同的祖先为一个部落①。

公元前 12 世纪，腓尼基人②第一次入侵摩洛哥。他们从地中海东部的大陆来到摩洛哥的大西洋沿岸定居。他们在摩洛哥沿海建立贸易客栈。腓尼基人建立的这些商业中心，后来发展成为一些城市，如丹吉尔、得土安、梅利利亚、拉巴特港和摩加多尔等。腓尼基人在摩洛哥沿海的移民，还促进了农耕的发展和新文化的输入。

三　古代（公元前 9 世纪至前 4 世纪）

公元前 800 年至公元前 600 年期间，摩洛哥进入有记载的历史。在腓尼基人的书信中，记录了从公元前 500 年，索维拉（Essaouira）岛上的居民就开始制陶。一些被称作"这些是由太阳烧成的人"的埃塞俄比亚人迁入摩洛哥，在北部形成定居（洞穴）部落，在南部形成游牧部落。

---

① 直至今日，柏柏尔人仍然保留着自己传统，特别是在农村和山区。柏柏尔人的语言没有标准形式，每一个柏柏尔部族用自己的翻译，柏柏尔人没有手稿和著作。他们最主要的表达方式是音乐和舞蹈。

② 腓尼基（Phoenicia），位于地中海东岸的古国，古希腊语意为"紫色的国度"（因其特产紫红染料）。公元前 2000 年初，塞姆（闪）人的一支腓尼基人在位于今黎巴嫩和叙利亚沿海一带建立若干城邦。腓尼基人以航海、经商和贩运奴隶闻名。公元前 10 世纪其活动范围达到今塞浦路斯、西西里岛、撒丁岛、法国、西班牙以及北部非洲，并扩建殖民地，迦太基（今突尼斯境内）是其中最大的殖民地。

公元前 6 世纪至公元前 5 世纪时，摩洛哥沿海一带城市的兴起和阶级社会的出现，导致了最早的奴隶制国家的建立[1]。腓尼基人在摩洛哥发展史上做出了一定的贡献。

公元前 5 世纪，迦太基人在大西洋沿岸殖民。他们来到摩洛哥，从事捕鱼和渔业加工，生产沙丁鱼产品并出口，改变了当地居民的生活和社会活动。他们还种植小麦和大麦，养羊和用于作战的马，他们还可能引进了葡萄的栽培技术。根据考古研究证明，迦太基人曾到过地中海沿岸的许多地方，如直布罗陀的凯比尔堡（Ksar es-seghir）和大西洋沿岸的丹吉尔，摩加多尔是迦太基人最远的殖民地。

四 柏柏尔王国时期（公元前 4 世纪至公元 42 年）

公元前 4 世纪，在摩洛哥北部出现由柏柏尔人建立的一个王国——毛里塔尼亚。其东部边界在靠近今摩洛哥东部穆卢耶河的地方。

公元前 3 世纪，在今天阿尔及利亚东北部与突尼斯接壤部分，形成两个柏柏尔人的王国：一个是马赛西里（Masaesyli），其边界从穆卢耶河扩展到大约今康斯坦丁市。另一个是挨着迦太基的马西里（Massyli）。这两个王国一起被罗马人称为努米底亚（Numidia），他们在后来迦太基最终灭亡的过程中扮演了角色[2]。

公元前 146 年，罗马与迦太基争夺地中海西部统治权的"布匿[3]战争"结束，迦太基灭亡，其领土沦为罗马的一个行省。

---

[1] 《汉诺航海指南》（公元前 475～前 450 年）一书中，对摩洛哥城市和居民、放牧等进行了描述，这是以希腊文保存下来关于最早沿着非洲大西洋沿海地方进行航海旅行的文献。

[2] C. R. Pennell：*Morocco: from Empire to Independence*, p. 8, Oxford, Oneworld Publications, 2003.

[3] 迦太基是腓尼基人的殖民地，因罗马人称腓尼基人为布匿（Poeni）故得名。

随后，罗马人转向西方的摩洛哥。

公元前25年，罗马皇帝奥古斯都（Augustus）立朱巴二世（Juba II，公元前25年至公元23年在位）为毛里塔尼亚的国王，居住在沃吕比利斯。公元23年，朱巴二世的儿子托勒密乌斯继位，统治到公元40年。这两位国王均为罗马人的傀儡。

公元40年，罗马人杀掉毛里塔尼亚的国王，镇压山区柏柏尔人的起义，吞并了毛里塔尼亚。公元42年，柏柏尔人的毛里塔尼亚王国的最后一个王朝结束，沦为罗马属地，一直到汪达尔人入侵。

五　罗马人统治时期（公元42年至公元533年）

罗马人将柏柏尔人的毛里塔尼亚王国分为两个行省，以穆卢耶河为界，东边是凯萨伦西斯（Caesariensis），西边是毛里塔尼亚·廷吉塔纳（Tingitana），廷吉塔纳省的殖民地化程度较凯萨伦西斯省更深；摩洛哥成为罗马帝国的一部分。罗马人统治时期的摩洛哥，在政治上，由罗马皇帝直接统治，罗马派地方行政长官管理摩洛哥，并授予他们一定的民政权力和军事权力[1]。在经济上，古代奴隶制度在摩洛哥北部盛行，罗马人对摩洛哥的农业发展产生了重要的影响，当地的水利灌溉、谷物和亚热带作物的种植都得到显著发展。罗马人还修建了道路，促进了农业和贸易的发展。随着罗马人的征服，在这里还出现了一些大型的城市，如位于柏柏尔地区西部的沃吕比利斯城等。

罗马人的残酷剥削和压迫，引发了柏柏尔人接连不断的反抗活动。罗马既无力根除柏柏尔人的反抗，也无法持久地控制他们。在柏柏尔人的强烈反抗中，罗马帝国的统治摇摇欲坠。

---

[1]　联合国教科文组织编写《非洲通史》第二卷《非洲古代文明》，《非洲通史》国际科学委员会编辑，北京，中国对外翻译出版公司，1984，第365页。

这时，基督教和犹太教开始在摩洛哥传播。最初，基督教是由海员和商人传入摩洛哥的。后来，罗马人对摩洛哥的统治又促进了基督教的传播。据现存的考古遗迹显示，公元 3 世纪，基督教传入内地。到伊斯兰时期，犹太教传到柏柏尔人的部落。

六　汪达尔人（公元 429～646 年）

4 世纪末，汪达尔人经高卢（今法国）迁至西班牙。公元 429 年，汪达尔人和西哥特人从西班牙渡过直布罗陀海峡入侵摩洛哥北部的休达（Ceuta）和索维拉，但是，他们似乎没有在此停留，而是向东到达迦太基。439 年，汪达尔人摧毁了罗马帝国在北非的统治，夺取迦太基城，建立了汪达尔王国。533 年，汪达尔王国被拜占庭帝国消灭。拜占庭在此建立新的统治，虽然他们控制着城市和交通要道，但是他们从未征服广大的农村和山区。而此前就一直生活在山区和沙漠中的柏柏尔人，在广大的农村地区建立了众多的小王国。至今，在柏柏尔人的毛里塔尼亚王国的遗址中，仍有几个碑文，记载了公元 7 世纪时，当地居民融合基督教文化和文明的程度①。

第二节　中世纪简史
（公元 8 世纪至 18 世纪）

一　阿拉伯人征服摩洛哥时期（公元 683～788 年）

7 世纪时，阿拉伯人为传播伊斯兰教，开始全面的扩张，在大马士革建立了伍麦叶王朝②。公元 670 年，阿拉伯人在欧格白·伊本·拿非（Oqba Ben Nafi）指挥下第一

---

① 摩洛哥政府网站资料（2005）（http：//www.maroc.ma）。
② 又称"倭马亚王朝"。阿拉伯帝国王朝（公元 661～750 年），史称"白衣大食"。

次入侵北非沿海。683年，他率领军队进入现在的摩洛哥，即被他称为"马格里布"（意为最西边）的地方。

阿拉伯人对柏柏尔人的征服，前后用了几十年的时间。709年，伍麦叶王朝的北非长官穆萨·本·努塞尔（Mûsa bn Nusayr）率领穆斯林大军进入马格里布西部，攻下丹吉尔。711年，他委派柏柏尔人的首领塔立格·本·齐亚德（Tarîq bn Ziyad）率领军队穿过直布罗陀海峡，攻打西班牙，最终占领了西哥特人在西班牙的王国。

在阿拉伯人征服北非以前，游牧的柏柏尔人信仰原始宗教，定居的柏柏尔人信仰基督教。随着阿拉伯人的迁入，伊斯兰教开始传入摩洛哥。由于柏柏尔人的社会发展水平、地理环境、生活方式和风俗习惯等与阿拉伯人本来就有相似的地方，而且伊斯兰教的教义又具有简单易懂的性质，加之阿拉伯人采取信仰伊斯兰教就可获取优惠等措施，所以柏柏尔人在短时间内皈依了伊斯兰教。摩洛哥开始了阿拉伯化和伊斯兰化的过程。

阿拉伯人迁入后，摩洛哥社会发生巨大的变化，古罗马式的奴隶统治制度开始瓦解，阿拉伯人和柏柏尔人的部落贵族变成大土地所有者阶级。这一时期经济的发展也较快，从近东干旱地区迁移来的阿拉伯人在摩洛哥种植水稻、甘蔗等需要灌溉的作物和耐旱的硬小麦，出现了农业兴旺、商业和对外贸易活跃的景象。在柏柏尔部落之间开始通行阿拉伯语，各方面都受到阿拉伯人的影响并逐渐伊斯兰化。8~10世纪，摩洛哥境内的经济和文化得到高度发展，手工业和商业发展起来，出现了最初的阿拉伯城市，如非斯城，它后来成为摩洛哥古代王国的首都。

二　摩洛哥各王朝时期（公元788~1659年）

8 ~11世纪，柏柏尔人在宗教改革家的领导下，开展一场由哈瓦利吉派领导的宗教运动（公元739年），

反抗阿拉伯中央政权，最终脱离伍麦叶王朝和阿拔斯王朝①的统治，在摩洛哥建立了以部落联邦为基础的几个王朝，主要有：以非斯为首都的伊德里斯王朝，以马拉喀什为首都的阿尔摩拉维德王朝和以拉巴特为首都的马里尼德王朝。这三个王朝的建立促进了摩洛哥北方和南方地区的发展，伊斯兰教和阿拉伯语得到推广。11～14 世纪，封建制度在摩洛哥得以发展。

1. 伊德里斯王朝（The Idrissids，公元 788～1055 年）②

伊斯兰教的什叶派一直反对伍麦叶王朝和阿拔斯王朝的哈里发。公元 785 年，什叶派的伊德里斯·本·阿卜杜拉（Idriss Ben Abdallah，？～792 年）③ 因在麦地那参加反叛，遭到镇压，逃到马格里布（摩洛哥），定居瓦来拉④。由于他被认为是先知穆罕默德的直系后代而受到柏柏尔部落的同情并得到他们有力的支持，拥立他为伊玛目⑤。伊德里斯开始宣传伊斯兰教并号召人们进行圣战。在他的带领下，柏柏尔人渡过穆卢耶河，占领了东起特累姆森、西至塞拉河的广大地区。在他的感召下，这一地区许多信仰基督教、犹太教的柏柏尔人皈依了伊斯兰教。788 年，建立了摩洛哥历史上的第一个阿拉伯王朝——伊德里斯王朝，该王朝统治摩洛哥近 200 年。

伊德里斯王朝最初建都瓦来拉城。公元 792 年，伊德里斯被巴格达派出的一个特使沙马赫毒死，其 12 岁的儿子继位，称伊德里斯二世（公元 792～828 年在位）。公元 808 年，伊德里斯二

---

① 阿拉伯帝国王朝（公元 750～1258 年），史称"黑衣大食"。

② 摩洛哥政府网站资料（2006 年）（http: //www. maroc. ma）。

③ 据传说，他是第四任哈里发阿里的嫡系后裔。阿里是穆罕默德的女儿法蒂玛的丈夫。

④ 今非斯和梅克内斯之间的扎尔洪山。

⑤ 伊玛目：阿拉伯语 Imam 的音译，逊尼派对穆斯林领袖和教法学派创始人、著名宗教学者的尊称。什叶派所拥戴的政教首领。

世选扎纳塔部落境内的一个山谷建造都城，这就是非斯。后来，非斯城逐渐发展为一座宏伟和繁荣的阿拉伯城市，许多阿拉伯人和犹太人到此定居，成为传播伊斯兰教及其文化的中心。伊德里斯二世建立了第一个中央集权政府。这一时期，摩洛哥的国力强盛，社会稳定。

公元 828 年，伊德里斯二世去世，统治阶层开始内讧，王朝走向衰弱。公元 836 年，伊德里斯二世的孙子叶海亚一世继位。在他执政期间，非斯城再次繁荣，成为当时伊斯兰世界的大城市之一。他建立了卡拉维因（Qayrawaniyin）大学，建造了卡拉维因清真寺和安德鲁西亚（Andalusian）清真寺。

公元 917 年，法蒂玛王朝①征服了伊德里斯王朝的北部和东部。1055 年，伊德里斯王朝灭亡。

2. 阿尔摩拉维德王朝（The Almoravides，又称穆拉比特王朝，1055 ~ 1147 年）②

柏柏尔人的一个游牧部落桑哈贾人，在征服了沙漠和其南部的许多地区之后，建立了阿尔摩拉维德王朝。

1036 年，伊斯兰教神学家阿布杜拉·伊本·亚辛（Abdulla hibn yasîn，？~1059 年）来到西撒哈拉，在柏柏尔人中传播伊斯兰教。他在塞内加尔河建立一座清真寺，训练他的学生，被称为"穆拉比特人"（Murabitun）③，还组建了一个带有宗教色彩的武装政治集团。1042 年，亚辛率领这支武装力量以"圣战"为名开始自南向北扩展，控制了撒哈拉的三角地带，其范围从北部的苏斯地区到西部的南毛里塔尼亚和东部的廷巴克图（马里）。他以逊尼派伊斯兰教的名义开展改革运动，以削弱扎纳塔人的势

① 伊斯兰教什叶派的一支伊斯马仪派在西非建立的王朝（公元 909 ~ 1171 年），史称"绿衣大食"。
② 摩洛哥政府网站资料（2006 年）（http：//www. maroc. ma）。
③ 意为"寺院战士"，西班牙语作阿尔摩拉维德（Almoravid）。

力。随后，亚辛的势力经塔菲拉勒地区进入摩洛哥，创建了阿尔摩拉维德王朝，伊本·亚辛成为王朝的创始人。

亚辛死后，尤素福·本·塔什芬（Youssef Ben Tachfine，1061～1107 年在位）被拥立为领袖，成为阿尔摩拉维德王朝的第一任国王。1062 年，他兴建马拉喀什城。1070 年，将阿尔摩拉维德王朝定都马拉喀什。随后，他把其势力扩张到摩洛哥的北部，1068 年占领非斯，1078 年夺取丹吉尔，1084 年征服摩洛哥全境，实现了摩洛哥有史以来的统一。1080 年，他向东扩张到阿尔及利亚，1082 年，征服整个马格里布，第一次实现了马格里布的统一。接着，他于 1086 年登陆西班牙，战胜基督教的卡斯提尔①国王阿丰索六世。在他的统治下，安达卢西亚文明传入马格里布。1090 年，攻入格林纳达。以塞维利亚为陪都，塔什芬建立了一个横跨欧非两大陆的庞大的柏柏尔帝国，其边界从南部的西非的塞内加尔河延伸到北部的西班牙的埃布罗河，从西部的大西洋到东部的突尼斯，王朝达到了鼎盛时期。

阿尔摩拉维德王朝的君主集世俗与宗教权力于一身，维护封建军事贵族的利益，对人民征收赋税，导致人民不断反抗。塔什芬死后，王朝逐渐衰落，最终于 1147 年灭亡。

3. 阿尔摩哈德王朝（The Almohades，又称穆瓦希德王朝，1130～1269 年）②

柏柏尔人的另一支——阿尔摩哈德人来自小阿特拉斯山区，在其首领穆罕默德·伊本·图马特（Mohamed Ibn Toumart，1078～1130 年）的领导下，建立了阿尔摩哈德王朝。

---

① 卡斯提尔王国是中世纪伊比利亚半岛中部卡斯提尔地区的国家。1036 年建立独立王国，后成为半岛上的强国之一。

② 摩洛哥政府网站资料（2006 年）（http：//www.maroc.ma）。

12 世纪初，大阿特拉斯山区的伊斯兰教神学家伊本·图马特创立了阿尔摩哈德派①，在大阿特拉斯山一带及周边的部族中宣传一神教，自称先知，其信徒称"穆瓦希德"（Mouwahhidine），意即"信仰真主独一无二的人"，反对阿尔摩拉维德王朝。1121年，图马特被马斯穆达等部落拥立为首领——马赫迪（Mahdi），建立了一个以少数核心人物组成的最高会议；下设由 10 人组成的部落会议，接受指示，但没有建议权；另设有 50 人会议（一种地方性的军事会议），由各部落酋长组成。这些机构确保了穆瓦希德运动的迅速发展，为创建阿尔摩哈德王朝奠定了基础。

1130 年，图马特去世，他的忠实信徒阿卜杜拉·穆敏·本·阿里（Abdel Moumen Ben Ali，1133～1163 年）继位。为与阿尔摩拉维德王朝抗衡，穆敏建立一支由法国人和西班牙人训练的舰队和陆军。1139～1146 年，他率军征服了马格里布中部地区，包括萨菲（1145 年）和马拉喀什（1146 年）。1147 年，穆敏推翻了阿尔摩拉维德王朝，建立阿尔摩哈德王朝，马拉喀什仍作为这个新的柏柏尔人王朝的首都，他还在马拉喀卡建了库图比亚（Koutoubia）清真寺。随后，穆敏用 15 年的时间，征服阿尔及利亚、突尼斯和的黎波里，统一了北非，阿尔摩哈德王朝国土辽阔，其版图包括埃及以西整个非洲北部和西班牙的全部穆斯林地区。

1163 年，穆敏去世，其子阿布·雅库布·优素福（Abou Yacoub Youssef，1163～1184 年在位）和孙子阿布·优素福·雅库布（Abou Youssef Yacoub，1184～1199 年在位）相继掌权。1170 年，迁都塞维利亚。1172 年，阿尔摩哈德王朝达到鼎盛时期，其疆土从大西洋到的黎波里塔尼亚（利比亚西北部地区），

---

① 西班牙语作阿尔摩哈德，意为"一神教论"，阿拉伯语作穆瓦希德（al-Muwahhidum）。

从西班牙到西部荒漠的草原。1195 年，阿布·雅库布重振朝纲，巩固帝业。他开始大兴土木，修建大清真寺。他和其后的两代君主建成举世闻名的三塔：塞维利亚的吉拉勒达宣礼塔、马拉喀什的库图比亚宣礼塔和拉巴特的哈桑宣礼塔。这三座塔至今仍巍然屹立，成为阿尔摩哈德王朝繁荣昌盛的见证。在阿布拉克拉克河的入海处，他还兴建了拉巴特城和在当时被誉为"举世无双的"大医院——马拉喀什医院。

由于西班牙北方的基督教徒向南部大举进攻，导致摩洛哥南部的柏柏尔人的穆斯林小国纷纷独立，阿尔摩哈德王朝日趋没落。雅库布的儿子穆罕默德·纳西尔（Mohammed An-Nasser，1199～1213 年在位）继位后，开始镇压柏柏尔人的叛乱，收复被叛乱分子占领的北方各地。尽管如此，仍然没能阻止王朝灭亡的命运。1212 年，在拉斯纳瓦斯—德托洛萨（Las Navas de Toloso, al-'uqab）战役中，阿尔摩哈德王朝的伊斯兰教军队迎战来自西班牙北部卡斯提尔国王阿丰索八世的基督教"新十字军"，结果战败。此后，阿尔摩哈德王朝在摩洛哥又统治了 50 多年，这期间社会日益动乱。1269 年，马里尼德人攻占马拉喀什，结束了阿尔摩哈德王朝的统治。

阿尔摩哈德王朝时期，摩洛哥成为黑非洲和南欧间贸易的重要通道，城市手工业得以发展。阿尔摩哈德王朝在摩洛哥的中世纪史上占有重要地位。

4. 马里尼德王朝（The Merinides，1258～1465 年）①

第三个柏柏尔人的王朝是由来自塔菲拉勒（Tafilalet）和阿尔及利亚地区之间的扎纳塔人（Zenata）建立的马里尼德王朝。扎纳塔人是游牧民族。

1245～1269 年，扎纳塔人的领袖阿布·叶海亚（Abou

---

① 摩洛哥政府网站资料（2006 年）（http：//www.maroc.ma）。

Yahya 1244～1258 年在位）征服阿尔摩哈德王朝的东部、北部和塔菲拉勒。他的弟弟阿布·优素福·雅库布（Abou Youssef Yacoub 1258～1286 年在位）继位后，又征服了阿尔摩哈德王朝的西部地区。1269 年，夺取马拉喀卡，结束了阿尔摩哈德王朝的统治，建立了马里尼德王朝，定都拉巴特。阿布·优素福·雅库布是马里尼德王朝的真正奠基者。其后，他占领西班牙，修建新非斯城作为首都。其继承者哈桑占领突尼斯，重建了从大西洋到加贝斯湾的帝国。

在马里尼德王朝时期，摩洛哥经济发展，其影响超出了西地中海的界限。摩洛哥成为东西方的贸易中心。欧洲和西苏丹及其他非洲国家之间的贸易，都要经过摩洛哥。从这里穿过撒哈拉沙漠的旅行商队，使与西苏丹人的贸易繁荣起来。同时，摩洛哥从西班牙进口工业品、纺织品、木材和谷物；海船经威尼斯、热那亚和马赛港运来金属、铁制品、丝绸制品和毛料，从埃及和叙利亚运来香料；骆驼商队从苏丹运来枣椰子、象牙、黄金和黑奴。对外贸易刺激了摩洛哥国内的港口、绿洲和城市手工业生产的发展及非农业人口的增长。休达成为大马士革式工艺[1]的中心，里夫出产粗亚麻布，阿赖什出产棉织物，萨菲地区出产呢绒和陶器，塔德拉出产黑色的斗篷，苏斯出产贵重的金属、皮革制品和纺织品等，塔菲拉勒出产著名的皮革。这一时期，非斯在摩洛哥的经济生活中起了很大的作用，其规模超过马拉喀什，是主要的商业贸易中心，集中了大部分行销全国的进口商品，非斯的工匠制造兵器、匕首和利剑，生产大量的陶器、布匹和绳子。非斯还是摩洛哥最大的文化中心，许多学者到非斯城讲解古兰经、科学、法律、诗歌和地理。

马里尼德王朝时期的游牧经济得到发展。早在阿尔摩哈德王

---

① 在铜制品上刻印有金和银的花纹。

朝统治时期，阿拉伯游牧民已经开始渗入摩洛哥，改变了当地原有的单一柏柏尔人的特点。到马里尼德王朝统治时，阿拉伯游牧民的地盘不断扩大，其结果是：许多柏柏尔人部落被阿拉伯人同化，阿拉伯语成为通行的和官方的语言；农耕者的土地缩小，耕地、果园和森林被移民占为牧场。游牧经济的发展对以后几百年摩洛哥社会结构的演变带来很大的影响，以至于摩洛哥的居民划分为游牧民、城镇居民和山区部落。

马里尼德王朝建立了犹太人的住处，犹太人开始聚集在摩洛哥。这一时期，安达鲁西亚移民不断迁入摩洛哥，他们带来了精美的建筑、艺术、手工艺和文学风格。同时，还出现了著名的旅行家伊本·白图泰（Ibn Batuta, 1304~1378年）和14世纪的历史学家伊本·赫勒敦（Ibn Khaldoun）。

14世纪和15世纪初，封建主的内讧、宫廷的政变和部落间的纠纷导致马里尼德王朝的中央政权逐渐削弱，国家处于封建割据的状态。1470年，马里尼德王朝灭亡。

5. 萨阿德王朝（The Saadians, 1520~1660年）

萨阿德人（Saadians）自称是先知穆罕默德的后裔，他们的祖先是12世纪定居在摩洛哥南部德拉山谷的阿拉伯人，后来迁徙到非斯。15世纪后半期，萨阿德人开展反对异教徒的"圣战"和反抗葡萄牙人入侵的斗争。1510年，萨阿德运动的领导人穆罕默德·卡伊姆比·阿姆拉拉被公认为谢里夫①，开始领导反对殖民统治的斗争。1518年，其子艾哈迈德·阿鲁吉继位，继续反对葡萄牙人的斗争，最终统一了摩洛哥。重建塔鲁丹特城并把它作为首都。1520年建立了萨阿德王朝。

在萨阿德人统治期间，葡萄牙人一直梦想恢复在摩洛哥领土上的权力。1578年，萨阿德王朝的军队为捍卫民族独立同葡萄

---

① Herifien，意思是"穆罕默德的后裔"。

牙军队在卡斯尔卡比尔（Ksar Kbir，西班牙占领）爆发了著名的战役，战役因参战的三位国王而著名，故又称"三王之战"，即土耳其军队、柏柏尔军队和基督教的葡萄牙军队开战。结果葡萄牙军队战败，塞巴斯蒂安国王、萨阿德王朝的穆泰瓦基勒塞国王和苏丹阿卜杜拉·马利克（Sultan Abd El Malik，埃及）战死。战争结束前，艾哈迈德·萨迪（Ahmed Saadi）率领军队参加战斗，夺取胜利果实，他被立为苏丹①，王号曼苏尔。"三王之战"后，摩洛哥收复沿地中海的所有失地，解除了葡萄牙的威胁，西班牙也放弃了占领摩洛哥的海港，摩洛哥开始复兴，成为一个强大的独立的国家。

在艾哈迈德·萨迪统治期间（1578～1602年在位），摩洛哥出现了和平繁荣的景象。为解决摩洛哥长期存在的政治和经济危机，他采取了一系列有效的措施。

在政治上，萨迪创立了中央行政机构，即隶属于中央的部落联盟，制定了一套行之有效的管理制度。设立帕夏，管理各省份，负责税收，但无其他职权。曼苏尔的这套行政制度基本上一直保持到法国殖民统治以前。

在军事上，为确保中央政权，萨迪重建一支强大的武装力量——部落军事联盟，制定了义务兵役制，军人在服役期间，享有特权、分配土地、免征赋税。他依靠这支部队来制止部落的叛乱，保持国内政局长时期的稳定，并用来反抗外来侵略，收复葡萄牙人夺去的沿海地区，粉碎西班牙人的入侵。

在对外扩张上，1591年3月，在历史上著名的汤迪比战役后，萨迪率兵穿过撒哈拉大沙漠，征服松加依②，开辟了从

---

① 阿拉伯语"Sultan"，意为"有权威的人"。统治者的称号。
② 又称"桑海王国"。西非古国。约公元7世纪桑海人所建。原都库基亚，1009年迁都加奥，故又称加奥王国。信奉伊斯兰教。曾被马里王国征服，14世纪末独立。约在1640年失败后解体。

非洲内陆通向地中海的骆驼商道。由于摩洛哥商人大多从事黄金贸易，所以萨迪被称为"金曼苏尔"。这期间，王朝迁都非斯。

在对外关系上，萨迪改善与欧洲国家的关系，欧洲国家的许多使节到马拉喀什来发展贸易。1589 年，他从西班牙的手中收复阿尔西拉。

萨迪在位期间，萨阿德王朝到达鼎盛时期，摩洛哥出现了历史上少有的繁荣。在北非三国阿尔及利亚、突尼斯和利比亚均成为土耳其奥斯曼帝国的版图时，摩洛哥仍保持着国家的独立。1603 年，萨迪死后，由于争夺王位，萨阿德王朝开始衰落。这时南方的阿拉维人兴起。1660 年，萨阿德王朝灭亡。

三 封建割据和欧洲殖民列强对摩洛哥的入侵

14~15 世纪，摩洛哥在形式上仍保持着独立。由于统治者内部的矛盾和斗争，中央政府逐渐被削弱，国内分裂成一些独立的封建领地。15 世纪末至 16 世纪上半叶，国内政治处于一种十分复杂的情况。在北部的非斯，各王朝的苏丹政权只控制着里夫、中阿特拉斯、乌姆赖比阿河和穆卢耶河之间的塞布河谷的范围。马拉喀什受到驻扎在萨菲的葡萄牙军队不断入侵的威胁。南部的萨阿德人在扩大自己的势力范围。这给了西方列强可乘之机。

从 15 世纪初起，欧洲列强利用摩洛哥国内的纷争状态，开始侵占摩洛哥的领土，首先入侵摩洛哥的欧洲列强是早期的殖民国家葡萄牙和西班牙。1399 年，西班牙首先攻占得土安；1415 年，葡萄牙占领马格里布西北角的休达，开始对摩洛哥进行大举的殖民入侵。15 世纪下半叶，葡萄牙先后占领丹吉尔（1471 年 8 月）、阿赖什（1473 年）和阿扎木尔（1486 年）。1505 年，攻占摩洛哥南部苏斯地区的阿加迪尔，并与一些部落建立了联系。最

终，葡萄牙控制了摩洛哥大西洋沿岸的大部分地带。与此同时，
欧洲的热那亚人和西班牙人也来到苏斯。热那亚人在葡萄牙人控
制的马塞（阿加迪尔以南）进行贸易。西班牙人占领梅利利亚并
把它作为向摩洛哥内陆进行经济和政治渗透的基地。

15~17 世纪，欧洲列强几乎控制了摩洛哥整个大西洋沿岸
地区。葡萄牙占据摩洛哥西部沿岸，西班牙占据摩洛哥北部沿岸
的一些据点，英国占据了丹吉尔。正是由于摩洛哥政治上的分
裂、港口被欧洲列强所占领，加之地中海的海上贸易受到封锁，
因此影响了摩洛哥城市的发展，许多城市陷于衰落，甚至遭到毁
坏。

16 世纪末，面对欧洲列强的入侵，摩洛哥各部落人民进行
了反对外国侵略者的斗争，其中主要有领导北部反抗葡萄牙斗争
的部落酋长杰伯勒·阿拉木和领导南部反抗葡萄牙斗争的萨阿德
人的首领。1578 年，通过卡斯尔卡比尔战役，摩洛哥摧毁了葡
萄牙在西北非的势力。

四　阿拉维王朝（The Alaouites，1660 年至今）[①]

拉维人自称穆罕默德的后裔，在 15 世纪初他们迁徙
到摩洛哥南部的塔菲拉勒地区。17 世纪上半叶，阿
拉维人的穆莱·谢里夫被宗教首领拥立为苏丹。

1664 年，穆莱·谢里夫逝世，其子穆莱·赖世德（Moulay
Rachid，1664~1672 年在位）继承王位，1667 年进入非斯，
1668 年夺取马拉喀什，建立阿拉维王朝，建都非斯（曾一度迁
往梅克内斯），接着统一了摩洛哥。阿拉维王朝至今仍统治着摩
洛哥。1670 年，赖世德远征苏斯，夺取塔鲁丹特，摧毁穆拉比
特教团的势力，把土耳其人赶出乌季达，为阿拉维王朝的巩固奠

---

① 摩洛哥政府网站资料（2006 年）（http://www.maroc.ma）。

定了基础。

1672 年，穆莱·赖世德的异母兄弟、继承人穆莱·伊斯梅尔（Moulay Ismael，1672～1727 年在位）继位。在伊斯梅尔统治时期，一度削弱的统治日见加强。在军事上，他改革了完全依赖部落力量的军事制度，从苏丹招募黑人，组成一支由政府直接指挥的、拥有 15 万人的强大黑奴兵团。这支军事力量为巩固阿拉维王朝起了决定性作用，伊斯梅尔依靠这支军队击溃了欧洲列强的武装入侵；收复被英国人占领的丹吉尔，从西班牙人手中收复休达及其他小岛，维护了民族主权，统一了摩洛哥。在政治上，伊斯梅尔逐步剥夺地方部落中宗教势力的政治权力，以巩固自己的地位，并为此一度迁都梅克内斯。在对外关系上，在法国的路易十三和英国的詹姆士二世期间，与这两国建立外交关系。这一时期的摩洛哥，经济繁荣、社会安定，再次成为强大的国家。从现存的伊斯梅尔时期的城市遗址依稀可见当时国家强盛的景象。

1727 年 3 月 22 日，伊斯梅尔逝世。他死后，摩洛哥进入历史上最混乱的 30 年，先后有七位苏丹继位。

1757 年，穆罕默德·本·阿卜杜拉（Mohamed ben Abdellah，1757～1790 年在位）继位，称穆罕默德一世。在他执政期间，平定了内乱，使社会恢复了安定局面。1765 年，他建立了索维拉城和摩加多尔城（现名苏维腊）。穆罕默德一世为了国家的中兴，对内削减赋税、采用完善的通货体系并重建一支来自部落的新军队，修建港口。1769 年，从葡萄牙手中重新获得马扎干（Mazagan，现名贾迪达）。对外实行睦邻友好和开放的政策，与基督教国家建立和发展友好关系，先后与丹麦、瑞典、美国和法国等西方列强签订了通商条约①，还鼓励英国人、法国人和犹太

---

① 摩洛哥政府网站资料（2005 年）（http：//www. maroc. ma）。

人到摩洛哥定居。1786年，穆罕默德三世与美国总统乔治·华盛顿交换照会，摩洛哥承认美国主权。1791年，美国在丹吉尔建立领事馆。

1790年，穆莱·斯莱曼尼（Moulay Slimane）继位，他只统治了摩洛哥两年。这期间，他从土耳其手中夺取了乌季达，修建了几座清真寺。后来，他的继位人为了抵御西方的侵蚀，采取锁国政策，限制同欧洲国家的贸易和交往，只允许欧洲国家派遣外交使节驻在丹吉尔。

第三节　近代简史
（19世纪至第一次世界大战）

一　西方列强争夺摩洛哥时期（1830～1912年）

洛哥地处战略要地，在大西洋航道开辟后，它成为西欧殖民者向亚非拉地区侵略扩张的必经之地，素有"西方的锁钥"之称。

19世纪初，欧洲工业革命的发展需要大量的原材料，殖民者开始更加猖狂地掠夺殖民地及其资源，夺取广阔的商品市场和原料产地成为西方列强的主要外交政策。在美洲、亚洲和大西洋被瓜分之后，他们开始争夺非洲，摩洛哥也未逃脱被瓜分的厄运。摩洛哥土地肥沃、资源丰富，是马格里布最富饶的国家，因而成为帝国主义列强最理想的商品市场、原料产地和投资场所。此时，葡萄牙已经被挤出摩洛哥，西班牙保留休达和梅利利亚等地并使其成为向摩洛哥内部进行经济和政治渗透的基地。法国和西班牙通过签署条约和采取军事手段，控制了摩洛哥的政治和经济事务。1836年，美国与摩洛哥签订条约，取得领事裁判权。

19世纪中叶，摩洛哥处于封建割据、政治分裂和经济落后的状态。在政治上，国家在形式上仍保持着政治独立，苏丹是国家首脑，其权力受中央马赫津（国务会议）的节制。由于部分省不承认苏丹的统治，国家危机四伏。在经济上，土地所有制的基本形式为国家（马赫津）所有、宗教机构所有、军队所有、公社所有，一小部分土地归个人所有。商品经济生产发展缓慢，主要是以城市手工业行会的商业活动为主。大多数摩洛哥人过着部落组织的定居生活或游牧生活。直到 19 世纪末，在加强对外经济联系和一系列改革的影响下，摩洛哥的国内商品市场才逐步建立起来，但这同时也给了西方列强侵入的可乘之机。

到 20 世纪初，随着帝国主义列强瓜分世界的竞争愈演愈烈，摩洛哥成为欧洲列强竞相角逐的重要地区。

1. 西方列强对摩洛哥的入侵（19 世纪）

（1）法国对摩洛哥的入侵。

1830 年，法国占领阿尔及利亚，开始迈出侵略北非的第一步，对摩洛哥形成直接的威胁。摩洛哥人民开始了反抗西方列强入侵的斗争。1835 年 6 月，阿布杜勒·嘎迪尔领导摩洛哥人民展开了一场反对法国侵略的战争，迫使法国侵略军龟缩在特累姆森（今日阿尔及利亚靠近摩洛哥的城市）。这场战争延续了 10 年之久。1847 年 12 月 23 日，阿布杜勒·嘎迪尔抵挡不住苏丹与法国军队的围追堵截，向法国投降。1851 年法国派军舰炮轰萨累，逼迫摩洛哥签订城下之盟。

1843 年，阿布杜拉·卡德尔（Emir Abdelkader）率领的阿尔及利亚起义军退至摩洛哥，摩洛哥坚决支持阿布杜拉·卡德尔领导的阿尔及利亚人民抵抗运动。法国以此为借口，于 1844 年 8 月 9 日和 15 日，出动舰队炮轰丹吉尔和摩加多尔港，并在摩加多尔港登陆。随后，法国陆军入侵摩洛哥东部，摩洛哥被迫与法国交战。伊斯利河之战，摩洛哥军队被法军击败。英国对法国取得的胜利感到担忧，在其斡旋下，9 月 10 日，摩洛哥和法国

签订《丹吉尔和约》，和约规定摩洛哥"不得以任何形式援助法国的任何敌人"。这样，既加速了阿尔及利亚起义的失败，也使摩洛哥失去一支联合抗法的力量。1845年5月，摩洛哥和法国签订《摩洛哥—阿尔及利亚边界条约》，但是条约对摩洛哥和阿尔及利亚两国的边界划分极不明确，为以后法国进一步入侵摩洛哥埋下了隐患。法国在入侵摩洛哥领土的同时，竭力巩固和扩大在摩洛哥的经济利益，掠夺摩洛哥的自然资源。1863年，法国胁迫摩洛哥签订条约，规定凡是以前摩洛哥给予英国的特权均给予法国。后来，美国等国也加入进了该条约。此后，法国加紧在摩洛哥的扩张，将丹吉尔领事升为代办级。1899年，法国取得修筑卡萨布兰卡和塞提弗海港的权利。

到20世纪初，法国将其设定的"边界地区"置于自己的控制之下。1901年和1902年，摩洛哥和法国又签订新的边界协定，法国将摩洛哥的贝沙尔绿洲合并到阿尔及利亚。1904年，法国银行团向摩洛哥提供贷款，摩洛哥则以海关税收的60%为贷款的担保。

（2）西班牙对摩洛哥的入侵。

15世纪至17世纪，葡萄牙占据摩洛哥的西部沿岸，西班牙占据摩洛哥的北部，英国占据丹吉尔。到19世纪初，西班牙控制着摩洛哥沿海的一些飞地：休达、梅利利亚等，这些飞地成为西班牙对摩洛哥内陆进行经济与政治渗透的据点。摩洛哥人民抵抗西班牙人占据休达和梅利利亚的斗争长达4个世纪。1848年，西班牙占领扎法里坎岛，后又向摩洛哥北部地区扩张，进而激起里夫部落起义。1859年，苏丹穆莱·阿布杜勒拉赫曼（Moulay Abderrahmane）去世，其子西迪·穆罕默德（Sidi Mohammed，1859~1873年在位）继位。在他执政期间，摩洛哥政府禁止当地居民同西班牙打交道。1859年8月，两国签订得土安协定，确认西班牙对梅利利亚的"保护权"。由于摩洛哥拒绝西班牙更多的领土要求，西班牙发动 1859 ~ 1860 年的战争，出兵 5 万进攻摩洛哥，爆发了得土安之战。1860 年，西班牙占领得土安，双方签订《得土安条约》，条约规定：摩洛哥放弃休达周围地区的全部主权，将伊夫尼地区让给西班牙；得土安归还摩洛哥；摩洛哥向西班牙赔款 1 亿西班牙银币，因摩洛哥无力偿付，由英国贷款垫付，摩洛哥则以海关收入作抵押。从此，摩洛哥的财政受到外国资本的控制。1880 年马德里和会后，西方列强又与摩洛哥签署一系列的条约，其中包括 1894 年西班牙迫使苏丹哈桑一世签订的一个条约，规定摩洛哥向西班牙赔款 3000 万西班牙银币。1884 年，西班牙吞并西撒哈拉的大部分。

（3）英国对摩洛哥的入侵。

英国把摩洛哥作为重要的商品市场和控制直布罗陀海峡的战略地区，积极加入到西方列强对摩洛哥的争夺中。1856 年 12 月 9 日，英国与摩洛哥签订关于贸易和航海的协定，英国取得领事裁判权和贸易特权，英国商人可以在摩洛哥全境自由贸易，摩洛哥对英国商品实行低额征税（按商品价格的 10% 征税）。英国派顾问到摩洛哥，在摩洛哥建造铁路。英国为摩洛哥垫付向西班牙的赔款，以此将摩洛哥进一步控制在自己手中。到 19 世纪末，英国成为西方列强对摩洛哥的经济利益和政治影响最强的国家。英国对摩洛哥的入侵，不仅捞取了很多实际利益，还获取了更多的战略利益，其现实意义在于它即保护了进入地中海海峡的安全，又削弱了老牌殖民主义国家西班牙在摩洛哥的势力，还可以与法国抗衡。

（4）德国对摩洛哥的入侵。

在西方列强对摩洛哥的争夺中，德国是法国的主要竞争对手。德国想把摩洛哥作为重新分割世界的军事基地，并获得本国工业所急需的铁矿石。为此，在对摩洛哥的贸易上，德国与英国和法国展开竞争。到 20 世纪初，德国在摩洛哥拥有相当多的矿

业，成为摩洛哥最大的外国资产所有者集团。

（5）西方列强共同瓜分摩洛哥。

19 世纪末，西方列强在摩洛哥的扩张，严重威胁摩洛哥的独立。由于外国的干涉以及内部的封建纠纷和宫廷的政变，导致国家政权极不稳定，加速其经济的衰退。

1865 年 5 月，以摩洛哥为一方，以西班牙、葡萄牙、意大利、英国、美国、荷兰和法国等国为另一方，就直布罗陀海峡的航行安全举行谈判，摩洛哥满足了西方列强的要求，在丹吉尔签署了协定，使西方列强在摩洛哥取得了一系列的特权，他们在摩洛哥的主要城市设立领事馆，从事贸易活动，基督教传教士还在摩洛哥兴建教堂，1862 年开设了第一所教会学校。

1873 年，穆莱·哈桑一世（Moulay Hassan I, 1873 ~ 1894 年在位）即位，遂向西方列强提出修改领事裁判权制度。1880 年 5 月 19 日，法、英、德、西等 13 个国家在马德里正式召开国际会议。7 月 3 日，马德里条约签订，该条约进一步确立了西方列强瓜分摩洛哥的基础。1881 年 4 月 10 日，俄国加入该条约。条约规定：与会各国承认摩洛哥的独立主权，摩洛哥承认"所有缔约国在外交和领事方面的保护权今后都处于平等地位，承认每一个缔约国在保护权方面均享有最惠国待遇，承认一切外国人在摩洛哥土地上享有产业权"①。这一条约的签订，实际上使摩洛哥丧失了其主权国家的地位。

2. 摩洛哥统治者进行的改革

为了抵御西方列强的侵略和维护国家的独立及民族的振兴，摩洛哥统治者采取一些必要的措施，先后进行了三次革新②。

---

① 〔法〕马塞尔·佩鲁东著《马格里布通史》，上海师范大学《马格里布通史》翻译组译，上海，上海人民出版社，1974，第 413 页。

② 彭树智主编《阿拉伯国家简史》，福州，福建人民出版社，1999，第 251 ~ 253 页。

　　第一次是苏丹穆莱·穆罕默德时期。面对西班牙、英国的军事威胁和经济压力，摩洛哥急需加强国防。苏丹穆莱·穆罕默德的改革重点是：建设正规军，购买外国武器，加强军备；购置外国工业设备，建立民族工业，如在马拉喀什建立制糖厂等。

　　第二次是苏丹穆莱·穆罕默德的儿子——穆莱·哈桑一世时期。为抵御外国的入侵、镇压地方封建势力的割据和分裂，苏丹哈桑一世对政府和军队进行一系列的改革。在军事上，整顿以部落力量为主的军队，改革征兵制度，从比利时、英国、法国、德国、西班牙聘请教官训练军队，从国外购买新式武器，创建一支近代化的（中央）正规军，并成立海军，还建立了本国的军事工业，建立火药厂和兵工厂。正是由于有了这支军队，苏丹哈桑一世平定了地方的叛乱。在政治上，改革行政管理，由苏丹哈桑一世亲自处理政务，加强中央政府的权力。重新划分行政区，改变部落割据局面。在经济上，制定经济改革措施，扶持民族工商业。为制止外国资本的渗透，宣布矿产资源国有，拒绝外国在摩洛哥建设铁路、公路、桥梁和港口；在丹吉尔建造新的码头，改建拉巴特港；建立了非斯到梅克内斯的铁路；发展邮政事业；发展经济作物；发展贸易；统一税收制度。经济改革取得了成效，在其统治时期，摩洛哥还清外债，国库收入增加。在文化上，兴办民族教育事业，1888 年，成立一所工程师学校，向欧洲派遣留学生，创办了图书馆和报纸。

　　第三次是苏丹哈桑一世的儿子穆莱·阿卜杜拉·阿齐兹（Moulay Abdelaziz，1894～1907 年在位）时期。苏丹阿卜杜拉·阿齐兹将改革的重点放在财税方面。1901 年，他实行税制改革，统一财税。但是税制改革触犯了本国封建主和外国资本家的利益，在他们的联合反对下，1903 年 11 月，苏丹阿卜杜拉·阿齐兹被迫取消税收改革法。

　　19 世纪末，西方列强加速在全非洲的殖民扩张，摩洛哥成

为他们最有利可图的一个瓜分地，英国、德国和西班牙共同威胁着摩洛哥的主权和独立。这期间，摩洛哥的统治者为富国强兵、挽救民族危亡的三次改革在一定程度上取得一些效果，使摩洛哥建立了本国的军队，经济和文化均有所发展。但是，在西方列强的入侵下，这些改革最终遭到失败，结果与改革者的初衷相反，摩洛哥实际上成为西方列强的殖民地。

3. 西方列强对摩洛哥的进一步争夺

进入 20 世纪，摩洛哥是北非唯一保持着独立的国家，西方列强为争夺摩洛哥开始新的一轮讨价还价。在这场争夺中，法国和德国的争斗尤为尖锐，以至于由此导致了两次摩洛哥危机（1905 年和 1911 年），这些争斗使西方列强之间的矛盾加剧，也成为法国和西班牙侵略摩洛哥的契机。

在帝国主义瓜分世界的狂潮中，法国进行频繁的外交活动，通过与西方列强勾结和签署一系列的协议，最终达到独占摩洛哥的目的。1901 年，法国与意大利达成秘密协议，同意意大利插手的黎波里，以换取意大利同意法国在摩洛哥的行动自由。

1904 年 4 月，英国和法国签订《友好协定》，对摩洛哥问题作了有关规定：英国同意法国对摩洛哥的控制，"帮助"摩洛哥维持秩序，改革行政、军事、财政和经济。作为回应，法国不再要求英国撤出埃及，持续近百年的英、法两国之间的竞争结束。德国对这一协定极为不满，为了维护其在摩洛哥的利益，坚决反对法国吞并摩洛哥，德、法矛盾加深。年末，法国迫使摩洛哥接受一笔贷款，并要求摩洛哥将警察和最重要的港口关税交由法国控制，摩洛哥军队聘用法国教官。10 月 3 日，法国和西班牙签订瓜分摩洛哥势力范围的《1904 年协定》，规定：西班牙控制摩洛哥北部、伊夫尼港及其周围地区和南部的希里德地区；其他地区归法国。此后，法国加速侵略摩洛哥的步伐。

1905 年 2 月，法国为使摩洛哥成为其"保护国"而派出使团，向苏丹阿卜杜拉·阿齐兹提出英国"改革"计划，要求摩洛哥在法国顾问的监督下进行行政、警务、财政和经济的、"改革"，组织警察部队，开设银行，修建铁路，交出租让权等。德国对法国和其他欧洲国家对摩洛哥的垂涎非常不满，为此，1905年3月31日，德国皇帝凯泽·威廉二世（Kaiser Wilhelm）亲自出马，访问了摩洛哥的丹吉尔港，他怂恿苏丹阿卜杜拉·阿齐兹拒绝接受法国人提出的改革建议，由此引发了法、德两国的"丹吉尔危机"，即所谓的"第一次摩洛哥危机"。

　　1906年1月15日至4月7日，在西班牙的阿尔赫西拉斯（Algeciras）召开解决摩洛哥问题的国际会议，参加会议的有法国、德国、英国、俄国、美国、意大利、奥匈帝国、比利时、荷兰、瑞典、葡萄牙、西班牙和摩洛哥等13个国家。会议的主要议程是建立财政监督制度和组织警察部队。会议通过总议定书，承认摩洛哥的"独立"，保证西方列强在摩洛哥的"经济自由和平等"，共同参加摩洛哥国家银行，每个国家一股，法国两股；分享修建铁路和矿山的特许权。法国控制了摩洛哥的国家银行，接管摩洛哥的海港关税；丹吉尔成为一个国际自由港。在摩洛哥组织国际警察部队，由法国和西班牙分别管理摩洛哥的警察部队，负责维持摩洛哥的"治安"。这次国际会议还承认法国和西班牙两国在摩洛哥的特权及西班牙在里夫的地位。苏丹阿卜杜拉·阿齐兹被迫签署这一文件。此次会议使摩洛哥处于法国政府的"保护"下，但是法国仍然不满足，1907年3月，法国以一位法国人在马拉喀什被杀为借口，占领摩洛哥整个东部地区和乌季达。8月，法国的一位建筑工人在卡萨布兰卡被打死，法国又以此为由占领卡萨布兰卡和大西洋沿岸的其他5个港口。西班牙随后占领梅利利亚地区的海岸。

　　摩洛哥政府在西方列强瓜分国家的态势中所表现出的软弱和妥协态度，引起人民的强烈不满。1907年8月16日，各部落领袖

在马拉喀什召开会议，决定推翻阿齐兹，拥立其兄穆莱·哈菲德（Moulay Hafid，1908～1912年在位）为苏丹，因此引发摩洛哥内战①。法国乘机又侵占了摩洛哥西部和东部的一些省区。苏丹穆莱·哈菲德为换取西方列强承认其政权，允诺承担前届政府的一切义务，包括给外国租借地、履行不平等条约和偿还债务。另外，他还以全部关税作抵押，从法国和德国那里得到1亿法郎贷款。

1911年3月，摩洛哥首都爆发了反对苏丹穆莱·哈菲德和法国侵略者的人民起义。苏丹穆莱·哈菲德向法国寻求武力支援。5月，法国以恢复"秩序"和保护侨民利益为名，占领非斯、拉巴特和梅克内斯等地区。与此同时，西班牙占领摩洛哥北部各港口和伊夫尼地区。法国和西班牙在摩洛哥的扩张引起德国的不满，它借口保护德国侨民的安全，于1911年7月1日，派炮舰抵达阿加迪尔港，德、法战争迫在眉睫，这就是阿加迪尔危机，即"第二次摩洛哥危机"。在这场危机中，英国站在法国一边。同年11月4日，在英国的外交和军事压力下，德、法签订协定，德国承认法国对摩洛哥的"保护"权，换取了法属刚果的一部分领土。

二 沦为法属"保护国"（1912年）

1. 《非斯条约》和《马德里条约》

1912年3月30日，法国强迫苏丹穆莱·哈菲德签订《非斯条约》（即《法兰西摩洛哥保护制条约》），摩洛哥正式承认法国的"保护"，丹吉尔和西班牙控制的地区除外。该条约规定：允许法国在摩洛哥驻军，负责训练警察和执行警察任务，并由法国代行摩洛哥的对外事务②。在摩洛哥境内进

---

① 1908年7月，阿卜杜勒·阿齐兹的军队战败，整个国家听命于新苏丹。
② 《世界知识手册》编辑委员会编《世界知识手册1957》，北京，世界知识出版社，1957，第640页。

行法国政府视为有益的行政、司法、经济、财政和军事改革；如苏丹个人及领土的安全受到威胁，法国政府有义务向其提供援助；未获法国政府同意，摩洛哥不得签订任何国际条约和进行任何国际贷款；摩洛哥在国外的代表资格、权力由法国外交及公使代理人承担，"委托"他们保护摩洛哥在国外臣民的利益，摩洛哥与外国大国间的唯一中介人是法国总督，苏丹的所有敕令都需提交他签署批准①。《非斯条约》使摩洛哥丧失国家的独立和领土的完整，摩洛哥沦为法国的"保护国"。1912 年 9 月，法国占领马拉喀什，完成对平原地带的侵占。随后，法国把现代教育制度、现代管理引入摩洛哥并改革法律制度。

　　1912 年 11 月 27 日，在《非斯条约》的基础上，法国和西班牙又缔结分割摩洛哥的《马德里条约》，明确了各自在摩洛哥的势力范围，使西班牙在摩洛哥的占领合法化。条约规定：法国将摩洛哥的三部分土地——北部沿海靠近直布罗陀的地带、西南部靠近奥德奥罗边境地区和伊夫尼飞地——"划归"西班牙，成为其"保护地"。在摩洛哥设置"苏丹代理人"，称为"哈里发"，由苏丹任命。西班牙有权提出西班牙占领区的"苏丹代理人"的人选，由苏丹任命，但必须受西班牙的监督，"代理人"在西班牙的摩洛哥属地上享有特权。摩洛哥的国家大事均需经过与法国和西班牙两国协商后，苏丹才能采取措施。承认现存的丹吉尔的特殊地位。

　　在确立了法国对摩洛哥的"保护"关系之后，英国、法国和西班牙之间开始关于丹吉尔的谈判。1923 年 12 月，在英国的压力下，法国、英国和西班牙三国签订《巴黎公约》，摩洛哥北部的丹吉尔被划为"国际共管区"。至此，摩洛哥被列强分割为

---

① 〔法〕亨利·康崩著《摩洛哥史》下册，上海外国语学院法语系翻译组译，上海，上海人民出版社，1975，第 614~616 页。

三个部分：法属摩洛哥、西属摩洛哥（里夫）和丹吉尔国际共
管区。此后，摩洛哥被欧洲列强分割，完全丧失了独立和主权。

2. 法国对摩洛哥的统治

沦为"保护国"时期的摩洛哥，在政治上，苏丹形同虚设；
名义上摩洛哥保留了国家元首、行政机构和军队，实际上法国总
督、民政监督和"土著部"的法国军官掌握大权。地方行政机
构和各级官员维持原状，如保持城市的"帕夏"和乡镇的"卡
伊德"和"谢赫"等官职，但是他们必须在法国殖民当局的监
管下工作。法国驻军长官扮演着双重角色，既是法国的最高代
表，又是苏丹的大臣，负责整个政府的运转，国王的大臣和地方
官员只不过是法国人的代言人。1925 年，摩洛哥政府中的法国
人越来越多，甚至形成一个政治权力集团。法国人改革了摩洛哥
的司法制度，建立了地方咨询团体（Local Consultative Bodies），
声称是表达大多数摩洛哥人的利益，实际上，它代表法国人的政
策。在经济上，法国殖民政府极力保护法国人在摩洛哥的经济利
益，将摩洛哥沿海平原的良田发给欧洲移民，疯狂掠夺摩洛哥的
农产品和矿物资源，发展采矿业和渔业。为了便于殖民掠夺，建
立起现代的铁路系统。摩洛哥成为法国的经济附庸。

3. 摩洛哥人民反对法国的"保护"制度

面对殖民者的入侵，摩洛哥人民开展了不屈不挠的斗争。从
1912 年起，自沿海到内陆，从平原到山区，各地人民反对殖民
统治的斗争此起彼伏。4 月，非斯地区的摩洛哥人民发动起义，
并一度占领了非斯，还占领重镇马拉喀什，其中摩洛哥北部里夫
人民的反抗运动最为激烈。摩洛哥人民反抗殖民统治的斗争给予
殖民统治当局以沉重打击，削弱了其对部分地区的有效控制。苏
丹穆莱·哈菲兹迫于人民的压力，试图实行独立政策。法国殖民
当局一方面以武力镇压起义；另一方面，于 1912 年 8 月将苏丹
穆莱·哈菲德废黜，另立其兄弟穆罕默德·本·尤素福为苏丹。

1927 年苏丹尤素福死后，其子穆罕默德继位。这二人均为法国的傀儡。

法国殖民当局还利用分裂手段来削弱摩洛哥的民族力量，他们拉拢阿特拉斯山区的柏柏尔人，以此抗衡平原和大城市的阿拉伯人的力量。阿特拉斯山区的柏柏尔人属桑哈贾人，法国殖民者利用他们担心其传统被改变的心理，于 1914 年 9 月 11 日发布第一道柏柏尔法令，承认柏柏尔的乡镇议会为政权机构，并授予其司法权力。1936 年，法国颁布第二道柏柏尔法令，把柏柏尔习惯法纳入法国的司法体系。乡镇会议的司法权转到柏柏尔特别习惯法庭。这些别有用心的措施都是将柏柏尔人从摩洛哥分离出去的重要步骤。

第四节　现代简史
（第一次世界大战后至独立）

在 法国"保护国"时期，为争取国家独立，摩洛哥人民开始了反抗殖民统治、争取民族独立的斗争。

一　里夫共和国（1921～1927 年）

在 法国"保护国"统治的 40 余年间，摩洛哥人民奋起反抗殖民统治。1920 年在里夫山区爆发由阿卜德·凯利姆（Abd al-karim）领导的大规模的反抗殖民者的农民起义，并解放了西班牙占领的全部地区。1921 年 9 月建立了"里夫部落联邦共和国"，为现代摩洛哥民族解放运动增添了光辉的一页。

里夫位于摩洛哥西部矿藏丰富的山区，北临地中海，南达韦尔加河谷，西起丹吉尔，东至穆卢耶河下游。这里居住着北非柏柏尔人中最强大的一支——里夫族，他们具有反对异族入侵的光荣传统。第一次世界大战后，欧洲列强加紧了对殖民地资源的掠

夺，特别是里夫山区蕴藏着丰富的矿藏资源，成为殖民者掠夺的重要地区。西班牙极力拉拢里夫部落中势力较大的贝尼—乌里亚吉尔部落的老酋长，在遭到拒绝后，杀害了老酋长，并于1921年6月进军里夫山区。老酋长的儿子阿卜德·凯利姆领导里夫人民开展反抗西班牙侵略者的武装斗争。在达尔·阿巴尔战役中，里夫人民取得胜利，这成为里夫各部落联盟反对西班牙侵略者的开端，推动了里夫的民族解放战争。

1921年9月，凯利姆主持召开由里夫地区12个最大部落酋长参加的会议，宣布里夫共和国成立。里夫共和国确定国旗和首都——阿加迪尔，制定自己的宪法，成立最高立法机关——国民大会，组成由总统、总统顾问、外交部长、财政部长和商业部长5人参加的共和国政府。凯利姆当选为共和国总统兼议长。里夫国民大会通过了里夫民族解放运动的纲领——《民族誓言》（又称《国家宪章》）。民族誓言中明确宣布：建立完全独立的里夫共和国，反对法国和西班牙强加给摩洛哥的一切不平等条约，特别是1912年的条约。西班牙从里夫地区撤出，承认里夫共和国完全独立。里夫共和国与所有的大国建立友好关系，缔结条约；但是，这些国家不享有特权。《民族誓言》是里夫共和国的立国大纲。

在成立后的三年多时间里，里夫共和国控制了摩洛哥北方的大部分地区。为了捍卫独立成果，建设一个统一的现代强国，凯利姆对里夫的国家政权、部落酋长制和军事体制等进行了一系列的改革和调整。这些改革包括：创建正规军和部落民军，增强军力；整顿内政，建立法制；争取国际社会的支持。政治上，里夫共和国制定了一部包括40项条款的宪法，规定：国民会议为国家最高权力机构，议长称埃米尔，同时还是国家元首——总统；设立政府首相，代表总统处理一般性的具体事务。政府设有内政、外交、司法、财政、教育和作战各部，各司其职。地方上以部落为基本单位，由埃米尔任命的卡伊德负责。军事上，凯利姆

统一军事编制，改革分散的部落武装，创建正规军和部落民兵，正规军包括步兵、骑兵、炮兵和军官团。实行义务兵役制。军队有自己的军旗、军歌和军纪，建立军事通讯网和情报站。部落民兵由部落各部族组成，平时接受军训，战时配合正规军作战。在司法上，凯利姆废除建立在部落基础上的习惯法和传统法庭，取消部落酋长或议事会干预司法审理的陋习，禁止部族间仇杀。设立国家监狱，以统一的伊斯兰教法执法取代部落执法；一切法律诉讼事宜均由法官审理，被告如对判决不满，可上诉至有司法部长参加的最高法庭。外交上，凯利姆积极开展独立的外交活动，主张同一切国家和睦相处。里夫政府不承认西方列强在摩洛哥的一切特权，并向各国派遣使者或递送信函，表示里夫人民争取独立的愿望和要求各国承认并尊重里夫国家的独立主权，发展与各国相互间平等互利的经济合作和贸易关系。

1924 年初，里夫军队与西班牙侵略者展开激烈的战争。8 月，里夫军民粉碎西班牙侵略者的军事围剿，除沿海地带的梅利利亚等城市还为西班牙军队把守外，几乎解放了西属摩洛哥的全部国土。1925 年 4 月，收复法国占领的、被称为"里夫粮仓"的韦尔加河谷地，取得反抗殖民者的重大胜利。

里夫人民的胜利动摇了法国和西班牙在非洲的殖民统治，为了共同对付殖民地人民的斗争，1925 年 7 月 26 日，法国和西班牙在马德里举行会议，达成共同镇压起义的协定。9 月，法国和西班牙 30 万联军向里夫发动进攻，里夫共和国 7 万军队迎战。在敌强我弱的情况下，1926 年 5 月 26 日，里夫军队战败，阿卜德·凯利姆被流放到留尼汪，里夫共和国被法国和西班牙联合势力扼杀。

里夫共和国的创建，对马格里布民族解放运动产生深远的影响。里夫共和国总统阿卜德·凯利姆和埃及独立运动领袖扎格卢勒、土耳其共和国首任总统基马尔一起被誉为当时伊斯兰世界反帝斗争的三大领袖。

二 民族解放运动的新阶段

1. 民族主义运动和民族主义政党

虽然里夫共和国被扼杀，但是摩洛哥人民抗击侵略者、争取国家独立的解放运动仍在继续。20 世纪 20 年代，摩洛哥民族主义运动兴起，出现了民族主义组织。

1927 年 11 月 18 日，穆莱·尤瑟夫（Moulay Youssef）的儿子、18 岁的西迪·穆罕默德五世继承王位（Sidi Mohammed，1927～1961 年在位），开始为摩洛哥的独立而斗争。

摩洛哥民族主义运动滋生于 20 世纪 20 年代出现的两个改革运动。

第一次世界大战前，拥护埃及宗教改革家穆罕默德·阿卜杜学说的一派被称为萨拉菲叶派（Salafiyah），该派在第一次世界大战中得到发展。到 20 世纪 20 年代，萨拉菲叶派成为摩洛哥主张改革的重要派别，他们要求复兴伊斯兰教，反对法国的殖民统治。1912 年，他们以非斯为中心，建立了摩洛哥第一所现代伊斯兰学校。1925 年下半年，他们成立了两个秘密社团。一个是非斯的萨拉菲叶派建立的社团，领导人是穆罕默德·格兹等。另一个是拉巴特的一些受法式教育的人建立的社团，领导人是艾哈迈德·巴拉弗里吉等。1930 年，这两个社团合并，称民族集团。1932 年，又改名为民族行动集团①。

1934 年，摩洛哥第一个政党"摩洛哥行动委员会"正式成立并成为民族解放运动的先锋。该委员会由民族资产阶级组成，其宗旨是反对法国对摩洛哥的统治，争取摩洛哥人与法国人的平等地位。该组织的成立标志着民族解放运动进入一个由民族资产阶级领导的新阶段。它成立后，团结受过教育的青年人，开展反

---

① 郭应德著《阿拉伯史纲》，北京，经济日报出版社，1997，第 454～455 页。

对殖民主义的活动，得到群众的支持，具有广泛的影响。1934
年11月，摩洛哥行动委员会向法国殖民当局提交"摩洛哥改革
方案"，内容包括对摩洛哥政治、司法、社会、经济和财政等存
在的各种问题提出批评、要求和建议。他们还提出普选和审议会
议的全部成员，由摩洛哥法庭掌管司法，并依据伊斯兰法律精神
的法典审理案件，给工会以完全均等的权利，减轻和改革各种税
收，一切有关公共生活的文件必须同时使用法文和阿拉伯文等具
体方案[①]。在殖民当局断然拒绝该项改革计划后，摩洛哥行动委
员会在全国各地开展反对法国殖民者的活动和暴动。"摩洛哥改
革方案"标志着摩洛哥民族主义的诞生。1937年5月，法国殖
民当局宣布该组织为非法并加以取缔。其后，民族主义者另组
"实现马格里布愿望党"。

　　随着殖民主义现代工业的兴建，摩洛哥出现了无产阶级。摩
洛哥行动委员会开始吸收工人加入其组织。

　　1937年，摩洛哥发生大灾荒，殖民当局堵截河水。民族党[②]
在梅克内斯等地组织摩洛哥人民举行示威，遭到法国军队的镇
压，引发许多城市发生大规模的起义，法国出动陆军和空军进行
大规模的镇压。

　　1940年，民族党恢复活动。1944年，民族党改名为"独立
党"，其成员扩大到农民、工人、手工业者、商人、政府职员、
大中学校教师和宗教界爱国人士，成为一个广泛的民族主义联
盟。它还提出了自己的政治纲领，即实现摩洛哥的独立和统一，
建立一个保障各阶层权利的民主政府。1月11日，该党发表
"独立宣言"，明确提出民族独立和国家主权的问题，要求承认

---

① 〔法〕马塞尔·佩鲁东著《马格里布通史》，上海师范大学《马格里布通
　　史》翻译组译，上海，上海人民出版社，1974，第498页。

② 原"摩洛哥行动委员会"，1937年改称民族党。

摩洛哥独立、领土完整和以穆罕默德五世为国王的君主立宪国家。这标志着摩洛哥的民族解放运动提高到一个新的水平。

2. 第二次世界大战期间的民族主义运动

第二次世界大战期间,摩洛哥人民积极投身于反法西斯的斗争;同时,反法西斯的战争也促进摩洛哥民族解放运动的成长和壮大。苏丹穆罕默德五世保证支持法国及其盟国的军队,有大约30万摩洛哥人在法国军队服役,参加反法西斯的战斗。1943年11月,法国共产党摩洛哥支部成为一个独立的政党——摩洛哥共产党。1946年,成立"独立民主党"。独立党和人民运动党明确提出废除"保护制度",争取摩洛哥独立、民族统一和民主宪法,建立纯粹的民族政府的要求。摩洛哥共产党提出废除"保护"条约,发动争取民族独立的群众运动,宣布摩洛哥独立和实行君主立宪。民族主义政党和共产党的相继诞生,为战后摩洛哥争取民族独立的运动奠定了坚实的基础。

三 二战后的民族解放运动与摩洛哥的独立

第二次世界大战后,国际形势发生了有利于摩洛哥的变化:受大战的影响,法国的政治和军事力量开始衰弱,殖民地国家的民族独立运动高涨,导致包括法国在内的殖民主义国家岌岌可危,阿拉伯联盟的成立和北非各国人民争取解放运动的进一步兴起,推动了摩洛哥人民争取民族解放和国家独立的斗争蓬勃发展。

1. 争取民族独立的运动

法国殖民当局为维持在摩洛哥的殖民统治,对摩洛哥人民采取了欺骗与武力镇压相结合的策略。为了缓和摩洛哥民族解放运动的压力,1946年3月,法国新任总督埃里克·拉博纳(Eirik Labonne)以不改变"保护"制为前提,提出一系列的改革计划,声称这是为了改善摩洛哥人民的地位。改革计划包括发展学

校教育，赋予职工工会的权利，改革政府的司法制度。但是，他的改革计划遭到法国顽固派和工商企业主的反对，拉博纳被撤职。1947年4月9日，苏丹穆罕默德五世在丹吉尔发表了要求独立的历史性的演说，公开表示摩洛哥决心复兴和反抗外国的占领。5月，法国的朱安将军担任驻摩洛哥的总督，针对苏丹穆罕默德五世的演说，他宣称必须以1912年的《非斯条约》来确定未来的法国和摩洛哥的关系。

法国殖民当局这种软硬兼施的做法激怒了摩洛哥的各个阶层。1947年9月，独立党向联合国提交了一份备忘录，要求"立即结束法国的统治，摩洛哥应在苏丹穆罕默德五世的主持下建立一个民主立宪的独立国家"。苏丹穆罕默德五世也多次致函法国总统，要求修改使摩洛哥沦为"保护国"的《非斯条约》，代之以新的法国和摩洛哥协定。他的要求遭到法国政府的断然拒绝。于是，引发了拉巴特和卡萨布兰卡两个城市的人民进行支持苏丹穆罕默德五世要求的示威游行。

20世纪50年代，摩洛哥国内的局势日趋紧张。工人罢工、农民暴动此起彼伏。1950年10月，苏丹穆罕默德五世向法国总统提出备忘录，再次要求改变"保护"制度。1951年初，殖民当局开始以强硬手段对付摩洛哥民族独立运动并以最后通牒形式要求苏丹穆罕默德五世谴责独立党和共产党的活动，法国军队包围王宫。在武力威胁下，苏丹穆罕默德五世被迫签署谴责独立党和共产党的所谓"朱安议定书"。法国总督朱安下令对摩洛哥实行白色恐怖政策。几十万人被逮捕、被流放和遭屠杀；独立党和共产党被取缔，其领导人被关进监狱。但是，摩洛哥人民的反法斗争并未停止。11月，摩洛哥人民举行反对法国总督的大示威，示威活动从卡萨布兰卡扩大到首都拉巴特及其他地方。1951年底，摩洛哥有2.5万人在斯德哥尔摩和平宣言上签字。1952年5月底，又有上万人在要求五大国缔结和平公约的宣言上签字。

1953 年，苏丹穆罕默德五世拒绝法国提出的不再支持独立党的要求，并拒绝在法国炮制的"改革草案"上签字。8 月 20 日，法国废黜苏丹穆罕默德五世，将穆罕默德五世及其家人流放到科西嘉岛（Corsica），后又流放到马达加斯加岛。另立他的叔叔穆罕迈德·本·阿拉法（Mawlây Muhammad Ben Arafa）为苏丹。同年，法国人囚禁了摩洛哥独立运动的一些领导人。这些举动更激起摩洛哥人民的反抗浪潮，他们要求穆罕默德五世返回和释放被囚禁的摩洛哥人，"国王和人民革命"开始，抗议活动进一步升级。

2. 民族解放斗争的新高潮

1954～1955 年，摩洛哥人民的民族解放运动空前高涨。1954 年 8 月 20 日，举行摩洛哥劳工运动史上最大的一次罢工，拉巴特和里奥地港爆发了起义。1955 年 1 月，摩洛哥民族主义者建立了民族解放军，占领阿特拉斯山区，开展反对法国殖民者的武装斗争。7 月，卡萨布兰卡人民发动起义，要求恢复穆罕默德五世的王位。8 月，许多地方又举行反法大示威和总罢市。随后，摩洛哥中部地区和北部里夫地区爆发农民武装起义，形成武装斗争的中心地区。

摩洛哥人民的反抗运动及阿尔及利亚情况的恶化，迫使法国殖民当局一面加强镇压，一面采取缓和的措施。1955 年 8 月 22～29 日，法国殖民当局和摩洛哥民族主义政党及各界代表举行艾克斯—勒—巴恩（Aix-les-Bains）会谈，双方达成一项协议，主要内容是：王位暂缺；设立"摄政委员会"，代替现苏丹行使职权；组织一个有代表性的政府同法国进行"关于改革"的谈判，并将前苏丹穆罕默德五世送往法国。该协议并没有满足摩洛哥人民要求国家独立和自主的愿意，反对法国殖民者的武装斗争仍未中断，各大城市的工人和各阶层人民继续举行示威游行，要求穆罕默德五世复位和摩洛哥完全独立。经过摩洛哥人民长期而坚决的斗争，1955 年 11 月，法国不得不做出让步，将穆罕默德五世放回并同意恢复王位。11 月 16 日，苏丹穆罕默德五世及其家人返回摩洛哥，以国王的名义组成了一个代表摩洛哥人的政府。这届政府包括独立党、民主独立党等及其他独立派人士。

3. 民族国家独立（1956 年）

苏丹穆罕默德五世返回拉巴特后，摩洛哥各大城市举行政治大示威，提出"从帝国主义和封建主义下解放摩洛哥"、"释放政治犯"和"不准叛徒再参加政府"等要求。11 月 18 日，苏丹穆罕默德五世发表御前演说，提出"新政府将与法国谈判，结束保护国的政权"，"在君主立宪基础上，举行自由选举来建立民主制度"。12 月 7 日，摩洛哥新政府成立，提出了一系列的主张：通过与法国的谈判，废除《非斯条约》，实现国家的独立，收复西属摩洛哥和丹吉尔，实现国家的统一；废除特权，建立君主立宪政体，恢复公众自由。新政府还释放了大批的政治犯[①]。

1956 年 2 月 15 日，摩洛哥与法国就独立问题开始谈判；3 月 2 日，废除了《非斯条约》，法国政府与摩洛哥国王签署"独立宣言"，法国承认摩洛哥的独立和领土完整。确认"保护国"的条约"不再符合当代生活的要求，也不再能调整法摩关系"，摩洛哥必须"享有外交权和拥有一支军队"。但是，在摩洛哥和法国的协议中还包括在签署一项新的协议之前，两国仍然"相互依存"，在国防与外交事务中"相互合作"，以及在过渡期中，法国保留在摩洛哥驻军和保护其基地等带有殖民主义性质的条文[②]。3 月 24 日，双方开始第二阶段谈判，就建立摩洛哥军队、

---

① 《世界知识手册》编辑委员会《世界知识手册 1957》，北京，世界知识出版社，1957，第 641 页。
② 世界知识出版社编辑《国际条约集》（1956～1957），北京，世界知识出版社，1962，第 255 页。

承认摩洛哥外交权和行政机构移交等问题达成协议。1956 年 4 月 25 日，摩洛哥与法国签署协议，摩洛哥组建一支 1.2 万人至 1.5 万人的军队，由在法国陆军中服务的摩洛哥步兵组成。5 月 28 日，双方又签署协议：法国承认摩洛哥有外交权，双方保证不签署与承认另一方应享受的权利相违背的国际条约；摩洛哥承担在"保护国"时期法国政府以摩洛哥名义签署的条约的义务，但美国基地除外。法国将行政、司法、公安机关交给摩洛哥。4 月 7 日，西班牙也被迫承认摩洛哥独立和统一，同意摩洛哥国家领土完整的原则，放弃其在摩洛哥北部的"保护地"。但是，西班牙仍占据休达和梅利利亚等地，伊夫尼、西属撒哈拉及一些小岛仍在西班牙的控制之下。

1956 年 4 月 22 日，摩洛哥成为联合国成员国。10 月 29 日，国际会议一致同意废除丹吉尔的特殊国际地位，丹吉尔归还给摩洛哥①。1956 年 11 月成立国民咨询议会（National Consultative Assembly），11 月 12 日，召开第一届议会。11 月 18 日，摩洛哥正式独立。

1957 年 8 月 14 日，摩洛哥将国名"谢里夫帝国"（Sherifien，意思是"穆罕默德的后裔"）改为"摩洛哥王国"。苏丹改称国王，即穆罕默德五世国王。穆罕默德五世国王是阿拉维王朝的第二十位君主。

第五节 当代简史（独立以来的摩洛哥）

摩洛哥独立后至今，经历了三个时期：穆罕默德五世国王时期、哈桑二世国王时期和穆罕默德六世国王时期。

---

① 实际上，在 1960 年才恢复丹吉尔的主权。

一　穆罕默德五世国王时期（1957～1961 年）

穆罕默德五世国王是摩洛哥独立后的第一位国王，在位时间只有 5 年。

摩洛哥独立后，实行君主制，国王是国家的最高统治者和武装部队的最高统帅。由独立党成员、其他党派成员和忠于国王的无党派人士等共同组成政府，前法国殖民当局的官员逐渐被摩洛哥人所取代。以君主作为国家象征的独立党占据了政府的重要职位。

摩洛哥的新政府致力于政治制度的改革。穆罕默德五世国王建立过渡性质的国民咨询议会；取消司法中的宗教特权，实行司法与行政分离的制度；把部分国有土地分配给农民；颁布工会法，给予工人组织工会的权利。1958 年 5 月 8 日，穆罕默德五世国王颁布临时宪法，确定向君主立宪制过渡；宣布全国将举行市议会和地方议会的选举，并将由这些议会的议员选举"全国审议会"，以代替"国民协商议会"，其权利是讨论并表决国家预算。穆罕默德五世国王还宣布将由普选产生国民议会。5 月 12 日，建立了以王室为核心的新政府。

1960 年，国王与各党派的关系变得十分紧张，"独立党"和"人民力量全国联盟"的许多领导人被捕。5 月 20 日，穆罕默德五世国王解散阿卜杜拉·易卜拉欣领导的政府。26 日，重新组阁，由国王亲自执政，并加强个人在政治方面的影响力。他指定王储为国王的代表，并选择"独立党"、"人民力量全国联盟"、"人民运动"和"摩洛哥旅游总会"（1959 年成立）的右翼分子作为其各部大臣。5 月 29 日，摩洛哥举行独立后的首次大选，独立党获得选票的 45％，人民力量全国联盟获得选票的 30％。

穆罕默德五世国王致力于彻底摆脱殖民主义的政治控制。1957 年 12 月 31 日，摩洛哥宪兵正式接替法国宪兵。1958 年 4 月 1 日，摩洛哥收回西班牙占领的"保护地"-——塔尔法亚

（Tarfaya）。1959 年 1 月收回伊夫尼。同年 10 月 17 日，摩洛哥政府颁布废除 1957 年 8 月的"丹吉尔宪章"的法令，收回对丹吉尔行使财政和经济的主权。1960 年 4 月 19 日，摩洛哥恢复了 1923 年被划为"国际共管区"的丹吉尔的主权。但地中海沿岸的梅利利亚和休达至今仍在西班牙控制之下。

在经济方面，因长期受殖民经济的影响，摩洛哥的经济处于落后状态，基本经济命脉掌握在外国人手中，摩洛哥投资中近 90% 来自国外，主要是法国，摩洛哥本国的资本只占 10%。由于国外资本撤资、外国资本家关闭工厂和裁减工人、拖延贷款和撤走技术人员，所以增加了摩洛哥的经济困难。1957 年财政赤字达 366.2 亿法郎，失业人数达 20 万。到 20 世纪 50 年代末，摩洛哥政府努力克服困难，振兴民族经济，重点放在发展农业生产上，保证工业的发展和手工业的革新；使城乡劳动者都能就业；提高人民生活水平，改善教育、卫生和住房等生活条件。政府采取了一系列发展民族经济的措施，如废除殖民者对土地的永久使用权和长期租用权；铁路、海关、重要矿山一律收归国有；逐步接管法国人经营的企业，建立国营和公私合营的企业，鼓励私人投资；制定保护民族经济的关税政策，对进出口贸易、银行①和保险业实行"摩洛哥化"等，加快建立国民经济体系。

在对外关系方面，摩洛哥政府克服西方殖民主义的干扰和破坏，根据摩洛哥临时宪法的规定：奉行"不依赖"政策，宣布忠于万隆会议原则，忠于阿拉伯联盟和联合国宪章，尽全力执行卡萨布兰卡会议的宪章。1958 年 10 月 1 日，摩洛哥加入阿拉伯联盟，与阿拉伯国家保持友好关系，与阿拉伯联盟的其他成员国

---

① 1959 年 7 月 2 日，摩洛哥对银行实行国有化，成立本国的"摩洛哥银行"（Banque du Maroc），收回货币发行权。停止受法国资本控制的"摩洛哥国家银行"（Banque d'Etat du Maroc）的活动。

一起促进巴勒斯坦事业，在中东问题上保持中立的立场。1961 年
1 月，摩洛哥倡议并参加在卡萨布兰卡举行的非洲国家首脑会议。
摩洛哥要求外国军队撤出摩洛哥和收复被占领的领土，拒绝参加
军事集团，支持阿尔及利亚人民争取独立的斗争，同社会主义国
家建立贸易关系。摩洛哥通过谈判同法国解决了一系列的问题。

二 哈桑二世国王时期 （1961～1999 年）

19 61 年 2 月 26 日，穆罕默德五世国王因心脏病去世。
3 月 3 日，其长子穆莱·哈桑 （Moulay Hassan） 王储
继位，称哈桑二世，哈桑二世国王是阿拉维王朝的第二十一位君
主。哈桑二世国王对摩洛哥的统治长达 30 多年，在其统治时期
摩洛哥发生了巨大的变化。

1. 20 世纪 60 年代——全面建设时期

哈桑二世国王统治的初期，在国内，继续执行其父制定的国
内政策。在外交上，执行一条与前国王不同的外交政策。

哈桑二世国王废止前国王制定的临时宪法，提出制定一部新
宪法，并为此于 1962 年举行公民投票。独立党、人民运动党和
其他亲政府的党派支持新宪法。而反对派，如人民力量全国联盟
则领导了一场抵制新宪法公民投票的运动。1962 年 12 月 7 日，
摩洛哥全民公决通过了第一部宪法，宪法规定：摩洛哥为君主立
宪政体，保证公民的个人自由和政治自由。20 世纪 60 年代初，
由于失业和通货膨胀等问题困扰着摩洛哥，因此，哈桑二世国王
决定进行改革，但这一决定遭到立法委员会的拒绝。1963 年 1
月，哈桑二世国王为了加强他的权力，在原 "人民运动党" 的
基础上，建立了一个新的政党 "保卫宪法体制阵线" （The front
for the Defense of Constitutional Institutions, Front pour la Defense
des Institutions Constitutionelles, FDIC）。1963 年 7 月，举行第一
次议会选举，11 月 18 日，保卫宪法体制阵线获胜并组成新的政

府，哈桑二世国王任命保卫宪法体制阵线的艾哈迈德·巴赫尼尼（Ahmed Bahnini）为首相。

1965～1970 年，摩洛哥政治上处在一个非常的时期。1965 年初，由于经济困难，导致摩洛哥国内局势不稳。6 月，哈桑二世国王宣布进入紧急状态，独掌立法大权，直至 1970 年全民公决通过新宪法后，局势才趋于稳定，紧急状态结束。1967 和 1968 年，哈桑二世国王又曾先后八次改组内阁。

哈桑二世国王执行一条坚决支持非洲民族解放运动的外交政策，逐步摆脱殖民主义影响。1961 年 7 月 27 日，哈桑二世国王宣布，从 1962 年 1 月 1 日起，丹吉尔将成为自由港。1964 年，最后一个美国大型综合空军基地归还给摩洛哥。同时，摩洛哥支持各国人民反对殖民主义的民族主义解放运动，特别是非洲国家争取独立的斗争，如它一直支持阿尔及利亚人民争取民族独立的斗争。

2. 20 世纪 70 年代——巩固王权和稳定政局时期

1970 年 7 月，摩洛哥举行全民公决通过第二部宪法。8 月，选举出一个新的政府，穆罕默德·卡里姆·拉姆拉尼（Mohamed Karim Lamrani）任首相和财政大臣。新政府着手改革计划，其改革重点在教育、财政、行政和司法等四个方面。1972 年 3 月 10 日，全民公决通过第三部宪法。宪法规定：摩洛哥为君主立宪的伊斯兰国家，国王是国家元首、穆斯林首领、武装部队最高统帅；王位世袭；国王有权解散议会，宣布非常状态；国王任命政府首相、各部大臣，主持内阁会议，颁布法令；国王委派和接受外交使节。

1971 年 7 月和 1972 年 8 月，哈桑二世国王在平息了两起试图推翻君主制的军事政变后[①]，亲自担任武装部队司令和国防大

---

① 1971 年 7 月 10 日，在哈桑二世国王的生日晚会上，政变者袭击王宫。经过流血战斗，政变被镇压。1972 年 8 月 17 日，1971 年未遂政变以后深受信任的国防大臣穆罕默德·奥福基尔将军领导政变，企图击落国王的飞机未遂后自杀。

臣。为了表示与左翼集团和解，哈桑二世国王颁布大赦令，释放政治犯，允许左翼政党参加议会选举。

摩洛哥南部的撒哈拉沙漠一直控制在西班牙人的手中。1975年11月6~10日，哈桑二世国王提出"祖国统一，领土完整高于一切"的口号，发动"绿色进军"，35万非武装的摩洛哥人跨过边境，进驻摩洛哥南部的西撒哈拉。1976年西班牙从西撒哈拉撒出，结束对这一地区长达90年的占领。摩洛哥军队立即占领该地区。

哈桑二世国王为缓和国内外的紧张局势，采取了一系列的措施，其中包括与各党派间的长期、多次对话和协商。同时开放党禁，恢复议会，允许各党派竞选参政，在君主立宪制下实行多党制。最后通过选举，于1977年1月，组成由全国自由人士联盟（RNI）、独立党和人民运动（MP）等主要政党参加的新一届政府。在对西撒哈拉问题立场一致的基础上，实现"民族团结"。当时，共有议员264名，其中1/3由地方议会和各行业协会选出，2/3由全国选民投票选出。这样，确定了一个君主立宪、两院制议会的国家组成形式。哈桑二世国王通过平息政变、修改宪法和政治开放，达到了稳定政局和巩固政权的目的。

20世纪70年代摩洛哥继续进行国有化步骤和进一步发展经济。首先是进行国有化，巩固国家的独立，弘扬民族主义；摩洛哥开始把海关、铁路、重要矿山收归国有。1970年，摩洛哥宣布对进出口贸易、银行、保险业实行"摩洛哥化"。1973年3月，哈桑二世国王宣布"经济摩洛哥化"，使摩洛哥本国资本在企业股份中占优势；将外国人拥有的土地国有化并将摩洛哥的领海由12海里扩大到70海里。其次是发展经济，开办银行，发行本国货币，大力兴修水利，强调发展农业。1973年3月，在农村进行土地改革，推行经济计划化。鼓励私人资本向生产和旅游部门投资。1973~1977年的新的发展计划还要求增加社会福利

事业、低价住房和对贫困人口的补贴等。摩洛哥的民族经济得到迅速发展。

3. 20世纪80年代——全面调整与整顿时期

1981年，国内经济状况不佳，物价飞涨，从而引起学生罢课，工人罢工，国内形势动荡不安。政府开始实施经济调整政策。1984年1月，由于实施调整经济的政策，致使基本商品涨价，又引发人民的不满。政府指责摩洛哥共产党人和左派分子参与动乱，同时指控伊斯兰原教旨主义者企图借动乱而推翻君主制。军队出面干涉，导致110多人死亡，约2000人被逮捕，反对党的一些领导人被监禁，有的以企图谋反罪被判死刑。直到哈桑二世国王宣布控制物价上涨后，动乱才得以平息。9月，议会进行选举，全国13个政党中有12个政党参加竞选，亲国王的立宪联盟成为议会中最大的政党。10月组成第五届议会，任期6年。新政府继续进行调整和整顿的政策，以稳定政局。

自1979年开始，摩洛哥连年遭受30年来最严重的旱灾，农业歉收，粮食减产，再加上工农业发展不够协调，国家干预经济过多，以及经济发展计划不切实际等原因，经济困难加剧。1981年，开始实行新的五年计划。但由于世界经济危机、连年干旱和西撒战争，当年国内生产总值增长率下降为1.3%。为了扭转经济困难的局面，1983年，摩洛哥开始为期十年的经济调整计划，在国际货币基金组织和世界银行的建议和配合下，全面开展了以紧缩为中心的经济调整。主要是对内改革不合理的经济法规，增收节支，实行企业私有化和贸易自由化，改革税收制度，扩大地方行政权力；优先发展农业，特别是加大发展粮食生产，以争取在20世纪末实现粮、油、奶制品自给。1985年，摩洛哥政府宣布对经济实行私有化政策。对外实行开放，争取外援，鼓励外国投资。与此同时，开始了贸易由进口替代型向出口型的转变，特别是促进磷酸盐化工产品、加工食品和纺织品的出口。经过调整，经济状况逐年好转，1987 年基本实现财政平衡。1989 年，为适应新形式，政府适当放慢了经济增长的速度，使经济平稳发展。

20 世纪 80 年代中期以后，摩洛哥国内的政局趋于稳定，经济改革初见成效，市场繁荣，物资供应充足，社会基本恢复了安定的局面。

4. 20 世纪 90 年代——以政治民主化达到社会的安定

20 世纪 90 年代初，受苏联和东欧国家"民主化"浪潮的冲击，摩洛哥国内要求扩大民主自由的呼声日益增高。1990 年 5 月 4 日，议会中四个反对党联名提出弹劾政府案，要求政府集体辞职，成立民族政府，议会以 200 对 80 票否决了弹劾案。12 月 14 日，非斯北部的一些城市出现骚乱。1991 年初，反对派利用这一事件和海湾战争在群众中造成的不满情绪，组织总罢工和大游行。为了缓和政治矛盾，在联合国通过关于西撒哈拉问题的690 号决议后，政府借机号召全国团结一致，准备公民投票；同时采取了一系列有利于解决矛盾的具体措施，如释放政治犯、修改宪法、拆除秘密监狱、满足反对派的部分要求和大力解决青年就业等，使紧张局势有所缓和。1992 年，几个主要的反对党又借修宪全民公决和筹备立法选举之机，联合起来抨击政府，要求修改宪法和选举法，扩大民主，改善人民群众的福利。政府采取了一些开放民主的措施以稳定政局。8 月，哈桑二世国王宣布解散政府，组成以无党派人士拉姆拉尼为首相的过渡内阁，以表示政府在修宪和立法选举中保持中立。9 月 4 日，举行修改宪法的公民投票，新宪法以 97.4% 的票数获得通过。新宪法部分满足了反对派的民主要求，扩大了议会的权力。10 月 16 日，举行了全国范围内的地方选举。

1993 年 6 月 25 日和 9 月 17 日，举行全国大选。议会直接和间接两轮选举揭晓，以忠于国王的宪政联盟、人民运动等政党组成的"全国谅解"联盟和由独立党、人民力量社会主义联盟等

反对派组成的"民主集团"在议会333个席位中均未获得半数。由于反对派认为政府操作选举，所以拒绝参加联合政府。11月11日，哈桑二世国王决定成立由拉姆拉尼为首相、由无党派人士组成的专家内阁。新政府基本维持了前政府的原班人马。同时，重申将保持与反对派的对话，继续推进民主改革。1994年2月，非斯的西迪·穆罕默德·本·阿卜杜拉大学发生左翼和伊斯兰组织的支持者之间的骚乱。5月，组成第二十三届政府，拉姆拉尼被免职，由外交与合作国务大臣菲拉利接任首相。面对不断出现的罢工、罢课和骚乱事件，政府表示继续实行政治民主步骤。10月，哈桑二世国王宣布，为加快民主进程，将由反对派组阁，实行"轮流执政"，并允诺下届议会议员全部由直接选举产生。但反对派和国王在内阁部分人选的问题上未能达成一致。1995年2月27日，国王组成新一届政府，通过对话，适当做出一些让步以缓和矛盾。

1996年以后，摩洛哥继续推进政治民主进程。9月13日，公民投票修改宪法，规定议会实行两院制。哈桑二世国王再次提出政党轮流执政方案。政府还与企业总联盟及总劳工联盟、民主劳工联盟为首的工会通过对话而达成协议，政府许诺给职工增加10%的工资，提高家庭补贴。反对党与王室的关系和社会矛盾得到暂时的缓和。

1997年6月13日至12月5日，先后举行市镇、省、地区等地方各级议会、行业协会和全国议会——众议院、参议院两院的选举。由社盟、独立党等反对派组成的"库特拉"民主集团（人民力量社会主义联盟）和自由人士联盟、全国人民运动等组成的中间派集团分别成为众议院和参议院第一大政治团体。

1998年2月4日，哈桑二世国王任命在大选中获胜的反对派联盟"库特拉"民主集团中的人民力量社会主义联盟（USFP）

第一书记 M. 阿卜杜拉—拉赫曼·尤素福（M. Abderrahmane El Youssouf）为首相，3 月 14 日，组成新一届政府。这是摩洛哥历史上首次由反对党领袖出面组阁并任首相。

20 世纪 90 年代，摩洛哥经济形势转好，经济增长率达 4%。摩洛哥政府放宽经济政策，改革税收制度，增加外汇储备；加速国营企业私有化步伐，成立私有化工作局和转产委员会；增设外国投资部，鼓励外资参与私有化进程。摩洛哥与巴黎国家银行和花旗银行牵头的摩洛哥债权银行协调委员会代表签订关于减轻摩洛哥债务负担的原则性协议，成为非洲第一个享受"布雷迪"① 计划好处的国家；同时，还得到国际金融组织及海湾和西方工业国家的多笔贷款和取消其债务，摩洛哥的债务危机得到缓和。1993 年，十年经济调整政策完成，取得一定成效，经济形势明显好转。90 年代中期后，摩洛哥在稳定宏观经济和经济自由化方面取得进展，由于严格执行预算政策和货币政策，通货膨胀率总体呈下降趋势。1993～1998 年间，国家财政赤字平均保持在 3.7%，通货膨胀率控制在 6% 以下，外汇储备逐年增加。1993 年起，外债开始正常还本付息。但经济发展仍受气候因素影响，特别是农业仍处于"靠天吃饭"的状态，1995 年因遭受旱灾，农业歉收，造成国民经济的负增长。1996 年风调雨顺，经济大幅度增长。但是，失业、贫富悬殊、社会财富分配不公、债务沉重等问题仍是摩洛哥政府的首要问题。

1999 年 7 月 23 日，哈桑二世国王因心脏病去世。

---

① 为防止发展中国家债务危机冲击国际金融市场和维护在第三世界的经济和战略利益，西方发达国家和一些国际金融机构先后采取和实施了一系列所谓"援救发展中国家债务危机"的政策。其中，1989 年 3 月，美国公布了"布雷迪计划"，其中心内容是：鼓励商业银行取消债务国部分债务；要求国际金融机构继续向债务国提供新贷款，以促进债务国的经济发展，提高还债能力。

三 西迪·穆罕默德六世国王时期（1999 年 7 月 23
日至今）

19 99 年 7 月 23 日，哈桑二世国王的长子西迪·穆罕默德王储继位，称穆罕默德六世。穆罕默德六世国王是阿拉维王朝第二十二位君主。7 月 30 日正式登基，在继位后的首次演说中，他表示继承先父的遗志，依法治国，坚持君主立宪制、多党制、各党派轮流执政和经济自由等政策。

穆罕默德六世国王采取了一系列改革措施。在政治上，他整顿吏制，深化政治改革，强调依法治国。允许反对派回国，为先王统治时期受到迫害的政治犯平反昭雪。他改组内阁，精简机构和人员，以提高政府的工作效率。2002 年 9 月 27 日，摩洛哥举行修改宪法后的第二次众议院选举，"库特拉"民主集团继续保持领先地位。10 月 9 日，穆罕默德六世国王任命无党派人士德里斯·杰图（Driss Jettou）为首相。2003 年 5 月 16 日，在摩洛哥经济首都卡萨布兰卡发生了恐怖袭击事件，摩洛哥政府一方面谴责恐怖组织制造了爆炸事件，一方面逮捕和判决大批嫌疑犯，严厉打击极端势力和恐怖团伙。5 月 26 日，摩洛哥举行游行反对恐怖袭击。

穆罕默德六世国王执政以来，摩洛哥政局基本稳定。在经济上，他注重发展经济、减少失业，通过增加公共项目的投资、扩大对外开放、改善外商投资环境、鼓励私人投资、加快通讯等领域的私有化、减轻企业的纳税负担、压缩政府开支、增加对农业的投入等一系列措施，解决贫困、妇女平等和扫盲等社会问题，缓解了社会矛盾。穆罕默德六世国王还发表讲话，呼吁提高妇女的地位。在 2002 年 9 月 27 日举行的议会选举中，在 285 个候选人中，有 30 名女性。10 月 8 日，35 名女性参加议会。

穆罕默德六世国王积极开展全方位的外交，为解决西撒哈拉问题和国内经济建设创造了一个良好的环境。

第六节 著名历史人物和主要政治人物
（以出生先后为序）

一 著名历史人物

1. 伊本·白图泰（Ibn-Battutah，1304～1377 年）

中世纪著名的世界四大旅行家之一，中世纪阿拉伯—伊斯兰世界最伟大的旅行家。全名穆罕默德·伊本·阿卜杜拉·伊本·白图泰。1304 年生于摩洛哥的丹吉尔。14 世纪30～50 年代，他曾先后四次前往麦加朝圣，还向东横穿北非，周游埃及、叙利亚和阿拉伯半岛诸国，游历了整个穆斯林世界。在这之后，他又到过伊朗、土耳其和中亚等地。他在印度定居 8 年，当了两年法官，后去马尔代夫、斯里兰卡和东南亚等地。1347 年，在中国的元顺帝在位期间，他到达中国的泉州、广州和杭州等地，对城乡、物产、法制和社会生活作过描述和议论。阿拉伯人至今把我国的泉州称之为橄榄城，便是始于伊本·白图泰之口。1349 年，他回到摩洛哥后，北渡直布罗陀海峡，到西班牙旅行，还去了西非的马里、尼日尔等国。1354 年，他返回摩洛哥，定居非斯。伊本·白图泰的三次远游，历时 29 年，足迹遍及非、亚、欧三大洲，行程 12 万公里，考察了 40 多个国家和地区的政治、经济、文化、宗教及风土人情。他回国定居后，在摩洛哥国王手下当侍从。1355 年，他口述旅行见闻，由摩洛哥国王秘书伊本·诸赞笔录成书，题名为《环游胜览》，俗称《伊本·白图泰游记》，这是一部很有价值的游记。原本后被巴黎国家图书馆收藏，另有多种手抄本，散藏于世界各国的图书馆；19 世纪中叶起，游记的阿拉伯文版和西方文字陆续问世。1377 年，他在摩洛哥的马拉喀什去世。

2. 阿卜德·凯利姆（Hmhammed Ben Abd El-Klim El-Khatabi, 1882~1963 年）

全名穆罕默德·本·阿卜德·艾尔·凯利姆·艾尔·哈塔卜，摩洛哥民族英雄。生于里夫山区的阿加迪尔。其父是里夫山区最大的部落酋长。1908 年毕业于非斯的卡拉维因大学。此后，在西班牙殖民当局的民族事务局任秘书。1915 年在梅利利亚城当伊斯兰法法官兼《里夫电讯报》编辑。因反对西班牙殖民统治而遭逮捕。1918 年获释后，继续任法官。1919 年辞职回乡，协助其父从事反对西班牙殖民统治的活动。1920 年，其父遭到暗杀而身亡。西班牙殖民军乘机大举进攻里夫山区，凯利姆承担起抗击侵略者的重任，领导里夫人民反抗侵略军。1923 年凯利姆召开里夫山区的部落代表大会，宣布成立里夫共和国，被选举为议长兼总统。1925 年 6 月，法国和西班牙调集 30 万军队进攻里夫山区。同年 5 月凯利姆被法军俘虏并被流放到留尼汪岛。1947 年，他在转移去法国的途中逃往埃及。1948 年任北非解放委员会领导人，继续从事争取摩洛哥独立的事业。

摩洛哥独立后，1958 年，摩洛哥政府为表彰其光辉业绩，授予他摩洛哥民族英雄的光荣称号，并请他回国定居。但是，他表示只要国土上还有法国人和西班牙人，他就决不回国。1963 年 2 月，凯利姆在开罗病逝。

二　主要政治人物

1. 西迪·穆罕默德五世（Sidi Mohammed V, 1910~1961 年）

洛哥国王。1910 年生于拉巴特宫。1927 年 11 月 18 日，继承王位，成为摩洛哥王国的苏丹。20 世纪 30 年代，他积极从事民族独立的斗争。第二次世界大战后，摩洛哥民族解放运动高涨，1947 年 4 月，他发表演说，要求摩洛哥独立。1950 年 10 月，又要求法国修改 1912 年签署的《非斯条

约》，改变法国对摩洛哥的"保护"制度。1952年正式向法国提出摩洛哥独立的要求。翌年被法国废黜，并流放到科西嘉岛，后移至马达加斯加。1955年11月，因形势所迫，法国同意穆罕默德五世苏丹复位。1956年3月2日，摩洛哥获得独立；1957年8月，定国名为摩洛哥王国，穆罕默德五世为国王。在穆罕默德五世国王统治时，他开始进行国家民主制度的改革，并草拟一部宪法。1961年2月病逝。

2. 穆莱·哈桑二世（Mouly Hassan II, 1929~1999年）

摩洛哥国王。是穆罕默德五世国王的长子。1929年7月9日生于拉巴特宫。从小接受严格的宫廷教育，能够流利背诵《古兰经》，精通法语。1941年进入摩洛哥皇家学校读书，一面学习阿拉伯语言、文学、历史、宗教、法律和哲学，一面攻读法国中学开设的全部课程。1949年，在法国"贞德"号航母舰上服役。1951年毕业于拉巴特高等学院法律系，获法学学士学位。1952年，在波尔多（法国）大学毕业后，获得法学博士学位。

从孩提时代起，哈桑就随其父苏丹穆罕默德五世从事争取民族独立的斗争。1953年8月20日，法国当局将苏丹穆罕默德五世、哈桑王储和王室成员流放到科西嘉岛。1954年1月，又被送往马达加斯加。在流亡期间，哈桑王储是苏丹穆罕默德五世的政治顾问。1955年11月16日，他随苏丹穆罕默德五世和王室成员从流放地返回，担任皇家武装部队司令。1956年4月摩洛哥独立后，哈桑遵从父命缔造了摩洛哥皇家武装力量，并被指定为参谋长。1957年7月9日，哈桑被正式立为王储。此后，他经常以王储的身份代父处理朝政。1960年5月至1961年2月担任副首相兼任国防大臣。

1961年3月3日，穆罕默德五世国王逝世后哈桑继位，称哈桑二世。1961年和1965年曾两次兼任首相。1971年又兼国防大臣。

哈桑二世国王继位以后，致力于推进国家的现代化进程。他

是第一个在中东地区实行君主立宪制、议会普选和联合组阁的国王。他逐步实行民主政治，建立了城市、公社和乡村的议会，建立议会选举制。1962年颁布宪法，确立君主立宪制政体，为王国的统一、巩固国家的独立和领土完整而不懈地努力。1975年开放党禁，恢复议会，允许各党竞选参政，在君主立宪制下实行多党制。1977年，通过选举组成了由主要政党参加的议会（代表院）和政府。哈桑二世国王在位期间，挫败多起政变。

哈桑二世国王率先实行经济开放，建立国家、私人、外资共存的混合经济体制，保障人民的小康生活。他注意发展国家的工业，建立工厂，修建连接各主要城镇、港口及机场的广泛的交通网络。他非常注意教育、健康和住房，建立了医院、学校、研究院和大学，建廉租房以解决1/3低收入人群的住房问题。他在卡萨布兰卡修建了摩洛哥最大的清真寺——哈桑二世清真寺。

哈桑二世国王是世界和平的一个重要的支持者。由于他的努力，摩洛哥在重要的国际和地区组织中扮演着积极的角色。他积极参与国际事务，奉行与西方国家维持友好关系的不结盟政策，支持第三世界的正义斗争，维护民族独立和国家主权。1960年，哈桑二世国王率领摩洛哥代表团参加了第十五届联合国大会。1992年1月31日，在联合国安理会成员国的国家和政府首脑会议上发表讲话。

在非洲和中东地区，哈桑二世国王是一位很有影响的政治家和外交家。1961年，哈桑作为王储与穆罕默德五世国王一起参加第一届非洲独立国家大会，即著名的卡萨布兰卡首脑会议。哈桑二世国王多次担任伊斯兰会议组织主席、阿拉伯政府首脑会议主席、非洲统一组织（O. A. U.）首脑会议主席、法国—非洲政府首脑会议主席、阿拉伯马格里布联盟首脑会议主席、解决黎巴嫩危机的三方委员会会议主席和阿拉伯马格里布联盟总理事会主席等职务。1974年10月，在第七届阿拉伯国家首脑会议上，第一次承认巴勒斯坦解放组织（P. L. O.）是巴勒斯坦人民的唯一合法的代表。1977 年和 1978 年，哈桑二世国王两次派兵协助扎伊尔击退入侵扎伊尔①的雇佣军。1990 年 8 月，海湾危机爆发，哈桑二世国王反对伊拉克入侵同为阿拉伯国家的科威特，派兵参加反对伊拉克的多国部队。1996 年 3 月 13 日，参加在埃及沙姆沙伊赫（Sharm-Sheikh）召开的"和平缔造者"政府首脑会议。

　　哈桑二世国王喜欢文学和古典音乐，是一位著名的法学家，精通建筑学、医学和科技。善于演说。1976 年，哈桑二世国王著的文学作品《挑战》（《Le Defi》）被翻译成多种文字，1983 年被翻译成中文。1993 年，哈桑二世国王著的《哈桑二世，一个国王的回忆录》（《Hassan II, Memoire d'un Roi》）以阿拉伯文和法文出版。这两种书畅销阿拉伯世界。哈桑二世国王酷爱足球、田径。有二子三女。

　　1999 年 7 月 23 日，哈桑二世国王因心脏病突发而去世，其长子西迪·穆罕默德即位，称为穆罕默德六世。

3. 西迪·穆罕默德六世（Mohammed VI, 1963 ~ 　）

　　摩洛哥现任国王。1963 年 8 月 21 日生于拉巴特，为已故国王哈桑二世的长子，在哈桑二世国王的五个子女中排行第二。4 岁时，开始在王宫接受教育。1973 年，获得初级教育的证书。1981 年，在穆罕默德五世大学毕业，获得学士学位。1985 年，在拉巴特西迪·穆罕默德五世大学法学院毕业，获得法学学士学位。他主修的题目是关于"非洲联盟与摩洛哥王国在国际关系中的策略"。1987 年，他获得政治学高等研究一级证书。1988 年 7 月，获得公法高等研究证书。1993 年 10 月 29 日，他在法国尼斯大学获得法学博士学位，论文的题目是"欧洲经济共同体与阿拉伯马格里布联盟的合作"。精通阿拉伯语和法语，懂英语和

---

　　①　现名刚果（金）。

西班牙语。

1979 年被立为王储。同年 12 月，在地中海社会—文化协会（The Socio-cultural Association of the Meditereaneen Bassin）任职。1985 年 11 月 26 日，被哈桑二世国王任命为摩洛哥皇家武装部队参谋处和局的总协调官，成为军队的第二号人物。1994 年 7 月 12 日，晋升为少将。

穆罕默德作为王储时，曾多次随同哈桑二世国王或单独出席国际会议和出访。1980 年 7 月 23～30 日，访问塞内加尔、几内亚、象牙海岸、喀麦隆和尼日利亚等许多非洲国家。1982 年 3 月，他被任命为卡萨布兰卡第十一届地中海运动会组织委员会主席。1983 年 3 月 10 日，他率代表团参加在新德里召开的不结盟国家首脑会议（Sommet of Non Alined Countries），并发表讲话，阐述摩洛哥在阿拉伯、非洲和国际问题上的立场。1983 年 9 月 21 日，率摩洛哥代表团参加在亚的斯亚贝巴召开的关于撒哈拉问题的非统会议。1986 年 3 月 11～18 日，访问沙特阿拉伯。1994 年 4 月 12 日，在马拉喀什主持召开关贸总协定（GAT）部长级会议（The Ministirial Conference）。5 月 4 日，参加在日内瓦召开的纪念《联合国宪章》50 周年的成员国会议。1995 年 1 月 12 日，主持在巴黎结束的"摩洛哥和欧洲关系"研究班。1996 年 12 月 10 日，主持在纽约的摩洛哥—美国贸易和投资委员会（Moroccan-American Desk Council of Trade and Investment）的典礼。1997 年 1 月 21～27 日，代表哈桑二世国王参加联合国关于特别"国家首脑＋5"（Land Summit＋5）大会。1991 年 11 月和 1993 年 2 月，他以王储身份访问中国和法国。

1999 年 7 月 30 日登基，成为阿拉维王朝的第二十二位君主。

2002 年 2 月 4～10 日，穆罕默德六世国王以摩洛哥国家元首身份访问中国，并取得了圆满成功。

穆罕默德六世国王爱好阅读、游泳和赛艇运动。

第三章

政　治

第一节　政治制度与宪法

一　政治体制的演变

新石器时代（公元前 6000 年至公元前 5000 年）至青铜时代（大约在公元前 1600 年），摩洛哥的柏柏尔人以游牧和早期农耕生产为主，并开始进行海上贸易。当时，柏柏尔人的社会和政治组织的基本结构是家庭的延伸，通常以一个村子或一个传统的放牧地为一个单位，以一个共同的祖先为一个部落，实行原始的游牧部落制度。

公元前 12 世纪，腓尼基人开始在摩洛哥沿海殖民、建立贸易客栈并逐步发展成为一些城市。到公元前 6 世纪至公元前 5 世纪时，摩洛哥沿海一带出现城市和阶级社会，建立了最早的奴隶制国家。

公元前 4 世纪，在摩洛哥北部出现由柏柏尔人建立的一个王国——毛里塔尼亚。公元前 3 世纪，在今天阿尔及利亚东北部与突尼斯接壤部分，形成两个柏柏尔人的王国：马赛西里和马西里（Massyli）。摩洛哥实行古代奴隶制度。

公元前 146 年，罗马在与迦太基的"布匿战争"中取胜，

迦太基的领土沦为罗马的一个行省。随后，罗马人转向西方的摩洛哥。公元前25年，罗马皇帝奥古斯都先后立朱巴二世和他的儿子托勒密乌斯为毛里塔尼亚的国王，作为罗马人在摩洛哥的傀儡。公元42年，柏柏尔人的毛里塔尼亚王国的最后一个王朝结束，摩洛哥成为罗马帝国的一部分。这一时期的摩洛哥由罗马皇帝直接统治，罗马派地方行政长官管理摩洛哥，并给予他们一定的民政权力和军事权力。古代奴隶制度在摩洛哥北部盛行。罗马人的残酷剥削和压迫，引发了柏柏尔人的不断的反抗活动，导致罗马帝国的统治摇摇欲坠。

公元7世纪，阿拉伯人进入摩洛哥，于公元788年，建立第一个阿拉伯人的、中央集权的国家——伊德里斯王朝，摧毁了奴隶制度。其后，在摩洛哥领土上又建立了三个王朝：阿尔摩拉维德王朝（1055年）、阿尔摩哈德王朝（又称穆瓦希德王朝，1130年）和马里尼德王朝（1258年）。前两个王朝通过两个宗教改革运动将柏柏尔人团结在一起并组织了国家，逐步建立了封建君主制度的统治。这三个王朝是由阿拉伯化的柏柏尔人统治的国家，他们都得到了马赫曾氏族集团①的支持，达到了封建国家的鼎盛。后来建立的萨阿德王朝（1520年），其统治者艾哈迈德·萨迪创立了中央行政机构，即隶属于中央的部落联盟，制定了一套行之有效的管理制度。设立帕夏，管理各省份，负责税收，但无其他职权。艾哈迈德·萨迪的这套行政制度基本上一直保持到法国殖民统治（1912年）以前。公元1660年，摩洛哥进入阿拉维王朝时期。1912年以前，摩洛哥一直保持着封建君主制，国王拥有绝对的至上权力，国王的意志即国家意志，不受任何人或机关的限制和监督。但是，国王对摩洛哥的统治仅局限于城镇和有人居

---

① 马赫曾氏族集团（Makhzan kabilas）："马赫曾"原意为财富，后来在摩洛哥用作政府官员制度的称谓。

住的平原，而偏远山区和类似于空旷的广大平原地区的柏柏尔人部落和阿拉伯游牧民，则不受王权限制，保持着部落制度。

1912 年以后，摩洛哥沦为法国的"保护国"，法国殖民当局在摩洛哥实行殖民统治。名义上，苏丹是国家元首，在全国各地派驻代表。实际上，法国和西班牙的总督统治着摩洛哥，负责监管摩洛哥的中央和地方事务；在丹吉尔还设有国际管制委员会，由各签约国的总领事担任委员，由行政长官执行政务。

第二次世界大战后，摩洛哥民族解放运动高涨，迫使法国殖民当局对摩洛哥人民的要求稍作让步，允许摩洛哥人担任部分政府职务。1955 年 11 月 18 日，苏丹穆罕默德五世提出"新政府将与法国谈判，结束保护国的政权"，"在君主立宪基础上，举行自由选举来建立民主制度"。12 月 7 日，摩洛哥新政府成立。1956 年 11 月 18 日，摩洛哥正式独立，苏丹改称国王。1958 年，建立了过渡性质的国民咨询议会；5 月，穆罕默德五世国王颁布临时宪法，宣布摩洛哥将成为一个君主立宪的国家，全国将举行市议会和地方议会的选举；然后，再由这些议会的议员选举"全国审议会"，以代替"国民咨询议会"，其权力是讨论并表决国家预算；宣布将由普选产生国民议会。从此，摩洛哥进入一个君主立宪政体的国家，开始有了议会。但是，实际上，国王掌握政府的任命权、解散议会权、钦定宪法权等权力。

1961 年 2 月，穆罕默德五世国王逝世，穆莱·哈桑王储继位，称哈桑二世。1962 年，随着一部新宪法的制定，在摩洛哥确立了君主立宪制政体，并于 1963 年举行第一次议会选举，亲国王的保卫宪法体制阵线获胜。1965 年，哈桑二世国王解散议会，禁止政党活动。1975 年，哈桑二世国王开放党禁，恢复议会，允许各党派竞选参政，实行在君主立宪制下的多党制。

20 世纪 80 年代初，摩洛哥伊斯兰原教旨主义集团提出建立神权政体的口号，威胁国王的统治。哈桑二世国王一方面镇压伊斯兰原教旨主义势力，另一方面允许各党派竞选参政，在君主立宪制下实行多党制。20世纪90年代初，在东欧"民主化"浪潮的冲击下，摩洛哥国内要求扩大民主与自由的呼声高涨，1992年9月4日，摩洛哥全民公决通过新宪法，新宪法强调政府的职权、议会对政府的监督和强化法制建设。1996年9月，再次修改宪法，规定议会实行两院制——众议院和参议院，规定摩洛哥的政体形式是君主立宪制的伊斯兰国家，国王的权力受到议会和宪法的限制。但是，国王仍拥有政府任命权、解散议会权、钦定宪法权等权力。1998年2月，哈桑二世国王任命"库特拉"民主集团中的人民力量社会主义联盟第一书记尤素福为首相，3月组成新一届政府。由反对党领袖出面组阁并任首相，在摩洛哥历史上尚属首次。

1999年7月23日，哈桑二世国王病逝。西迪·穆罕默德王储继位，称穆罕默德六世。新国王继续坚持君主立宪制、多党制、轮流执政和经济自由化等既定的政策，实行更加开明的政治。摩洛哥开始深化政治改革，强调依法治国，摩洛哥国内的各政党积极参政。

二　宪法

在摩洛哥宪法中，宣布摩洛哥是一个民主的、社会的和君主立宪制国家。独立以来，数次修改宪法，共颁布过5部宪法。1961年，哈桑二世国王即位后，开始起草宪法草案。1962年12月7日，经全民公决通过第一部宪法。在这部宪法中，确立了君主立宪制，规定议会为一院制，由选举产生。此后，根据政治发展和宪政改革的需要，先后于1970、1972、1980、1992年四次对宪法进行修改。现行宪法于1996年9月13日修改后实行。

1970年7月23日，经全民公决通过第二部宪法，规定：摩洛哥是独立的具有领土完整的阿拉伯伊斯兰国家，伊斯兰教为国教，实行君主立宪制。国王既是国家元首，又是宗教领袖和武装部队的最高统帅。王位世袭，其法定世袭王位年龄为 18 岁以上。摄政委员会主席为国王近亲男性担任。还规定，由 240 名委员组成的众议院中，直接选举 90 名，地方委员会选举 90 名，其他 60 名为各行业的代表。

　　1972 年，在未遂政变的事件发生后，3 月 1 日，经全民公决，通过第三部宪法，该宪法赋予议会较多的政治权力，议会任期为 6 年，2/3 的议员由直接选举产生。

　　1980 年 5 月 23 日，举行修改宪法第 21 条的公民投票；5 月 30 日，举行修改宪法第 43 和 95 条的公民投票，此次修改放宽了对议会产生的限制。主要修改两处：继位国王的法定成年年龄由 18 岁改为 16 岁，摄政委员会主席由国王近亲男性长者担任改为由最高法院院长担任；议会议员由 1/3 任期 6 年，2/3 任期 4 年，改为一律任期 6 年，议长由每年改选一次改为 3 年改选一次。

　　1992 年 9 月 4 日，全民公决通过第四部宪法。新宪法扩大了议会的权力，部分满足了反对派的民主要求。宪法规定：摩洛哥为君主立宪制国家；国王是国家元首、宗教领袖、武装部队最高统帅；国王任命首相，并根据首相的提议任命内阁成员；国王有权主动或根据政府辞呈解散政府；国王任命法院院长和法官；王位世袭，其法定成年年龄为 16 岁；在国王未成年期间，由摄政委员会行使除修改宪法以外的国王职权，摄政委员会由最高法院院长任主席。宪法规定男女公民享有同等的政治权利，年满 21 岁有选举权，年满 25 岁有被选举权[①]。

---

① 赵国忠主编《简明西亚北非百科全书》（中东），北京，中国社会科学出版社，2000，第 760 页。

1996 年 9 月 13 日，经全民公决，通过摩洛哥的第五部宪法。这次修改后的宪法对宪政制度进行了重大改革，主要内容是：在君主立宪制的前提下，实行两院制议会民主，除原有的由政党代表组成的代表院（众议院）外，增设由地方政权、行业工会和工薪阶层代表组成的参议院，参议院拥有与众议院相似的审议权和在特定条件下弹劾政府的权力。众议院的所有成员由直接选举产生。此次改革使一些政治家、工商企业家和各界社会名流进入立法机构，扩大了议会的代表性。还成立了宪法委员会作为宪法的监督机构。同时，新宪法还扩大了议会的立法权限，在监督政府和决定国家经济发展等方面，议会有了更大的发言权，从而加快了国家的法制建设和民主进程。恢复制定"发展计划"，取代"经济及社会融合计划"。"国家发展和计划委员会"负责国家发展计划的制订。将最高审计委员会升至宪法规定的地位，主要负责对财政法实施监督和地方审计法院的设立。此外，在中央和省级政权之间建立 16 个地区的行政建制，加快了权力下放，发挥地方政权在经济社会发展中的积极作用。保障所有权和经营自由。

第二节　国家机构

自独立至今，摩洛哥的国家机构由四部分组成：国王（国家元首）、政府（行政机构）、立法机构和司法机构。

一　国王

根据 1996 年修改通过的宪法规定，国王集宗教和政治双重身份于一身，国王是全民族的最高代表和国家统一的象征。国王是民族独立和领土完整的保护者、国家永存的保

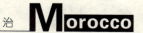

证者、信仰的捍卫者，他将确保尊重宪法。国王至高无上。

国王任命首相，根据首相的提议任免内阁其他成员。国王主持内阁会议、地方行政官最高委员会、教育最高委员会及国家重建和计划最高委员会。国王可按宪法有关规定的条款，依照王室诏令解散议会两院或其中任何一院，有权主动或因内阁成员的辞呈解散政府。国王颁布议会通过的宪法，签署法令，签署和批准条约，宣布紧急状态。国王是王国武装部队的总司令，任命文武官员。国王任命驻国外和国际组织的使节，接受外国和国际组织委派的大使和代表。国王行使赦免权。

王位世袭①。国王的王位和君权是世袭的，国王法定成年年龄为 16 岁，在国王未成年期间，国王摄政委员会（The Regeacy Council of the Kingdom，1981 年 1 月成立）② 行使宪法赋予王位的各种权力，但涉及宪法修改的那些权力除外。在国王未满 20 岁之前，摄政委员会作为咨询机构协助国王工作。

摩洛哥独立后的历任国王：

西迪·穆罕默德五世（Sidi Mohammed V）。1955 年 11 月 16 日（复位）至 1961 年 2 月 26 日。

穆莱·哈桑二世（Moulay Hassa II），1961 年 3 月 3 日至 1999 年 7 月 23 日。

西迪·穆罕默德六世（Sidi Mohammed VI），1999 年 7 月 23 日继位至今。

---

① 摩洛哥王位及君权根据世袭原则，传给哈桑二世国王的直系男性后裔。原则上是长子继承，除非国王在世时指定了一个非长子的男性后裔作为继承人。一旦缺乏直系男性后裔，在其他各种条件相同的情况下，王位继承权将被赋予血缘上最为亲近的旁系男性。见《摩洛哥宪法》（1996 年）第 20 条。

② 摄政委员会由最高法院院长任主席，还包括众议院议长、参议院议长、拉巴特和塞尔·乌拉姆委员会（学者委员会）主席以及国王钦定的 10 位要人组成。

二 政府

洛哥是君主立宪制国家，根据宪法规定，摩洛哥政府由首相和大臣组成。政府对国王和议会负责，政府由首相掌管，实施法律赋予的行政权。

自 1955 年以来，摩洛哥共有 27 届政府。

1. 政府成员

摩洛哥政府由首相和内阁大臣组成。2002 年 11 月 8 日组成独立以来第 27 届政府，任期 5 年。2004 年 6 月 8 日进行技术性改组，共 35 人。主要成员如下：首相德里斯·杰图（Driss Jettou），国务大臣阿巴斯·法西（M. Abbas EL Fassi），外交与合作大臣穆罕默德·本·伊萨（M. Mohamed Benaïssa），内政大臣夏克布·本·穆萨（Chakib Benmoussa），司法大臣穆罕默德·布祖巴（M. Mohamed Bouzoubaa），宗教基金与伊斯兰事务大臣艾哈迈德·图菲克（M. Ahmed Toufiq），国土整治、水资源与环境大臣穆罕默德·亚兹吉（M. Mohamed El Yazghi），财政与私有化大臣法塔拉赫·瓦拉鲁（M. Fathallah Oulalou），政府秘书长阿卜杜·萨迪克·拉比阿（M. Abdessadek Rabiah），农业、农村发展与渔业大臣穆罕尼德·安索尔（M. Mohand Laenser），就业与职业培训大臣穆斯塔法·曼苏里（M. Mustapha Mansouri），国民教育、高等教育、干部培训与科研大臣哈比博·马勒克（M. Habib El Malki），文化大臣穆罕默德·阿沙里（M. Mohamed Achaari），装备与运输大臣克里姆·加莱博（M. Karim Ghellab），旅游、手工业与社会经济大臣阿迪勒·杜维里（M. Adil Douiri），卫生大臣穆罕默德·沙伊赫·比耶迪拉（M. Mohamed Cheikh Biadillah），与议会关系大臣穆罕默德·萨阿德·阿拉米（M. Mohamed Saad El Alami），能源与矿业大臣穆罕默德·布塔勒博（M. Mohamed Boutaleb），新闻大臣兼政府发言人穆罕默德·纳比尔·本·阿卜杜拉（M. Mohamed Nabil Benabdallah），外贸大臣穆斯塔法·麦沙胡里（M. Mustapha Mechahouri），社会发展、家庭与团结大臣阿卜杜拉希姆·哈鲁什（M. Abderrahim Harouchi），公共部门现代化大臣穆罕默德·布赛义德（M. Mohamed Boussaid），工业、贸易与经济改革大臣萨拉赫丁·迈祖阿尔（M. Salaheddine Mezouar）①。

2. 首相

国王任命首相。首相提议政府内阁成员，最后由国王任命。

首相完成组阁后，在议会两院作政府施政报告，阐明政府拟在国务活动的各个领域，即经济、社会、文化和外交等领域采取的政策。议会两院将对施政报告进行讨论。首相有权提出法律议案。首相行使行政权，首相签署的法令由负责执行这些法令的大臣副署。首相负责协调内阁各部的活动。任何有关法律的议案，经内阁审议后，由首相向议会提交。但是，有一些问题在决定前应先递交内阁会议讨论：首相主持内阁会议讨论有关问题，其中包括：①涉及国家总政策的事项；②宣布戒严；③宣布战争；④请求议会进行信任投票，以使政府进一步履行其职责；⑤尚未向议会（两院）提交的草案；⑥政令；⑦计划草案；⑧修改本宪法的草案。

摩洛哥独立后的历任首相：

1956年10月至1958年5月：西·本·穆斯塔法·贝凯（Si Ben Mostapha El Bekkai）。

1958年5月12日至1958年12月：艾哈迈德·贝拉弗里杰（Ahmed Balafrej）。

1958年12月24日至1960年5月：阿卜杜拉·易卜拉欣

---

① 摩洛哥政府网站资料（2006年）（http：//www. maroc）；中国商务部网站资料（2006年）（http：//ma. mofcom. gov. cn）。

（Abdallah Ibrahim）。

1960年5月27日，穆罕默德五世国王兼任。

1961年3月4日至1961年6月2日：哈桑王储（后为国王）兼任。

1963年1月5日至1963年11月：阿卜杜拉·易卜拉欣（Abdellah Ibrahim）。

1963年11月13日至1965年6月：艾哈迈德·巴赫尼尼（Ahmed Bahnini）。

1965年6月8日至1967年7月：哈桑二世国王兼任，组成第10届政府。

1967年11月11日至1969年10月7日：穆罕默德·本希马（Mohamed Benhima）。

1969年10月7日至1971年8月6日：艾哈迈德·拉腊基（Ahmed Laraki）。

1971年8月6日至1972年11月：穆罕默德·卡里姆·拉姆拉尼（Mohamed Karim Lamrani）。

1972年11月20日至1977年10月10日：艾哈迈德·奥斯曼（Ahmed Osman）。

1979年3月27日至1983年11月：马蒂·布阿比德（Maati Bouabid）。

1983年11月30日至1986年9月30日：穆罕默德·卡里姆·拉姆拉尼（Mohamed Karim Lamrani）。

1986年9月30日至1992年8月11日：阿兹丁·拉腊基（Azzeddine Laraki）。

1992年8月11日至1994年6月7日：穆罕默德·卡利姆·拉姆拉尼（Mohamed Karim Lamrani）。

1994年6月7日至1998年2月：阿卜杜勒－拉蒂夫·菲拉利（Abdellatif Filali）三次组阁。

1998 年 2 月 4 日至 2000 年 9 月：人民力量社会主义联盟第一书记阿卜杜勒 – 拉赫曼·优素菲（Bderrahmane Youssoufi）。

2000 年 9 月 6 日至 2002 年 9 月，阿卜杜勒 – 拉赫曼·优素菲（Bderrahmane Youssoufi）。

2002 年 9 月至今，德里斯·杰图（Driss Jettou）[1]。

3. 地方政府

摩洛哥的地方政府由地区、辖区、省和公社组成。没有法律规定，不得建立任何其他形式的地方政府。

地方议会经选举产生，负责处理自己的事务。地方长官按照规定的条件，执行省、辖区和地区议会的决议。

在省、辖区和地区，地方长官代表国家并监督法律的执行。他们负责实施政府的决议和负责管理地方政府各部门。

4. 最高审计委员会和地方审计委员会

最高审计委员会负责对预算的执行实施全面监管，确保收支合理，对那些依法被置于其监督之下的机构的管理活动进行评估。必要时，对违反那些管制这类活动的规则的行为提起诉讼。最高审计委员会在法律规定的职责范围内为政府和议会提供帮助。最高审计委员会的全部工作情况，需向国王递交报告。

地方审计委员会负责审查地方政府及其所属机构的财务，评估其管理活动。

审计委员会及其地区审计委员会的职权范围、组织和程序规则由审计法律决定。

5. 经济和社会委员会

根据 1996 年修改后的宪法规定，成立经济和社会委员会，其构成、组织、职权和程序规则由有关的组织法决定。政府以及参众两院对一切经济或社会问题与经济和社会委员会磋商。

---

① 摩洛哥政府网站资料（2005 年）（http：//www. mincom. gov. ma）。

经济和社会委员会就国民经济和培训计划的总的指导原则发表意见。

三　立法机构

根据1996年9月颁布的新宪法，摩洛哥议会由两院——众议院和参议院组成；众议院议员通过直接普选产生，任期6年。参议院议员通过选举团间接选举产生。现众议院于2002年11月9日产生，参议院于1997年产生，2000年7月和2003年10月两次进行1/3改选。

宪法委员会。由12人组成，其中国王任命6人。在与议会各团体协商后，参议院和众议院的议长各自任命3人，一共6人。任期9年；每三年要改选其中的1/3。委员会主席由国王从其任命的6名成员中选定。宪法委员会主席和该委员会成员不能连任。

宪法委员会履行由宪法条款或有关组织法条款所赋予的职能①，即委员会除行使宪法和有关法律规定的职权外，还对选举议会成员和公投合法与否进行裁定。任何组织法规、议会两院的内部规章须经委员会确认与宪法精神相符后，方可颁布实施。宪法委员会的任何决定，不允许异议，各有关当局、行政部门和司法部门都必须遵照执行②。

四　司法机构

最高司法委员会是全国最高司法权力机构。独立于立法和执法机关。最高司法委员会由国王领导，其成员包

---

① 宪法委员会与议会的关系参见本章第三节的立法与司法部分；摩洛哥宪法部分参见摩洛哥政府网站资料（2005年）（http：//www. mincom. gov. ma）。

② 中国商务部网站资料（2006年）（http：//ma. moftec. gov. cn）。

括：担任该委员会副主席的司法大臣、最高法院第一院长、最高法院总公诉人、最高法院第一法庭庭长、从上诉法院法官中选举出的两名代表和从一级法庭法官中选举出的 4 名代表。最高司法委员会确保有关法官提升和惩处的条例得以实施。（详见本章第三节）

第三节　立法与司法

一　立法

摩洛哥的立法机构经历了由一院制立法机构向两院制立法机构转变的变化。

最初，摩洛哥实行的一院制立法机构，只有一个立法实体，是一个其权限规定、立法程序、成员产生和任期规定等相对比较统一简单的议会。后来实行两院制立法机构，即参议院和众议院，两院职权范围及其成员产生办法、任期都有所不同，相互之间有制约作用。

摩洛哥立法机构的具体职责有：①制定、修改、废止宪法。②审查和通过国家财政预算、决算，并监督其实施。③组织或监督政府。④其他有关国家大政方针的决定，如批准对外宣战等。

议会是国家的最高立法机构，宪法规定国王是国家的最高领导，议会在国王的指导之下工作。

1. 摩洛哥议会的发展变化

独立前，摩洛哥没有立法机构，国王是名义上的元首，法国和西班牙的总督是各地的实际统治者，丹吉尔设立由多国参加的管理委员会。

独立后，摩洛哥的议会经历一院制到两院制的变化历程。

1956～1959 年，摩洛哥议会实行一院制。1956 年 11 月 12

日，第一届议会成立，名为国民咨询议会，也称代表院；其职权是对国家预算以及所有国王提交的问题提出意见。该届议会共有76名议员，其中独立党10人，独立民主党6人，劳工联合会10人，农业家18人，工商业者4人，医药界3人，工程师7人，宗教界5人，司法界2人，文化协会2人，青年体育组织代表3人，无党派人士6人，全部由国王任命。议会下设政治、经济、社会事务、预算4个委员会，负责研究专门问题。

1963～1965年，摩洛哥议会实行两院制。1963年，成立众议院和参议院，众议院140席，由普选产生；参议院120席，由间接选举产生。1963年，摩洛哥举行首次全国选举，保护宪政阵线获得多数席位。由于议会中的反对派反对，选举结果被取消。1964年，重新举行选举，保护宪政阵线再次控制议会。1965年，发生暴乱，哈桑二世国王解散议会，禁止政党活动。

1970年9月，摩洛哥恢复一院制的代表院。第一届代表院，共有240名议员，由普选和间接选举产生。由于发生军事政变，1972年，哈桑二世国王宣布解散代表院。1977年10月，通过选举，组成有主要政党参加的第二届代表院；议员人数扩大，共有264名议员。1984年10月，组成第三届代表院，议员人士再次扩大，议员人数增加到306名，2/3通过直接选举产生，1/3由市镇委员会委员、各行业协会和雇员代表间接选举产生。1993年成立第四届议会，共有333名议员，全部通过直接选举和间接选举产生。

1996年9月通过的新宪法规定，摩洛哥议会实行两院制，由众议院和参议院组成。新宪法保留由政党代表组成的代表院——众议院，建立由地方政权、行业公会和工薪阶层代表组成的第二个议院——参议院。由直接选举产生众议院，由来自各行会工薪阶层和地方的代表构成参议院，它拥有与众议院相似的审议权和在特定条件下弹劾政府的权力。扩大议会的立法权限。宪

法增加了最高审计委员会的职权。在中央和省级之间，建立 16
个地区的行政建制。

2. 议会的组成

（1）议会的组成。

摩洛哥现在的议会由众议院（the House of Representatives）
和参议院（the House of Counselors）两院组成。议会的两院均由
议长、委员会和常设局构成。

议长。众议院议长由众议院的全体议员在本届议会的首次会
议上选出，任期 5 年；第 3 年的 4 月再次选举，当选者一直担任
到议会任期届满。议长的职责包括：负责组织议会的日常事务，
主持议会会议，监督议会预算的起草，根据常设局的建议，决定
议会工作人员的任命和提升，协调常设局和秘书处的工作，负责
议会与外国议会的关系，提供解释或完善处于讨论中议案的规
则，参加投票，任命宪法委员会成员，为国王提供咨询等。2002
年 11 月当选的众议院议长是阿卜杜勒·瓦赫德·拉迪
（Abdelouahed Radi）。参议院议长及该院理事会成员，在该院的
改选期间选出，任期为 3 年。2003 年 10 月当选的参议院议长是
穆罕默德·杰拉勒·赛义德（Mohamed Jalal Essaid）。

委员会。委员会分常设委员会和特别委员会。

常设委员会：由相关的组织法规定设立。目前，参议院设有
6 个常设委员会，分别是教育、社会和文化事务委员会，外交、
国防和被占地区委员会，内政、地区和地方行政事务委员会，财
政、装备、计划和地区发展委员会，司法、立法和人权委员会，
农业和经济事务委员会。众议院设有 6 个常设委员会，分别是外
交与国防事务委员会，内政、权力下放和基础设施委员会，财
政、经济发展委员会，生产领域委员会，社会与伊斯兰事务委员
会，司法、立法和人权委员会。

特别委员会是经国王提议或者应两院中任何一院的大多数议

员的请求，在两院内部设立议会调查委员会，对特定的事件进行调查并将调查结论提交给议会。该调查委员会是临时的委员会，在递交报告后，他们的任务就结束。

常设局。根据议会议事规则，参、众两院都设有常设局。参议院常设局由议长、5 名副议长和 3 名议院秘书共 9 名成员组成。众议院常设局由在议会党团比例代表制的基础上选举产生的成员组成，任期为 1 年。现任常设局由议长、6 名副议长（包括 2 名审计长）和 4 名议院秘书共 11 人组成。众议院常设局负责议院讨论和参加其分支机构的组织活动。众议院议长每周要召集一次常设局会议。

（2）议会的产生。

众议院议员在全国范围内由直接选举产生，采取简单多数制，在两次大选之间出现的议席空缺要在 6 个月内通过补选产生。共有 325 名议员，议员任期 6 年。众议院理事会成员每年选举一次；其人数比例与各团体众议院议员的比例相一致。

参议院议员由选举团间接选举产生，共有 270 名议员；其中，由各地区商会代表组成的选举团间接选举产生 162 名议员；由一个全国性的、工薪阶层代表组成的选举团选举产生 108 名议员。参议院议员任期 9 年，每 3 年改选其中的 1/3。在第一次和第二次改选时，通过抽签的形式确定。每次改选期间，选出理事会成员，理事会成员的构成比例与各团体在参议院的比例相一致。

议员的权力由国家赋予，其投票权须由本人行使，不得委托他人。

3. 议会的地位

（1）与国王的关系。

国王颁布议会通过的法令。国王有权要求对两院任何方案和法律草案进行二读，国王须以函件形式提出这一要求，该要求不得被拒绝。对于二读后未被两院 2/3 议员通过的草案，国王可根据王室法令将议案或法律草案提交全民公决。全民公决的结果对所有人具有约束力。国王在与两院议长和宪法委员会主席协商并告知全民后，有权宣布解散两院或者其中任何一院。在本届议会解散后的 3 个月内，必须选举出新的议会。在新议会产生前的 3 个月中，国王除履行宪法赋予他的权力之外，还履行议会的立法权。新一届议会组成一年之内，国王不能宣布解散议会。国王应通知两院后才能发布对外宣战。

（2）与政府的关系。

政府对议会负责。

在通过信任投票表决总政策或者提议之前，首相对政府负责。议会可通过一项弹劾的动议，追究政府的责任。只有经众议院的绝大多数议员投票赞成，才能通过对政府的不信任案并否决议案。在提出信任投票以后，有关投票将在 3 天后举行。不信任案的通过，意味着政府集体辞职。如果众议院曾经向政府提出过弹劾，在此后的一年内议会将不得再受理其他弹劾政府的动议。

参议院可就警告或公开谴责政府的动议进行表决。警告动议必须由至少 1/3 的参议院议员签署才能提出，并由绝对多数（2/3）的议员投票表决通过。该动议提出 3 天后，进行投票表决。警告动议的通过将导致政府辞职。如果政府遭到参议院公开谴责，此后一年内，参议院将不再提出其他公开谴责政府的动议。

（3）与宪法监督机关的关系。

建立宪法委员会的目的是审查两院议员选举及全民公决活动的有效性。未经颁布的组织法和未经实施的两院程序规则应提交宪法委员会，对其是否符合宪法进行审查；基于同样的理由，在法律通过之前，可由国王、首相、众议院议长、参议院议长或者议会中任何一院 1/4 以上的议员提交宪法委员会，对其合法性进

行审查。宪法委员会将在 1 个月内就上面所提及的那些具体事项
作出决定；但一旦出现紧急情况，如果政府提出请求，这一时限
可缩短为 8 天。委员会将不通过或者实施任何与宪法不一致的规
定，宪法委员会的决定具有法律效力，任何公共机构和司法部门
都必须遵守。

4. 议会的职权

（1）职责。

议会是立法机关，国家的法律将由议会表决通过。在特定的
时期或者出于特定的目的，可依法授权政府按有关法令采取法律
权限内的措施，但政府应在授权法律规定的期限内，将有关法令
提交议会，以获得批准。在宪法委员会同意立法法案具有成文的
权威效力的条件下，议会可以提出新的宪法修正案。王室颁布法
令宣布为期 30 天的紧急状态，但须通过法律才能加以延长。

（2）立法权。

议会有权就那些涉及国家在经济、社会、文化领域的基本法
律进行审议并经投票表决通过，其中包括：宪法第一章列举的公
民个人和集体的权利；犯罪及刑罚的确定，刑事和民事程序以及
新的类型司法权的颁布；治安官的法律规定；公共机构的基本法
律规定；文职和军人应获得的基本保障；地方议会和委员会的选
举制度；民事和经济责任的规定；新的公共机构的设立；企业的
国有化或国有财产向私有部门转移。

（3）财政权。

在议会批准国家发展计划后，议会投票表决拨款法案，拨付
的资金将贯穿于整个计划期间。同时，政府可提出修改已经通过
的计划的议案草案。

在财政年度结束时，如果预算未获通过或提交宪法委员会后
未能颁布，政府有权通过颁布法令并根据提交的预算建议案，拨
付必要的资金，以维持公共机构的运转。

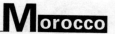

在这种情况下，岁入的征收将按现行立法或成文法的有关规定进行。

如果议员的提案和修正案导致公共资源的减少、公共开支的增加或可能产生某种新的公共开支，从而可能对已经提出的拨款议案造成影响，那么议会将不接受这个提案或修正案。

（4）监督权。

听取政府报告，提出质询并可弹劾政府。就政府基本政策或者政府向议会提交的有关议案请求批准的提议，众议院可对首相进行信任投票，由政府集体对议会承担责任。众议院根据 1/4 以上的议员签署的指责政府的动议对政府履行职责的情况进行质询，只有经众议院议员的绝对多数投票，才能通过对政府的不信任议案或弹劾动议。不信任议案或弹劾动议一经通过，将导致政府集体辞职。

参议院根据 1/3 以上议员签署的谴责政府的动议，对政府履行职责进行质询；谴责政府的动议经参议院绝对多数议员（2/3）投票同意通过；谴责政府的动议一经通过，将导致政府集体辞职。

在两院对政府施政纲领发生分歧时，众议院有最后决定权。

（5）自治权。

两院将制定并通过各自的程序规则，但只有在宪法委员会宣布这些规则符合宪法条款后，方能生效。

（6）其他权力。

可授权对外宣战。

5. 立法程序

首相和议会议员均有提案权。议案将列入议会的议事日程。政府的任何提案和修正案不得超出立法权规定的范围，如果政府和议会之间不能达成一致，应议院或者政府的请求，宪法委员会将在 8 日内采取行动。

议会的临时委员会有审查议案或者提案的职权。临时委员会在议会休会期间继续工作。议会休会期间，在与两院有关的委员会达成一致的情况下，在下一次议会会议中，向议会提交有关法令的草案以进行审议。草案将列入议院的议程，将由两院的相关委员会依次进行审议，以便在6日内达成一致决议。在不能达成一致决议的情况下，应政府的请求，组成一个两院代表人数相同的联合委员会，并在3日内制定出联合决议案提交相应的委员会。

议会常设局分别准备该院的议事日程。根据政府确定的顺序，优先讨论安排政府提出的议案草案和接受政府的法律草案。

议会议员以及政府都有权提出修正案。公开辩论之后，政府可反对审查在此之前未提交给临时委员会的修正案。

任何议案草案或者提案将由议会两院依次审议，旨在最终采纳一个内容一致的文本。首先将草案列入其议程的那个议院将审查政府提交的该草案文本或者列入议程的提案文本。对于将另一议院已通过的提案列入议程的议院，就该提案进行讨论。

如果一项草案或者提案在某一议院经过两读之后，没有通过，或者在两院一读之后，政府声明有关事项为紧急事项，政府可以要求召开两院联合委员会（两院具有相等的代表）会议，该会议将提出一个草案供讨论。联合委员会提出的草案文本可由政府提交给议院，以供表决通过，非经政府的同意，不接受任何修改。

当联合委员会没通过一个共同议案，或者该议案未被通过，或者该议案未获两院通过，如有必要，政府可以根据议会辩论时达成的且为政府所接受的修改意见，以修正案的形式将议案草案或提案提交众议院，众议院将进行最终表决，以绝对多数票同意通过。

6. 议会的会议制度

议会会议向公众开放。一年内举行两次会议。第一次会议定在 10 月份的第二个星期五召开，由国王主持会议的开幕式。第二次会议定在次年 4 月份的第二个星期五召开。议会每次会议的会期不能超过 3 个月。应议会两院中任何一院的绝大多数议员的请求或者根据法令，可以召开特别会议。议会的特别会议须按特定的议程召开。议会讨论的进程将以政府公报形式公布。应首相或者某一议院中 1/3 的议员提出的请求，该议院可以单独举行会议。

各内阁大臣有权参加议会的会议及议会各委员会的会议。

7. 议员制度

议员不因在履行职责的过程中所发表的意见和进行的表决受到起诉、逮捕、拘留或者审判，除非其表达的意见损害了君主制度、伊斯兰教义或者亵渎国王应有的尊严。

在议会会议期间，除在犯罪现场抓获外，未经允许，议员不得因刑事指控或重罪而被起诉或逮捕。

议会闭会期间，未经议院常设局的同意，除非是在犯罪现场抓获或者是在授权起诉和最终判决的情况下，议员不得被逮捕。

应议院的请求，除非是在犯罪现场抓获或是在授权起诉的案件和最终审判的情况下，对议员的监禁或起诉应当终止。

8. 议会党团

众议院的政党议员或无党派议员都有权在议院内组织成立党团，每个党团至少要有 12 名议员。众议院现有 12 个党团和 1 个次党团（成员没有达到至少 12 名议员的要求），代表议院内 14 个政党的利益。12 个党团分别是：人民力量社会主义联盟、全国自由人士联盟、宪政联盟、人民运动党、独立党、民主社会运动党、全国人民运动党、进步与社会主义党和社会民主党、民主

力量阵线、民族民主党、正义与发展党、团结与协助党。1 个次党团是民主行动组织。众议院中还存在 3 个集团，即由左翼政党组成的库特拉集团，由宪政联盟、人民运动、民族民主党等右翼政党组成的维法克集团和由全国独立人士联盟、民主社会运动等中间势力组成的中派集团①。

9. 独立后，摩洛哥历届议会

独立后，摩洛哥历届议会的选举和构成：

1956 年 11 月，组成第一届议会——国民咨询议会，共有议员 76 名，全部由国王任命，其中独立党 10 人、独立民主党 6 人、劳工联合会 10 人、农业家 18 人、工商业者 4 人、医药界 3 人、工程师 7 人、宗教界 5 人、司法界 2 人、文化协会 2 人、青年体育组织代表 3 人和无党派人士 6 人。议长为独立党人麦比·本·巴尔卡（Mehbi en Barka）。

1963 年，组成第二届议会。保卫宪法体制阵线在选举中获胜，占多数席位。

1977 年 10 月，组成第三届议会——代表院，共有 264 名议员，在这些议员中，1/3 由地方议会和各行业协会选出，2/3 由全国选民投票选出；其中全国自由人士联盟 82 席，民主自由人士联盟 59 席，独立党 51 席，人民运动党 44 席，人民力量社会主义联盟 15 席，摩洛哥劳工联合会 7 席，民主宪政人民运动 3 席，行动党 2 席和进步与社会主义党 1 席。议长为戴伊·乌尔德·西迪·巴巴（Dey Ould Siddi Baba）。

1984 年 10 月，组成第四届议会——代表院，共有 306 名议员，在这些议员中，1/3 由地方议会和各行业协会选出，2/3 由全国选民投票选出；其中宪政联盟 83 席，全国自由人士联盟 61

---

① 王晓民主编《世界各国议会全书》，北京，世界知识出版社，2000，第 282 页。

席，人民运动党 47 席，独立党 41 席，人民力量社会主义联盟 36 席，全国民主党 24 席，劳工联合会 5 席，民主劳工联盟 3 席，工人总联合会 2 席，进步与社会主义党 2 席，民主人民行动组织 1 席，社会中间党 1 席。议长为全国自由人士联盟主席艾哈迈德·奥斯曼（Ahmed Osman）。

1993 年 9 月，组成第五届议会——代表院，共有 333 名议员，在这些议员中，2/3 通过直接选举产生，1/3 由地方议会、各行业协会和薪俸阶层代表选出；其中人民力量社会主义 56 席，宪政联盟 54 席，独立党 52 席，人民运动 51 席，全国自由人士联盟 41 席，全国人民运动 25 席，全国民主党 24 席，进步与社会主义党 12 席，独立和协商党 9 席，劳工联合会 3 席，人民民主行动组织 2 席，行动党 2 席和无党派人士 2 席。议长为宪政联盟政治局委员穆罕默德·杰拉勒·萨伊德（Mohamed Jalal Essaid）。

1996 年 9 月，根据摩洛哥的新宪法，摩洛哥议会由两院——众议院和参议院组成。众议院议员全部由直接选举产生，共 325 名；参议院议员由地方行政机构、各行业协会和薪俸阶层代表选出，共 243 名。众议院中各党派、团体所占的席位为：人民力量社会主义联盟 57 席，宪政联盟 50 席，全国自由人士联盟 46 席，人民运动 40 席，民主社会主义运动 32 席，独立党 32 席，全国人民运动 19 席，全国民主党 10 席，人民民主宪政运动 9 席，进步与社会主义党 9 席，民主力量阵线 9 席，社会民主党 5 席，人民民主行动组织 4 席，行动党 2 席，民主独立党 1 席。众议院议长为人民力量社会主义联盟政治局委员阿卜杜勒·瓦赫德·拉迪（Abdelouahed Radi）。参议院中各党派、团体所占的席位为：全国自由人士联盟 42 席，民主社会主义运动 33 席，宪政联盟 28 席，人民运动 27 席，独立党 21 席，全国民主党 21 席，人民力量社会主义联盟 16 席，全国人民运动 15 席，行动党 13

席，民主力量阵线 12 席，人民民主进步与社会主义党 7 席，社会民主党 4 席，民主独立党 4 席。参议院议长为宪政联盟政治局委员穆罕默德·杰拉勒·萨伊德（Mohamed Jalal Essaid）。

1997 年 11 月，选举众议院议员，其中人民力量社会主义联盟 57 席，宪政联盟 50 席，全国自由人士联盟 46 席，人民运动 40 席，民主社会运动 32 席，独立党 32 席，全国人民运动 19 席，全国民主党 10 席，人民民主宪政运动 9 席，进步与社会主义党 9 席，民主力量阵线 9 席，社会民主党 5 席，人民民主行动组织 4 席，行动党 2 席，民主独立党 1 席。众议院议长仍为人民力量社会主义联盟政治局委员阿卜杜勒·瓦赫德·拉迪（Abdelouahed Radi）。

2000 年 9 月，参议院 1/3 席位改选，其中全国自由人士联盟 48 席，全国人民运动 36 席，人民运动 30 席，宪政联盟 24 席，独立党 22 席，民主社会主义运动 21 席，全国民主党 20 席，人民民主进步与社会主义党和社会民主党 14 席，人民力量社会主义联盟 13 席，民主力量阵线 12 席，行动党 2 席，民主独立党 1 席，工会及其他团体 27 席。参议院议长为全国自由人士联盟执行局委员穆斯塔法·奥卡沙（Moustapha Okacha）。

2002 年 9 月 27 日，摩洛哥举行穆罕默德六世国王登基后的首次议会选举，共 26 个政党参加，角逐众议院 325 个席位。在 11 月 9 日产生的众议院中，由 22 个政党组成：人民力量社会主义联盟 50 席，独立党 48 席，公正与发展党 42 席，全国自由人士联盟 41 席，人民运动 27 席，全国人民运动 18 席，宪政联盟 16 席，全国民主党 12 席，民主力量阵线 12 席，进步与社会主义党 11 席，民主联盟 10 席，民主社会运动 7 席，社会民主党 6 席，Al Ahd 党 5 席，自由联盟 4 席，统一社会主义左翼党、改革与发展党、摩洛哥自由党各 3 席，公民力量党、环境与发展党、民主独立党各 2 席，全国大会党 1 席。众议院议长仍为人民力量社会主义联盟政治局委员阿卜杜勒·瓦赫德·拉迪。参议院议长为全国自由人士联盟执行局委员穆斯塔法·奥卡沙（Moustapha Okacha）。

2003 年 10 月，参议院 1/3 席位改选，全国自由人士联盟为参议院第一大党，其次为全国人民运动、人民运动、宪政联盟、独立党、民主社会运动、全国民主党等党派。

二 司 法

独立后，摩洛哥政府逐步进行司法改革，使之摩洛哥化。1965 年，统一司法机构，规定一律执行本国法律，法官全部由摩洛哥人担任，辩护和审理均用阿拉伯语。

根据 1996 年修改的摩洛哥宪法第 82 条规定：司法机构独立于立法和执法机关。全国司法机构分为四级：全国最高法院、主要经济区上诉法院（10 个）、各省初级法院（44 个）和由初级法院派驻地方的法官处。全国设有最高司法委员会。法院院长和法官由国王根据最高司法委员会建议颁布法令任命，法官不能被罢免，法官全部由摩洛哥人担任。

1. 最高法院

负责政府成员在执行公务时犯下的过失和刑事犯罪的处理。参、众两院可以起诉政府成员，并提请最高法院审理。最高法院成员由参议院和众议院各选出相等的人数组成，院长则由王室法令任命。最高法院成员的人数、选举产生的方式以及将采取的程序规则，由有关的组织法作出规定。提起的诉讼草案必须由首先将其列入议程的那个议院中的至少 1/4 的议员签署。两院依次审议该草案，在各院有 2/3 以上的议员（在计算这一比例时，那些受命参加起诉活动、参与调查进程以及作出裁定的议员除外）以秘密投票的方式表示赞成之后，该草案方可通过。

最高法院还负责复审由下一级法院作出的裁决，包括：最高

司法委员会对驳回全国各法院的最终判决的申诉予以裁定；对要求取消首相个人所作出的决定的申诉予以裁决；对法院间的职责纠纷进行裁决；对法官的越权行为和越权作出决定的申诉予以裁决；对公共安全或者是司法机关的缘故而取消资格。2003 年，最高法院院长为德里斯·达哈克（Driss Dahak）。最高法院设在拉巴特。

2. 上诉法院

负责对初级法院判决的上诉和法院院长的指令进行审议。

3. 初级法院

根据省区地方法院的授权，对一切民事、婚姻、遗产、商业、行政、社会的民事案件进行初审，若是终审则应保留被告上诉的权利。

除上述法院外，还有一些特殊的法院：

1. 地方法院

是指省区的地方法院，专门审理居住在法院管辖区范围内金额 1000 迪拉姆的个人诉讼。

2. 行政法院

对要求废除因有关当局越权作出的行政决定（法令、法规）的申诉、行政契约、合约的纠纷、法人行为造成损害的赔偿诉讼进行初步裁决；负责审核行政决定（法令、法规）是否合法等。

3. 特别司法法院

审理国家公职人员的欺诈、贪污、受贿、挪用公款等犯罪。

4. 军事法院

专职审理军事人员的犯罪。

5. 商业法庭

根据世界贸易组织要求，摩洛哥于 1997 年 2 月 12 日颁布关于设立商业法庭的 175/95 号法。该法规定在拉巴特、塞拉、卡萨布兰卡、非斯、丹吉尔、马拉喀什和阿加迪尔设立 6 个商业法庭和在卡萨布兰卡、非斯、马拉喀什设立 3 个商业上诉法庭，负责审理和裁决所有的商业纠纷。商业法庭由庭长、副庭长、法官和检察官员组成。检察官则由国王代表和一个或数个副手、书记官员、录事人员组成。商业法庭专事审议有关部门商业合同的诉讼，商人之间发生的纠纷和与他们的商务工作有关的诉讼；商业单位及商业公司的诉讼与纠纷，还审议与商业有关的交通事故的诉讼。商业诉讼法庭协会，由在商业法庭和商业上诉法庭工作的所有法官及其顾问人员组成，每年 12 月的上半月召开协会大会；目前已设立了拉巴特、萨累、卡萨布兰卡、阿加迪尔商业法庭和卡萨布兰卡商业上诉法庭；商业法庭是保障投资者权益的机构①。

三　刑法

1. 刑法

摩洛哥刑法共 3 卷 600 个条款。这部刑法受法国法律传统的影响。根据犯罪程度分：重罪、过失犯罪、轻罪和违警罪。犯罪性质分：危害国家安全罪，侵犯他人权力和自由罪，伪造罪，扰乱公共秩序罪，妨害公共安全罪，妨害他人的人身、财产、家庭罪，违反公共道德罪。刑法特别阐明公职人员犯危害社会罪在处罚上与其他的市民不同。该刑法强调君主政体和伊斯兰的宗教体系，第 163～180 条、201～202 条阐述危害国家安全和非常严厉的刑罚，许多条款中提到死刑，多数是政治犯罪。

2. 刑事诉讼法

1959 年公布，包括 7 卷 772 个条款。刑事诉讼法规定，被

---

① 中国商务部网站资料（2006 年）（http：//ma. mofcom. gov. cn）；摩洛哥政府网站资料（2005 年）（http：//www. mincom. gov. ma）。

告人有权请求辩护人辩护，警察机关扣留人犯，未经起诉不得超过 48 小时，特殊情况下拘留时间可再延长 48 小时[①]。

3. 摩洛哥的刑事制度

摩洛哥独立后，监禁犯人的职责由警察机关划归司法部，由司法部下属的监狱管理局领导着 34 个监狱和教养所。允许犯人的律师和家属探监，可以带一些食品以补充监狱的供给不足；允许带一些书和信件，但需要经过严格检查；允许学生在监狱开设的学校内学习。

第四节　政党与团体

一　政党的诞生及其演变

**20** 世纪初，摩洛哥人民在反抗法国殖民统治、争取民族独立的斗争中，出现了有组织、有政治纲领和政治目标的政党，还出现了宗教秘密社团，这就是非斯的萨拉菲叶派建立的社团和拉巴特的一些受法式教育的人建立的社团。

随着民族解放斗争的深入，1934 年，摩洛哥第一个政党"摩洛哥行动委员会"正式成立，明确提出反对法国对摩洛哥的统治，争取摩洛哥人与法国人的平等地位，向法国殖民当局提交"摩洛哥改革方案"，要求进行政治和社会改革，并在全国各地开展反对法国殖民者的活动和暴动。摩洛哥行动委员会的出现标志着民族解放运动进入一个由民族资产阶级领导的新阶段。

第二次世界大战中，摩洛哥人民积极投身反法西斯的斗争，战争促进摩洛哥民族解放运动的成长和壮大。1943 年，成立摩洛

---

① 唐松波编译《世界警察大全》，北京，警官教育出版社，1992，第 310 页。

哥共产党（Moroccan Communist Party，Parti Communiste Marocain，PCM），它是由法国共产党摩洛哥支部组成的一个独立的政党，提出废除保护条约，成立一个自由的立宪议会，发动争取民族独立的群众运动，宣布摩洛哥独立和实行君主立宪。1944 年，成立"独立党"（The Istiqlal Party，PI）①，明确提出废除"保护制度"，争取国家独立、民族统一和民主宪法，建立纯粹的民族政府的纲领。1946 年，成立独立民主党（The Democratic Party for Independence，PDI）。民族主义政党和共产党的相继诞生，为战后摩洛哥争取民族独立的运动奠定了坚实的基础。

第二次世界大战后，北非各国掀起民族解放运动，摩洛哥人民要求独立的呼声更加强烈。此时，摩洛哥的独立党、共产党等政党走到争取独立斗争的前台。1950 年，摩洛哥共产党向各党派提出了反对殖民地统治的统一行动纲领，组织了一条由各党派参加的民族统一战线。1951 年，独立党被解散，共产党领导人被捕入狱。到摩洛哥独立前夕，摩洛哥国内的政党有独立党、独立民主党、共产党、人民党和西班牙属区的统一独立党和国民革新党等党派组织。这时的政党主要为争取民族独立、建立君主立宪制而斗争。

摩洛哥独立以后，实行君主立宪制，国王占主导地位，政党开始参政。1956 年 10 月，独立党和独立民主党参加新成立的国民咨询议会。在摩洛哥的第一届内阁中，独立党有 10 人担任内阁大臣。在同年 11 月召开的国民咨询议会②中，独立党和独立民主党分别在议会中占有一定席位，其中，独立党 10 人，独立民主党 6 人，独立党在政府中成为第一大党。

从独立到 20 世纪 70 年代初，随着摩洛哥国内形势的发展，

---

① 原摩洛哥行动委员会，1937 年曾改名为民族党。
② 当时还没有议会，只有咨询性的"国民咨询议会"。

摩洛哥政党进行重组，出现一些新的政党。1956 年 3 月，独立党与西班牙属区的国民革新党合并，仍称独立党；同年，成立一个新的政党——人民运动党（The Popular Movement，MP）。1959 年 1 月，独立党的一些成员从独立党中分裂出来，成立独立党全国联盟。9 月，独立党全国联盟和原民主独立党、自由独立党和人民运动党的部分成员以及摩洛哥劳工联合会、摩洛哥全国学生联合会和摩洛哥青年联合会等联合组成人民力量全国联盟。1960 年 1 月，独立民主党改名"民主立宪党"（Parti Marocain Démocratique et Constitutionnel）。1963 年，成立保卫宪法体制阵线（Front Pour la Défense des Institutions Constitutionnelles）。1967 年，成立宪政民主人民运动（the Constitutional and Democratic Popular Movement，MPDC），后来改称为公正和发展党（Party of Justice and Development，PJD）。1968 年，摩洛哥共产党改名为进步与社会主义党。

1970 和 1972 年，哈桑二世国王在平定了两次军事政变后，与各党派多次对话和协商。1973 年，成立民主宪政人民运动。1974 年，哈桑二世国王开放党禁，恢复议会，允许各党派竞选参政，在君主立宪制下实行多党制，开始多党"轮流执政"，希望借此达到对内团结民众和振兴经济，对外显示其民主政治和争取外援的目的。当时，国内又成立了三个新的政党，1974 年成立行动党（The Party of Action，PA），1975 年成立人民力量社会主义联盟（The Socialist Union of Popular Forces，USFP），它是从人民力量全国联盟中分裂出来的。1978 年成立全国自由人士联盟（The National Rally of Independents，RNI）。至此，摩洛哥共有 9 个合法政党。1977 年组成了由这 9 个政党参加的议会（代表院）和政府。其中全国自由人士联盟 82 个席位，占 31.4%，成为会议中第一大党。

在开放党禁的背景下，20 世纪 80 年代初，摩洛哥政党再次分化改组，在摩洛哥的政治舞台上，又出现了三个新的政党，即 1981 年成立的民族民主党（Parti National Démocratique，PND），1983 年成立的宪政联盟（The Constitutional Union，UC）和 1984 年成立的社会中间党（The Social Centre Party，PCS）。

20 世纪 90 年代另有几个政党形成：1991 年，成立社会民主党（The Social Democrat Mouvement，MDS）；1997 年，成立民主力量阵线（The Front of Democratic Forces，FFD）。这些政党以民族统一为目标，反对殖民统治；主张实行计划经济，强调国营经济的作用；主张消灭贫困，把实现平等、正义、社会均富作为最终奋斗目标，不主张废除私有制。

20 世纪 90 年代末，苏联东欧发生巨变，摩洛哥也受到西方多党制和民主化浪潮的冲击，哈桑二世国王在保持国内政治稳定的前提下，进一步放宽对反对党的限制。当时，摩洛哥有 14 个合法政党，政党政治较以前活跃，反对党发展较快，他们与国王的矛盾也显现出来。1990 年，议会中的四个反对党联名提出弹劾政府案，最后被议会否决。1992 年，反对派又借修改宪法公民投票和筹备立法选举，联合起来，抨击政府，要求修改宪法和选举法，扩大民主，迫使政府采取一些开放民主的措施。8 月，哈桑二世国王解散政府，组成以无党派人士拉姆拉尼为首相的过渡内阁。这时，摩洛哥的政党发生一些变化，人民力量社会主义联盟和宪政联盟不同程度地吸收欧洲社会民主思想。人民力量社会主义联盟加入社会党国际。宪政联盟提出了实行立宪民主、三权分立、多党制和地方行政分权制等。

1993 年大选以来，摩洛哥政坛上形成三大党派，它们是由宪政联盟、人民运动和全国民主党三党组成的"谅解"集团，受到国王的支持，参加内阁，成为参政党。由人民力量社会主义联盟、独立党、进步与社会主义党及人民民主行动组织组成的"民主"集团，是现政府的反对派，其政治实力较大。还有一个

由全国自由人士联盟和全国人民运动组成的集团，在"谅解"和"民主"两大集团的不断较量中起平衡作用。

1996 年颁布的宪法第 3 条规定："政党、工会、地方议会和商会将把国民组织起来，不实行一党制。"1997 年 11 月 14 日举行议会选举，有 16 个政党参加选举，参加议会的政党有：人民力量社会主义联盟（Socialist Union of Popular Forces，USFP）、宪政联盟（Constitutional Union，UC）、全国自由人士联盟（National Rally of Independents，RNI）、人民运动党（Popular Movement，MP）、社会民主党（Social and Democratic Party，MDS）、独立党（Istiqlal Party，PI）、全国人民运动（National popular Movement，MNP）、民族民主党（National Democrat Party，PND）、人民民主宪政运动（Constitutional and Democratic Popular Movement，MPDC）、进步与社会主义党（Party for Progress and Socialism，PPS）、民主力量阵线（Front of Democratic Forces，FFD）、社会民主党（Socialist Democratic Party，PSD）、人民民主行动组织（Organization of Democratic and Popular Action，OADP）、行动党（Party of Action、PA）、独立民主党（Democratic Party of Independence，PDI）和民主运动（Movement for Democracy，MPD）。

穆罕默德六世继位后，提倡民主、法制和公正，推行开明政治，继续实行君主立宪下的多党制。2001 年成立了民主联盟公民力量党（The Democratic Union the Citizens' Forces Party，PFC），全国大会党（The National Ittihadi Congress，CNI）和改革与发展党（The Reform and Development Party，PRD）。2002 年，成立自由联盟（The Alliance of Liberties，ADL）和摩洛哥解放党（The Moroccan Liberal Party，PML）。后来，成立统一社会主义左翼党（The Leftist Unified Socialist Party，PGSU），人民民主行动组织（The Organization of Democratic and Popular Action，OADP），独立

民主运动（The Movement of Independent Democrats，MDI）和民主运动（The Movement for Democracy，MPD）。

在 2002 年 11 月 9 日产生的议会中，由 22 个政党组成，它们是：人民力量社会主义联盟、独立党、公正与发展党、全国自由人士联盟、人民运动、全国人民运动、宪政联盟、民族民主党、民主力量阵线、进步与社会主义党、民主联盟、民主社会运动、社会民主党、Al Ahd 党、自由联盟、统一社会主义左翼党、改革与发展党、摩洛哥自由党、公民力量党、环境与发展党、独立民主党、全国大会党。

二 主要政党

目前，摩洛哥的政治舞台上有 25 个合法政党。它们分别代表各种政治倾向：右翼、中间派、左翼和伊斯兰党派。主要的政党有以下几个。

1. 人民力量社会主义联盟（库特拉集团），Socialist Union of Popular Forces，Union Socialiste des Forces Populaires（USFP）

简称社盟。1959 年 1 月，从独立党分裂出来，以巴尔卡和易卜拉欣为首的一派，另组独立党全国联盟。同年 9 月 6 日，独立党全国联盟联合民主独立党、自由独立党、人民运动党的部分成员，以及摩洛哥劳工联合会、摩洛哥全国学生联合会和摩洛哥青年联合会等召开全国代表大会，正式成立人民力量全国联盟。易卜拉欣任各党派联合政府首相，人民力量全国联盟力量发展迅速。联盟成立时确定其行动目标是：巩固独立，保卫国家的统一和领土完整，撤出外国军队，消灭殖民主义的残余，实行土地改革，主要经济部门国有化，改革行政机构，培养摩洛哥干部，建立民主制度，支持阿尔及利亚斗争，建立统一的马格里布。在对外关系方面，执行独立、自由合作及争取解放和巩固世界和平的各民族团结的原则为基础的外交政策。1960 年 5 月易卜拉欣内

阁倒台，该联盟的力量削弱。1963年5月，在第一届议会的众议院选举中获得140席中的28席，同时公开提出推翻王室夺取政权。7月，该联盟主要领导人本·巴尔卡、巴斯里和优素福被指控企图谋杀国王、推翻王室，流亡国外的本·巴尔卡被缺席判处死刑，巴斯里和优素福被捕。1965~1970年，该联盟处于半地下状态。1975年，以布阿比德为首的拉巴特派分裂出去，成立人民力量社会主义联盟。党的主要成员大多为工人、农民、小商人、手工业者、教职员、学生和自由职业者，代表中、小资产阶级及知识分子利益。自称是以"科学社会主义"为主导的"工人阶级政党"。1981年6月，卡萨布兰卡发生反政府的骚乱事件，该党扮演主要的角色，其领导人和大部分成员被捕，部分办事处被封。9月，该联盟发表声明，认为国王接受西撒哈拉公民投票有损主权，阿布杜勒·拉希姆·布阿比德等5名政治局委员因此被捕入狱。1982年底，布阿比德被特赦释放。1983年11月，总书记布阿比德应哈桑二世国王的要求参加过渡政府，出任国务大臣（1984年7月，为参加议会选举而辞去大臣职务）。1984年7月召开第四次全国代表大会。确定联盟的纲领是"解放、民主和社会主义"，反对君主立宪，主张按照人民群众自由表达的意愿，通过民主方式，对社会和经济结构实行根本改革，让广大人民群众在政治上获得真正的民主。在国际事务中反帝反殖，支持阿拉伯和巴勒斯坦人民反对以色列侵略扩张的斗争，主张阿拉伯统一；称苏联为第三世界解放运动的"首要盟友"。反对世界银行对摩洛哥采取的经济紧缩政策。1989年召开第五次代表大会，通过加入社会党国际的决议。1993年9月，在第五届议会选举中，获得56个议席，成为第一大党。1997年选举中，该党在众议院和参议院中均为第一大党。1998年3月14日，第一书记阿卜杜勒·拉赫曼·尤素菲（Abderrahamane El Youssoufi）任首相，组建摩洛哥实行"多党轮流执政"后的首届政府。在 2002 年 11 月 9 日产生的新一届议会中，该党占 50 席，居首位，成为摩洛哥议会的第一大党。中央领导机构有全国行政委员会、书记处和政治局。联盟有成员 9.8 万人，建有工会和青年组织。它与欧洲国家的社会党和一些国家的共产党有往来。第一书记穆罕默德·亚兹里（Mohamed El Yazghi）。机关报《解放者报》和《解放》周刊。

2. 独立党，Istiqlal Party，Parti Istiqlal（PI）

其前身是 1934 年成立的"摩洛哥行动委员会"。1937 年称国民党。1944 年改称独立党，1 月 11 日，发表"独立宣言"，要求取消保护制度，国家独立统一，建立君主立宪政体。创建人是阿拉勒·法西，它以非斯和梅克内斯等城市为基地，由地主、中产阶级、教师和宗教权威组成，积极参加和领导民族解放运动以及争取苏丹穆罕默德五世（当时被法国殖民当局废黜）恢复王位的斗争，为摩洛哥赢得国家的独立作出了重要的贡献。独立初期，其政治纲领是要求收复西撒哈拉领土、西班牙飞地和解决与阿尔及利亚的边界冲突。主张财富重新分配，谴责外国的意识形态。因此受到殖民当局镇压，其领导人被捕。1951 年，独立党反对把摩洛哥划入北大西洋集团，再次遭到迫害，该党全体执行委员被捕。1952 年 12 月被法国殖民当局宣布为非法。1953 年 4 月，支持苏丹穆罕默德五世，反对法国当局提出的"在联合主权"范围内的"改革"方案。在法国殖民当局废除苏丹穆罕默德五世后，组织人民开展斗争，要求苏丹穆罕默德五世复位，表示只有在废除了保护条约后才会参加摩洛哥新政府。1955 年 12 月 7 日，参加摩洛哥政府，在 21 个内阁成员中有 10 个内阁成员，成为执政党。独立后，多次参加政府，是参政党。代表地主和民族资产阶级的利益。1956 年，因在执行宪法和经济政策问题上的分歧而退出政府。1956 年 3 月 19 日，与西属摩洛哥国民革新党（Parti des Réformes Nationales）合并。1963～1977 年，独立党

是主要的反对党。1977 年 10 月重返政府，有 6 名成员出任大臣，3 名成员任国务秘书，总书记穆罕默德·布塞塔（Mohamed Boucetta）任外交和合作国务大臣。1985 年 11 月，内阁改组时，宣布退出政府，参加议会反对派行列。政治纲领为：赞成君主立宪制，坚持国家领土完整，主张对政治、宪法、行政、财经和社会进行适度改革，实现开放、民主与自由，实现经济和社会公正，改善人民生活；坚持国家的统一，反对一切分裂国家领土的阴谋。对外主张奉行不结盟政策，强调阿拉伯民族和马格里布的团结和统一，伊斯兰国家和非洲的团结，支持巴勒斯坦人民的合法权利和第三世界人民的正义斗争。在 1993 年的议会选举中获 52 席，为议会第三大党。在 1997 年的选举中，该党在众议院中获 32 席，在参议院获 21 席，分别占第六和第五位。总书记阿巴斯·埃尔·法西（Abbas El Fassi）。在 2002 年 11 月产生的众议院中，占 48 席，居第二位。党员近 8 万，机关报阿拉伯文《旗帜报》和法文《舆论报》。

3. **公正与发展党**，Party of Justice and Development，Parti de la Justice et du Developpement（PJD）

成立于 1967 年。作为温和的伊斯兰势力，是 2002 年唯一获准参加议会选举的伊斯兰政党，在议会中占 42 席，位居第三。在摩洛哥政坛上，成为除库特拉集团、保皇派、中间派以外的第四大力量。总书记阿卜杜克里姆·卡提卜（Abdelkrim Khatib）。

4. **进步与社会主义党**，Party of Progress and Socialism，Parti du Progres et du Socialisme（PPS）

1920 年，流亡到法国的摩洛哥旅法人士组成摩洛哥共产党，是法国共产党的一个支部，主要参加法国的工人运动。1943 年 11 月 1 日，在第二次世界大战期间，流亡到摩洛哥的一些欧洲国家的共产党员同摩洛哥籍共产党员共同组成 "摩洛哥共产党"（Parti Communiste du Maroc）。第二次世界大战后，原欧洲籍的党员离开摩洛哥。1945 年，阿里·亚塔（Ali Yata）[1] 担任党的书记，摩洛哥籍党员增多。在法国统治时期，一直处于非法状态。1953 年，该党支持摩洛哥民族主义者开展的争取民族独立的武装斗争，部分党员还参加了摩洛哥"民族解放军"的战斗。摩洛哥独立后，摩洛哥共产党取得合法地位，组织得到发展。1959 年，独立党的政府禁止摩洛哥共产党的活动。1964 年被取缔。摩洛哥共产党为争取合法地位进行了长期的斗争，曾数次易名。1968 年，易名为"解放与社会主义党"（Parti de la Libération et du Socialisme，PLS），当时提出以"阿拉伯理性主义"和"伊斯兰社会主义"为党的思想基础，取得合法地位。1971 年，政府再次宣布其非法。1974 年 7 月，哈桑二世国王对内开放党禁。8 月，该党改名为进步与社会主义党（The Party of Progress and Socialism，PPS），取得合法地位。在成立宣言中称：它是解放与社会主义党的"继承者"，"以科学社会主义为指导"。1975 年 2 月，召开党的第一次全国代表大会，主张各兄弟党独立、平等和互不干涉内部事务，各党有权制定自己的政策和选择通向社会主义的道路，加强国际共运团结；还提出成立"民族联合政府"的口号。绝大多数的支持者是学生和教师。新的党纲规定进步与社会主义党是"工人阶级先锋队"，是无产阶级的政治组织，宗旨是"以科学社会主义理论"为指导，在尊重民族传统的基础上，在摩洛哥建立一个没有人剥削人、保证真正的社会主义、使人的才干得以发挥的社会，反对暴力革命，决心为国家的

---

① 1920 年 8 月 25 日生于丹吉尔市。学生时代开始从事政治活动。1943 年底加入共产党，1945 年为中央书记，1949 年正式当选为总书记。1948 年和 1950 年两次被殖民当局流放。1952 年 9 月被捕。1953 年 7 月获释，1958 年回国。1968 年和 1974 年，摩洛哥共产党两次易名，塔亚仍任总书记兼党报《宣言报》社长。1977 年和 1984 年，两次当选议会议员。1975～1995 年，任该党总书记。

经济、社会与文化进步而斗争；主张通过议会道路进行民族主义革命。主要的经济部门国有化，改革农业体制。该党在议会、地方议会和它的新闻机构中，公开地攻击政府的政策，批评君主立宪制，但支持国王的西撒哈拉的政策，塔亚和其他政党的领导人还一起组团到国外解释摩洛哥在西撒哈拉的立场。1983 年 3 月，召开党的第三次全国代表大会，重申党的中心任务是解放西撒哈拉和争取领土完整，在摩洛哥进行"根本性的改革"。在 1984 年第四届议会选举中，该党获得 2 个席位，第一次进入议会。1985 年 2 月召开党的第十一次中央全会，提出成立"有所有政党参加的爱国进步政府"的主张，强调必须实行全新的经济政策，改革经济结构；主张对外实行积极的不结盟政策，支持反帝事业。在 1993 年的议会选举中，该党获得 12 席。1995 年 7 月，在党的第五次代表大会上，塔亚再次当选总书记。在 1997 年选举中，该党在众议院中获 9 席，在参议院中获 7 席。在 2002 年组成的众议院中，该党又获得 11 席。现有党员约 5 万。1997 年 8 月，总书记亚塔去世。现任总书记穆莱·伊斯梅尔·阿拉维（Moulay Ismail Alaoui）曾于 1998 年 3 月至 2000 年 8 月任国民教育大臣，2000 年 9 月至 2002 年 10 月任农业与农村发展大臣。该党在 1956 年 9 月、1959 年 10 月和 1985 年 8 月曾派代表团到中国进行访问。2006 年，该党总书记穆莱·伊斯梅尔·阿拉维率团再次访问中国。

5. 全国自由人士联盟，National Rally of Independents，Rassemblement National des Independants（RNI）

1978 年 10 月，在卡萨布兰卡成立。由一批在议会中拥护王室的议员组成，主要成员是大地主、房产主、大资产阶级、政府的高官以及一些高级知识分子和技术人员。艾哈迈德·奥斯曼（Ahmed Osman）为主席。1979 年奥斯曼辞去首相一职，它的 6 名成员仍然留在内阁中担任大臣，直到 1981 年 11 月。1981 年，在议会中保留 84 个席位，1984 年在议会选举中占 61 个席位，成为第二大党。联盟的政治主张是：支持哈桑二世国王的政策。在政治上，建立一个君主立宪制的新摩洛哥，保证国家的统一和自由，要求实行多党制。在经济上，鼓励自由竞争，实施开放政策，实行土改。在外交上，赞成不结盟路线，坚持阿拉伯和马格里布国家的团结与合作，强调非洲的团结与复兴。该联盟在摩洛哥议会、政府部门中均有很大的势力。领导机构有全国委员会、中央委员会和执行局。在 1993 年组成的第六届议会中，该联盟占 41 席。在 1997 年的选举中，在参议院中获 46 席，为第三大党。在参议院中获 42 席，占第一位。在 2002 年产生的众议院中，该联盟获 41 席，占第四位。

6. 宪政联盟，Constitutionalist Union，Union constitutionelle（UC）

1983 年 4 月成立，发起人是马蒂·布阿比德（Maati Bouabid）等，是摩洛哥重要的政党之一，多次成为执政党。宪政联盟主要由资本家、高中级官员、知识分子和律师等自由职业者组成，代表新兴资产阶级的利益。宪政联盟的纲领是：拥护君主立宪制，忠于王室；赞赏穆罕默德五世国王和哈桑二世国王在争取民族独立、维护领土完整、建设国家和保证个人自由等方面的作用。主张经济自由化和对外开放，强调私营经济的重要作用，主张优先发展农、牧、渔业及矿业和加工业，主张鼓励外国投资和吸收外国先进技术。对外主张奉行不结盟政策，维护非洲统一，支持民族解放运动和巴勒斯坦人民的正义斗争。强调阿拉伯团结和泛伊斯兰的立场，要求加强马格里布国家的合作，同时要求加强与西方国家特别是与法国的关系。全国代表大会为联盟的最高权力机构。执行局为常设机构。在 1984 年议会选举中获 83 个席位，成为议会第一大党，组织联合政府。此后，宪政联盟在历届议会中始终处于多数派地位，多次参加政府。宪政联盟

在保守的地方议会和行业协会中拥有较大影响。在 1997 年选举中，宪政联盟在众议院中以 50 席占据第二大党的地位。1996 年 11 月，创始人、主席马蒂·布阿比德去世，主席职位由该党政治局委员轮流担任。现任总书记穆罕默德·阿比迪（Mohamed Abied）。机关报为阿拉伯文《民族信息》。

7. 人民运动党，Popular Movement，Mouvement Populaire（MP）

1956 年，在拉巴特成立，成员多为柏柏尔部落酋长、地主，也有官员和农民，代表柏柏尔部落酋长和地主阶级的利益。原领导人曾组建主要由山区的柏柏尔人组成的"摩洛哥民族解放军"，进行反法武装斗争。独立后，民族解放军解散，一部分编入国王军队，另一部分与柏柏尔部落上层组建了人民运动党，主要从事争取柏柏尔民族自治的运动。在成立宣言中，该党曾提出要求在国王主持下实现北非的统一。不久被政府取缔，转入地下活动。1958 年 10 月，领导人哈提卜和阿哈达尼被捕，导致该党在里夫山区组织大规模反对独立党内阁的武装暴动。1959 年 11 月 9 日举行大会，在大会的决议中主张实行君主立宪制，支持阿尔及利亚独立，实现马格里布统一。穆罕默德五世国王在得到人民运动党的领导人放弃武装斗争的保证后，宣布人民运动党为合法政党。1960 年，该党参加穆罕默德五世国王主持的内阁。1961 年 6 月，在哈桑二世国王的内阁中哈提卜担任非洲事务国务大臣，阿哈达尼任国防大臣。1963 年 3 月，该党在议会选举中获胜，哈提卜当选为众议院议长。1983 年 2 月，召开第七次全国代表大会。在 1984 年的选举中，得到议会中 47 个席位，在内阁中占五位大臣职位。它的分支是 1967 年成立的人民民主宪政运动，在 1977 年的选举中只得到 3 个席位。但在 1984 年的选举中，没有获得席位。人民运动党忠于国王，支持国王的各项政策，该党的政治主张是：在伊斯兰教范围内实行社会主义，消除贫富差别，在社会各阶层之间建立平等；保留柏柏尔人的文化和柏柏尔人的传统生活；国有土地和清真寺土地应分给农牧民或部落；要求经济开放，发展竞争，把关系到国计民生的经济部门国有化。在 1997 年选举中，在众议院中获得 40 席，在参议院中获得 27 席，均居第 4 位。2002 年，在众议院中获 27 个议席。在2000 年 7 月和 2003 年 10 月参议院两次进行改选中，均为参议院的第三大党。总书记穆罕默德·拉昂萨尔（Mohamed Laenser）。最高领导机构为全国委员会，下设地方委员会和驻法国委员会。党刊有《运动报》周刊。

8. **民族民主党**，National Democrat Party，Parti National Démocrate（PND）

民族民主党原为全国自由人士联盟的一部分。1981 年，全国自由人士联盟分裂为两派：一派以联盟主席奥斯曼为首，另一派以联盟领导成员贾迪迪为首。贾迪迪认为联盟领导人未执行1978 年 10 月卡萨布兰卡大会的决议，未能在新形势下满足青年一代要求参加政治生活的愿望。4 月，贾迪迪派正式脱离联盟，在议会内另立民主自由人士党团。7 月，成立民主自由人士党，并设立 9 人组成的全国筹备委员会，开始在全国各地建立基层组织。1982 年 6 月召开党的第一次全国代表大会，更名为民族民主党。代表地主和富农的利益。拥护君主立宪制，强调伊斯兰传统精神为立国之本；主张加强民主、实现社会公正和消灭贫富差距，优先发展农牧业，提高农民的生活水平；维护国家统一和领土完整；主张阿拉伯民族的团结和马格里布的统一，捍卫伊斯兰事业，维护非洲统一组织，支持巴勒斯坦人民的斗争和被压迫民族的解放运动，强调平衡外交，与东西方均保持友好关系。1981年，该党在议会中拥有 55 席，居第二大党的地位。在 1984 年的选举中，获得 15 个直接选举席位，1985 年获得内阁中的两个大臣职务。在 1993 年第六届议会选举中遭到惨败，只获 24 席。在1997 年选举中，在众议院中获 10 席，参议院中获 21 席。2002

年在众议院中获得 12 席。领导机构有全国代表大会、中央委员会和政治局。各省有联委会。基层设立支部和总支。总书记穆罕默德·阿萨拉纳·埃尔·贾迪迪（Mohamed Arsalane El Jadidi）。机关刊物《民主斗争》周刊。

9. 独立民主党，Democratic Party of Independence，Parti Democratique et de l'independance（PDI）

1946 年成立。创始人穆罕默德·哈桑·乌尔扎尼。大部分成员是从事自由职业的知识分子。该党赞成君主立宪制，主张建立以伊斯兰原则为基础的摩洛哥式的社会主义。支持第三世界的民族解放运动，提倡实现马格里布和阿伯人民的统一。1947 年向法国建议成立摩洛哥民族政府未成，后转向支持王室。摩洛哥独立初期曾参政。1960 年 1 月，曾改名为民主宪政党。1978 年 9 月，原总书记哈桑·乌尔扎尼去世，活动趋于停顿。1983 年 3 月在卡萨布兰卡召开全国代表大会，活动逐渐恢复。在 1997 年的议会中，获得 1 席。在 2002 年的议会中，获得 2 席。决策机关为政治局。总书记杜哈米·乌尔扎尼①。

三　社会团体

洛哥的社会团体有工会组织、青年组织和妇女组织。

1. 工会组织

第二次世界大战后，摩洛哥工人阶级迅速成长，民族独立斗争进一步发展，共产党和独立党等政党相继成立，它们都提出了争取民族独立的口号，领导人民举行大规模的罢工和示威运动。

---

① 中国商务部网站资料（2005 年）（http：//ma. moftec. gov. cn）；赵国忠主编《简明西亚北非百科全书》（中东），北京，中国社会科学出版社，2000，第 761～763 页；摩洛哥政府网站资料（2005 年）（http：//www. mincom. gov. ma）。

法国殖民者采取严厉镇压的手段，取缔工会组织。20 世纪 50 年代，摩洛哥总工会是摩洛哥的主要群众团体，它参加法国总工会，是民族解放运动中的一支重要力量①。

1954 年 8 月 20 日，全国举行了摩洛哥劳工史上最大的罢工。

20 世纪 90 年代，在东欧"民主化"浪潮的冲击下，摩洛哥国内要求扩大民主自由的呼声日益高涨。1990 年，议会中的 4 个反对党要求政府集体辞职被议会否决后，12 月，工人总联合会和民主劳工联盟决定举行 24 小时的全国总罢工，遭到政府的反对。

目前，摩洛哥工会有以下一些组织：摩洛哥劳工联合会（Moroccan Labor Union, L'Union Marocaine du Travail, UMT），摩洛哥劳动者总会（L'Union Générale des Travailleurs au Maroc, UGTM），劳动民主联合会（Democratic Labor Confederation, La Confédération Démocratique du Travail, CDT），摩洛哥劳动者全国联盟（National Union of Moroccan Workers, L'Union Nationale des Travailleurs Marocains, UNTM），人民工会联盟（Federation of Popular Unions, L'Union des Syndicats Populaires, USP），摩洛哥工人力量工会（Union of Free Worker's Association, La Forces Ouvrieres Marocaines, FOM），自由劳动者工会联盟（Association of Free Workers Union, L'Union des Syndicats des Travailleurs Libres, USTL），摩洛哥劳动者联合会（Moroccan Workers Union, L'Union des Travailleurs Marocains, UTM）和民主工会联盟（L'Union des Syndicats Démocratiques, USD）。另外还有教师联合会——全国高等教育工会（National Union of Higher Education,

---

① 摩洛哥政府网站资料（2005 年）（http://www.mincom.gov.ma）；葛公尚主编《万国博览·非洲卷》，北京，新华出版社，1998，第 722～723 页。

SNES）等。

这里介绍几个主要的工会组织。

（1）摩洛哥劳工联合会（摩洛哥工会）。

1955 年 3 月成立，是独立党领导的工人组织，积极参加民族独立斗争。摩洛哥工会是三个联盟中最大的一个，有会员 50 多万，占 100 万摩洛哥工人中的 60% 左右，主要来自工业和商业部门。支持独立党的政策，在它的纲领中强调正统的伊斯兰和正统的阿拉伯因素。主张政治、经济和社会的民主，建设一个进步、自由、尊严和正义的社会，不介入政治斗争，摩洛哥工会通过对话达到改善工人生活条件和工作条件的目的，与人民力量社会主义联盟关系密切。摩洛哥工会是中东和北非最大和最有力量的工会组织，每年，它代表摩洛哥工人参加国际劳工组织会议。总书记麦赫布·本·萨迪克。

（2）摩洛哥劳动者总会（摩洛哥工人总联合会）。

1960 年 3 月成立。受独立党领导，下属 15 个全国性农业工会和 36 个地方工会，共有会员 25 万。主张"民主、平等和社会公正"。要求权力归人民，工厂归工人，耕者有其田；提倡工人、雇主和政府之间用对话方式解决矛盾，增加社会福利。总书记阿卜杜·拉扎格·艾菲拉尔。

（3）摩洛哥劳动民主联盟。

1978 年 11 月成立。为世界矿业组织成员，现有会员 20 万。受人民力量社会主义联盟领导，在教育和文化界影响较大。总书记努比尔·乌迈维。[1]

2. 青年组织

目前，摩洛哥的青年组织有：学生联合会——摩洛哥学生全国联合会（National Union of Moroccan Students，UNEMS；L'Union

---

[1]　中国商务部网站资料（2005 年）（http：//ma.moftec.gov.cn）。

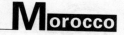

Nationale des Etudiants Marocains，UNEM）和摩洛哥学生总联合会（General Union of Moroccan Students，UGEM）等。

（1）摩洛哥独立党青年组织。

1956 年成立，受摩洛哥独立党领导。组织机构由摩洛哥童子军、中学生组织、学生总会、劳动青年组织、教育和夏令营协会组成。每 3 年召开一次全国代表大会。总书记是穆罕默德·鲁阿法（Mohamed Louafa，1983 年）。该组织的政治主张是：反对封建主义，要求实行真正的民主，实现经济与社会平等。对内主张保卫摩洛哥的"穆斯林及阿拉伯实体"，要求年满 18 岁的青年享有选举权，21 岁享有被选举权；要求青年在本国就业，反对外流；主张推广阿拉伯语等。对外主张坚持不结盟的原则，反对帝国主义、殖民主义、犹太复国主义和种族主义，支持巴勒斯坦解放组织；谴责苏联入侵阿富汗；主张建立穆斯林世界青年组织。

（2）摩洛哥全国学生联盟。

1956 年 12 月 26 日成立。自称是"进步的、民主的、群众性的自治组织"。学联的组织机构由经全国代表大会选举产生的 41 人组成执行委员，再由他们选举产生由 13 人组成的执行委员会。独立初期，主张撤出外国军队和取消敏感军事基地；执行中立政策，参加阿拉伯联盟，反对法国在摩洛哥建立文化使团，主张教育阿拉伯化，实行义务教育；组织北非学生联合会。该学联因反对政府，屡遭镇压。1966 年，政府将学联全部领导人派去服兵役。1972 年，受摩洛哥进步和社会主义党和人民力量社会主义联盟影响的学生夺取了学联的领导权。1973 年 1 月，学联被禁止活动，大部分领导人被逮捕。1978 年 11 月，学联重新获得合法地位。1979 年 9 月，在拉巴特召开了学联的第十六次代表大会。该学联呼吁国内民主和进步力量组成广泛阵线，反对现政权；要求取消限制集体和个人自由的一切法律和措施，实行真

正的民主，释放一切政治犯，人民有权监督统治者，改善工人的生活条件。要求建立"民族主义大学"，反对升学考试制度。主要活动是：在大学举行全国文化周活动，组织学生罢课。摩洛哥全国学生联盟是国际学联的执委①。

（3）摩洛哥宪政青年组织（Jeunes Destoiriens De Maroc）。

1987 年成立，是摩洛哥最大的政党——宪政联盟领导的青年组织。其宗旨和主张是：拥护王室，执行该党的方针政策，围绕该党的中心工作开展青年工作，用君主立宪制的观点、理论及意识形态教育青年一代，宣传该党的私有化政策及在君主立宪制的基础上实行民主和自由的主张。20 世纪 80 年代担任主席的法乌德·阿罗贝拉，是摩洛哥宪政党政治局委员。该组织经常组织各界青年参加讨论会、讲习班，学习党的方针政策，举办理论培训班，提高青年思想觉悟及理论水平，为党输送干部。对外主要与马格里布地区及阿拉伯各国的政党青年组织交往。1988 年与中国全国青联建立联系。1989 年，中国全国青联副秘书长率团访问摩洛哥②。

3. 妇女组织

摩洛哥现有全国性的妇女组织为摩洛哥全国妇女联合会。

摩洛哥全国妇女联合会于 1969 年 5 月 6 日成立。妇联致力于提高摩洛哥妇女的知识水平与生活水平，改善他们的社会地位，教育妇女关心国家大事，为国家的发展做出贡献。在各地区开办妇女职业训练中心，开办托儿所和幼儿园。

---

① 共青团中央国际联络部编《各国青年学生组织概况》，北京，1983，第 170 ~ 172 页。
② 共青团中央网站资料（2005 年）（http：//www.ccyl.org）。

第四章

经　济

第一节　经济发展概述

摩洛哥资源丰富，是世界上几种矿产品和农产品的重要的生产地和输出地。摩洛哥是一个农业国，沙丁鱼的捕获量、沙丁鱼类罐头的生产量和橄榄的生产量位居世界前列。同时，摩洛哥有着较为发达的采矿业，其中，磷酸盐矿的总产量占世界的第二位，磷酸盐出口量占第一位。

19 世纪上半期，西方资本主义列强在获取一系列的特殊利益的基础上，开始对摩洛哥进行经济掠夺。到 20 世纪初，西方列强之间通过一连串的交易，最终法国凭借自己特殊的政治地位，以借款为先导，进而控制了摩洛哥的海关、财政、银行和警察，同时得到了建筑铁路、开采矿山等特权。1912 年，摩洛哥沦为法国的"保护国"。法国、西班牙和英国通过签订协定，将摩洛哥分割为三个地区：法属摩洛哥、西属摩洛哥和丹吉尔国际共管区，摩洛哥的经济逐步殖民地化。

第一次世界大战后，法国政府为了攫取更多的经济利益，在摩洛哥推行殖民主义的经济政策。

农业方面，1914 年，虽然摩洛哥政府颁布了法令，宣告村

社土地不得转让，但是，法国殖民者仍继续侵占大量的土地。1918 年，法国开始在摩洛哥进行有计划的农业殖民，1923 ~ 1930 年，官方推动的移民活动，使法国和其他国家的移民侵占了大西洋沿岸平原和东部地区的大量农用地。

采矿业方面，1914 年，摩洛哥公布组织矿物资源勘探和开采的采矿法令，规定"矿区归首先占有者所有"，这一规定导致诸多弊端。1923 年，政府建立矿产勘探和合股局，同时修改采矿法，希望能够制止投机活动，但却延缓了有系统的对本国矿物资源的开采。1929 年 11 月 1 日，政府再次发布法令，简化采矿规定以保证矿产的开发。此后，矿物资源的勘探和采矿的速度加快。

交通与港口方面，法国当局重视交通建设，目的是为殖民掠夺服务，将各矿产地与出口港连接起来，建立现代的运输系统。为此，在原有的铁路系统下，建立了更广阔的铁路网①。结果使摩洛哥的铁路带有明显的殖民地特征：铁路完全由外国公司修筑和管理，主要干线连接城市和大西洋沿岸的港口。港口设施也建立和完善起来，这为法国和外国的制造商打开摩洛哥的市场大门及出口矿产品和农产品提供了方便。

海关和财政方面，虽然 1906 年签订的阿尔赫西拉斯条约严格规定了在摩洛哥市场经营的各签字国的经济平等的原则，但是，实际上摩洛哥与外国的商业和关税关系既不公正也不平等。这一时期，摩洛哥出现持续的贸易逆差，国债还本付息的支出占预算的 1/3 以上。

1930 ~ 1935 年，摩洛哥处于经济发展时期，手工业在摩洛哥的经济中发挥着重要的作用。但是，随着世界经济危机的到

---

① Harold D. Nelson：*Morocco：a country study*，pp. 50 – 54，the American University，Washington D. C. ，1985．

来，手工业的对外出口中断了，磷酸盐的出口也开始下降。在经济危机时期，统治当局被迫采取措施，向农村地区提供贷款，解决土地使用权问题，促使农民的农业生产多样化[1]。

在法国和西班牙的长达近半个世纪的殖民统治下，虽然摩洛哥拥有丰富的矿藏资源和广阔的可耕地，但是，经济命脉掌握在外国人、尤其是法国三大垄断资本集团的手中。摩洛哥 90% 的投资来自国外，主要是法国，本国只占 10%。摩洛哥的经济基础薄弱，主要靠磷酸盐的开采和农牧业的生产。摩洛哥作为一个以农牧业为主的国家，其谷物收入占国民收入的 32% ~ 35%；全国有 800 万人从事农业，占全国人口的 80%。与此同时，摩洛哥的土地问题非常严重。殖民者、地主和国家共占有一半以上的富饶的土地，占农村人口近 90% 的农民只占有不到一半的贫瘠的土地，从事大农庄生产。由于缺乏农具、肥料，灌溉系统荒废及严重的赋税负担，所以农作物的产量很低，不能满足国内市场的粮食需要。工业除了磷酸盐等原材料的开采外，还有运输业和电力工业。

第二次世界大战后，帝国主义国家为扩军备战，加紧在摩洛哥建立电力、运输业和工矿业及轻工业；美国资本借机开始在摩洛哥各经济部门中占据重要位置。到 20 世纪 50 年代初，美国和法国的垄断资本垄断了摩洛哥铅矿砂、罐头食品和渔业的生产。美国的贸易公司控制了摩洛哥 60% 的糖、茶、纺织品的进口，美元在摩洛哥所取得的全部外援中居首位。美国在摩洛哥的势力不断加强。

这一时期，摩洛哥民族工业仍很薄弱，只有一些小型的工

[1] 联合国教科文组织：《非洲通史》第七卷《殖民统治下的非洲：1880 ~ 1935 年》，中国社会科学院西亚非洲研究所译，北京，中国对外翻译出版公司，1991，第 344 ~ 353 页。

厂，包括普通机器制造厂、造船厂、铸铜和五金厂、电线电缆厂、炼钢厂、炸药厂、水泥厂、石膏厂、化学厂和冶炼厂，相当数量的纺织厂、鞣皮厂、制鞋厂以及食品厂和农业、渔业加工厂。受长期殖民经济的影响，摩洛哥的经济结构是以片面发展农业和原料生产为主，成为西方列强的原材料供应地和工业品销售市场。

摩洛哥独立后，一直致力于发展民族经济，随着王权的更迭，经济发展经历了三个各有特色的时期：穆罕默德五世国王执政的经济"摩洛哥化"时期（1956～1961年），哈桑二世国王执政的经济调整和开放时期（1961～1999年），穆罕默德六世国王执政的经济改革和持续发展时期（1999年至今）

一 穆罕默德五世国王时期的经济状况（1956～1961年）

穆 罕默德五世国王时期是经济的"摩洛哥化"时期。在这一时期，摩洛哥开始建立民族经济。

1956年独立后，摩洛哥面临着发展经济的巨大挑战。殖民主义者和外国资本家撤走资金，关闭工厂，裁减工人，拖延贷款，抽走技术人员，造成摩洛哥在资金和技术等方面严重短缺，加剧了经济的困难。1957年，国家财政赤字达到366.2亿法郎，失业人数达20多万[①]。与此同时，法国仍控制着277家各类工厂，包括造船、修船、炼铁、炼钢、金属锅炉厂和普通机器制造厂。

在这种情况下，摩洛哥政府开始实行经济的"摩洛哥化"，其主要任务是清除殖民地经济的影响，发展民族经济和改变落后的面貌。为此，摩洛哥政府制定了一系列发展民族经济的政策和

---

① 《世界知识年鉴》编辑部编《世界知识年鉴1958》，北京，世界知识出版社，1958，第302页。

发展计划：1958～1959 年的二年过渡建设计划、1960～1964 年的社会和经济全面发展的五年计划和 1965～1967 年的三年计划。在二年计划和五年计划中，成立了国营和公私合营的企业。

1956～1959 年期间，政府进行经济改革，采取了一些有利于发展民族经济的措施：①制定保护民族经济的关税政策。1957年，摩洛哥建立了具有保护关税性质的新的关税率。②开办国家银行，发行本国货币。1959 年开始整顿银行业，停止受法国控制的"摩洛哥国家银行"的活动，取消它在摩洛哥发行货币的特权；成立摩洛哥全国发展银行、全国经济发展银行和外贸银行等。同年，开始流通新的货币——迪拉姆（1 迪拉姆 = 100 摩洛哥法郎）。③主要工业部门国有化。摩洛哥政府制定了以国营经济为主体的工业化计划，促进摩洛哥工业的发展。政府陆续接管一些外资企业，将海关、铁路和矿山等收归国有。还兴办了一批新的企业，建立了民族经济。④改变进口商品的结构，提倡生产资料的进口（生产资料进口可以免税），减少奢侈品和本国能生产的商品的进口，同时，鼓励私人投资。1958 年通过了新的投资法，鼓励和保护私人资本向生产部门投资，成立合营公司，公司股本的 30%～50% 属于国家资本，其余属于私人（主要是属于外国公司）。1959 年 1 月，成立全国茶叶专卖局和磷酸盐办公室，加强对国民生计有重要影响的茶叶和磷酸盐的生产和进出口的管制。⑤政府采取以赎买为主的方式，逐步收回外国人占有的土地，大力发展农业。通过这些经济改革和措施，为建立民族经济和促进经济发展创造了有利环境。

二　哈桑二世国王时期的经济状况（1961～1999 年）

哈桑二世国王时期，摩洛哥的经济发展分为三个发展阶段：经济发展"摩洛哥化"阶段、经济发展战略调整与经济开放阶段、企业私有化和贸易自由化阶段。

1. 经济发展"摩洛哥化"阶段（20 世纪 60~70 年代）

20 世纪 60 年代，摩洛哥政府先后实施五年计划（1960~1964 年）和三年计划（1965~1967 年）。

在 1960~1964 年的五年计划中，摩洛哥政府加强技术部门和管理部门的建设，组建了两个旨在发展农业的强有力的国家管理局——"全国灌溉管理局"和"全国农村现代化管理局"（后来，这两个局合并），在"矿业研究和管理局"的基础上，成立了"工业研究和管理局"，还成立了"国家经济发展银行"和"国家对外贸易银行"。根据发展计划，政府首先是重点加强农业基本建设。20 世纪 60 年代，经济主要依靠农业和畜牧业，从事农业和畜牧业生产的人口占总人口的 70% 以上，农牧业产值占国民总产值的 40%。当时，全国仅有耕地约 450 万公顷，主要农产品有小麦、大麦、玉米、柑橘、橄榄、椰枣等，粮食不能自给，需要大量进口。畜牧业以牛羊为主，生产方式落后，以分散的家庭为单位养殖。为了改变农业的落后状况，政府开发和合理利用可耕地，对小块土地进行合并，并大力兴修水利，安装灌溉设备；另一个重点是建立民族工业，主要是利用摩洛哥本国资本和外国资本，建立一些工业联合企业，如：非斯的化学工业、西迪斯利曼的甜菜糖厂、穆罕默迪亚的炼油厂等。尽管如此，1960~1964 年的五年计划的许多指标都没有达到①。

1964 年，政府制订 1965~1967 年的三年计划，将投资重点放在发展农业、旅游业、发展基础结构、改建和兴修道路交通和海港以及培养本国经济人才等方面。该计划的实施取得一定的成效，为 20 世纪 70 年代摩洛哥的经济发展打下基础，促进了经济的发展。

---

① 预定全国生产总收入的增长率是 6.2%，但在 1960~1964 年期间，平均每年的全国生产总收入增长率不到 3%。

1970 年，宣布对进出口贸易、银行、保险业实行"摩洛哥化"。1983 年，宣布收回外国人占有的土地，鼓励私人资本向生产和旅游部门投资。1976 年西撒战争爆发前，摩洛哥的经济发展较快，国民生产总值连年均递增 7% 以上，成为非洲经济发展较快的国家。但是，由于西撒哈拉战争（每年耗资约 10 亿美元）及其它原因，加重了摩洛哥的经济负担，使经济发展放缓。1978 ~ 1980 年，实施了调整经济的三年计划，取得了国民生产总值平均增长 4% 的较好成效。

2. 经济发展战略调整与经济开放阶段（20 世纪 80 年代）

1981 年，摩洛哥开始实施新的五年计划（1981 ~ 1985 年），提出经济年增长率为 6.5% 的目标。但是，由于受到世界经济危机、连年旱灾和西撒哈拉战争等因素的直接影响，摩洛哥的经济发展受阻，加之各经济部门的发展比例失调、经济计划未能如期实现等因素，导致经济发展速度减慢。1981 年摩洛哥国内生产总值下降 1.3%。摩洛哥政府认识到经济形势的严峻性，开始转变经济发展战略，着手修正规划，以摆脱财政和经济的困难，谋求经济的发展。

1983 年，摩洛哥把经济改革作为维护国家政局稳定的重要举措，在世界银行和国际货币基金组织的帮助下，开始执行为期 10 年（1983 ~ 1993 年）的以私有化和自由化为主要内容的经济结构调整计划，力求到达国民经济各部门的基本平衡。哈桑二世国王还为私有化确定具体的政治、经济和社会目标，即：使摩洛哥的经济充满活力，提高国民生活水平，减轻国家因资助国有企业而背负的财政负担，巩固经济发展地方化，扩大开放，创造新的就业机会，防止资本的过度集中和囤积居奇，给新一代的企业家创造机会，使广大劳动者、企业家和储户从经济发展中受益。为配合私有化计划的实施，根据摩洛哥私有化法，政府组建评估机构、企业转制委员会和后续跟踪机构，推行经济现代化和对外

开放的政策，其主要措施有以下几个方面：

（1）对内实行经济调整政策。改革不合理的经济法规，调整产业结构，收缩基建规模；紧缩开支，实行财政压缩和货币贬值。

（2）逐步推行企业私有化，改革税收制度。整顿和改革在国民经济中占有重要地位的国营企业，实行部分国营企业分阶段私有化政策，鼓励私营企业发展；鼓励私人投资。

（3）妥善处理中央和地方政府的关系。扩大地方行政权力，调动地方积极性。

（4）优先发展农业。大力发展粮食生产，争取在 20 世纪末实现粮、油、糖和奶制品自给自足的目标。

（5）对外实行开放和贸易自由化。对外开放，实施经济、贸易自由化政策，争取外援，鼓励外国投资。修改投资法，建立自由区，解除进出口限制，促进出口。1986 年，建立国家国际贸易程序委员会，简化国际贸易程序。1987 年，摩洛哥加入关贸总协定，使摩洛哥的经济加入到世界经济的进程中，接受多边贸易准则。

到 1985 年，连续 4 年的旱情基本缓解，国际市场石油价格回落，财政紧缩政策见效，国民经济开始出现好转势头。1986 年，国民生产总值约为 140 亿美元，经济增长率为 5.8%。1987 年，基本实现财政收支平衡。1989 年，为适应新形势，摩洛哥适当放慢经济增长速度，使经济能更平稳地发展，国民经济逐年好转。

国民经济政策的调整使工业部门，如发电、化肥、炼油、水泥、采矿、汽车配件、纺织、食品加工和制糖等迅速发展；手工业如刺绣、编织、毛毯、皮革也相应地发展起来，同时促进了农、林、牧、渔业的发展。

3. 企业私有化和贸易自由化阶段（20 世纪 90 年代）

20 世纪 90 年代，摩洛哥经济进入了新的发展阶段。从 1993

年起，摩洛哥经济改革逐步由经济战略调整过渡到加快国营企业私有化和发展私营经济阶段。政府加大力度发展经济，巩固自1985 年以来经济调整的结果，保持经济增长的势头，实现经济增长率超过 4% 的目标；同时，严格控制通货膨胀，使之降至8% 以下，减少财政赤字，使之继续维持在国内生产总值的 2%左右。为实现经济的新发展，政府加快经济改革步伐，从 1993年起，确定了向国营企业私有化和发展私营经济阶段过渡的改革方向，并制定了经济自由化和对外开放的配套政策，其主要有：

（1）加速私有化进程。为加快私有化进程，政府推行私有化计划。私有化计划涵盖农业、矿产、纺织、制糖、汽车、金融、炼油、旅馆饭店、水泥、保险、机械、烟草、电信和航运等部门。1992 年，政府为了实施计划，成立了私有化工作局和转产委员会，增设国外投资部，鼓励外资参与摩洛哥私有化进程，为逐步走向全面私有化经济创造条件。1994 年底，摩洛哥规模最大、效率最佳的企业"国家投资公司"转让成功。随后，政府解除了对国民经济具有重大战略意义的重要部门铁路、电信等六大部门不实行私有化的禁令，对所有国营企业逐步实行私有化。与此同时，政府还鼓励发展私营企业，鼓励青年企业家兴办实业。1998 年，完成对国家能源部门的重组改制，允许私人资本开发、经营能源，对现有的炼油厂进行私有化改造。私有化工作的顺利进行使国家可以集中更多的资金发展基础设施和解决社会生活问题。但是，由于在私有化进程中遇到一些问题，如社会保障等问题没有得到解决，导致私有化计划没有达到预期效果。到 1998 年，列入第一批私有化计划的 112 家企业（包括 75 家企业和 37 家旅馆），只有近一半转制成功，为期五年的私有化计划延期。

（2）进一步放宽贸易自由化政策，发展外向型经济。为加快贸易自由化的进程，政府采取了一些举措，颁布《投资法》

和投资指南，提供更加优惠的投资条件，保障各项投资的便利和简化手续，吸引更多的外资；放宽进口限制，逐步实行外汇自由化，保护外国投资者的利益。1993 年 6 月起，摩洛哥一方面放开外汇管制，允许外国投资者转移资金和产品，不限金额和时间；进一步改革税制，下调进口税；取消关税或关税壁垒，向关贸总协定靠拢。另一方面颁布了新的关税规定，除少数几种商品征收 40% 和 45% 的关税外，最高关税为 35%。1994 年，摩洛哥加入世界贸易组织，巩固多边贸易体系，采取一系列措施促进进口，巩固和发展传统市场，寻求新市场。

（3）加大金融改革的力度。20 世纪 90 年代初，摩洛哥开始对银行系统、资本市场及货币市场等领域进行自由化改革。制定新的银行法，控制货币发行，建立证券交易所。1991 年 5 月，降低利率，实行迪拉姆对外币的自由兑换。1992 年，制定 13 ~ 89 号法，建立私有化的程序和现代的法律框架，以实施金融业的私有化进程。

（4）增加外汇筹备，减少外债。20 世纪 90 年代，摩洛哥与以巴黎国家银行和花旗银行为首的摩洛哥债权银行协调委员会的代表签订关于减轻摩洛哥债务的原则性协议，成为非洲第一个享受"布雷迪计划"好处的国家。同时，摩洛哥还得到国际金融组织和海湾国家及西方工业国家的多笔贷款和取消债务的承诺，其债务危机有所缓和。1992 年，摩洛哥的外债为 216 亿美元，到 1999 年，减少到 195 亿美元。外汇储备也逐年增加，1992 年外汇储备为 35 亿美元，到 1999 年达到 59 亿美元。

经过 10 多年的调整，到 20 世纪 90 年代末，摩洛哥的经济逐步摆脱 20 世纪 80 年代以来的困境，步入持续稳定的增长时期。1990 ~ 1998 年期间，虽然摩洛哥受到一些不利因素的影响，如：1995 年，摩洛哥遭受百年不遇的旱灾，极大地影响了农业产量，海湾危机和保护主义复苏等，但是，摩洛哥的经济仍以年平均 6% 左右的速度增长。1991 年，摩洛哥经济增长率为 4%，到 1998 年，经济增长率达到 6.3%。通货膨胀率明显下降：1991 年，通货膨胀率为 10%，1998 年为 2.9%，1999 年为 0.9%。同时，投资环境得到明显的改善，私有化和自由化的程度有很大提高。

三　穆罕默德六世国王时期的经济状况

1999 年，穆罕默德六世执政。摩洛哥经济进入了继续改革和持续发展时期。

穆罕默德六世国王执政时，经济发展很有起色，但是起伏不定，主要是由于摩洛哥的经济基础脆弱，对外依赖性大，并存在着沉重的外债、外贸逆差和高失业率等问题，作为国民经济支柱之一的农业仍然靠天吃饭。为此，穆罕默德六世国王承诺进行政治改革，将摩洛哥建设成一个开放、现代和充分民主的国家，以便创造安定的社会环境；为了经济的稳定和可持续发展，制定了继续深入进行经济改革、实行经济自由化、改善投资环境、创造就业机会的经济政策。

20 世纪 90 年代末，摩洛哥国内政治、社会和外交等方面的情况相对稳定。但是，连续严重的干旱、国际石油市场油价上涨和欧元对美元的较大幅度贬值，这些因素都影响着摩洛哥的经济。2000 年，因干旱农业减产幅度达 16.7%，国内生产总值增长率仅为 0.3%，略好于 1999 年的负增长（－0.7%）。由于政府采取谨慎的货币政策以及由国家承担石油价格上涨带来的负担，控制了通货膨胀，通货膨胀率仅为 2.3%，失业率为 13.6%（比 1999 年的 14% 略有好转），固定资产投资总额达到 874 亿迪拉姆，增幅 4.7%，小于 1999 年的 9%。1999～2000 财政年度预算法案执行结果表明，财政赤字为 0.7%，小于 1998～1999 年度的 2.3%，旅游业收入比上一年度增加了 10.3%，从 191 亿增

至 211 亿迪拉姆，侨汇收入增长 11.1%，增长幅度较大，总收入从 190 亿增至 211 亿迪拉姆。但是，在对外贸易方面，贸易赤字扩大：从 323 亿迪拉姆增至 452 亿迪拉姆，增幅达 39.8%。在吸引外国投资方面，从上一年度的 185 亿迪拉姆降至 124 亿迪拉姆，降幅达 33%。

进入 21 世纪后，为迎接全球化的挑战、融入世界经济一体化的大潮，摩洛哥政府在行政、税收、金融和外汇管理等方面进行一系列改革，相继出台诸多优惠政策，加强基础设施的建设，改善投资环境。其主要目标是：提高经济增长率，使之每年达到 5% ~ 6%，减少失业和贫困，减少对农业的依赖，增加出口和吸引国内外投资，减少进口障碍。

自 1996 年以来，贸易自由化进程取得进步，创造了良好的贸易和投资环境。针对进出口贸易中出现的争端，1999 年和 2001 年，摩洛哥制定和实施保护市场和维护有序而合理竞争的贸易法规，增加贸易透明度，打击腐败现象。新的贸易政策与世界贸易组织制定的贸易规则相一致。

2000 年 8 月，摩洛哥政府通过招标将全国第二个移动电话通讯网的经营许可证发给西班牙、葡萄牙和摩洛哥三方合资的电信公司。摩洛哥成为北非国家中第一个放开对电信垄断的国家。2001 年，64% 的国有企业已经私有化，私有化收入达到 40 亿迪拉姆。私有化极大地增强了外国投资者到摩洛哥投资的信心。

2002 年 9 月，摩洛哥组成新一届政府，将经济发展列为政府工作的重中之重，确保了国家宏观经济的稳定和经济的稳步发展，通货膨胀率与其伙伴国基本保持在同一水平上。但是，由于持续干旱，导致农业减产；市场缺乏活力，失业率居高不下。面对这些困难，政府继续推进私有化改革进程，在继电信业成功地进行私有化改造之后，在烟草、交通、航空、能源等部门也制订

了私有化计划。自 1993 年至 2003 年初，共有 36 家企业和 26 家饭店私有化，其中 18 家公司和 5 家饭店部分或全部转让给外国投资者，外国投资占私有化收入的 77.9%[1]。

2004 年，摩洛哥推行大规模振兴国民经济的计划[2]。根据摩洛哥国家统计局公布的数字，2004 年国内生产总值为 4332.51 亿迪拉姆，比上年增长 3.5%，是近年来增长最高的一年。通货膨胀率为 1.5%，外债 165 亿美元，比往年有所下降。财政赤字仅为国内生产总值的 3.2%。另外，国内消费、投资、国民储蓄、就业等经济指标都得到一定程度的改善，比如，失业率从 2003 年的 12.3% 下降至 10.9%。

经过几年的努力，摩洛哥经济总体上发展平稳，控制了通货膨胀。但是，经济指标并未全部达到预期的目标，经济的年均增长率原来确定的目标为 5%，实际上，五年的经济年平均增长率仅为 3.8%，且起伏很大；但农业的年均增长率超过预期 3.4% 的目标，达到 6.9%。经济增长缓慢的原因来自几个方面：主要原因是由于投资和出口增长不足；外来冲击，如火灾、2003 年 5 月 16 日恐怖袭击、荷赛马地震和蝗虫灾等；农业国内生产总值的增加和非农业生产缺少活力；部分产业受投资减弱的影响。此外，由于行政程序和财政体系等方面的改革迟缓，外国直接投资受限（没有超过固定资本构成总值的 10%），也使经济发展缺乏推动力。

2006 年，摩洛哥经济保持良好的发展态势，经济增长率高达 8.1%，不仅比预期的 7% 提升了 1.1 个百分点，而且大大高

---

[1] 中国商务部网站资料（2003 年）（http：//ma. mofcom. gov. cn）。

[2] 该计划涉及旅游、交通基础设施、工业投资、文化、经济住房和道路基础设施，由哈桑二世经济和社会发展基金出资 5.25 亿迪拉姆，除此之外，摩洛哥政府鼓励公共部门和私人之间建立合作关系，共同投资，以实现这一规模宏大的振兴国民经济计划。

于 2005 年的 1.8% 的增长率。其中非农产业经济增长率达 5.2%。

2006 年,摩洛哥外贸、旅游、侨汇、投资以及海外资产等方面都实现大幅增长。外贸方面,摩洛哥进口和出口总额分别比 2005 年增长了 11% 和 11.2%;继 2005 年首次超过侨汇成为最大外汇来源之后,摩洛哥的旅游收入同比猛增了 29.2%,达 530 亿迪拉姆(约合 60.25 亿美元);侨汇达 477 亿迪拉姆(约合 54.23 亿美元),同比增长 17.2%。截至 2006 年底,摩洛哥央行的海外资产比 2005 年底增加了 223 亿迪拉姆(约合 25.35 亿美元),达到 1726 亿迪拉姆(约合 196.23 亿美元)。

2006 年,摩洛哥财政赤字占国民生产总值的比率较上一年下降了 4%,仅为 1.7%。同期,摩洛哥正常财政收入比 2005 年增加了 10%,地方税收同比增收 129 亿迪拉姆(约合 14.67 亿美元),其中企业纳税和个人所得税分别增长了 28% 和 5%[①]。

四 经济地理区划

19 60 年,摩洛哥政府制订独立后的第一个五年发展计划,为拟定地方性的规划,第一次提出了划分摩洛哥经济区划[②]的任务。将全国划分为 5 个主要经济地理区域:西部大西洋沿岸地区,大西洋沿岸平原和大阿特拉斯山前地带;西北部大西洋沿岸地区,塞布河流域地区;北部地中海地区,里夫山和山前地带;东部半沙漠地区,特里夫平原和安加特平原,奥兰—摩洛哥方山的北部,塔扎走廊;最南端的沙漠地区,苏斯河谷和前撒哈拉沙漠地区。

---

① 中国商务部网站资料(2005 年)(http://ma.mofcom.gov.cn)。

② 其标准为:1. 社会的和经济的结构;2. 生产基本因素的存在和利用的特点,其中包括自然资源和自然条件的存在及其利用的特征;3. 国家经济部门的作用。

1. 西部大西洋沿岸地区

这里是摩洛哥主要的农业和工业区。分布在大西洋沿岸塞布河流域和大阿特拉斯山脉之间。这里是摩洛哥最重要的农业生产基地之一。这里种植谷物，主要有大麦和玉米，还有亚热带果类作物。在内地平原和山区，发展畜牧业，主要有绵羊和山羊。沿海种植早熟蔬菜，特别是西红柿。

该区有最大的城市和一些工业中心，如：卡萨布兰卡，是全国主要的工业和经济中心及最重要的港口；萨菲，是主要的鱼类罐头和运输磷酸盐矿的第二海港；穆罕默迪亚，是石油的主要进口和加工中心；马拉喀什，是古都、手工业和工业中心。

2. 西北部大西洋沿岸地区

这里是摩洛哥第二重要的经济地区。包括加尔布沿海平原、萨伊斯内地抬升平原、塔扎走廊的西部和中阿特拉斯的西北部。这里是摩洛哥种植小麦和繁育牛的主要地区，并生产供出口的柑橘和其它亚热带作物。

该区有许多大城市以及把它们和国内其它地区连接起来的陆上交通网。最重要的中心是：拉巴特，是首都和经济中心；盖尼特拉，是主要港口和各种加工工业中心；非斯和梅克内斯，是摩洛哥北部的古都。

3. 北部地中海地区

位于摩洛哥沿地中海的里夫山地及其山前地带。它包括前西班牙的北方属地和过去的丹吉尔国际共管区。在独立前的近半个世纪中，这里与其它地区在政治和经济上相隔绝。农业经济落后，种植谷物、豆类以及亚热带作物。东北部开采铁矿。重要城市有：丹吉尔，是大型商业和港口城市；得土安，是商业和手工业中心城市；阿赖什，是商业、手工业和运输中心。

4. 东部半沙漠地区

这里的农业落后，在最东北部集中着采矿业。该区包括奥兰—摩洛哥方山的北部和沿海平原以及塔扎走廊的东部。大部分居民从事半游牧畜牧业和采集阿尔法草。铅、锌、煤和锰的开采占全国采矿业的重要地位。主要中心城市是乌季达。

5. 最南端的沙漠地区

这里是摩洛哥经济上开发最差的地区。它占全国面积的一半。在经济上，该地区以游牧畜牧业占多数，主要是饲养骆驼。在稀少的绿洲沙漠里，有灌溉农业，种植枣椰子，繁育少量的绵羊和山羊，从事农业和手工业，生产陶器和纺织制品、毛制品和皮革制品。绿洲以外的居民过着游牧方式的生活。在苏斯河谷，是摩洛哥最大的农耕地区，种植供出口的亚热带作物和早熟蔬菜。主要的经济中心是阿加迪尔①。

第二节　农牧业

一　概况

摩洛哥是一个古老的农业国，在阿拉伯世界中，摩洛哥是仅次于埃及的第二大农业国。多年以来，农业生产一直是摩洛哥经济的主要部门，在国民经济中占据主导地位，直接影响其经济发展的增长走势。

"保护国"时期，摩洛哥的可耕地约为1500万公顷，已耕地面积只有500万~600万公顷。其中，法国殖民者以征用法令低价收购或用暴力手段夺得最肥沃的土地约100万公顷，占摩洛哥已耕地的20%；其它的很多土地集中在封建地主和苏丹手中。

---

① 〔苏〕М. Б. 高农、Г. Н. 乌脱金著《摩洛哥——自然地理和经济地理概要》，西北大学地理系翻译组译，西安，陕西人民出版社，1977，第210~225页。

这样，殖民者、地主和苏丹占有了一半以上的良田，绝大多数耕种者却无地或少地，造成严重的土地问题。到 1952 年，占农村人口 10% 的地主，占有 57% 的土地（其中占农村人口的 1.5% 的大地主占地 28%），占农村人口 30% 的中小农，占有 43% 的土地，占农村人口 60% 的佃农和农工一无所有①。当时，摩洛哥没有利用或很少利用的土地（即摩洛哥南部的沙漠和半沙漠地区及中央阿特拉斯山的高山地区等）有 1760 万公顷，占摩洛哥土地总面积的 4%。如果摩洛哥开发休耕地的可耕部分、兴修灌溉和排水工程，防止水土流失，就可将 300 万 ~ 500 万公顷的新地变为农业轮作地。但是，在法国殖民统治时期，扩大耕地面积很缓慢，而且在 1953 ~ 1955 年间基本上停顿下来。

这时，摩洛哥的农业处于落后状态，农业生产方式仍为原始的耕作方式。在摩洛哥 800 万人口中，有 600 万人从事农业，占全国人口的 75%。农业人口中 60% 是无地的农民，他们中有 15 万人是农业工人，70 万是佃农；30% 是占有小块贫瘠土地的小农。封建地主集中大片的土地，采用"分成制"。由于缺乏农具、肥料、灌溉系统荒废和严重的赋税负担，耕地面积缩小，收获量不断降低，农业产量很低，牲畜头数逐渐减少，不能满足国内市场的粮食需要。欧洲殖民者（主要是 2 万法国农场主）占有已耕地的 20%，生产 25% 的小麦，75% 的橘子和几乎全部的葡萄。摩洛哥主要的农产品有：大麦、小麦、水果（葡萄、柠檬、橄榄、橙、椰枣和香蕉等）、蔬菜、棉花和烟草。畜牧业和林业发达。

独立后，根据 1958 ~ 1959 年有关的官方统计，土地总面积为 4200 万公顷，农业土地占 2400 万公顷（占土地总面积的

---

① 《世界知识年鉴》编辑委员会编《世界知识年鉴 1958》，北京，世界知识出版社，1958，第 303 页。

58%）。在耕地中，包括休耕地 800 万公顷以上（20%），可灌溉的土地占 50 万公顷，牧场和草场占 700 万公顷（18%），森林和灌木林地占 550 万公顷（13%），阿尔法草地占 7%。这时，摩洛哥的农业仍处于落后的状态，农业生产还采用落后的农业技术，最主要的农具是木犁和锄头。为此，摩洛哥政府强调发展农业，制订改良农业经营和提高产量的计划。1957 年，用于该项计划的资金为 40 亿法郎。还推行由国家租给农民拖拉机的"耕作运动"，1957 年，开垦土地面积为 16 万公顷；1958 年为 32 万公顷。1962 年，农产品占国内生产总值的 32.5%。1964～1966 年，摩洛哥政府进行农业改革，没收外国人拥有的土地，将其中的一部分土地分给农民。政府计划在良田上实现集约生产，并在此基础上扩大农作物的生产。当时，75%～80% 的人从事农业生产，以种植谷类作物为主（主要有小麦、大麦、豆类和枣椰树等）。农业生产总值占国内生产总值的 40%[1]。此后，经过 20 年的努力，农业在国内生产总值中所占的比例呈下降趋势，农业人口的比率也逐年下降。1984 年，农业在国内生产总值中占 11%，农业人口为 1169 万人，占总人口的 57.2%。到 20 世纪 90 年代末，农业在国内生产总值中的比重有所上升，达到 20%，农业人口占全国总人口的 44.8%。到 21 世纪，农业在国内生产总值中仍占 20%，农业人口占全国总人口的 44%。

　　摩洛哥政府还采取一系列措施扩大耕地面积，如排干沼泽化地段、将非灌溉土地改造为可灌溉的田地。经过多年的努力，摩

① 〔苏〕М. Б. 高农、Г. Н. 乌脱金著《摩洛哥——自然地理和经济地理概要》，西北大学地理系翻译组译，西安，陕西人民出版社，1977，第 162～166 页。《世界知识年鉴》编辑委员会编《世界知识年鉴 1958》，北京，世界知识出版社，1958，第 303 页；《世界知识年鉴》编辑委员会编《世界知识年鉴 1959》，北京，世界知识出版社，1959，第 303 页；《世界知识年鉴》编辑委员会编《世界知识年鉴 1961》，北京，世界知识出版社，1961，第 376～377 页。

洛哥农业可耕地面积、已耕地面积、耕地中可灌溉土地面积、牧场和草地及森林和林地面积都有较大增加。根据世界粮农组织的统计资料显示，摩洛哥土地总面积为 4463 万公顷。农业土地面积从 1961 年的 2337 万公顷，增加到 2000 年的 3065 万公顷。已耕地面积从 1961 年的 659 万公顷，增加到 2000 年的 876.7 万公顷。耕地中可灌溉土地从 1961 年的 87.5 万公顷，增加到 2003 年的 144.5 万公顷。森林及林地面积从 1961 年的 750.5 万公顷，增加到 1990 年的 836 万公顷。牧场和草地面积从 1961 年的 1640 万公顷，增加到 2003 年的 2100 万公顷[①]。

摩洛哥地处非洲干旱和半干旱地区，农业生产受气候的影响很大，风调雨顺的年份，全国粮食就能够自给有余；遇到干旱的年份，农业歉收，则需要大量进口粮食。因此，农业生产的好坏直接影响着摩洛哥整个国民经济的增长幅度。1999 年农业产值（包括渔业和林业）占国内生产总值的 13%，农村就业人口占全国就业人口的 50% 左右。但是，由于摩洛哥农业生产受气候影响太大，20 世纪 90 年代末，摩洛哥遭遇连续的干旱，粮食产量连年下降，2000 年接近历史最低水平，农业产值在国内生产总值中的比重也日益减少，从原来的 20% 左右降至目前的 13%。农业生产在相当程度上拖了整个国民经济增长的后腿。如果将 1999 和 2000 年连同农业生产总值一起计算，国内生产总值增长几近为零，而不包括农业的其它产业却有 3% 左右的增长。2004 年，由于降水量不足，渔业方面休渔期长达 7 个月等原因，农业仅增长 0.6%，与上一年度 18% 的高增长率形成十分巨大的反差，农业在国内生产总值的构成中居第二位，占国内生产总值的 15.86%。农业生产随着自然条件、气候因素的变化而起伏不定，成为摩洛哥农业发展的显著特点。

---

① 联合国粮农组织网站资料（2006 年）（http：//www.fao.org）。

二 农业发展政策

独立以后，摩洛哥政府认识到农业对于国民经济的重要作用，十分重视发展农业，从本国国情出发制定农业发展计划和农业发展政策，并在实践中不断加以调整。摩洛哥政府农业政策的主要目标是增加农民的收入、提供食品、增强农业在国民经济中的地位和融入世界经济，保护生产环境和挖掘生产潜力。

在独立初期到 20 世纪 60 年代，摩洛哥政府为发展农业，建立两个专门机构，即"全国灌溉管理局"和"全国农村现代化管理局"。制定改善农业经营，提高产量的计划。这一政策初显成效，在 20 世纪 60 年代初，粮食和肉类产品自给有余。后来，由于摩洛哥政府的农业政策转向发展柑橘、蔬菜和橄榄等出口型经济作物，忽视了粮食、油料作物和畜牧业生产的发展，致使粮、油、糖、肉和奶制品的供应出现了缺口，至今仍不能实现自给。60 年代中，作为土地改革的一部分，摩洛哥政府将原殖民者占有的土地逐步收回并有偿分配给农民，投入大量资金用于农业，其中一部分用于水利工程和经济作物的灌溉设施；对粮食、糖和油料等作物的种植发放贷款和提供补助，还垄断了农作物和化肥的产供销①。1969 年，摩洛哥为开发农业生产，制定鼓励私人投资农业的"农业投资法"，其后，又设立"农业发展基金"，专门负责处理国家对私人农业项目投资资金的资助事务。为加大对私人投资的资金支持力度，建立了"国家农业信贷银行"，以政府补贴和银行信贷两个渠道鼓励私人投资。

摩洛哥政府在扩大和保护灌溉可用水资源方面做了大量的工作。1967～2005 年底，摩洛哥共修建大坝 114 座，其总蓄水能

---

① 潘蓓英：《摩洛哥的经济发展与政治改革》，《外交学报》2002 年第 2 期，第 55～60 页。

力近 160 亿立方米，每年可用水近 120 亿立方米，完成 13 个调水工程，总长度为 1100 公里，年输水量 25 亿立方米。同时，农业灌溉也得到了巨大发展，到 2002 年末，国家治理灌溉地面积 101.62 万公顷，其中大型灌溉区 68.26 万公顷，中小灌溉区 33.36 万公顷。

此外，政府组织研究和建立自来水系统，建立了大量的农场、农业培训学校和学院。

20 世纪 80 年代，摩洛哥政府为摆脱连年干旱对农业经济的影响，从 1983 年起，调整经济政策，实行优先发展农业，特别是大力发展粮食生产，以争取在 20 世纪末实现粮食、油、糖和奶制品的自给。2000 年，摩洛哥农业部还成立"农业投资信息中心"，向投资者提供投资政策咨询、投资机会信息、指导和帮助投资者实施项目。通过这些政策和措施，摩洛哥的农业得到大发展。到 20 世纪 90 年代中，粮食总产量达到 975 万吨（1996 年），创历史最高纪录。

2005 年，摩洛哥 66% 的农业区受到干旱的影响。为了保证农业收成，政府采取了一系列保障措施：国家对种子（主要是硬麦和软麦）提供补助；保证全国市场化肥，特别是氮肥供应；由国家基金提供财政支持以实施农业保险计划，对抗旱保险工作进行引导，并至少为 30 万公顷上了保险，从 2005 年开始 5 年内，50% 的农户将在国家的支持下参加这一保险计划，农业部还为此项计划提供 1.2 亿迪拉姆的财政支持；建立新的信贷机制，鼓励向农业投资；为了支持畜牧业的发展，2005 年 5 月至 12 月，国家临时性免除燕麦的进口关税。

三　农业资源

摩洛哥的农业资源包括气候资源、土地资源、水资源和劳动力资源。

1. 气候资源

摩洛哥属于亚热带气候区。全国的气候变化比较大。西北部属亚热带地中海式气候，夏季炎热干燥，冬季温和湿润。中部属亚热带山区气候，温和湿润，气候随海拔高度而变化。南部为沙漠性气候，干燥炎热。摩洛哥阳光充足，土地肥沃，夏无酷暑，冬无严寒，非常适合农作物生长。摩洛哥独特的地理位置和气候条件提供了多样化的生态环境和多样性的植物种植。

2. 土地资源

摩洛哥的土地资源比较丰富，2001年，全国有可耕地3065万公顷，已耕地876.7万公顷，其中水浇地144.5万公顷。摩洛哥沿地中海——大西洋的平原地区，土壤、气候条件特别优越，适宜农业生产，集中了耕地面积的98%，是摩洛哥重要的播种和果树栽培地区。

3. 水资源

摩洛哥的水资源较丰富，其境内的众多河流为发展灌溉事业提供了有利条件。据统计，摩洛哥可用于水利的资源估计为200亿立方米，其中40亿立方米为地下水。

但是，摩洛哥的水资源利用差，农业存在缺水的问题。1914年7月1日，摩洛哥国王颁布最早的关于水的法律，明确规定水资源为国有财产。在法国"保护国"时期，殖民主义者没有重视水的问题。1929年，为解决卡萨布兰卡的饮水和工业用水，在乌姆赖比河谷修建摩洛哥历史上的第一座水坝。

独立后，摩洛哥政府加强水资源的开发、管理和保护，以解决摩洛哥发展种植业和解决粮食自给的问题，加大对农业生产起着很大作用的水资源的利用。在20世纪60年代初，摩洛哥政府制定一整套发展农田水利灌溉的政策，1969年7月25日，颁布农业投资法，国家参与管理农业水利治理投资。由于摩洛哥95%的水源来自于降雨，且集中在每年11月至次年4月的雨季期间，筑坝蓄水成为摩洛哥开发水资源的主要途径。经过多年的努力，大兴水利，取得了令人瞩目的成就。1967～2001 年，摩洛哥修建了上百座水坝，其总蓄水能力大约在 160 亿立方米，每年可用水近 120 亿立方米，完成 13 个调水工程。这些水利基础设施缓解了干旱或洪水的年份水的利用。摩洛哥每年地下水资源的利用达 28 亿立方米。与此同时，农业灌溉也得到巨大的发展，到 2002 年末，摩洛哥治理灌溉地面积达 101.62 万公顷。

在加大水资源开发力度的同时，摩洛哥政府也意识到加强水资源管理、改变不合理用水习惯及节约用水的重要性。在穆罕默德六世国王的指示下，政府已把污水处理和循环水利用提上日程，准备在今后 15 年内筹资 60 亿美元，用于污水治理和输水管道等基础设施的改造。

4. 劳动力资源

2005 年，摩洛哥的劳动力人口（15 岁以上）为 1114 万人，占全国劳动人口的 53.2%，其中城市劳动力人口为 562.2 万人，农村劳动力人口为 551.8 万人[①]。

四 农作物及畜产品的地域分布

农业生产大多集中在摩洛哥的西北部地区，主要在大西洋沿海平原以及里夫和阿特拉斯山前地带。摩洛哥农业生产分为六个地区：

1. 农业和牧场畜牧业相结合的地区

主要在摩洛哥西部，占全部耕地面积的 72%。这里，牛的头数占全国总头数的 2/3，绵羊的头数占全国总头数的 1/2。该地区的北部主要种植小麦，南部主要种植大麦。

---

① Economic Intelligence Unit, *Country Profile*, 2007：*Morocco*, p. 34, London：EIU, 2007.

2. 蔬菜栽培和亚热带果园地区

主要集中在大西洋沿海一带及梅克内斯、马拉喀什和阿加迪尔等城市的近郊区，这些地区栽培一些早熟蔬菜，如番茄和马铃薯，果园生产提供出口的柑橘和葡萄。

3. 谷地农业和山区畜牧业相结合的地区

分布在里夫的西部和大阿特拉斯山的西部、中部这两个地区，这两个地区的耕地占全国耕地面积的16%。畜牧业有绵羊、牛和山羊等，绵羊头数占全国总头数的20%，牛的头数占全国总头数的20%，山羊的头数占全国总头数的40%。其种植业是各种作物与多年生果树间作套种，如橄榄和无花果。这两个地区的林业也很发达。

4. 半游牧畜牧业和农耕基地相结合的地区

主要分布在中阿特拉斯山、大阿特拉斯山和木卢耶河下游地区。这些地区的可耕地占耕地面积8%，绵羊、山羊和牛的头数约为全国总头数的15% ~ 16%。除了农业和畜牧业生产，还发展林业，树木多是雪松和软木栎树。

5. 撒哈拉地区的游牧畜牧业和绿洲农业

这一地区基本上是没有利用或很少利用的沙漠和半沙漠地区，主要饲养骆驼（超过总头数的25%），在东部饲养绵羊（占总头数的7%）和山羊（占总头数的12%）相结合。在绿洲种植枣椰子树，种植面积超过摩洛哥国内总种植面积的90%。

6. 林业和畜牧业相结合的地区

基本上是在山区和大西洋沿海平原，即主要在中阿特拉斯、西里夫和大阿特拉斯山区。林业包括软木栎树、雪松和阿尔冈树，畜牧业包括山羊、绵羊和牛。[1]

---

① 〔苏〕M. Б. 高农、Г. H. 乌脱金著《摩洛哥——自然地理和经济地理概要》，西北大学地理系翻译组译，西安，陕西人民出版社，1977，第186 ~ 187页。

五 农业生产

农业生产包括种植业、畜牧业、渔业和林业。

1. 种植业

摩洛哥是硬小麦、大籽亚麻和豌豆及很多蔬菜和果树类等作物的故乡。根据考古学家和植物学家的研究，早在新石器时代，摩洛哥就已经出现农业。在摩洛哥的现代农业生产中，谷类作物和豆类作物是摩洛哥的主要栽培作物。谷类作物占耕作面积的4/5以上。近几十年中，在摩洛哥的沿海地区和西部的内地平原，也种植蔬菜、瓜类作物和经济作物。

主要农作物有谷类作物、豆类作物、油料作物及经济作物四大类。其中，粮食占63%、果树占8%、豆类占4%、蔬菜占2%、饲料占2%和油料作物占1%。

（1）谷类作物。谷类作物主要有硬小麦、软小麦、大麦、玉米等，还有一部分燕麦、高粱和少量稻谷。谷类作物产区主要在摩洛哥西部的沿海地区、里夫和内地的平原及东北部的特利夫平原。（见表4-1）

表4-1 摩洛哥主要谷类作物生产统计

单位：万公顷，万吨

	2002		2003		2004		2005	
	面积	产量	面积	产量	面积	产量	面积	产量
小麦	262.54	335.87	298.89	514.68	306.37	553.98	306.37	553.98
大麦	200.24	166.90	226.70	262.04	23241	276.03	232.41	276.03
玉米	26.54	19.89	24.67	13.86	24.49	13.86	24.49	24.13
合计	489.32	522.66	550.26	790.58	563.27	843.87	563.27	854.14

资料来源：联合国粮农组织网上统计资料。

大麦　是摩洛哥最普遍的粮食作物。主要种植地是西南部的大西洋沿海的平原和东北地区。

小麦　是摩洛哥的第二大粮食作物，分硬小麦和软小麦两种类型。主要种植地是摩洛哥西北部的平原地带。硬小麦自古以来一直是摩洛哥农民种植的一种本地作物，在摩洛哥西部的大部分地区广泛分布。软小麦是由欧洲殖民者引进摩洛哥的农作物，软小麦的主要播种地是在以前欧洲人的垦殖地区，即拉巴特、梅克内斯、马拉喀什和阿加迪尔等地。

玉米　是摩洛哥主要的粮食作物和一部分饲料作物。主要种植地是在可灌溉的土地上，除最东南以外，在摩洛哥所有的地区都有种植，主要集中在卡萨布兰卡和马拉喀什附近。

（2）豆类作物。有蚕豆、豌豆、鹰嘴豆、香豌豆等。豆类是一种补充的粮食作物。其播种面积仅次于谷类作物。豆类作物主要集中在西北地区的非斯和马拉喀什等地。（见表4－2）

表4－2　摩洛哥豆类生产统计

单位：万公顷，万吨

	2001		2002		2003		2004	
	面积	产量	面积	产量	面积	产量	面积	产量
豌豆*	2.30	1.20	2.30	1.20	1.70	1.19	1.70	1.20
小扁豆	4.19	1.29	6.11	4.17	5.42	3.36	5.21	3.55
鹰嘴豆	5.8	3.18	7.16	5.13	7.09	4.30	7.2	4.19
合　计	12.29	5.67	15.57	10.5	14.21	8.85	14.11	8.94

说明：*干豌豆。

资料来源：联合国粮农组织网上统计资料。

（3）油料作物。主要有向日葵、花生。（见表4－3）

（4）经济作物。主要有甜菜、甘蔗、棉花和亚麻等。此外，水果、干果生产也是比较重要的传统产业，按其产业习惯划分为

表4－3 摩洛哥油料作物生产统计

单位：万公顷，万吨

	2001		2002		2003		2004	
	面积	产量	面积	产量	面积	产量	面积	产量
向日葵	5.64	2.70	4.98	1.64	10.50	5.56	10.50	5.56
花 生	2.17	4.46	2.04	4.03	2.40	2.90	1.86	4.94
合 计	7.81	7.16	7.02	5.67	12.90	8.46	12.36	10.50

资料来源：联合国粮农组织网上统计资料。

橄榄、水果（包括杏、苹果、梨、桃、李子、樱桃等）、椰枣、柑橘、葡萄、柠檬、甘蔗、香蕉、无花果、胡桃、甜菜等。（见表4－4，表4－5）

表4－4 摩洛哥经济作物生产统计

单位：万公顷，万吨

	2001		2002		2003		2004	
	面积	产量	面积	产量	面积	产量	面积	产量
甜 菜	5.28	283.59	5.95	298.69	6.50	342.85	5.89	456.00
甘 蔗	1.79	111.40	1.38	93.79	1.33	94.73	1.45	99.20
棉 花	0.02	0.04	0.04	0.067	0.017	0.014	0.017	0.014
合 计	7.09	395.03	7.37	392.55	7.85	437.59	7.36	555.21

资料来源：联合国粮农组织网上统计资料。

　　果树种植，如橄榄和葡萄等是摩洛哥的传统作物。自20世纪30年代末开始，法国殖民者投资发展果树栽培后，开始成为主要的出口作物。另外，还生产柑橘。

　　橄榄 是摩洛哥最古老的栽培作物，在古代就很著名，在罗马的殖民地沃吕比利斯的废墟中就发现过榨取橄榄油的遗迹。橄榄油是摩洛哥人民最重要的一种食用油料。主要集中在非斯和马

表4-5 摩洛哥水果干果生产统计

单位：万公顷，万吨

	2001		2002		2003		2004	
	面积	产量	面积	产量	面积	产量	面积	产量
橄榄	55.00	42.00	47.73	45.52	50.00	47.00	50.00	47.00
杏(水果)	1.37	10.43	1.25	8.62	1.26	9.80	1.25	8.50
苹果	2.86	22.78	2.67	37.25	2.70	27.52	2.61	39.31
柑橘	5.02	70.80	5.01	72.31	4.92	82.16	4.87	71.93
葡萄	4.80	24.31	4.99	27.57	5.00	28.13	5.00	26.70
香蕉	0.42	14.20	0.45	16.23	0.49	17.25	0.52	18.90
无花果	4.34	7.56	4.32	9.75	4.28	6.70	4.27	6.00
杏仁杏	13.78	8.18	13.41	8.24	13.14	7.08	13.20	7.00

资料来源：联合国粮农组织网上统计资料。

拉喀什等地。摩洛哥橄榄的种植面积及产量均据世界第六位，在西班牙、意大利、突尼斯、土耳其和希腊之后。摩洛哥的橄榄种植面积为55万公顷，每年的橄榄产量在56万吨左右，约占世界总产量的5%。

葡萄种植业 摩洛哥很早就发展了传统的葡萄种植技术，但播种面积不大。在"保护国"时期，殖民者为酿造酒，开始大量经营葡萄种植业。葡萄的主要种植地区是在梅克内斯—非斯高原上，这里冬季温和，温度很少降到 -5℃ 以下，水分充足，年降水量为700毫米，肥沃的土壤有利于葡萄生产的发展。

柑橘作物 20世纪30年代，由于国际市场对柑橘的需求量增加，摩洛哥扩大柑橘的播种面积。柑橘主要集中在沿海地区，这里冬季较温和，一月最低气温为 -3℃，橙、柠檬和橘子等，在疏松的砂质土壤上能够获得较高的收成，成熟期也较早。

蔬菜 第二次世界大战后，摩洛哥开始发展蔬菜瓜类作物，

主要的栽培地区是在大西洋—地中海的沿岸地区。近年，蔬菜开始向欧洲大量出口，成为主要的创汇来源之一。（表4-6）

表4-6 摩洛哥蔬菜种植生产统计

单位：万公顷，万吨

	2001		2002		2003		2004	
	面积	产量	面积	产量	面积	产量	面积	产量
西红柿	1.80	88.10	1.90	99.10	1.91	100.41	2.17	120.12
乳黄瓜	0.065	3.63	0.072	4.52	0.07	4.50	0.10	4.09
草 莓	0.26	9.00	0.26	9.00	0.24	9.05	0.28	10.61
芦 笋	0.036	0.18	0.034	0.17	0.034	0.17	0.035	0.16
豌 豆	2.30	1.20	2.30	1.20	1.70	1.19	1.70	1.20
总 计	4.461	102.11	4.566	113.99	3.954	115.77	4.285	136.18

资料来源：联合国粮农组织网上统计资料。

生态产品 近年来，摩洛哥还积极发展生态农业，无公害产品出口稳步增长。摩洛哥用于生态农业的耕地面积为642.5公顷。1995～1996年，摩洛哥生态产品开始商品化出口，年出口量为460吨，2001～2002年度生态产品的出口超过5000吨。到2003年3月为止，摩洛哥生态产品出口大幅增长，已达2700吨，其中近80%是时鲜果蔬，柑橘类占总额的20%[①]。

烟草 摩洛哥是一个穆斯林国家，同时又是一个比较开放的国家，除了斋月期间以外，摩洛哥可以在一定的场所消费烟和酒。

摩洛哥烟草种植面积为4600公顷，年产烟草7000吨。摩洛哥实行烟草专卖制度，烟草的种植、生产和销售全部由摩洛哥烟草专卖局独家垄断经营。有23个卷烟厂，2001年共生产124亿

---

① 中国商务部网站资料（2005年）（http://ma.mofcom.gov.cn）。

支卷烟及 102.5 吨烟草制品，总的营业额为 88.86 亿迪拉姆（约合 10 亿美元）。

2. 畜牧业

畜牧业是摩洛哥农业经济中的重要组成部分，占摩洛哥农业总产值的 1/3。其特点为：牲畜的头数多、生产率较低和畜牧方式多样化。

摩洛哥有 2100 万公顷永久性草场，有 760 万公顷天然牧场，250 万公顷休耕地，400 万公顷的森林和用于放牧的沼泽化土地，2 万公顷的土地种植饲料作物及 450 万公顷的土地种植一年生作物。适合发展牧业。

畜牧业主要饲养牛、绵羊、山羊、骆驼、驴和骡等。近年来，畜牧业生产有较大发展。2004 年牲畜存栏数为：272.88 万头牛、1702.6 万只绵羊、535.86 万只山羊[①]。

羊　绵羊和山羊是摩洛哥畜牧业的基础，是国内最普遍的两种家畜动物。

牛　牛的繁育主要是在摩洛哥的西部，特别是在大西洋沿海的平原等地。养牛业的目的是生产牛肉和牛奶，没有单独经营肉牛的牧场，养牛业的经营规模很小，牧场的平均规模是 30～40 头牛。

养牛业和养羊业的经营方式以放牧为主。牛羊肉是当地穆斯林居民日常饮食中最主要的蛋白质来源，所附属的皮革加工又是主要的传统手工业之一。近年来，家畜的饲养有了很大的发展。2004 年牛肉生产 14.8 万吨，基本上能够满足国内需求。

骆驼　摩洛哥同北非的其他国家一样，普遍饲养单峰骆驼。骆驼在摩洛哥有两种不同的用途。在撒哈拉地区的游牧民中，骆驼是出产奶、毛、皮和提供少量肉食的主要来源，还是牧民在长

---

① 联合国粮农组织网站资料（2006 年）(http：//www.fao.org)。

途游牧中的运输工具。在摩洛哥西部和北部的农耕地区，骆驼主要是作为耕畜来繁育。（见表4-7，表4-8）

表4-7　牲畜存栏数

单位：万头（只，匹）

	1961	1970	1980	1990	2000	2004
牛	280.10	360.00	337.62	334.63	267.46	272.88
绵羊	1304.17	1700.00	1650.98	1351.44	1729.97	1702.63
山羊	700.00	850.00	615.35	533.51	493.07	535.86
骆驼	23.5	20.00	10.00	33.78	3.60	3.60
驴	100.70	100.00	99.37	91.19	109.91	98.00
骡	22.00	38.00	45.30	52.28	51.05	51.00
马	45.00	39.00	26.87	19.35	15.20	14.80

资料来源：联合国粮农组织网上统计数据库。

表4-8　畜产品产量

单位：万吨

	1961	1970	1980	1990	2000	2004
牛　肉	6.71	9.20	10.70	14.49	14.00	14.80
羊　肉	6.52	7.08	7.10	12.18	14.70	12.40
蛋	3.75	4.37	7.37	17.52	23.50	23.00

资料来源：联合国粮农组织网上统计数据库。

3. 渔业

摩洛哥国土北临地中海，西临大西洋，有长达1835公里的海岸线，拥有200海里的经济专属区，可从事捕捞的海域超过100平方公里。在摩洛哥沿海的水域中，特别是大西洋沿海一带，渔场中鱼的种类丰富且密度相当高，是世界上少数优良渔场

之一，其中大部分是珍贵的鱼类。据有关资料显示，摩洛哥渔场年可供捕捞量达 160 万吨以上，是非洲和阿拉伯世界最重要的海洋产品的生产和出口国。摩洛哥的水产品种类繁多，既有淡水鱼，也有海鱼。主要有沙丁鱼、金枪鱼、鲭鱼、鳎鱼、鱿鱼和海虾等，其中沙丁鱼出口居世界首位，年产近 100 万吨。

近些年，摩洛哥的捕鱼业逐渐现代化，不断发展本国的商业渔船、加强海洋养殖的科学研究和强化海洋捕鱼。因此，渔业是其重要的经济部门，政府设有专管渔业的部门，有超过 50 万人从事与渔业有关的工作。现拥有 2973 艘渔船，远洋渔船 446 艘，总吨位为 14.41 万吨，在地中海和大西洋的摩洛哥海域内作业。海洋的渔业生产占出口总值的 15%。鱼制品年出口值超过 6 亿美元；提供 20 多万个就业机会。在国内生产总值中占有一席之地。据摩洛哥国家渔业办的统计表明，2002 年摩洛哥近海渔业生产情况为：摩洛哥近海渔业总产量为 89.29 万吨，与 2001 相比下降 8%，但总产值达到 3.47 亿美元，比 2001 年的 2.55 亿美元增长 36%。

重要渔港有：阿加迪尔、坦坦、索维拉、萨菲、杰迪代、卡萨布兰卡、穆罕默迪亚、拉巴特、盖尼特拉、拉腊歇、丹吉尔、胡塞马和纳祖尔等。

摩洛哥南部大西洋渔场是最重要的海洋捕捞基地，在沿岸建有 7 个海港、6 个海产品交易中心和 101 个海产品加工企业。这里有 895 艘机械化作业船和 5000 艘手工作业船，其捕捞量占近海渔业总捕捞量的 96%，为 86.45 万吨，产值为 3.231 亿美元，占总产值的 93%。为实施海洋捕捞业现代化计划，政府加大对大西洋渔场的投资力度，总金额达 30.56 亿迪拉姆（约合 3 亿多美元），其中约 2/3 的资金被用于港口的基础设施建设，包括新建冷藏库和扩建港口等工程。此外，160 艘机械化渔船和 800 艘手工作业船的装备将全部实现现代化。

北部地中海沿岸分布着 6 个主要渔港、8 个海产品交易中心和 55 家海产品加工企业。其捕捞量仅占总产量的 3%，为 2.83 万吨；产值 2310 万美元，占总产值的 6%。北部的捕捞业拥有 960 艘机械化作业船和 4250 艘手工作业船，可直接和间接提供 7 万个就业机会。（见表 4 - 9）

表 4 - 9 渔业生产指标

单位：万吨

	1999	2000	2001	2002	2003
远洋捕捞量	12.5	13.4	12.3	5.7	3.8
近海捕捞量	62.2	76.5	97.9	89.3	86.6
海鱼总产量	74.4	89.9	110.1	94.9	90.3
海鱼出口总量	25.8	32.9	39.1	35.8	32.9
海鱼出口总金额(百万迪拉姆)	74.18	103.42	96.56	102.96	91.95

资料来源：Economic Intelligence Unit, *Country Profile 2007*：*Morocco*, P. 63, London：EIU, 2005.

4. 林业

森林资源 摩洛哥的森林主要分布在中阿特拉斯山、大阿特拉斯山、里夫山、阿特拉斯山西面、大西洋沿岸等地。阔叶林占 75%，主要分布在低地，平原和低山区。针叶林一般分布在山区。用材林主要集中在阿特拉斯山区和里夫山区。

摩洛哥的森林面积约为 836.1 万公顷，其中针叶林约 130 万公顷，阔叶林约 390 万公顷。森林覆盖率为 11.6%，人均拥有森林面积 0.23 公顷，是北非地区林业资源最丰富的国家，其森林面积占北非地区森林总面积的一半以上。

摩洛哥森林资源的显著特点：一是种类丰富，拥有许多贵重树木；二是工业用材林占的比重很小。摩洛哥拥有包括侧柏、刺柏、橡树、软木、松树、雪松、冷杉等树种在内的森林。摩洛哥

的森林分为 5 种类型:

（1）湿润林。北非雪松林分布在海拔 1500～2800 米的山地（里夫山和阿特拉斯山），是摩洛哥的主要用材林，也是主要森林风景区。冷杉林分布在里夫山、阿特拉斯山等地，是良好的用材林。

（2）半湿润林。栓皮栎林主要分布在大西洋沿岸低地，最高处达海拔 1200 米。软木为摩洛哥的主要出口物资。冬青栎林分布在各个林区，生长在海拔 400～2900 米地区，其树皮是栲胶的原料。海岸森林分布在里夫山和阿特拉斯山海拔 1000～2200米的地区，是很好的用材林。

（3）半干旱林。侧柏林主要分布在海拔 1800 米地区。阿勒颇松林分布在阿特拉斯山，低地和高山都能生长，适于在贫瘠的土壤上造林，木材可用于建筑。桧林分布在海拔 3150 米地区，为森林分布的上限线。意大利柏木林分布在阿特拉斯高山区，是很好的用材林。

（4）干旱林。油橄榄分布在大西洋沿岸平原和山地。

（5）撒哈拉林。主要是各种灌木林，树种有摩洛哥橡胶树、金合欢等。在绿洲生长有枣、无花果、橄榄、核桃和杏等多种林。

在法国和西班牙的殖民统治时期，森林资源受到很大的破坏，也没有进行人工造林，森林资源有限。1956 年独立后，摩洛哥政府在农业部设立水力和林业局，下设 8 个林业管理处①。摩洛哥的天然林为国有，由国家统一管理。

自独立以来，摩洛哥政府一贯倡导保护森林和植树造林，对现有植被，特别是森林保护较好。摩洛哥政府还注意植树造林：在荒漠地区种植桉树，主要有赤桉、糖桉、棒头桉、巨桉、白木桉、西方桉和铁木桉等。在半干旱地区种植金合欢，主要有柔毛金合欢、

---

① 林业管理处下辖经营区，有营林员和护林员。营林员从事造林、培育及森林
　更新等工作；护林员从事巡逻等护林工作。

蓝叶金合欢、密花金合欢等。营造针叶林，主要有乡土树种及辐射松、加那利松和阿利桑那柏等。在水土流失严重的地区，营造人工林前，先种植仙人掌，然后砍掉使其腐烂而形成一层腐殖质，再种植赤桉。摩洛哥每年平均造林 7000 公顷，1980 年造林 2 万公顷[①]。

摩洛哥林业生产的规模不大，每年生产 55 万立方米以上的木材[②]，100 万立方米左右的软木树皮以及部分果实产自某些树种的化工产品。在广大的农村，因普遍使用劈柴作为燃料，每年生产的劈柴数量也在 100 万立方米以上。2003 年，纸浆的产量为 11.2 万吨，出口量为 2.94 万吨，价值 1481.1 万美元。

阿尔法草 马格里布地区是世界上唯一拥有阿尔法草资源的地方，当地居民很早就用它制成各种编品。后来，在阿尔法草的叶子中发现高含量的纤维素后，英国成为利用这种原料制造高质量纸张的最重要的消费者。摩洛哥占北非的阿尔法草总面积的 1/4 以上，摩洛哥的阿尔法草草地面积仅次于阿尔及利亚，超过突尼斯。阿尔法草主要种植在摩洛哥东部。1952 年，摩洛哥开始为工业的目的利用阿尔法草。1958 年摩洛哥阿尔法草的收获量到达历史最高水平，为 15.5 万吨。

第三节 工业

一 工业发展概况

20 世纪上半叶，摩洛哥的工业带有明显的殖民地特征，从而造成全国经济发展不平衡，产业布局严重失衡。在"保护国"时期，由殖民者控制的加工业集中在大西洋和地中海沿海地区的大城市，13000 个工业企业中的 80% 都在卡萨布

---

① 关百钧主编《世界林业》，北京，中国林业出版社，1989，第 657~660 页。
② 其中大部是加工木材（夹层板），小部分是型材。

兰卡至盖尼特拉150公里长的沿海地带，卡萨布兰卡作为主要的经济中心集中了全部工业生产的一半以上和全部投资资本的2/3。内地则依然是以地方性的农业及手工业生产占统治地位，且工业发展极其缓慢，以手工业为主，主要是织布、地毯制造和土耳其拖鞋等；还有一些面粉、榨油、殖民者经营的矿业及罐头工业等。在矿产资源的开发利用中，只注重那些最丰富的和比较靠近输出港口的矿产。相反，摩洛哥东南部的半沙漠和沙漠地区的矿区基本未开发。手工业生产主要在老的工业中心——马拉喀什、非斯和梅克内斯等地，在第二次世界大战期间，发展运输业和电力业。战后，工矿业和轻工业也得到了一定程度的发展。

独立后，摩洛哥政府加快工业的发展速度，采取一系列措施以建立国营企业，新建了许多工业部门，如纺织、化学和石油加工及采矿工业等部门。但是，工业仍然存在着片面发展的问题，缺少冶金工业和工业设备的生产等。全国有近40万的工矿、电力和运输业工人（主要集中在卡萨布兰卡），另外还有约20万的手工业者。由于受国内市场的限制，在1965～1967年的工业化计划中，摩洛哥政府强调发展面向国外市场的工业部门，如磷肥、水果、鱼类和罐头生产。

20世纪80年代，摩洛哥政府强调优先发展中、小工业和轻工业，主张时机成熟时逐步发展重工业。重点发展了磷酸盐采掘和以磷酸盐为原料的化工工业，以及炼油、纺织、汽车装配、制糖、发电、水泥和农业食品加工部门。1986年，全国有工业企业4150家，其中，独立后建立的工业企业占86%，职工总数约27.2万人，占全国就业人口的4.7%，工矿业占国内生产总值的17%，产品出口占总出口值的52%。手工业在摩洛哥的国民经济中占重要地位，主要产品是毛毯、皮革制品、刺绣和编织品。纺织业发展较快，可满足国内消费需求，并有近1/3的产品供

出口①。

20 世纪 90 年代，摩洛哥工业仍不发达，尚处于初级阶段。主要工业部门有发电、炼油、水泥、农业食品加工、化工医药、纺织皮革、采矿和机电冶金工业。全国有企业 5700 家，其中，独立后建立的工业企业占 86%，职工总数约 27.4 万人，占全国就业人口的 4.7%。1996 年，工业总产值为 980 亿迪拉姆，占国内生产总值的 35%。纺织工业快速发展，已发展到 1200 多家企业。政府还大力发展磷酸盐化工工业，改变仅出口初级原料的状况。同时，鱼类加工工业也是重要的加工部门，尤其是沙丁鱼罐头生产，可与一些欧洲国家竞争。其他工业部门还有皮革、建材、医药、家具、机电、冶金等。

进入 21 世纪，摩洛哥工业又有进一步的发展。2002 年，摩洛哥共有 7.5 万家企业，其中拥有 100 名以上员工的企业达 2000 家，其余为个体小企业。2001 年，工业在国内生产总值中约占 16.9%。手工业仍在国民经济中占重要位置，2002 年，手工业从业人员占就业人数的 20%②。

二 工业部门

摩洛哥因其自然条件、历史原因、运输条件和产品生产方式等因素，造成其独特的工业布局，即大多数的工业集中在本国狭长的大西洋沿岸地区。工业企业又以中小企业和民营企业为主，总体发展水平不高，工业结构门类不全，只有若干加工工业具备一定的发展水平。摩洛哥政府重视并努力促进工业的发展。2001 年底，在卡萨布兰卡的一家德摩轧钢企业开工，

① 安国政主编《世界知识年鉴 2000/2001》，北京，世界知识出版社，2000，第 460 页。
② 王成家主编《世界知识年鉴 2004/2005》，北京，世界知识出版社，2005，第 449 页。

结束了摩洛哥没有重工业的历史。

摩洛哥主要的工业部门有食品加工、纺织服装与皮革加工、化工与药品、机械制造、采矿和机电冶金工业。此外，摩洛哥的水泥制造业也具一定规模，基本满足国内需求。

摩洛哥工业企业以中小企业和民营企业为主，50%集中在大卡萨布兰卡地区，其次分布在丹吉尔新建的工业区和免税区等地。采矿业是其工业支柱。磷酸盐储量高达 1100 亿吨。近年来大力发展磷酸盐加工业。兴建磷酸、磷肥化工厂，目前 44%的磷酸盐可在国内提炼。农业食品工业约占工业产值的 1/3。这几年，水泥业、造纸业、纺织业、炼油业、汽车装配业和电子产业都有较大发展。

三　采矿业

摩洛哥曾被认为是除磷酸盐矿之外的贫矿国家。但是，根据现已探明的资源状况来看，摩洛哥不但拥有丰富的磷酸盐矿，还拥有其它丰富矿产资源，如铁、铅、锌、钴、锰、钡、铜、盐、磁铁矿、无烟煤和油页岩等，其中油页岩储量在 1000 亿吨以上，含原油 60 亿吨[1]。钴的产量居世界第四位，铅的产量居世界第二位。根据最新的地震测定技术探明，在本土的几个地区和近海区域拥有具有开采价值的油气资源，这将翻开摩洛哥能源发展史的新的一页。

摩洛哥的矿产资源主要分布地为：磷酸盐矿、铁矿和石油矿床分布在大西洋沿岸一带。铅、锌和铁矿分布在中部地区。铅、锌、煤和锰矿分布在东北部地区。锰矿分布在东南地区。锰矿和钴矿分布在南部地区。

---

① 王成家主编《世界知识年鉴 2004/2005》，北京，世界知识出版社，2005，第 449 页。

1. 采矿工业

在第一次世界大战以前，采矿工业在摩洛哥的经济中不起重要作用，矿产的开采很有限。摩洛哥采矿工业始于 20 世纪 20 年代初，到 20 世纪 30 年代，采矿业有了发展，成为一个独立的工业部门。第二次世界大战前，采矿工业包括磷酸盐、锰、铅、锌、煤、铁和银等矿石的开采，其中磷酸盐的开采形成一定的规模。第二次世界大战期间，采矿工业衰落，磷酸盐、铅、锌、银、锰和铁矿的采掘量急剧减少。在战后的头 10 年里，采矿工业重新发展起来，磷酸盐的开采量增加两倍以上，锰矿增加四倍，铅增加三到四倍，采矿工业成为经济发展的最重要部门。在当时，采矿业是法国和西班牙垄断组织牟取高额利润的最主要来源。

独立后，摩洛哥政府力求利用矿产资源来增加国家的预算。1961 年，磷酸盐的产值为 4.33 亿迪拉姆，占工业总产值的 58%；锰矿的产值为 1.14 亿迪拉姆，占工业总产值的 15%；铅和锌的产值为 8630 万迪拉姆，占工业总产值的 11%；铁的产值为 5850 万迪拉姆，占工业总产值的 8%；煤的产值为 2540 万迪拉姆，占工业总产值的 3%；钴的产值为 1030 万迪拉姆，占工业总产值的 1%；石油的产值为 960 万迪拉姆，占工业总产值的 1%[1]。1962～1963 年，摩洛哥采矿工业的生产有升有降，其中磷酸盐的产量由 1962 年的 816.2 万吨上升到 1963 年的 854.84 万吨，锌矿的产量由 1962 年的 5.84 万吨上升到 1963 年的 5.86 万吨，石油的产量由 1962 年的 12.73 万吨上升到 1963 年的 15 万吨，煤的产量由 1962 年的 37 万吨上升到 1963 年的 40.42 万吨；但是，锰的产量由 1962 年的 10.06 万吨下降到 1963 年的 6.89 万

---

[1] 〔苏〕M. Б. 高农、Г. Н. 乌脱金著《摩洛哥—自然地理和经济地理概要》，西北大学地理系翻译组译，西安，陕西人民出版社，1966，第 189 页。

吨，金属锰的产量由 1962 年的 36.88 万吨下降到 1963 年的 26.6
万吨，铁的产量由 1962 年的 114.89 万吨下降到 1963 年的
103.46 万吨，铅的产量由 1962 年的 13.13 万吨下降到 1963 年的
10.61 万吨，钴的产量由 1962 年的 1.44 万吨下降到 1963 年的
1.37 万吨。

在 20 世纪 70 ~ 80 年代，摩洛哥的采矿业产量基本保持稳
定，其中一些矿石的生产有所增加，如，磷酸盐的产量保持在
1700 万吨到 2500 万吨左右，1988 年产量最高，达到 2501 万吨，
磷酸盐矿成为摩洛哥经济的重要支柱；铁矿的产量在 1978 年为
6.3 万吨，到 20 世纪 80 年代，铁矿的产量迅速增加，达到 20 多
万吨，其中 1983 年的产量最高，达到 25.2 万吨。

到 20 世纪 90 年代，采矿业生产继续发展，大多数的矿石产
量有所增加。在 1996 ~ 1999 年期间，磷酸盐的产量基本保持在
2000 万吨以上的水平，其中 1997 年的产量最高，达到 2308 万
吨；锌矿的产量从 1996 年的 15.3 万吨增加到 1999 年的 21.6 万
吨；铅矿的产量从 1996 年的 10.8 万吨增加到 1999 年的 11.4 万
吨。但是，有一些矿石的产量有所下降，如：铜矿的产量从
1996 年的 3.8 万吨下降到 1999 年的 2.5 万吨；铁矿的产量从
1996 年的 1.2 万吨下降到 1999 年的 0.7 万吨。锰矿的产量基本
保持在 2.9 万吨左右。

到 21 世纪，摩洛哥的采矿业生产下降。2000 年，矿产总量
为 2236.4 万吨，比上一年度的 2309.8 万吨下降 3.2%，其中占
摩洛哥矿产业的 96% 的磷酸盐的产量从 2216.3 万吨降至 2145.9
万吨，降幅为 3.2%。其它产量下降的矿产有：无烟煤产量从 29
万吨降至 12.9 万吨，降幅为 77.5%；铁矿产量从 0.7 万吨降至
0.6 万吨，降幅 14.3%；锰矿产量从 2.9 万吨降至 2.6 万吨，降
幅为 10.3%；铜矿产量从 2.5 万吨降至 2.3 万吨，降幅为 8%；
锌矿产量从 21.6 万吨降至 20.2 万吨，降幅为 6.5%；萤石产量

从 8.3 万吨降至 7.8 万吨，降幅为 6%；重晶石产量从 32.9 万吨降至 32 万吨，降幅为 2.7%。唯有铅矿产量从 11.4 万吨增至 11.8 万吨，增幅为 3.5%。

与此同时，矿产品的出口值则有增有减。2000 年，矿产品出口值增加的有：磷酸盐出口值从 0.88 亿增至 1.3 亿迪拉姆，增幅为 47.7%；萤石出口值从 0.99 亿增至 1.29 亿迪拉姆，增幅为 30.3%；铜矿出口值从 0.88 亿增至 1.02 亿迪拉姆，增幅为 15.9%。出口值下降的有：锌矿出口值从 5.48 亿降至 5.18 亿迪拉姆，降幅为 5.6%；铅矿出口值从 1.76 亿降至 1.12 亿迪拉姆，降幅为 36.4%；锰矿出口值从 0.55 亿降至 0.36 亿迪拉姆，降幅为 34.5%。

摩洛哥的矿业生产由两个主要机构负责。一是磷矿集团，专门负责磷酸盐的经营活动；二是矿业办，负责其他矿产资源的勘探和开采。摩洛哥在 20 世纪最主要的成就是于 2000 年发现了油气资源。

2. 磷酸盐开采加工

磷酸盐[1]是摩洛哥的主要矿产资源，其磷酸盐矿的储量和开采、加工、销售在世界上占有相当重要的比重。已探明储量 1100 亿吨[2]，占世界储量的 75%，是仅次于美国和俄罗斯的第三大磷酸盐生产国，是世界第一大出口国，占世界市场的 27%[3]。磷酸盐是摩洛哥的工业支柱，磷酸盐产值占矿产产值的 95%，以磷酸盐及其衍生产品为主的矿业部门是摩洛哥出口创汇的重要部门。

---

[1] 用于生产化肥和其他化学品的原料。
[2] 按目前的开采量，即年开采 2000 万吨以上计算，大约可供开采 5500 年。
[3] 英国经济学家情报社编《2005 年国家概况：摩洛哥》，伦敦，英国经济学家情报社，2005，第 39 页。（Economic Intelligence Unit, *Country Profile 2005*: *Morocco*, p. 39, London：EIU, 2005.）

磷酸盐矿的主要矿区在摩洛哥西部沿海一带。在第一次世界大战期间，摩洛哥发现磷酸盐矿。1921 年，开始在北部矿区（胡里卜盖地区）开采磷酸盐矿。1932 年，开始在南部矿区（优苏菲耶地区）开采磷酸盐矿。在第二次世界大战前，北部矿区开采的磷酸盐矿几乎全部出口，主要运往西欧各国和美国。第二次世界大战中的 1942 年，摩洛哥磷酸盐矿的开采下降到仅有 39 万吨。第二次世界大战后的 1945～1955 年的 10 年间，摩洛哥的磷酸盐矿的开采从 180 万吨增加到 530 万吨。摩洛哥独立后，磷酸盐矿的生产迅速增加，从 1956 年的 540 万吨增加到 1964 年 1010 万吨。

20 世纪 90 年代中期以来，国际市场磷酸盐供大于求，在美国等国的强有力的竞争及印度、巴基斯坦等新的磷酸盐开发和生产国的冲击下，摩洛哥磷酸盐开采及加工业发展步履维艰。2002 年，摩洛哥推行内部体制改革、对外实施联合扩张及合作发展的积极营销的政策。到 2003 年，扭转了连年经营亏损的局面。2004 年，取得了良好的发展，整个矿业增长率达到 12.3%。2004 年，摩洛哥出口磷酸盐 1183 万吨，出口值为 40.03 亿迪拉姆[①]。（见表 4-10）

表 4-10 磷酸盐的产量、销量和价格

单位：万吨

	2002	2003	2004
产 量	2304.10	2287.70	2471.7
出口量	1113.80	1101.10	1172.00
出口价格（百万迪拉姆/每吨）	4006	3468	4003

资料来源：Economic Intelligence Unit, *Country Profile*, *2006*: *Morocco*, p. 68, London: EIU, 2006.

---

① 摩洛哥统计局资料。

摩洛哥有四个磷酸盐开采区：本杰里尔、布克拉、北部的胡里卜盖和南部地区的优素菲耶，每年开采 2200 万吨以上的磷酸盐，基本上一半供出口①，一半供国内生产加工，年产 260 万吨以上的磷酸二氨和 220 万吨左右的磷肥。这些磷酸盐制品的 20%～25% 用于国内销售，其他基本上供出口。

摩洛哥重要的磷酸盐加工企业是：萨菲地区的摩洛哥化工（Maroc-chimie Ⅰ，Ⅱ），两个单元共计年生产能力为 36 万吨磷酸二氨；萨菲地区的摩洛哥磷酸（Maroc-phosphore Ⅰ，Ⅱ），也是两个单元，共计年生产能力为 100 万吨磷酸；约尔夫·拉斯法尔（Jorf Lasfar）地区的摩洛哥磷酸（Maroc-Phosphore Ⅲ，Ⅳ）年生产能力为 132 万吨磷酸二氨以及 1997 年该厂新设立的磷酸精炼企业，年生产精炼磷酸 12 万吨。

磷酸盐矿的采矿也决定了摩洛哥铁路的基本运输量和两个大的港口的货物运输量。卡萨布兰卡和非斯成为运输磷酸盐的主要港口。同时，也促进了摩洛哥西部地区的迅速发展。

摩洛哥对磷酸盐的合理利用，促进了摩洛哥化学工业的发展，并成为摩洛哥工业发展、国家农业发展以及巩固马格里布各国的经济联系和协作的重要条件。

四 石油天然气

在 2000 年以前，摩洛哥被认为是一个贫油国家。2000 年，摩洛哥官方称在东北部地区（Talsint）发现了具有开采价值的油气资源。此后，有报道说在其他一些地方（特别是近海地区）也发现了油气资源并估计至 2003 年石油资源将进入实际商业开采阶段，摩洛哥的能源生产将由此翻开新的一页。为此，摩洛哥政府改组并充实石油天然气勘探局，调整有关

① 主要出口对象为美国、西班牙、墨西哥、法国、波兰、比、荷、卢等国。

油气资源勘探开发的政策，以吸引外国大石油公司来摩洛哥进行勘探和开发。但是，一直到 2004 年，这一页仍然没有翻开。

1. 石油

1981 年，摩洛哥开始石油勘探工作，政府还成立了国家石油资源研究和开发局（Office National de Recherche et d'Exploitations Pétrolières，简称 ONAREP），并开始与国际石油公司合作在摩洛哥境内勘探石油。

进入 21 世纪，摩洛哥石油勘探工作还处于起步阶段，已开放石油勘探区面积累计 13 万平方公里，主要集中在海岸沿线，其中海洋面积 10.7 万平方公里，陆地面积 2.3 万平方公里。政府共发放了 76 个区块的石油勘探许可证，其中海上项目 61 个，陆地项目 15 个。获得石油勘探许可的公司均为外国公司，其中美国公司 7 家，拥有 46 个区块的勘探权；马来西亚公司 2 家，拥有 11 个区块的勘探权；丹麦公司 1 家，拥有 8 个区块的勘探权；西班牙公司 1 家，拥有 3 个区块；挪威公司 1 家，拥有 4 个区块；加拿大公司 1 家，拥有 1 个区块；瑞士公司 1 家，拥有 1 个区块；中国公司 1 家（中海油公司），拥有 3 个区块。同时中海油公司还参与了美国一家公司的 8 个区块合作勘探作业。但是，尚未发现可供工业开采的油气资源。

2003 年 7 月 8 日，议会批准由摩洛哥国家石油资源研究和开发局及摩洛哥国家矿产资源研究和开发局（Bureau de Recherches et de Participations Minières，简称 BRPM）合并成立摩洛哥国家油气和矿产资源局（Office National des Hydrocarbures et des Mines，简称 ONHYM），负责石油资源勘探管理工作，由摩洛哥资源和矿产部（Ministère de l'Energie et des Mines）主管。

摩洛哥自己的石油生产量相当小，几乎可以忽略不计。目前，摩洛哥石油消费基本依赖进口，主要从沙特、伊拉克、伊朗及俄罗斯等国进口。但石油进口和冶炼在其国内生产总值中占有一定的比重（3.15%）①。

随着国民经济的发展，对石油资源的需求也不断增加，加之国际原油价格不断上涨，2005 年摩洛哥政府仅对石油产品的补贴就达 70 亿迪拉姆（约合 8 亿美元），因此摩洛哥政府迫切希望能在自己的国土范围内找到大量有开采价值的石油资源。

2. 天然气

1996 年 12 月，经阿尔及利亚、摩洛哥和西班牙、葡萄牙的马格里布——欧洲天然气管道正式开通。管道全长 1385 公里，初期每年可输送天然气 90 亿立方米，摩洛哥每年可获 10 亿立方米天然气。

2004 年 2 月 25 日，石油天然气勘探局与外国公司签订油气资源勘探协议，在摩洛哥中北部大陆架地区 4000 平方公里的范围内进行油气资源的勘探和开发。

五 加工工业

第 二次世界大战期间及战后，摩洛哥的加工工业部门得到发展，中小企业大量增加。

1. 加工工业

摩洛哥的加工工业分布不平衡，主要集中在大西洋沿海的各大城市，古都非斯、梅克内斯和马拉喀什，还有乌季达。

摩洛哥现代加工工业主要有：食品工业（包括罐头工业、食糖和饮料的生产、脂肪的生产），纺织缝纫，金属加工，建筑材料，化学工业，皮革业等。

罐头工业有 200 多家企业，其中有 130 多家鱼类罐头企业，它们主要分布在萨菲、阿加迪尔和其它大西洋沿海港口城市。

（1）金属加工工业。1960 年以前，金属加工业分布在卡萨

---

① 中国商务部网站资料（2006 年）（http：//ma. mofcom. gov. cn）。

布兰卡地区，有一些小型机械修理厂和小型铸钢厂。此后，在卡萨布兰卡附近建立了汽车修配厂，改建了生产农业机器和交通机械与设备的工厂，兴建了汽车制造厂等。

（2）化学工业。包括生产盐酸、磷酸、肥料和炸药等一系列企业。建立了两个石油加工厂，一是 1962 年在穆罕默迪亚建立的石油加工厂，二是在西迪卡塞姆的石油加工厂，从事进口石油的加工。1965 年，在萨菲建立大型的化学综合企业，这是摩洛哥实行重工业化方针兴建的第一个企业。

（3）建筑材料工业。摩洛哥的建筑材料工业比较发达，主要集中在卡萨布兰卡、得土安和梅克内斯。在阿加迪尔和丹吉尔有水泥厂。

（4）电子产业。电子产业是摩洛哥的新兴产业，其中电子元器件产业是摩洛哥工业的支柱之一。近年来，摩洛哥政府十分重视电子工业的发展，制定鼓励在电子业投资的政策，简化投资项目的行政审批手续，减免税收。摩洛哥电子产业通过引进先进的生产技术，生产高附加值的产品出口创汇，扩大了就业人数，促进了经济的发展。摩洛哥的电子产业分两个部分：电子元件业和电子仪器与材料业。1996～2000 年，电子产业的产值增长幅度超过 140%，平均年增长率为 36%。1996～2000 年，出口额平均年增长 2280 万美元，平均增长幅度达 40%。2000 年，产值达 1.62 亿美元，出口额达 1.47 亿美元。2000 年底，电子业从业人员约为 7000 人，比 1999 年增加 35%。

（5）汽车。摩洛哥的汽车工业主要包括四个方面：一是组装实用轻型车辆，摩洛哥汽车制造公司（SOMACA）组装法国的雷诺和标志—雪铁龙实用轻型车辆；二是装配载重卡车，如达富、五十铃、沃尔沃等世界常见知名品牌载重车的生产商在当地装配；三是合作加工车体；四是合作生产与销售零配件等。

1992～1994 年，摩洛哥汽车制造公司的产品大量减产，但二手车的进口却突破了历史记录，1994 年达到 9.4 万辆，占注册机动车的 86%。由于汽车工业对其它的经济部门具有一定的影响，所以 1995 年 6 月 23 日，摩洛哥与菲亚特汽车公司签署合作协议；另外还与外国公司达成轻型经济实用车辆的组装协议，进一步推动组装车辆的发展，扩大出口，实现增值，提供新的就业机会；1998 年还对进口载重汽车的价格做了调整，取消了地方组装车的进口关税。自 1996 年实施经济型车辆的项目以来，摩洛哥的汽车工业在生产量和投资方面达到了新的飞跃。根据生产计划，生产了经济型车辆 15 万辆，其中 8.4 万辆经济轿车。到 2003 年，二手车进口下降，只有 9000 辆。经济型车辆的项目对社会和工业计划都产生了积极的影响，随着优惠的税收政策，促进了供求关系的变化和汽车保有总量的更新，牵动了汽车分包加工贸易，推动了企业产品质量的提高。

　　摩洛哥汽车组装业的迅速发展和产值的增加，带动了摩洛哥的就业市场。目前，摩洛哥有 100 多家汽车企业，85% 的企业专门从事汽车组装和生产、制造汽车的电子、电器设备，提供了近 2 万个就业岗位；从 1996 到 2002 年间，该领域产值增长率达 70%，从 60.89 亿迪拉姆（约 6.3 亿美元）增至 103.66 亿迪拉姆（约 10.80 亿美元）；投资也随之增长，1996 年为 2.23 亿迪拉姆（约 0.23 亿美元），到 2002 年达到 9.20 亿迪拉姆（约 0.96 亿美元），增长幅度高达 245%；出口增加，1992 年为 15.928 亿迪拉姆（约 1.66 亿美元），到 2000 年达 54.95 亿迪拉姆（约 5.72 亿美元），增长 312%。（按 2003 年均价 1 美元 = 9.6 迪拉姆折算）

　　摩洛哥汽车业的发展前景远大，发展极具潜力。其主要的优势在于它具有战略性的地理优势，既邻近欧洲制造商，又面向马格里布和非洲的新兴市场；而且，当地汽车制造业和面向出口市场的汽车分包加工业的合作事宜已经落实，政府通过汽

车组装业的持续发展和提高汽车分包加工业的水平这两方面推动了汽车工业持续的发展。摩洛哥组装的车辆已经达到欧盟国家质量标准，汽车部件加工具有多样性和竞争性，摩洛哥还拥有廉价的熟练工人和汽车行业组织。因此，在整个汽车市场的地方组装车、新车进口、二手车和载重车等方面都有大的发展。

由于在摩洛哥欧盟联系协定框架内已预定取消汽车进口税，随着这一协定的生效，汽车工业部门将面临扩大出口、大量生产、实现规模经济等问题，其中转向出口市场，尤其是针对地区市场，可使摩洛哥同其他阿拉伯伙伴之间签订的自由贸易协定在双边或阿拉伯联盟内或四方协议内（摩洛哥、突尼斯、埃及和约旦）充分发挥作用。

2. 手工工业

手工工业是摩洛哥的传统行业，传统手工业是工业部门的重要组成部分，在国民经济中占重要位置。摩洛哥的手工艺品闻名世界，在许多旅游城市，手工业及其制品是增加就业机会和国家外汇收入的主要来源之一。手工业相对集中在几个旅游城市，如非斯、马拉喀什、梅克内斯、萨拉、卡萨布兰卡、拉巴特和丹吉尔等地。最近几年，摩洛哥手工业产品的出口稳步增长，1995～2000年间平均出口增长率为6%。2002年，手工业制品出口额达6900万美元，比2001年增长4.2%。

摩洛哥的手工工业主要有：皮革加工工业和其它传统的手工工业。

（1）皮革加工工业。皮革加工工业是摩洛哥重要工业之一，有435家从事皮革和皮鞋加工的企业，2002年，共创造产值25亿迪拉姆（10迪拉姆约合1美元），出口总额为13亿迪拉姆，占全国加工工业出口总额的3%左右，在全国加工工业中占有重要地位。在这些企业中，年销售额在1000万迪拉姆以下的小企业占 82%，销售额在 1000 万～5000 万迪拉姆之间的中型企业占 16.3%，而年销售额超过 5000 万迪拉姆的大企业仅占 1.7%。因此，中型企业是摩洛哥皮革工业的主力军。它们占全国同类企业总数的 16.3%，其创造的产值却占全行业的 58%，提供的就业岗位占 46%，支付的工资占 51%，出口占 65%，吸引投资占 56%。

摩洛哥皮革和皮鞋工业雇用的正式员工为 1.48 万人，支付的工资（包括固定和临时工资）总额为 4.25 亿迪拉姆，吸引的投资总额为 1.3 亿迪拉姆，分别占全国加工工业就业总人口的 3.7%，工资支出总额的 2.6% 和吸引投资总额的 1.4%。由于摩洛哥 61% 的皮革企业雇用的员工在 20 人以下。因此，扩大规模经营是摩洛哥皮革和皮鞋工业的发展方向[①]。

摩洛哥皮革业最大的产业为鞋业，共有 152 家工厂。摩洛哥鞋业产品多元化，有男女用鞋、休闲鞋、运动鞋，世界知名品牌鞋厂均委托摩洛哥的鞋厂代理加工制造，并经由摩洛哥出口至其他国家，主要是意大利。

摩洛哥的皮革服饰、皮带、皮包和旅行袋的产业发展迅速，共有 78 家工厂。主要市场为法国、西班牙、德国、意大利及美国。

（2）传统的手工工业。传统的手工工业包括制造民族盖布和各种纺织品、陶器制作、阿尔法草的编织等。摩洛哥重要的手工业是制造著名的拉巴特地毯，每年的产量以单位计达到 30 万条以上，在萨拉、卡萨布兰卡、非斯、丹吉尔和马拉喀什也制造地毯。

摩洛哥手工业制品的主要出口对象是欧盟国家、北美地区和中东及北非阿拉伯国家。

---

① 非洲投资网（2006 年）（http：//www. invest. net. cn）。

最近几年，摩洛哥手工业产品出口一直稳步增长，1995～2000 年间平均出口增长率为 6%。2002 年摩洛哥手工业制品出口额达到 6900 万美元，比 2001 年增长 4.2%。全国有 20% 的人口以此为生。20 世纪 90 年代以来，摩洛哥地毯一直是最主要的出口产品，年出口额占手工业制品出口总额的 1/3 以上。从 2002 年开始，铁艺制品的出口开始超过地毯，占出口产品的第一位，出口额为总额的 21.5%，其次是陶器和传统服装，分别占 17% 和 9%。还有木制品（特别是侧柏木制品）、藤柳编制品、皮件、铜制品等。从出口市场来说，法国一直是摩洛哥手工业制品出口的第一市场，2002 年出口到法国的手工制品价值 2050 万美元，比上年同比增长了 11.2%[①]。

六 建筑业

20 世纪 90 年代摩洛哥居民住宅的建设迅速发展，但是，城市经济型住房仍然缺乏。为此，政府积极寻求国际社会的援助。1997 年，美国国际发展机构（USAID）批准了一项 1000 万美元和 8000 万美元的取代棚户区和改进低标准住房的计划。同年，世界银行批准了一笔 7500 万迪拉姆的贷款，用于修复被世界教科文组织列为世界文化遗产的非斯，除此之外，还用于改善水的处理和交通管理。

穆罕默德六世国王上任以来致力于加强国家的基础设施建设，建筑业增长较快。从建造基本设施、穆罕默迪耶深水港、六个新的旅游胜地、经济实用住房、道路、水坝和发电厂中获取利益。另外，建筑业的发展还受益于清除主要的贫民窟和政府为低收入者所建的住房计划，特别是自 2003 年 5 月卡萨布兰卡自杀性爆炸以来，住房建设的速度加快。2003 年建了 10 万套住房。

---

① 中国商务部网站资料（2003 年）（http：//ma. mofcom. gov. cn）。

摩洛哥政府制订了以加快住房建设的发展来解决住宅、特别是城市住宅不足的计划，但因资金问题而减缓了公有住房的建设进度。政府希望私营部门参与住房建设，为此在大城市拨出 200公顷的土地用于私人房地产开发。（见表 4 – 11）

表 4 – 11 住房建设情况

	2001	2002	2003
建筑许可证(件)	37946	41285	44685
楼房面积(万平方米)	1288.9	1391.3	1741.5
价值(百万迪拉姆)	16288	18373	23747
建房(套)	83161	89467	100972
水泥生产(万吨)	805.8	848.6	927.7

资料来源：Economic Intelligence Unit, *Country Profile 2005：Morocco*, p.64, London：EIU, 2005.

2005 年 5 月，摩洛哥政府投资 100 亿迪拉姆，开始实施"国家人文发展计划"（Initiative Nationale pour le Développement Humain，简称 INDH）。该计划主要包括：经济住宅、供水供电、污水处理、乡村道路、卫生设施等，主要向城市贫民窟改造、乡村发展进行倾斜。随着计划的实施，摩洛哥政府在卡萨布兰卡大区的两个乡建设摩洛哥历史上最大的社会型项目，以消除卡萨布兰卡大区贫民窟、改善人民生活条件、提高摩洛哥人文发展指数。该项目包括两部分：住宅项目和供水、电和污水处理项目。其中，住宅项目包括：在 2006～2009 的四年内投资 16.83 亿迪拉姆，建设 3.45 万套住宅，安置 17.2 万人，涉及 3.02 万个家庭。供水、电和污水处理项目包括：建设住宅项目的同时，将在该地区建设供水、供电、污水处理等配套设施，投资分别为 8.96 亿迪拉姆、0.23 亿迪拉姆和 9.85 亿迪拉姆，供水涉及 15.6 万个家庭、78 万人口，供电涉及 6700 个家庭、3.35 万人口，污

水处理涉及 14.06 万个家庭。

2006 年，摩洛哥受到国际原油价格居高不下的压力和农业歉收的影响，导致各地区、各部门之间发展很不均衡，整体经济形势并不乐观。但是，政府仍继续住房建设项目，准备投资 290 亿迪拉姆，修建 14.3 万套住房。住房部与 5 家房地产开发商签订了 17 份协议，第一期工程拟修建 32824 套住房，其中 20253 套为经济住房，6620 套为低价住房，已征地 168 公顷，拟投资 71 亿迪拉姆，预计年底前后开工，15 ~ 60 个月内竣工。住房部还同另外两家房地产开发商签订了协议，拟投资 220 亿迪拉姆，修建 11 万套住房，预计 2006 年内开工。第二期工程将征地 500 公顷。住房部还计划推动为中产阶层修建 7300 套面积为 150 平方米、造价约 60 万迪拉姆的经济别墅①。

第四节　交通与通信

交通运输业和通信业在摩洛哥的国民经济和社会生活中占有相当重要的位置，2004 年交通与通信业产值占国内生产总值的 11.5%②。

一　交　通

摩洛哥的自然条件和地理位置有利于发展基本的交通运输，但是，由于河流不能通航，所以影响了内河航运的发展。

在中世纪，西马格里布曾是西非地区到欧洲和近东地区的国

---

①　中国商务部网站资料（2006 年）（http：//ma. mofcom. gov. cn）。
②　英国经济学家情报社编《2006 年国家概况：摩洛哥》，伦敦，英国经济学家情报社，2006，第 64 页。（Economic Intelligence Unit，*Country Profile 2006*：*Morocco*，p. 64，London：EIU，2006.）

际通衢的交叉点。19 世纪末至 20 世纪初，西欧列强对摩洛哥进行海上的经济和军事封锁，造成摩洛哥海陆交通发展缓慢，与国内和外界交通联络困难。20 世纪初，摩洛哥国内几乎没有公路和车辆运输，短距离的运输靠骑马、驴和骡子，沿着小路运载货物。远距离的运输工具为骆驼，以每小时 6～8 公里的速度穿行于沙漠地区。当时，摩洛哥只有 7～8 个不大的停泊港口，主要港口为：卡萨布兰卡、摩加多尔和丹吉尔。

在"保护国"时期，摩洛哥的现代运输系统出现，但它带有明显的殖民地特点。当时，法国人在摩洛哥建立了现代运输系统，主要用于殖民掠夺，为运出磷酸盐而修建胡里卜盖至卡萨布兰卡等地的铁路，为运出农业和畜牧业的产品而修建非斯至拉巴特（1923 年）等地的铁路。西部地区的铁路枢纽在大西洋沿岸的卡萨布兰卡港。20 世纪 20 年代末，为了大量开采锰矿建立了东部铁路网，乌季达为东部铁路枢纽。1930 年，将非斯和乌季达的铁路连接。在 20 世纪 30 年代，形成摩洛哥铁路网。

摩洛哥公路建设同样是殖民者为掠夺自然资源而建立。1912～1919 年期间，修建了 200 公里的硬面道路，形成衔接盖尼特拉、卡萨布兰卡和萨菲之间的沿大西洋沿海地区及最大的城市同海港连接起来的公路网。到 1938 年底，在法国"保护国"的范围内共有 7642 公里的公路和 735 公里的地方性的乡村道路。

这一时期，摩洛哥的公路网和铁路网发展极不平衡。公路主要修建在西部的平原，并且和铁路平行，这造成南北各省只能沿着大西洋沿岸来进行相互联系，使摩洛哥的地中海地区和中部地区隔绝，东南地区和西部地区隔绝，并造成后来在有限的地区内，铁路运输和公路运输之间的激烈竞争。

独立后，摩洛哥政府采取一些措施，使运输"摩洛哥化"，把运输纳入国家建设计划中，改建重要的港口，扩大道路网。1957 年，摩洛哥国内运输货物达 1510 万吨，其中 1000 万吨是

铁路运输，510 万吨是公路运输。

总的来说，目前摩洛哥的交通运输较为发达。主要有公路、铁路、海运和航运等。

1. 公路

20 世纪 60 年代，摩洛哥公路的总长度达 5 万公里，其中 1.8 万公里属于硬路面，组成了第一级和第二级的国家道路。除国家道路网以外，地方道路网 9000 公里，由土路基的公路和 7000 公里可通车的小路组成。

1964 年，摩洛哥汽车总数达到 15.8 万辆，其中货车总数是 6.1 万辆。汽车总数的 3/4 集中在摩洛哥西部的四个省份。几乎所有的货运都由"摩洛哥国家陆路运输公司"经营[①]。

经过几十年的发展，目前，摩洛哥大约有 5.7 万公里的公路，其中国家一级公路 1.13 万公里，国家二级公路 1.02 万公里，省级公路 3.58 万公里。现在有 480 公里的高速公路，连接卡萨布兰卡和丹吉尔、拉巴特和非斯。摩洛哥政府计划在 2010 年增加 1400 公里的高速公路，使现在的丹吉尔通往卡萨布兰卡的高速公路与内陆城市马拉喀什相连、非斯与靠近阿尔及利亚边界的城市乌季达相连。摩洛哥政府还制订了从高速公路通往乡村公路的计划，已开工建设北方省区的沿地中海一级公路和连接卡萨布兰卡、主要城区的高速公路和总长度超过 1 万公里的乡村公路。每年计划修建 175 公里高速公路，2006 年，拟投资 60 亿迪拉姆，开始修建全长 320 公里的非斯—乌吉达高速公路[②]。

2001 年，摩洛哥有各种车辆 59014 辆，其中旅行用车 43167 辆，货物运输用车（主要为卡车）15564 辆。

---

① 〔苏〕М. Б. 高农、Г. Н. 乌脱金著《摩洛哥：自然地理和经济地理概要》，西北大学地理系翻译组译，西安，陕西人民出版社，1977，第 199 页。
② 由哈桑二世基金、摩国家财政和高速公路公司共同出资，预计 2010 年 6 月全部竣工并投入运行。

2. 铁路

在"保护国"期间至独立初期，摩洛哥的铁路由四家公司经营，其中法国资本占优势。这四家公司是：摩洛哥铁路公司（1146 公里）、东摩洛哥铁路公司（349 公里）、法国和西班牙合股经营的"丹吉尔—非斯铁路公司"（315 公里）以及"地中海—尼日尔公司"（在摩洛哥的一段有 90 公里）。1963 年 10 月，除"地中海—尼日尔公司"外，摩洛哥政府将其余三家公司所有权赎回，实现铁路运输国有化。

20 世纪 60 年代，摩洛哥铁路状况基本没有什么改变。铁路仍是北部的一条包围阿特拉斯山系的圆弧，这条弧形铁路的两端向南延伸，西边到马拉喀什，东边到布阿尔费。南部和东南部、中部和北部的地中海沿岸地区没有铁路，只有一些支线铁路将靠大西洋和地中海的城市及港口同西部和东部的主要矿业和农业地带连接起来。连接马拉喀什—乌季达的主要铁路干线，也是联系摩洛哥、阿尔及利亚和突尼斯整个马格里布铁路干线的西段。

1965 年，摩洛哥的铁路总长为 2029 公里，其中只有 760 公里实现电气化。铁路网位于摩洛哥最发达的海岸平原和摩洛哥西部、中部及东部高原。摩洛哥铁路运输担负国内货物运输的主要任务。1964 年，摩洛哥有机车车辆 120 辆，主要是电力机车和内燃机机车；有 5700 节载货车厢和 330 节旅客车厢[①]。

摩洛哥铁路由国家铁路办公室（ONCF）统一经营，截至2002 年，铁路总长 2958 公里，投入运营线路为 1907 公里，一多半是电气化铁路，其中单线电气化铁路 633 公里，复线电气化铁路 370 公里；另有 765 公里磷酸盐运输线；有牵引车 226 辆，

---

① 〔苏〕М. Б. 高农、Г. Н. 乌脱金著《摩洛哥：自然地理和经济地理概要》，西北大学地理系翻译组译，西安，陕西人民出版社，1977，第 197～200 页。

其中 81 辆电气机车；旅客车厢 414 节和货运车厢 7179 节。铁路年运输能力为：客运 1500 万人次，货运吨位 3000 万吨，平均吨货物运输里程为 170 公里，70% 的磷酸盐运输由铁路完成。

2002 年，国家铁路总营业额为 22.10 亿迪拉姆，营业利润为 3.61 亿迪拉姆。与此同时，政府计划对现有铁路进行现代化改造，在 2002～2005 年投资 65 亿迪拉姆，其中有 12 亿迪拉姆用于安全装置，15 亿迪拉姆用于机车，18 亿迪拉姆用于完成 20 世纪 80 年代开始的卡萨布兰卡—非斯的复线工程。2005 年，摩洛哥铁路营业额比 2004 年增长 14%，纯利润将超过 5 亿迪拉姆。铁路总局同国家签订合同，计划在 2005～2009 年的 5 年内，投资 155 亿迪拉姆，新建三个大项目，即投资 23.5 亿迪拉姆兴建丹吉尔—地中海港 45 公里的铁路；投资 19 亿迪拉姆兴建塔乌里赫特—纳道尔 117 公里的铁路；投资 5 亿迪拉姆兴建西迪·亚赫亚—迈舍拉 45 公里的交叉线。同时将陆续对卡萨布兰卡—拉巴特和非斯—乌吉达 400 公里的主干线进行复线及电气化改造。

3. 海运

摩洛哥濒临地中海和大西洋，这为航运提供了便捷的条件。摩洛哥拥有现代化的大海港，最活跃的世界海运航线从摩洛哥的领海经过。

独立前，法国控制了摩洛哥的海运以及摩洛哥和西欧港口之间的主要航线。独立后，1959 年，摩洛哥成立商船公司"摩洛哥国营航海公司"。到 1962 年底，全国 4/5 左右的商船属于该公司，共有 20 艘船，总载重量大约为 9.4 万吨①。20 世纪 60 年代，摩洛哥的港口货运担负着几乎全部的外运任务，还担负大部

---

① 〔苏〕M. Б. 高农、Г. Н. 乌脱金著《摩洛哥：自然地理和经济地理概要》，西北大学地理系翻译组译，西安，陕西人民出版社，1977，第 197～200 页。

分的客运。摩洛哥在大西洋沿岸有卡萨布兰卡、萨菲、穆罕默迪耶、盖尼特拉、阿加迪尔、阿赖什、杰迪代、索维拉等八个具有各种规模和用途的港口；在直布罗陀海峡有丹吉尔港，在地中海沿岸，除西班牙管辖下的休达和梅利利亚港外，有迈堆格、胡塞马和迈尔提勒三个港口。通过改建港口，摩洛哥的总货运量由1956 年的 1140 万吨增加到 1964 年的 1570 万吨。

目前，摩洛哥商业船队拥有 60 余艘远洋运输船只，总吨位在 60 万吨以上。有通商港口 24 个，其中 9 个国际港口为主要货物集散港，按进出口货物（除石油进口和磷酸盐出口以外）吞吐量依次为：卡萨布兰卡、穆罕默迪耶、朱尔夫莱斯费尔、萨菲、撒哈拉斯（Sahariens）、丹吉尔、阿加迪尔、纳祖尔和盖尼特拉。穆罕默迪耶港为石油进口港，卡萨布兰卡为最大的港口，控制着几乎一半的航运交通，是最主要的集装箱港口和主要的磷酸盐出口港，年吞吐量为 2800 万吨。

2003 年 2 月 17 日，摩洛哥深水综合港"丹吉尔—地中海港"① 开工，计划总投资 122 亿迪拉姆（约合 12 亿美元），2007年开始逐步投入使用。这是穆罕默德六世国王亲政以来实施的第一个大型基础设施建设项目，也是摩洛哥积极应对经济全球化挑战、保持本国经济可持续发展的具体措施之一。该项目建成后，将增强摩洛哥吸引外资的能力、扩大出口、增加就业机会②。

4. 航空

在"保护国"时期，摩洛哥民用航空的发展仅限于法国的"法国航空公司"及其子公司"阿特拉斯航空公司"。它们将摩洛哥同马格里布其它地区、法国和西非的最大城市联系起来。

---

① 港口位于摩洛哥北部港口城市丹吉尔以东 35 公里处，扼直布罗陀海峡要冲，距离欧洲大陆 15 公里。

② 该工程建造期内将创造 2500 个就业岗位，建成投入使用的初期将创造 6000个就业岗位，运行步入正轨后还将再创造 6000 个就业岗位。

独立后，国内航空线由国有的"摩洛哥皇家航空公司"经营①。在卡萨布兰卡、阿加迪尔、拉巴特、乌季达、非斯和丹吉尔之间建立了定期航班，与马格里布地区（阿尔及利亚、突尼斯）、欧洲许多城市（巴黎、罗马、日内瓦、法兰克福和米兰）之间也建立了定期航线，1962 年，又开辟了莫斯科—拉巴特航线。

20 世纪 60 年代，由于摩洛哥位于欧洲、西非和南美之间、北美和中东之间，占有优越的地理和战略位置，所以航空事业发展很快。1961 年，国内有 14 个大型的机场和几十个小飞机场，主要分布在摩洛哥西部的大城市附近。在摩洛哥经营的外国航线，如"法国航空公司"、"比利时航空运转有限公司"、"荷兰远洋航空公司"等，摩洛哥是这些航空公司航线的中转站。1964 年，摩洛哥国内航空客运量为 41.33 万人。

1990 年，政府将卡萨布兰卡机场局改组为摩洛哥国家机场局（Office Nationale des Aéroports），下设航空管理、安全、设备、工程等技术部门、人力资源、通讯、商务、财务等后勤保障部门以及民用航空研究院等科研机构，同时各机场均相应成立了各自的管理机构。作为执行部门，国家机场局的上级部门为摩洛哥机场管理委员会，由政府首相主持，成员有装备与运输大臣、财政大臣、内政大臣、工商大臣、旅游大臣、经济和综合事务大臣、空军司令等，直接管理部门是装备与运输部。

目前，摩洛哥共拥有 12 个国际航空港、4 个国内航空港和一些供轻型飞机起降的小型机场，它们均归摩洛哥国家机场局管理。摩洛哥机场主要有（按运输能力排名）：卡萨布兰卡的穆罕默德五世机场、马拉喀什的梅纳拉机场、阿加迪尔的阿尔·马西拉机场、丹吉尔的伊本·白图泰机场以及非斯的萨伊斯机场、拉

① 该公司由摩洛哥的国家资本和私人资本（相当于股本的 51% 和 6.5%）和外国的、主要是法国资本的入股组成。

巴特的萨累机场、乌季达的安加达斯机场等。穆罕默德五世机场为摩洛哥最为重要的航空港，占全年航空运输起降架次50%以上。2002年航空客运达到649万人次，货运达到4.92万吨。

2005年，按客运量计，马拉喀什的梅纳拉机场219.53万人次、阿加迪尔的阿尔·马西拉机场131.39万人次、丹吉尔的伊本·白图泰机场26.23万人次、拉巴特的萨累机场17.73万人次、非斯的萨伊斯机场22.84万人次。

为实现2010年接待游客1000万人次的目标，摩洛哥国家机场局计划在五年期间（2003～2007年），投资32亿迪拉姆（约合3.5亿美元）对所辖机场进行扩建和改造，正在进行的主要工程有：卡萨布兰卡的穆罕默德五世机场的机场扩建、货运机场建设、第二跑道建设、第二指挥塔建设等。

目前，摩洛哥皇家航空公司有飞机30多架，对外国际航线有20多条，飞往美、欧、非、亚等四大洲40多个国家，从事旅客、货物运输的国内、国际航空公司有摩洛哥王家航空公司、法国航空公司、非洲航空公司、法国地平线航空公司、意大利航空公司、汉莎航空公司、英国航空公司、瑞士航空公司及阿尔及利亚、马耳他、突尼斯、埃及、科威特、卡塔尔、苏丹等国家的航空公司。[1] （见表4－12）

表4－12 摩洛哥航空业运输能力表

年份	航班数量	增减（%）	人员运输量（人）	增减（%）	货物运输量（吨）	增减（%）
2003	94972	4.02	6716930	0.29	50576.8	0.37
2004	105987	11.60	7697986	14.60	54372.1	7.50
2005	120248	13.46	9187708	19.35	55842.69	2.705

资料来源：中国商务部网站。

---

① 中国商务部网站资料（2006年）（http://ma.mofcom.gov.cn）。

二 邮电通信

摩洛哥具有良好的有线和无线通信系统。有 5 条国际海底电缆和 3 个卫星地面站与国际卫星组织和阿拉伯卫星组织相连。通信枢纽是卡萨布兰卡和拉巴特。

20 世纪 90 年代以来，摩洛哥政府采取大规模吸引外资和放开市场的政策。1999 年，第二移动通信网经营权成功出售（11亿美元），成立了除摩洛哥电信之外的地中海电信公司，参与摩洛哥电信业务的经营，大大促进了该行业的竞争态势。随后，于2001 年，出售摩洛哥电信 35% 的股份（22 亿美元），摩洛哥电信由此变为合资企业，法国一家集团的股份参与既带来了资金，又带来了先进的技术和管理、经营理念。由此，摩洛哥全国建成了统一的电信网络，在欧美出现的新的商业化通信技术基本上都得到了运用。正是由于这些措施和政策，摩洛哥的电信事业快速发展，移动电话增长迅速，但固定电话呈下降趋势。1993 年，摩洛哥全国拥有电话 40 万部，每 100 人拥有 1.6 部。1999 ~2003 年，电话订户从 180 万激增至 700 万，其中 80% 为移动用户。

根据国际电信联盟第 78 次会议公告，摩洛哥在电信领域位列非洲第一。这是摩洛哥 2003 年以来在这一领域推行自由化的结果。到目前为止，摩洛哥在这一领域成功地吸引了国内和国际的投资者，采用了多种技术，使电信业务覆盖摩洛哥全境。摩洛哥在电信方面的国家战略以摩洛哥的 E MAROC 来促进经济发展，动员公共和私人部门密切参与，并以众多的项目及深层改革加强自身的国际地位。

据摩洛哥电信管理局公报，到 2006 年底，摩洛哥移动电话和固定电话用户超过 1700 万，人口覆盖率达到 57.78%，比2005 年增长 12%。2006 年，摩洛哥电信业总产值接近 400 亿迪

拉姆（1美元约合8.5迪拉姆），远远高于1998年的100亿迪拉姆，约占摩洛哥国内生产总值的7%。摩洛哥电信管理局认为，该国电信业快速发展的势头至少可以持续到2010年①。

摩洛哥电信业务主要分为三部分：固定电话业务、移动电话业务和因特网业务。

（1）固定电话业务。目前，摩洛哥有两个企业提供固定电话业务，即摩洛哥电信（Maroc Telecom）和地中海电信（Méditel）。摩洛哥境内固定电话用户基本上都是摩洛哥电信的客户。2006年，据摩洛哥电信管理局（Agence Nationale de Réglementation des Télécommunications，简称ANRT）提供的数据，在摩洛哥全国3000多万人口中，全国固定电话仅130多万线，其中大部分为企业用户，为84.95万线，占64.86%；家庭用户为29.88万线，占22.81%；其余为公用电话，为16.14万线。固定电话普及率仅为4.38%，2006年第二季度固定电话用户数量比一季度下降了2%。

（2）移动电话业务。近几年，摩洛哥移动电话业务蓬勃发展。摩洛哥移动电话业务实施单向收费。移动电话用户增长迅速，2005年3月底，移动电话用户数量为1073.2万，普及率为33.55%；到2006年6月底，已拥有移动电话用户1324万户，移动电话普及率达44.31%，已达到世界先进水平，超过了突尼斯和阿尔及利亚。

目前，摩洛哥有两家企业提供移动电话业务，即摩洛哥电信和地中海电信；摩洛哥政府又批准摩洛哥电信、地中海电信和摩洛哥联通三家企业开展3G业务。

在移动电话业务方面，摩洛哥电信拥有892.4万用户，占全部移动用户的67.38%。地中海电信经过五年的发展，目前拥有432万用户，占全部移动电话用户的32.62%。移动电话用户的

---

① 中国商务部网站资料（2007年）（http：//ma. mofcom. gov. cn）。

95.01% 选择了预付话费方式。

（3）因特网业务。目前，摩洛哥有两家企业提供因特网业务，即摩洛哥电信和地中海电信，而摩洛哥电信几乎拥有了全部的因特网用户。虽然摩洛哥电脑的使用率较高（高于阿尔及利亚和印度），但因特网用户相对较少，只有 34.19 万线。2006 年增长迅速，比上年同期增长了 103.3%。2006 年 5 月，摩洛哥又推出了网络电视，成为阿拉伯世界和非洲大陆首家能提供网络电视服务的电信运营商[①]。

摩洛哥电信管理局公报显示，2006 年摩洛哥的网络用户达到近 40 万户，人口覆盖率从 2005 年的 0.88% 上升到 1.34%，其中新增部分多为宽带用户。

第五节 财政与金融

一 国家财政

01 年以前，摩洛哥财政年度的划分是从当年的 7 月 1 日至次年的 6 月 30 日。从 2001 年起，摩洛哥的财政年度改为从当年的 1 月 1 日至 12 月 31 日。中央政府的预算主要包括三部分：一般国家预算、附加预算和特殊财政账户。摩洛哥的财政收入主要来自外贸、税收、借贷、侨汇和旅游五个方面。

2000 年以来，随着摩洛哥政府加大财政对经济增长的支持力度，政府开支增加、资金项目扩大，这也对预算产生了很大的压力，造成相当程度的不平衡，出现财政赤字。2000～2001 年财政年度总收入为 1063 亿迪拉姆，总支出约 1086 亿迪拉姆，财政赤字近 22.26 亿迪拉姆。虽然，政府削减政府部门开支和加大

---

① 中国商务部网站资料（2006 年）（http：//ma. mofcom. gov. cn）。

国有企业私有化进程，但是，政府预算仍然捉襟见肘。为此，政府将紧缩开支、缩小财政赤字作为财政的基本目标，但实际效果并不明显。2001 年赤字占国内生产总值的 2.7%，2002 年上升到 4.3%，2003 年又减少到 3.7%。至 2003 年 7 月底，摩洛哥财政表面上略有盈余，财政支出与前年同期相比增加了 5.9%。2003 年度的财政赤字达 154.68 亿迪拉姆，预算赤字占国内生产总值的 3.7%。2004 年度财政收支达到基本平衡。（见表 4－13）

表 4－13　财政收支

单位：百万迪拉姆

	2002	2003	2004
财政总收入	98883	109368	116604
税收收入	87667	91219	97286
非税收入	7862	14939	15761
总支出	－115933	－123223	－130939
经常项目支出	－90491	－97545	－104037
资本项目支出	－20253	－19818	－22059
总收支差额	－17050	－13837	－14335
占 GDP%	－4.3	－3.1	－3.0

资料来源：Economic Intelligence Unit, *Country Profile 2006*：*Morocco*, p. 63, London：EIU, 2006.

二　税收制度

洛哥的税收由国内税收和关税两部分组成[①]。

1. 国内税收的种类及规定

在摩洛哥的工业或商业企业必须按照普通法规定的税制纳

---

① 中国商务部网站资料（2006 年）（http：//ma. mofcom. gov. cn）。

税。根据企业的性质不同，所缴纳的税种略有差别，资本公司，即股份制企业缴纳公司税；个体公司，即个人独资企业缴纳所得税。其他税种对这两类企业都适用，如：注册登记税、印花税、公证税、城市税、市政税、营业税、所得税、公司税和增值税。

（1）设立公司时涉及的税则，包括注册登记税、印花税和公证税。

注册登记税　公司创立和增资时，须缴纳投资股金税，税率为 0.5%。如果创立和增资的公司的主要目的是进行有价证券交易或者以合伙的名义向别的公司注入资本，则股金税为 0.25%。公司购地用于房地产开发和除了贷款机构和保险公司外的自然人或法人第一次购买房屋时，投资股金税为 2.5%。购买土地用于投资项目时，免交注册登记税。

印花税　公司发行的股票、发起股和债券免办印花税手续，免交印花税。

公证税　设立公司的文件公证，按公司资本的 0.25% 征收，公司股票面值不得低于 100 迪拉姆。公司出售或转让或大金额的房屋转换，按 0.5% 征收。

（2）公司运营涉及的税则，包括城市税、市政税、营业税、所得税、公司税和增值税。

城市税　按年缴纳，凡是为业主所建和房主占用的建筑、房东用来搞开发经营的建筑物、产品或服务生产企业的机器和设备、用于开发经营的土地，都须缴纳城市税。以工商用地、建筑及其维修、机器设备的租赁价为征税税基，征收税率为租赁价的13.5%。新修建筑、建筑物扩建部分及产品或服务生产企业所属的机器设备在其完工或安装后 5 年内免缴城市税。

市政税　以不动产（房产）的正常租赁价为征税税基，市区内征收比例为租赁价的 10%，郊区的征税率为租赁价的 6%。

营业税　征税对象为所有从事工商活动的企业。从 2001 年 1

月 1 日起对于用作工商经营的场所，用来计算比例税基础的租赁价上限为 5000 万迪拉姆。工业企业比例税征税率一般相当于租赁价的 10%。所有从事专业、工业和商业的自然人或法人开业的前 5 年，免缴营业税；从 2001 年 1 月 1 日起 5 年内，对经营中所得的土地、建筑、扩建建筑、机器设备、器具物料免缴营业税。

所得税 征税对象为自然人、共有财产拥有的成员、由自然人组成的不交纳公司税的无限责任公司、简单两合公司和匿名合伙协会，以及完全由自然人组成的事实公司；征税范围为自由职业收入、工资和类似收入、动产收入及利润、农业经营收入（2010 年 12 月 31 日前免缴）、地产收益和利益。收入为 20000 迪拉姆，免征税；收入为 20001～24000 迪拉姆，征税 13%；收入为 24001～36000 迪拉姆，征税 21%；收入为 36001～60000 迪拉姆，征税 35%；收入为 60001 迪拉姆以上，征税 44%。

根据税收规则，对于某些收益的征税比例有特殊的规定：在摩洛哥无办事机构的外国企业的毛收益、动产收益及股份转让所得的纯利，征收比例为 10%；对集体投资机构的投资股份转让的纯收益征税率为 15%；对公有或私人教育或职业培训机构支付给临时雇用的教员的报酬和津贴，征收 17%。对企业支付给临时雇员的报酬津贴和在医疗诊所或类似机构从事外科治疗的不挂牌营业的医生所得的补贴和酬劳，征税率为 30%。

对最低征税额的规定：对专业职业者收益征收的和按净收益征税的所得税有一个最低税额的限制①。

外交人员来自国外的收入、居住在摩洛哥的人员的有关文学、艺术、科学作品知识产权的收益和从事欧盟资助的服务交易

---

① 最低征税额计算以营业额、附带收益、金融收益、补贴、奖金和赠款为基础，比例如下：自由职业者和被救济者，最低税额比例为 6%；其他行业为 0.50%，石油、天然气、黄油、食用油、糖和面粉销售商最低纳税额比例为 0.25%。

的自然人的交易收益免缴所得税。

向出口加工企业销售产品的矿业部门企业和矿产企业，在加工产品开始出口起 5 年内，所得税征税比例减半；手工业企业开业的前 5 年，所得税征税比例减半等。

公司税 征税对象为资本公司、合伙公司、合作社、赢利性的公共机构和法人等；由自然人组成的无限责任公司、两合公司和匿名合伙公司可选择是否交纳公司税（或所得税）。征税率为公司利润的 35%，金融机构征税率为 39.6%。另外，无论是否在摩洛哥设立的公司所得的股份收益、合伙收益的税前收益，以及外国企业在摩洛哥机构获得的并转往国外公司的利润，征税率为 10%；选择"承包纳税"的外国公司实现的工业、技术安装及不动产工程收益，按税前 8% 征税。

公司税最低缴税额计算以营业额、附带收益、金融收益、补贴、奖金和赠款税前额为基础，公司交纳公司税不得低于 1500迪拉姆。征税比例为 0.5%，石油、天然气、黄油、食用油、糖、面粉、水和电销售公司最低纳税额比例为 0.25%。

以非赢利为目的的协会和组织、牲畜饲养企业、农业开发公司（免税至 2010 年 12 月 31 日）、从事欧盟赠款资助的服务交易的法人的交易收益可免缴公司税；向出口加工企业销售产品的矿业部门企业和矿产企业，在加工产品开始出口起 5 年内，公司税征税比例减半；手工业企业开业起前 5 年，公司税征税比例减半等。公司上市或增股，从在证券公司登记起 3 年内享受减税待遇[①]。产品和服务出口企业及 2000 年 7 月 1 日后设立的饭店企业转出境外的营业外汇收入享受免 5 年的公司税、之后减半的优惠；2000年 7 月 1 日前已营业的饭店外汇营业额公司税征税比例减半。

---

① 具体规定为：公司入市向公众发行股票和通过转让股票而入市，减税额度为25%；增股至少 20% 的上市公司减税额度为 50%。

增值税　摩洛哥境内所有的工业、贸易、手工业、自由职业活动及进口活动均要缴纳增值税。必需品、银行信贷业务和外汇兑换所得佣金等，征收比例为 7%；当地消费的食品和饮料销售、用于旅游开发的不动产综合设施、制糖厂、面粉厂和家禽饲养场购买运输车等，征税比例为 10%；食用油脂、人造奶油、提炼过的猪油、茶叶、大米等，征税比例为 14%。农产品及农业机械、设备物料及辅配件、出口免税海关监管区内进口的产品及材料享受免税优惠。

2. **关税的税种及规定**

（1）进口关税。进口关税的征税率，因进口商品的不同而不同，投资推广及扩大所需进口的设备物料、工具及其配件的进口关税或为 2.5% 或为 10%。

（2）增值税有关规定。投资额达到或超过 2 亿迪拉姆的企业，与政府签署协议，在进口项目实施所需的设备物料及其配件时，免缴关税和增值税。

（3）进口附加税。进口货物按 0.25% 从价纳税。享受海关监管优惠区内的物资、投资所需而进口的设备物料及辅配件的、免缴关税及进口税的商品、摩洛哥与其他国家签订协议规定免税的商品，进口免缴进口附加税。

（4）国内消费税。与关税和进口附加税不同，国内消费税涉及当地产或进口的某些商品，如汽水、葡萄酒、重油、煤炭、焦炭、石油等。

三　货币金融

1. **金融制度**

（1）概况。摩洛哥金融体系由摩洛哥中央银行——马格里布银行、18 家商业银行、3 家外国银行、若干保险公司、6 家租赁公司和 13 家经营股票交易的经纪所等机

构组成。摩洛哥的银行按照摩洛哥的法律成立，是拥有固定资产并承担有限责任的公司。摩洛哥的银行提供传统的银行产品与服务，如储蓄、贸易和信用产品等。目前，还有几家银行开始向客户提供电子银行服务和消费银行服务，包括信用卡、自动提款机、电子收款机系统和借贷卡。摩洛哥的许多银行还与SWIFT快汇系统连接，可在全世界范围内进行快速的外汇的划拨和转账。

摩洛哥政府通过7家金融机构直接干预本国金融，它们是：①拥有经济发展国民银行（BNDE）的所有权，该银行为工业领域提供长期贷款；②CDG，该机构管理公共领域的基金；③工业及旅馆业信贷银行（CIH），该银行为住宅和旅游提供融资；④摩洛哥市场储蓄银行（CMM），该银行为公共采购合同提供融资；⑤全国农业信贷储蓄银行（CNCA），该银行为农民提供信贷；⑥中央人民银行，该银行提供全方位的服务并专门为中小企业提供融资；⑦全国储蓄银行（CEN），该银行是国家邮政储蓄机构。

20世纪90年代，摩洛哥政府进行金融体制改革，实施一系列的措施，促进银行系统的自由化和现代化。1991年，摩洛哥政府取消信用限制，实行货币和信用管理政策。1993年，马格里布银行执行一系列的管制，如要求银行的资产充足率为8%和限制贷款等。同年6月6日，摩洛哥政府颁布《摩洛哥银行法》，规范摩洛哥境内的银行业务。该法规定：马格里布银行和财政部负责监督和控制摩洛哥银行业务系统，同时，授予财政部批准或吊销银行的营业证、批准股权的转让、批准金融机构的合并和兼并以及（在马格里布银行的推荐下）对某一金融机构进行清算等一系列的权力。1995年，马格里布银行降低银行法定储备金的要求，减少政府干预银行系统，提高市场竞争。同时，马格里布银行还向保险公司和其他企业开放政府债券的拍卖市

场，提高政府债务的流动性和活跃政府债券二级市场。放开利率的管制。但是，摩洛哥政府对银行和金融系统的管制依然十分严格，中央银行管制银行的存款利率，摩洛哥银行行业联合会非正式原则限制银行和金融系统。

（2）国家中央银行及其职能。马格里布银行是摩洛哥的中央银行，其职责和权力是：拥有在摩洛哥发行银行票据的权力；对摩洛哥的外汇储备进行控制和管理；根据政府制定的总体目标，执行货币信用政策①；与财政部一起监督摩洛哥银行和储蓄机构的业务与金融状况②。中央银行通过要求银行提供无息储备金、拍卖和回购协议等一系列货币政策工具，实行对货币政策目标的调控。其主要调节职能为：发布银行管理规范，对银行实施监督管理，批准银行存款支付报告书和调整储备水平等。马格里布银行是对财政系统负责的实体，要求金融机构向其递交月度、半年和年度信息报告③。为确保银行的风险管理系统行之有效，马格里布银行经常对所有银行机构进行正式检查。

（3）金融制度。《摩洛哥银行法》规定：提供建立储备保障基金④，设立强制性储备保险，保护金融机构的各类储备。马格里布银行负责对这些规定进行监管。

自1993年5月以来，马格里布银行颁布了一系列的规定。1996年12月31日，马格里布银行要求摩洛哥银行对其在摩洛哥境内承担风险的能力进行持续认定，以确定贷款损失准备的数额。根据马格里布银行颁布的规定，摩洛哥的银行在摩洛哥境内

---

① 包括为银行成立清算机构、制定储备要求以及对信用膨胀和货币供应进行监督与管制。

② 包括制定资产充足率、储备要求、信用比率和债务系数。

③ 这些报告包括资产负债表、收入结算表、证券质量信息等相关信息。

④ 银行必须支付年度保险费，金额按照该行的储蓄额计算，年度保险费为存储在银行名下的资金总和的0.25%。

存在的所有问题归为三个风险类别，即不合格信贷、可疑信贷和损失信贷。

对于那些没有遵守马格里布银行监管的银行，马格里布银行有权给予处罚，由财政部和马格里布银行的代表组成的银行纪律委员会也可根据情况提请财政部撤销该银行的营业许可证[①]。

2. 货币与汇率

（1）货币制度。摩洛哥是国际货币基金组织的成员，原为法郎区国家，现已退出。摩洛哥现行的通用货币是摩洛哥迪拉姆（Dirham），国内外通用的货币符号是 DH。迪拉姆由摩洛哥中央银行负责发行。摩洛哥迪拉姆分纸币和硬币两种。纸币的面额有5、10、50、100、200 迪拉姆等；硬币的面额有1、2、5、10、20、50 分及1 迪拉姆铸币。辅币及进位为1 迪拉姆 = 100 分。

1956 年摩洛哥独立时，摩洛哥没有外汇市场，所有外汇交易均由摩洛哥银行（中央银行）办理。现在，由财政部外管局负责外汇管制。

（2）货币与汇率。摩洛哥原使用摩洛哥法郎，与法国法郎等值。1958 年12 月27 日，法国法郎贬值，摩洛哥法郎未随之贬值，对法国法郎比价改为1 摩洛哥法郎 = 1.175 法郎。

1959 年以后，摩洛哥法郎开始浮动。1959 年10 月16 日，摩洛哥法郎贬值20.44%，官方汇率由420 摩洛哥法郎兑1 美元贬为506 摩洛哥法郎兑1 美元。同时，发行新货币摩洛哥迪拉姆，以1：100 的比率收回摩洛哥法郎，正式公布含金量为0.175610 克，官方汇率为1 摩洛哥迪拉姆 = 0.197609 美元；1 迪拉姆 = 82.9959 法国旧法郎，或1 法国旧法郎 = 0.012205 迪拉姆。

---

① 金融制度部分参见唐双宁主编《在华外资银行概览》，北京，中国金融出版社，2001，第 466 ~ 471 页。

1960 年 1 月 1 日，摩洛哥迪拉姆正式成为摩洛哥王国的法定通用货币。当时，法国发行新法郎，以 1∶100 比率收回旧法郎，摩洛哥迪拉姆对法国法郎法定汇率也改为 1 迪拉姆 = 0.829959 法国新法郎。1969 年 8 月 11 日，法国法郎贬值 11.11%，摩洛哥迪拉姆没有受影响，对法国法郎法定汇率改为 1 迪拉姆 = 0.9111 法国法郎，或 1 法国法郎 = 1.09755 迪拉姆。

1971 年 12 月 18 日，美元贬值 7.89%，随着美元的自由浮动，12 月 20 日，摩洛哥宣布维持迪拉姆含金量和对法国法郎的法定汇率，调整了其货币对美元的汇率，规定 1 美元 = 4.66097 迪拉姆，建立波幅为 4.5% 的有效汇率。1973 年 2 月 12 日，美元又贬值 10%，摩洛哥再次调整汇率，1 美元 = 4.19487 迪拉姆。5 月 17 日，摩洛哥中断迪拉姆和法国法郎的固定汇率，实行自由浮动。7 月 30 日，实行迪拉姆贴水汇率。1980 年 12 月 31 日，停止使用附加 5% 贴水的迪拉姆贴水汇率。1984 年，摩洛哥取消附加固定百分比率的做法，实行由不同银行不同货币而定贴水多少。

摩洛哥银行根据其主要贸易货币的货币价值来确定每天迪拉姆对法国法郎的买卖价，1989 年 12 月 29 日，买入价为：1 法郎 = 1.40111 迪拉姆，卖出价为 1 法郎 = 1.40531 迪拉姆[①]。2006 年底，中央银行外汇储备达 1715.742 亿迪拉姆（约合 195.06 亿美元），与 2005 年的 1502.27 亿迪拉姆（约合 169.46 亿美元）相比，增长了 14.2%[②]；外债总额约 124 亿美元。（见表 4 - 14）

（3）货币发行量与信贷。至 2000 年底，摩洛哥货币发行量 M1 为 1810.80 亿迪拉姆，比上一年度增加了 8.1%。其中信用

---

① 中华涉外网资料（2004 年）(http：//www.cxinfo.com)；中国银行国际金融研究所编《各国货币手册》，北京，中国财政经济出版社，1980，第 201 ~ 203 页；中国银行国际金融研究所编《世界货币手册》，北京，中国金融出版社，1991，第 224 ~ 225 页。

② 中国商务部网站资料（2007 年）(http：//ma.mofcom.gov.cn)。

表 4 – 14 迪拉姆年平均汇价（1 外币 = 迪拉姆，中间价）

	1999	2000	2001 *
美 元	9.8336	10.6101	10.9951
法 郎	1.5892	1.5066	1.4806
德国马克	5.3292	5.0529	4.9659
100 西班牙比塞塔	6.2652	5.3909	5.8373
欧 元	10.4245	9.8826	9.7130
特别提款权	12.9950	13.5098	13.7770 **

说明：* 为 2001 年 2 月平均汇价。** 为 2001 年平均汇价。
资料来源：摩洛哥中央银行——马格里布银行。

货币 581.69 亿，代用货币 1229.11 亿，比上一年度分别增加了
2.5% 和 10.9%。M2 增加了 7.9%，达 2163.20 亿。货币发行总
量 M3 增加了 8.4%，达 2926.01 亿。2005 年摩洛哥的通货膨胀
率为 2%。（见表 4 – 15）

表 4 – 15 1996～2000 年摩洛哥货币发行量统计

单位：百万迪拉姆

	1996	1997	1998	1999	2000
信用货币	46447	48662	50644	56763	58169
纸币	47953	50245	52257	58945	60251
代用货币	84346	92189	99628	110815	122911
M1	130793	140860	150272	167528	181080
短缺投资	23466	25983	29523	33069	35240
M2	154259	166843	179793	200597	216320
长期投资	57284	64121	65114	69389	76281
M3（货币发行总量）	211543	230	964	244909	269986
海外资产	35379	40649	43026	59091	54685
央行资产	35214	40355	42710	58884	52651
国内货币形态信贷总量	180646	197204	21005	216240	241370

资料来源：摩洛哥中央银行——马格里布银行。

3. 银行系统

摩洛哥银行分为中央银行、商业银行、投资银行以及非银行金融机构四类。中央银行为马格里布银行（Bank Al-Maghrib），前身是 1959 年 7 月 2 日成立的摩洛哥银行（Banque du Maroc），1987 年 3 月改名马格里布银行并沿用至今。中央银行负责发行货币，管理国家的外汇储备，监控全国的商业银行，对政府的金融政策提供建议。到 1989 年 12 月 31 日为止，资产总额为 45.10 亿美元（1 美元 = 7.9926 摩洛哥迪拉姆）。截至 2006 年底，海外资产达到 1726 亿迪拉姆（约合 196.23 亿美元）[①]。主要与设在伦敦和纽约等城市的巴克勒银行（Barclays）和美国花旗银行（Citibank）有往来关系，在国外共有 16 家代理机构。

（1）银行基本情况。根据新银行法中业务范围的界定，目前在摩洛哥有 24 家银行机构，其中有 15 家私有银行，6 家国有或半国有银行，3 家外国银行；从事租赁、担保、代理、财产管理等业务的金融公司 40 余家；还有近 20 家的保险公司和再保险公司。

15 家私有银行　ABN AMRO 银行，摩洛哥阿拉伯银行，Angentaria 银行，摩洛哥商业银行，摩洛哥东非银行，摩洛哥工商银行，摩洛哥外贸银行，花旗银行，摩洛哥信贷银行，卡萨布兰卡金融市场，金融中介公司，摩洛哥银行总公司，摩洛哥储蓄信贷银行，摩洛哥联合银行（UMB），瓦法银行。以下介绍其中几家银行：

摩洛哥阿拉伯银行（Arab Bank Maroc）。1975 年 7 月 10 日成立，是一家合作商业银行，阿拉伯银行（Arab Bank Ltd.）拥有其 50% 的股份，人民中央银行（Banque Centrale Populaire）拥有 50% 的股份。截至 1990 年 12 月 31 日，资产总额为 1.58 亿

---

① 中国商务部网站资料（2007 年）（http：//ma. mofcom. gov. cn）。

美元（按 1 美元＝8.0457 摩洛哥迪拉姆折算）。在本国银行排名中列第 12 位。主要与设在阿姆斯特丹、布鲁塞尔、法兰克福、伦敦、米兰、纽约、巴黎、新加坡、斯德哥尔摩、东京和苏黎世等城市的一些银行有往来关系。1976 年 3 月与中国银行建立代理行关系。

摩洛哥商业银行（Banque Commerciale du Maroc AS, BCM）。1911 年成立。截至 1990 年 12 月 31 日，资产总额为 28.11 亿美元（按 1 美元＝8.0457 摩洛哥迪拉姆折算）。在本国银行排名中列第 3 位。主要与设在阿姆斯特丹、布鲁塞尔、法兰克福、香港、雅加达、里斯本、伦敦、马德里、米兰、纽约、首尔、东京、多伦多和苏黎世等城市的一些银行有往来关系。1963 年，该行与中国银行建立代理关系。该行共有 112 家分支机构，在海外的巴黎、让纳维利埃等地设有分行；在安特卫普、布鲁塞尔、杜塞尔多夫和法兰克福等城市设有代表处。

摩洛哥东非银行（Banque Marocaine Pour I'Afrique et I'Orient，BMAO）。1975 年 7 月 1 日成立。截至 1988 年 12 月 31 日，资产总额为 1.84 亿美元（按 1 美元＝8.0873 摩洛哥迪拉姆折算）。在本国银行排名中列第 11 位。主要与设在阿姆斯特丹、布鲁塞尔、法兰克福、香港、伦敦、马德里、米兰、纽约、巴黎、旧金山、新加坡、东京和苏黎世等城市的一些银行有往来关系。

摩洛哥工商银行（Banque Marocaine pour le Commerce et I'Industrie SA，BMCI）。1964 年 4 月 20 日成立。是一家商业银行。截至 1989 年 12 月 31 日，资产总额为 12.19 亿美元（按 1 美元＝7.9926 摩洛哥迪拉姆折算）。在本国银行排名中列第 6 位。主要与设在阿姆斯特丹、孟买、布鲁塞尔、哥本哈根、法兰克福、赫尔辛基、香港、伊斯坦布尔、里斯本、伦敦、卢森堡、马德里、米兰、莫斯科、纽约、奥斯陆、巴黎、旧金山、首尔、新加坡、斯德哥尔摩、悉尼、东京、维也纳和苏黎世等城市的一些银行有往来关系。与中国银行建有代理行关系。共有 77 家分支机构，在海外的巴黎等城市设代表处。

摩洛哥外贸银行（Banque Marocaine du Commerce Exterieur SA，BMCE）。1959 年 9 月 1 日，摩洛哥政府为发展摩洛哥的外贸事业而成立，是摩洛哥外贸银行集团的成员。从 1962 年开始，该行先后购买了意大利商业银行的分支机构、马格里布银行 1/3 的资产、摩洛哥西班牙银行和美洲银行 NT&SA 的当地分公司，实现了扩张。1999 年，摩洛哥外贸银行成为摩洛哥第一家银行保险综合机构。该银行的官股占 58%，私股占 24%，外国银行拥有 18% 的股份。截至 2000 年 6 月 30 日，资产总额为 427.9 亿迪拉姆，负债 378.2 迪拉姆。在本国银行排名中列第 2 位。1973 年与中国银行建立代理关系，2000 年，在北京设代表处，主要从事与中国的银行和公司发展关系、促进摩洛哥与中国间的贸易、为中国在摩洛哥的投资提供经济和金融信息、向摩洛哥外贸银行报告在中国的经济动向和投资。在世界各地设有 15 个机构，其中 3 家分行、10 个代表处、1 个分支机构和 1 个柜台。分支机构主要分布在法国、比利时、德国、英国、中国、西班牙和意大利等国。

1975 年，该行在卡萨布兰卡股市上市，现有股本 15.88 亿迪拉姆。1995 年在摩洛哥率先实行私有化。

该行的主要业务有：商业银行业务、准银行业务和保险业务。该行领导摩洛哥外贸融资和国际交易，其交易额占市场总交易额约 1/3。

摩洛哥信贷银行（Crédit du Maroc SA，CDM）。前身是 1963 年成立的 Crédit Lyonnais Maroc，1966 年 4 月 19 日改用今名。截至 1990 年 12 月 31 日，资产总额为 13.97 亿美元（按 1

美元 = 8.0457 摩洛哥迪拉姆折算）。在本国银行排名中列第 7 位。主要与设在阿姆斯特丹、布鲁塞尔、哥本哈根、法兰克福、赫尔辛基、香港、里斯本、伦敦、洛杉矶、马德里、米兰、纽约、奥斯陆、巴黎、旧金山、新加坡、斯德哥尔摩、东京、维也纳和苏黎世等城市的一些银行有往来关系。1963 年与中国银行建立代理关系。共有 73 家分支机构，在海外的荷兰设有 2 家代表处。

摩洛哥通用银行（Algemene Bank Marokko SA）。前身是 1948 年成立的 Société Hollandaise de Banque et de Gestion，后两次更名，1975 年 12 月 2 日改用今名。Algemene Bank Nederland N.V.，Amsterdam 拥有其 50% 的股份。主要与设在阿姆斯特丹、雅典、孟买、布鲁塞尔、哥本哈根、都柏林、法兰克福、香港、雅加达、伦敦、卢森堡、马德里、蒙特利尔、纽约、巴黎、里约热内卢、利雅得、罗马、旧金山、新加坡、东京和苏黎世等城市的一些银行有往来关系。1964 年 1 月与中国银行建立代理关系。共有 15 家分支机构。

摩洛哥人民信贷银行（Crédit Populaire du Maroc）。1961 年 2 月 2 日成立。摩洛哥政府拥有其 51% 的股份，私人股东拥有 49% 的股份。截至 1990 年 12 月 31 日，资产总额为 43.67 亿美元（按 1 美元 = 8.0457 摩洛哥迪拉姆折算）。在本国银行排名中列第 1 位。主要与设在阿姆斯特丹、日内瓦、布鲁塞尔、哥本哈根、法兰克福、吉达、赫尔辛基、香港、里斯本、伦敦、洛杉矶、马德里、米兰、蒙特利尔、纽约、奥斯陆、巴黎、罗马、旧金山、新加坡、斯德哥尔摩、东京、突尼斯、维也纳和苏黎世等城市的一些银行有往来关系。在阿比让、布鲁塞尔、法兰克福、马德里、蒙特利尔等城市设有代表处。

摩洛哥储蓄信贷银行（Societe Marocaiine de Dépot et Crédit，SMDC）。1974 年成立。摩洛哥股东拥有 50% 的股份。

截至 1987 年 12 月 31 日，资产总额为 53.59 亿迪拉姆。主要与设在阿姆斯特丹、布鲁塞尔、哥本哈根、法兰克福、赫尔辛基、里斯本、伦敦、洛杉矶、马德里、米兰、慕尼黑、纽约、巴黎、罗马、旧金山、斯德哥尔摩、东京、维也纳和苏黎世等城市的一些银行有往来关系。1968 年与中国银行建立代理行关系。共有 19 家分支机构。

瓦法银行（Wafabank）。前身是 1964 年 1 月 1 日成立的 Compagnie Marocaine de Banque，1985 年 1 月 1 日改用今名。Moroccan Group Sopar 拥有其 82% 的股份，French Group Indosuez 拥有 18% 的股份。截至 1990 年 12 月 31 日，资产总额为 12.44 亿美元（按 1 美元 = 8.0457 摩洛哥迪拉姆折算）。在本国银行排名中列第 5 位。主要与设在法兰克福、伦敦、马德里、米兰、纽约、巴黎等城市的一些银行有往来关系。1964 年与中国银行建立代理行关系。共有 69 家分支机构，在海外的布鲁塞尔设有分行。

6 家国有或半（部分）国有银行（包括正在私有化进程中的）。Al Amal 银行，人民中心银行（BCP），国民经济发展银行，国家农业信贷银行（CNCA），旅馆及不动产信贷银行，城镇工业配置基金（FEC）。以下介绍其中几家银行：

国民经济发展银行（Banque Nationale pour le Developpement Economique，BNDE） 1959 年成立。是一家开发银行。摩洛哥政府拥有其 34.16% 的股份，地方银行及金融公司拥有 24.50% 的股份，外国股东拥有 24.33% 的股份。截至 1989 年 12 月 31 日，资产总额为 7.14 亿美元（按 1 美元 = 7.9926 摩洛哥迪拉姆折算）。在本国银行排名中列第 8 位。有 4 家分支机构。

旅馆及不动产信贷银行（Crédit Immobilier et Hôtelier，CIH）。1920 年成立。是一家商业银行。截至 1990 年 12 月 31

日，资产总额为 17.37 亿美元（按 1 美元 = 8.0457 摩洛哥迪拉姆折算）。在本国银行排名中列第 4 位。主要与设在阿姆斯特丹、布鲁塞尔、哥本哈根、迪拜、法兰克福、里斯本、伦敦、马德里、米兰、摩纳哥、慕尼黑、纽约、奥斯陆、巴黎、罗马、斯德哥尔摩、东京、多伦多和苏黎世等城市的一些银行有往来关系。

3 家设在丹吉尔的外国银行：Attijazi 国际银行，丹吉尔国际银行，巴黎兴业银行①。

（2）银行业的主要特征。摩洛哥银行机构间的差异极大，主要特征为多样性、集中性、竞争性和开放性。

多样性。主要表现在各家银行规模不等，差异极大；银行职能各有侧重。根据 1993 年颁布的新银行法，各家银行除开展常规的银行业务外，都要有一项区别于其他银行的业务。为此，各行根据自己的特殊使命制定了相应的战略战术。如："人民信贷"是一家摩洛哥侨民的银行，摩洛哥外贸银行是第一家国际性的银行，瓦法银行是一家经营范围最广的银行②，摩洛哥商业银行是一家吸收大量的顾客存款、管理有方和竞争力强的企业银行。依照 1993 年颁布的新银行法中规定的业务范围，还有几家从事专门业务的银行——国家农业信贷银行、旅馆及不动产信贷银行和国民经济发展银行，他们涉及农业、不动产及工业投资领域。

集中性。主要体现在减少银行的数量、机构并向集团化发展。其中，90% 的业务量集中在几家银行。

20 世纪 90 年代经济开放后，摩洛哥银行业体现出竞争性

---

① 参见吴念鲁主编《各国银行概览》，北京，世界知识出版社，1993，第 494～502 页；唐双宁主编《在华外资银行概览》，北京，中国金融出版社，2001，第 466～471 页。

② 发行债券和信用卡的首家银行；最先设立非银行金融机构——保险公司、消费信贷、不动产信贷、代客理财等机构。

和开放性。

竞争性。1991～1993年，为使银行业迅速发展并增强竞争性，摩洛哥在银行系统实行改革，主要是限制信贷规模，打破各行业界限，开放利率控制等。

开放性。这是经济开放政策的成果。在对外开放的进程中，摩洛哥银行业采取三项重大措施，即发展对外自由贸易、进入国际资本市场和有实力的银行在国外派驻分支机构等。其中，派驻国外的银行分支机构，直接为海外的摩洛哥侨民服务，促进摩洛哥出口商进入对外市场。目前，派驻法国的有33家，占全部派驻机构的50%，在荷兰有9家，在比利时有8家，在德国有6家[1]。

4. 证券市场

摩洛哥的卡萨布兰卡证券交易所，是北非地区交易最活跃的证交所，建于1926年，现有市场资本总额150多亿美元，上市公司55家，进行10种不同种类的外国金币的交易。

1989年，摩洛哥政府颁布私有化法，促进了卡萨布兰卡证券交易所的发展。1989～2000年，卡萨布兰卡证券市场的资本市值增长了23倍，从50亿迪拉姆增加到1150亿迪拉姆。其中私有化企业的证券资本到2000年12月底占卡萨布兰卡证券市场资本市值的比例达到29.30%，证券市场证券平均指数随着私有化实施的深入而增长。

2000年，卡萨布兰卡证券交易所持续不景气，证券交易指数从777点下降至658.4点，降幅达15.3%。企业上市市值从1381亿跌至1149亿迪拉姆，跌幅达16.8%。市场成交量从1999年的951亿跌至354亿迪拉姆，跌幅达62.8%。（见表4-16）

---

[1] 中国商务部网站资料（2006年）（http：//ma. mofcom. gov. cn）。

表 4-16　卡萨布兰卡证券交易所指数与成交统计

单位：10 亿迪拉姆

	1996	1997	1998	1999	2000
指　数	443	668	804	777	658
市　值	76	118	145	138	115
交易量	20	32	58	95	35

资料来源：卡萨布兰卡证券交易所。

5. 保险业

摩洛哥现有近 20 家保险与再保险公司，保险业务量和收入在非洲仅次于南非，居第二位。一些大保险公司的年保费收入超过 10 亿迪拉姆。1997 年，摩洛哥政府对保险业市场进行整顿，有 5 家资不抵债的公司被淘汰。从 2001 年 7 月起，随着摩洛哥价格与竞争自由化法规的出台，各保险公司可以自定保险费率[①]。

第六节　对外经济关系

一　对外贸易

1. 概况

在"保护国"时期，法国控制着摩洛哥的对外贸易，摩洛哥成为法国的原料、农产品的供应地和法国产品的倾销市场。1951 年，法国占摩洛哥出口总额的 58%，进口总额的 40%。第二次世界大战后，美国利用法国提供的低税或免税等优惠，扩大对摩洛哥的出口，美国对摩洛哥的出口逐年增加，

---

① 中国商务部网站资料（2006 年）（http：//ma. mofcom. gov. cn）。

从 1949 年的 3050 万美元增加到 1952 年的 4485 万美元。在摩洛哥的"美国贸易公司"控制着摩洛哥 60% 以上的纺织品、糖和茶的进口。后来，由于法国的限制，美国对摩洛哥的进口额减少。从 1945 年的 20% 减少到 1954 年的 14%。而法国对摩洛哥的出口额则逐年增加，从 1938 年的 33.5% 增加到 1952 年的59.3%。法国在摩洛哥进出口贸易中占主要地位。1954 年，法国占摩洛哥出口总额的 42.4%，进口总额的 53.6%。由于法、美等国家在摩洛哥大量倾销商品，使摩洛哥的贸易赤字迅速增加，由 1948 年的 377 亿法郎上升到 1952 年的 854 亿法郎。中国和摩洛哥的贸易历史悠久，1954 年，摩洛哥进口中国的茶叶6272 吨，占摩洛哥绿茶进口总量的 47.6%。

独立后，摩洛哥政府采取保护措施，如限制进口和增加出口等，扭转了对外贸易中的逆差状况，从 1955 年的 590 亿摩洛哥法郎下降到 1959 年的 5.93 亿摩洛哥法郎。摩洛哥与法郎区的贸易比重下降，由独立时的 80% 下降到 1958 年的 50%。1957 年，摩洛哥政府废除旧的关税制度①，实行新的海关制度，对进口商品征收各种不同的关税。摩洛哥还积极开展与世界各国的直接贸易，到 1957 年底，与 30 多个国家签订了贸易协定。

20 世纪 60 年代，在摩洛哥的经济中，由于农业原料的专门化和对国外市场、特别是西欧市场的依赖性，对外贸易占很重要的位置。外贸周转在价值上大约等于摩洛哥全国总产值的 1/2，进口占国内总产值的 1/4 以上，出口占国内总产值的 1/5 以上。国外市场严重影响摩洛哥的进口和出口结构，也影响了摩洛哥的

---

① 在 20 世纪初，帝国主义列强在摩洛哥建立关税制度。根据 1880 年马德里条约关于"经济条件均等"的条款，以及 1906 年的阿尔赫西拉斯条约中的规定，对一切进口商品的标准税应按商品价值的 10% ~ 2.5% 支付输入特别税。这是"保护国"政府用来谋求自身利益的一种关税制度。在进口商品的竞争中，使得摩洛哥的经济毫无保障。

主要经济部门、特别是新经济部门的发展，而新经济部门的产值约占摩洛哥对外贸易总额的 4/5。

为提高国家对外的经济地位和限制外国资本在对外贸易中的作用，摩洛哥政府采取一系列的措施。1965 年，对部分出口贸易实行国有化。但是，摩洛哥外贸进出口的结构没有发生重大的变化，仍然存在着巨大的贸易赤字。

这一时期，摩洛哥对外贸易有两个特点：一是继续保持对前宗主国市场的依赖①。在摩洛哥的进口商品中，成品和食品占绝对优势，其中，食品占进口总额的 1/4 并呈上升趋势。在出口商品中，依然保持传统的结构。原料和食物占出口额的 9/10。由于这些商品主要出口到法国以及其他西欧国家，其需求量决定摩洛哥出口总额的大小。另外，国际对磷酸盐需求的不断增加，对摩洛哥的出口非常有利。二是从 20 世纪 60 年代起，摩洛哥的出口呈现多样化发展，减少了摩洛哥对进口商品的依赖。

法国是摩洛哥主要的贸易对象，对法国的贸易占对外贸易总额的 2/5。同时，欧共体的成员国——联邦德国、意大利、比利时、卢森堡以及美国开始占重要位置。1956 ~ 1963 年，这些国家对摩洛哥的出口增加 2 ~ 2.3 倍；其中，美国对摩洛哥的出口量大大超过进口量；对摩洛哥的经济援助数额也很大，1957 ~ 1964 年为 4.35 亿美元②。摩洛哥同非洲、亚洲和拉丁美洲的发展中国家的贸易往来日益增多。1963 年，摩洛哥和发展中国家的贸易占摩洛哥出口额的 8.9% 和进口额的 8.3%。

1976 年 4 月，摩洛哥与欧共体签订合作协定，规定欧共体国家进口摩洛哥产品（除农产品外）一律免征关税，且没有数

① 〔苏〕M. Б. 高农、Г. Н. 乌脱金著《摩洛哥：自然地理和经济地理概要》，西北大学地理系翻译组译，西安，陕西人民出版社，1977，第 203 ~ 205 页。
② 〔苏〕M. Б. 高农、Г. Н. 乌脱金著《摩洛哥：自然地理和经济地理概要》，西北大学地理系翻译组译，西安，陕西人民出版社，1977，第 207 页。

量限制；对在配额内从摩洛哥进口的部分工业品（主要是纺织品）免征关税；大部分农产品可享受减免关税待遇，但出口价格必须在欧共体规定的参考价之内，数量也有一定限额。

到 20 世纪 80 年代，摩洛哥继续扩大对外贸易，并采取一系列有效措施，扩大出口。1985 年，摩洛哥加入关贸总协定后，大力改革外贸体制，推行贸易自由化政策，并进一步取消关税和非关税壁垒，放宽进口配额制，大部分商品可自由进口，只有 63 种商品的进口需申请进口许可证[①]。在投资领域，对国内外投资者实行优惠的政策，推动经济发展及出口。为了提高产品竞争力，1986 年建立国家国际贸易程序委员会，简化国际贸易行政手续。通过一系列新的政策和措施，摩洛哥的外贸得到很大的发展，外贸总额、进口额和出口额逐年增加，同时，出现巨大的贸易逆差。1981～1989 年，外贸总额从 72.69 亿美元增至 89.78 亿美元，进口额从 47.37 亿美元增加到 55.87 亿美元，出口额从 25.32 亿美元增加到 33.9 亿美元，外贸逆差略有下降，1981 年为 22.05 亿美元，1989 年为 21.97 亿美元（1 美元＝8.339 迪拉姆，1989 年）。

20 世纪 90 年代，摩洛哥外贸继续呈上升趋势，进出口额均有增长，而贸易逆差则略有增加。进口产品仍保持原有的结构。1992 年，摩洛哥政府制定 13～89 对外贸易法，加快对外贸易的自由化，使摩洛哥的法律符合关贸总协定的原则和条款。贸易法取消大量限制，增加出口，巩固多边贸易体系，将最高关税率降至 35%。1993 年 6 月，摩洛哥实行新的关税政策，进口关税普遍下调，除少数几种商品外，一般商品的关税都在 35% 以下。一些重要商品的进出口，如磷酸盐和化肥、糖、粮食、烟草、原油等仍由国家垄断或由国营公司经营。凡国家垄断的商品，其进出口原则上通过国际招标进行。1995 年 1 月 1 日，摩洛哥开始

---

① 非洲投资网（2006 年）（http://www.invest.net.cn）。

实施世贸组织协定，兑现其在乌拉圭回合谈判中的承诺，开始降低农产品关税，逐步使纺织、服装行业的贸易自由化并加入世界经济一体化进程；将所有工业产品最高税率定为40%，进口提取税为15%。根据世贸组织对发展中国家的规定，摩洛哥制定了某些农产品的最高关税。1996年2月，摩洛哥与欧盟签署了联系国协定，规定在欧洲—地中海自由贸易区的框架内，于2010年与欧盟实现自由贸易。通过制定新政策和调整关税，摩洛哥贸易额增加，1993~1999年，外贸总额从103.31亿美元增加到181.1亿美元，其中出口额从36.85亿美元增加到73.5亿美元，进口额从66.46亿美元增加到107.6亿美元，贸易逆差略有增加，从29.61亿美元增加到34.1亿美元。

进入21世纪，对外贸易作为摩洛哥重要的经济部门，在国民经济中仍然占有重要的地位，由于摩洛哥资源结构和国民生产体系的特征，决定其经济在很大程度上依赖对外贸易，而经济投资的重要方向是发展出口产品的生产。对外贸易继续扩大。由于渔业产品出口的竞争力下降，贸易逆差又有所上升。根据摩洛哥国家统计局统计，2003年进出口总值2188.64亿迪拉姆，出口总值833.04亿迪拉姆，进口总值1355.6亿迪拉姆，贸易逆差522.6亿迪拉姆。2004~2005年，摩洛哥对外贸易一直处于增长趋势。2004年对外贸易总额为2409亿迪拉姆，其中进口额为1553.1亿迪拉姆，出口额为856.72亿迪拉姆，贸易赤字增加了33.5%[①]。2005年对外贸易总额达2711.628亿迪拉姆（约合305.88亿美元），其中进口总额为1783.984亿迪拉姆（约合201.25亿美元），出口总额为927.464亿迪拉姆（104.63亿美元），对外贸易逆差进一步加剧。2006年对外贸易总额达3150.445亿迪拉姆（约合358.168亿美元）；进口额2046.376亿

---

① 中国商务部网站资料（2005年）（http：//ma. mofcom. gov. cn）。

迪拉姆（约合 232.648 亿美元），出口额 1104.069 亿迪拉姆（约合 125.519 亿美元），比 2005 年略有上升。贸易逆差达 942.307 亿迪拉姆（约合 107.129 亿美元），比 2005 年增长 10.7%[①]。

2. 主要贸易伙伴

独立以前，与摩洛哥有贸易关系的国家有法国、西班牙、英国、美国、联邦德国、荷兰、意大利、阿尔及利亚、西非国家和中国。独立以后，摩洛哥贸易伙伴扩大，1962 年，摩洛哥与 110 多个国家有贸易关系，同 30 多个国家签署了贸易协定。

20 世纪 80 年代，摩洛哥与 93 个国家和地区有贸易往来。由于历史原因，摩洛哥的主要贸易伙伴是西欧"共同体市场"国家，法国仍保持主要地位，在摩洛哥进出口贸易中占 1/4 以上，其次是西班牙、美国、联邦德国、意大利和苏联。

21 世纪初，摩洛哥和 160 多个国家和地区有贸易往来，其主要贸易伙伴是欧盟国家，约占其外贸总额的 60%。摩洛哥的 15 个主要对外贸易伙伴占其贸易总额的 80% 以上，其中 8 个主要贸易伙伴——法国、西班牙、英国、德国、意大利、美国、印度和日本占 60% 以上，主要集中在欧盟国家。2004 年，法国占摩洛哥出口的 25.4%，进口的 20.3%；西班牙是摩洛哥第二大贸易伙伴，其中出口占 19.1%，进口占 14.9%；英国是第三大贸易伙伴，其中出口占 8.0%；意大利位居第四，出口占 4.9%，进口占 6.7%；沙特阿拉伯占进口的 4.9%，是摩洛哥石油的主要供应国；中国占进口的 4.8%，中国是摩洛哥绿茶主要供应国，占其绿茶市场的 98%。

3. 主要进出口商品

独立以前，摩洛哥主要的出口商品有矿产（以磷酸盐为

---

① 摩洛哥外汇管理局公布的原始数据以迪拉姆为单位，根据摩洛哥中央银行公布的 2006 年迪拉姆与美元的汇率平均价，即 1 美元 = 8.796 迪拉姆来折算。见中国商务部网站资料（2007 年）（http://ma.mofcom.gov.cn）。

主）、大麦、软木和水果。主要的进口商品有糖、茶叶、花生油、纺织品、汽车、拖拉机、汽油和钢铁等。

独立后，摩洛哥扩大出口商品，主要出口商品有矿产，除磷酸盐外，摩洛哥还出口锰、锌、铁和钴以及农产品，其中有粮食、水果、沙丁鱼、橄榄油和蔬菜等。进口商品主要有生产资料，包括钢铁、汽车和石油，另外，还增加了机械装备、水泥及日用品（包括棉毛织品、纸张、糖、茶、花生油）和医药品等商品的进口。

20世纪60年代，摩洛哥的进口商品发生变化，除原有的进口商品——石油、食品（食糖、茶、咖啡、奶制品和小麦）、大部分消费品和工业设备等以满足国内的需要外，增加了非载重小汽车等商品的进口，但是，工业设备的进口数量较小，主要有纺织工业机器、货车、农业机械以及其它原料。摩洛哥出口大部分的磷酸盐矿和其它矿产原料，还有农产品，如柑橘、酒类、早熟蔬菜、软木和鱼类罐头等，其中，原料和食品的八种主要商品约占出口总额的2/3：磷酸盐矿占26%、柑橘占14%、西红柿占6%、鱼类罐头占6%、酒类占5%、蔬菜占4%、铅矿和锰矿占3%。同时，摩洛哥开始出口多样化，大力发展地方性工业、发展向国外市场提供塑料商品和载重汽车等工业、发展化学工业与汽车装配工业。发展食糖工业、纺织工业以及其它工业部门，使摩洛哥减少对食糖和一系列进口消费品的依赖。

20世纪80～90年代，摩洛哥进出口商品的变化不大，主要的出口产品有磷酸盐、柑橘、蔬菜、沙丁鱼、成衣和地毯等。主要的进口产品有石油、粮食、糖、茶、机械设备和木材等。

21世纪，摩洛哥进出口贸易发生很大的变化。主要出口商品除传统商品——磷酸盐及其制品、柑橘、蔬菜等农产品和加工食品、纺织及皮革制品外，增加了海产品、电工及电子产品的出口。主要进口商品中，除消费品、机械设备、石油、粮、食品（糖、奶制品）、饮料（茶）、食油和烟草等传统的进口商品外，开始进口电子产品、半成品、中间产品和能源等。

二 外国援助

自独立以来，摩洛哥先后得到了许多国家的援助，有力地推动了国民经济的发展。

1957～1976 年，摩洛哥共接受外国援助 199 亿迪拉姆（约合 44 亿美元），主要援助来自美国、法国、世界银行和联邦德国。1977 年以后，每年仍接受来自美国和法国等国家的大量援助。1978 年，摩洛哥还与苏联签订了 20 亿美元的贷款协议，用来开发迈斯加拉磷酸盐矿。

20 世纪 80 年代，中东的产油国开始给予摩洛哥财政援助。1981～1983 年，摩洛哥共获得外国援助 49.21 亿美元，其中阿拉伯国家援助 20.3 亿美元，法国援助 5.59 亿美元，美国援助 3.93 亿美元，国际货币基金组织援助 10.35 亿美元，世界银行、国际开发协会援助 3.73 亿美元，联邦德国 0.82 亿美元，其他 4.49 亿美元。1988 年，摩洛哥获得各种赠款、援助约 7.433 亿美元，其中，美国提供 1.443 亿美元。

进入 21 世纪，摩洛哥为改变基础设施薄弱、发展资金少、抵御自然灾害的能力弱等影响经济持续稳定发展的因素，争取外国政府和国际组织提供的经济援助。由于摩洛哥偿还外债的信誉较好，因此，在 1997～2000 年期间，摩洛哥政府获得了稳定的国际援助，不仅资金数额有保障，条件也较为优惠，且援助金额有显著增加的趋势。1997～2000 年，摩洛哥每年均能获得约 3 亿美元的国际援助，而 2001 年获得了创纪录的 4.3 亿美元；其中以中期、中长期贷款居多，为 25～30 年。在这些国际援助中，

有阿拉伯的兄弟国家，如沙特阿拉伯、科威特和阿联酋等，有与摩洛哥保持传统地域关系的友好国家，如法国、西班牙和欧盟国家；还有联合国系统的国际发展基金，如世界银行和农业发展基金等。日本对摩洛哥的援助金额也明显增加（1997年约930万美元，而2001年达到了1亿美元，占摩洛哥当年获得的国际援助的22.90%）。摩洛哥是法国的第二受援助国，是西班牙的第一大受援助国。国际援助主要集中在农业、渔业、林业、交通、卫生和基础教育等方面。主要的合作国家和组织是德国、法国、比利时、日本、欧盟、联合国粮农组织、阿拉伯农业发展组织、世界银行、国际农业发展基金、干旱地区农学研究国际中心和阿拉伯旱地农业研究中心[1]。中国也向摩洛哥提供援助。1997～2001年，中国向摩洛哥提供的援助分别占当年摩洛哥获得的国际援助（协议金额）的0.23%、0.18%、0.48%、2.00%和3.99%。中国提供的经济援助主要有：1989年提供农用设备；1992年提供拖拉机、水泵、医疗设备和药品；1994年提供渔业培训设备、农用设备；1995年提供养蚕设备、建造水电站的设备；1996年提供医疗设备，直接提供320万迪拉姆购买渔业培训设备；1997年提供用于修建农村道路和田地的设备；1998年提供水泵用于解决农村的饮用水、医疗设备；2000年向穆罕默德基金会提供600万迪拉姆。

另外，西班牙也加大对摩洛哥援助力度。2003年度西班牙政府对摩洛哥发展援助总额达到1350万欧元，比2001年的1000万欧元增长了35%。这些援助资金将主要用于健康、教育、渔业领域的合作项目及小额信贷支持摩洛哥农村地区的发展项目。摩洛哥是接受西班牙政府发展援助最多的阿拉伯国家[2]。

---

① 中国商务部网站资料（2003年）（http：//ma.mofcom.gov.cn）。
② 中国商务部网站资料（2006年）（http：//ma.mofcom.gov.cn）。

三　外国资本

独立以前，摩洛哥的工矿和运输业主要掌握在法国垄断资本手中。第二次世界大战后，美国资本大量涌入，控制摩洛哥的一部分工矿业的生产。摩洛哥 90% 的经济掌握在法国等外国垄断资本手中。1956 年 3 月估计，法国在摩洛哥的投资约为 6480 亿法郎（约合 33 亿美元）[①]，主要投资在工矿业和商业、农业、地产和城市房屋中。美国、比利时、瑞士和英国等国在摩洛哥的投资为 1620 亿法郎，占外资的 10%。美国投资主要集中在工矿业、石油开采和食品加工工业中。

独立后，摩洛哥政府鼓励外国投资。1957～1976 年，外国在摩洛哥的私人投资共计 14.97 亿迪拉姆；其中投资最多的是法国和美国[②]。1973 年，摩洛哥颁布摩洛哥化法令，许多外国企业全部或部分转入摩洛哥人手中。

20 世纪 80 年代，摩洛哥实行自由经济，把鼓励和促进外国投资作为优先政策之一，颁布"投资法"和"投资指南"，放宽外汇管理，保证外国投资者的利益。在摩洛哥的外国投资比重不断增加，由 1985 年的 16% 上升到 1986 年的 25%[③]。年均吸引外资 5 亿美元，是非洲吸引外资较多的国家[④]。摩洛哥密切同海湾产油国家的经济关系，科威特和沙特阿拉伯等国开始增加在摩洛哥的投资，其主要投资于旅游业，如建造旅馆和购买房地产等。

---

① 《世界知识年鉴》编辑部编《世界知识年鉴 1958》，北京，世界知识出版社，1958，第 303 页。
② 《世界知识年鉴》编辑委员会编《世界知识年鉴 1982》，北京，世界知识出版社，1982，第 326 页。
③ 《世界知识年鉴》编辑委员会编《世界知识年鉴 1989/1990》，北京，世界知识出版社，1990，第 358 页。
④ 王成家主编《世界知识年鉴 2001/2002》，北京，世界知识出版社，2001，第 479 页。

　　1991 年，为鼓励外国投资者参与摩洛哥私有化进程，政府增设了国外投资部。1995 年摩洛哥政府又颁布"投资法"，实施一系列的鼓励投资的措施。自 1999 年以来，在摩洛哥的外国直接投资每年在 5～10 亿美元之间。大多数投资到制造业、银行和旅游业及其他服务业中，其中最多的是电信业。1999 年，摩洛哥吸引外资和贷款达 17.7 亿美元[①]，其中获得外国贷款 6.7 亿美元，较前 5 年上升 20%。

　　进入 21 世纪，摩洛哥继续采取措施鼓励投资。2000 年 7 月，废除了"进口调节税"，12 月，废除了"全民团结分担税"。2001 年的财政法废除"不动产利润税"，减免有关税收、设立"单一窗口"和设立了鼓励投资的"哈桑二世基金"[②]。2001 年，摩洛哥吸引外资 32 亿美元，是地中海南岸地区吸引外资最多的国家。2003 年，由于摩洛哥没有进行大规模的私有化投资活动，因此外国私人投资及信贷共计 5055 万美元，比前一年的 7104 万美元下降 28.8%。2004 年，中东地区的阿拉伯国家对摩洛哥的私人投资有了较大的增长，全年引进外资 150.84 亿迪拉姆。但是，2004 年，由于受到缺乏大规模私有化的支持、国际市场上石油和其它原材料价格的上涨等因素的影响，摩洛哥外国直接投资下滑 2/3。其引入外资的排名从非洲第二下降到第七[③]。

　　外国资本对摩洛哥的投资，为摩洛哥的经济提供重要的资金来源。1999～2003 年，平均每年贷款为 5.25 亿美元，其中，从法国贷款 1.8 亿美元，从欧盟贷款 1.65 亿美元，从日本贷款 7500 万美元。在经过令人失望的 2004 年后，由于采取了一系列有效措施，2005 年摩洛哥吸收外国直接投资又有了大幅上升，达到 29 亿

①　王成家主编《世界知识年鉴 2001/2002》，北京，世界知识出版社，2001，第 479 页。
②　中国商务部网站资料（2004 年）（http：//ma.mofcom.gov.cn）。
③　中国商务部网站资料（2005 年）（http：//ma.mofcom.gov.cn）。

美元,与2004年的10.07亿美元相比上涨了185%,位居非洲第四(非洲前三位依次为南非64亿美元、埃及54亿美元和尼日利亚34亿美元)。在外国直接投资中有12.4亿欧元,增长幅度为49%。在所有外资中,法国仍排名第一,占全部外资50.6%,其余几个大的投资国家为:瑞士占7.7%,德国占5.5%,西班牙占5.3%,英国占5.1%,美国占5%[1]。(见表4-17)

表4-17 主要投资国在摩洛哥投资情况一览表

单位:百万迪拉姆

国 别	2001	2002	2003	2004	2005
法 国	27650	2252	9780.3	4621.4	19496
西班牙	938.7	389.6	11156.8	485.3	1401.2
德 国	256.7	492.6	139.4	504.8	794.8
瑞 士	308.9	240.3	253.5	705.9	743.3
阿联酋	9.3	118.2	222.4	330.8	709.9
英 国	286.5	356	257.3	468.5	451.6
沙 特	87.4	171.7	145	314.2	341.7
美 国	699.1	379.7	445.4	461.2	220.9
科威特	131	431.4	16.8	20.7	219.2
荷 兰	198.6	239.3	73.3	131.4	213.7

资料来源:中国驻摩洛哥大使馆经参处网站(2007年)(http://ma.mofcom.gov.cn)。

四 外债

20世纪70年代和80年代初期,摩洛哥大量借款,导致严重的外债负担。1982年累计外债82亿美元,还本付息为47.6亿迪拉姆(约为7.47亿美元,1美元=6.37迪拉

---

[1] 中国商务部网站资料(2007年)(http://ma.mofcom.gov.cn)。

姆）。1983 年，在世界货币基金组织的帮助下，摩洛哥政府调整经济结构。但是，外债仍然很高，1984 年累计外债为 130 亿美元，1988 年外债总额高达 220 亿美元。从 1991 年起，外债开始下降，外债总额为 205 亿美元。到 1993 年，摩洛哥的财政状况有明显的改善。20 世纪 90 年代中期和末期，摩洛哥外债总额稳定在 195 亿美元至 210 亿美元之间。2000 年，摩洛哥外债开始下降，外债总额为 163 亿美元。2006 年，由于美元的贬值（2005 年底 1 美元约合 9.25 迪拉姆，到 2006 年底则降至 1 美元约合 8.46 迪拉姆），摩洛哥的外债下降，外债总额为 1152 亿迪拉姆（约合 130.97 亿美元），与 2005 年的 1159 亿迪拉姆（约合 131.76 美元）相比，减少了 7 亿迪拉姆。摩洛哥的外债总额占国内生产总值的比重较 2005 年下降了 2.3 个百分点，由 22.2% 降为 19.9%①。

摩洛哥政府还通过与债权人谈判，将债务转换为私人投资，以减轻债务负担。自 1996 年以来，法国同意将 3.94 亿美元的债务转为投资；2000 年 3 月，签署协议，将 9200 万美元的债务转为投资；西班牙也将 5000 万欧元（约合 6700 万美元）的公债和 4000 万欧元的私人债务转为投资。

最近几年，由于加强管理，摩洛哥的中期和长期债务下降。2000 年，摩洛哥外债总额占国内生产总值的 34%，而 2004 年则下降至 26%，同时新增外债占外债总额的比例由 2000 年的 42% 上升至 2004 年 51%。

根据"标准普尔"（Standard & Poor's）② 事务所 2001 年 11 月发表的公报，摩洛哥外国债务偿还能力为 BB，国内债务偿还能力为 BBB。

---

① 中国商务部网站资料（2007 年）（http：//ma. mofcom. gov. cn）。

② 1980 年成立。是一个世界级的资讯品牌与权威的国际分析机构。标准普尔是金融投资界的公认标准，提供被广泛认可的信用评级、独立分析研究、投资资讯等服务。

第七节 旅游业

一 概况

摩洛哥是一个文明古国。早在 3000 年以前，腓尼基人就被这里的迷人景色所吸引，把这里称为摩洛哥，意思为"休养胜地"。摩洛哥是"世界旅游组织（World Tourism Organization WTO）"的成员国，其旅游业发展居非洲国家前列。

摩洛哥旅游资源丰富。在社会环境方面，摩洛哥国内的政治局面和社会环境相对稳定。在自然环境方面，摩洛哥幅员辽阔，地貌复杂，有广阔的海滩，明媚的阳光，一望无垠的大沙漠，冬季还有滑雪场。其田园风光、原始生态吸引大批的游客。在文化方面，摩洛哥历史悠久，文化源远流长，阿拉伯历史文化遗址很多，最早可追溯到古罗马时期；古城非斯和梅克内斯被列入联合国教科文组织历史文化遗产的古建筑。摩洛哥有丰富的人文景观，现代化的商业大都会卡萨布兰卡和古代与现代巧妙结合的首都拉巴特。摩洛哥独具特色的文化艺术和风土人情也吸引着外国旅游者。摩洛哥的音乐舞蹈、民间传统节日、柏柏尔人的求婚盛会等极具魅力。在地缘方面，摩洛哥位于非洲西北角，欧洲是摩洛哥旅游业的主要市场，法国是主要的游客来源地，其次是西班牙、英国、德国、意大利和美国。

20 世纪 80 年代，摩洛哥开始发展旅游业，被人们誉为"新兴的旅游王国"。从 1984 年起，旅游收入居侨汇收入之后，成为第三大外汇来源。1987 年，到摩洛哥旅游的人数达 235.6 万，旅游外汇收入达 10 亿美元，旅游从业人员 22 万，全国有旅游职业培训学校 12 所。摩洛哥国家旅游局在国外设有 17 个代表处，负责组织外国游客到摩洛哥旅游。

20 世纪 90 年代，摩洛哥的旅游开始迅速发展。1996 年，到摩洛哥旅游的外国游客 180 万人次，其中欧洲游客超过 130 万人次，主要是法国和德国的游客。到 1996 年底，摩洛哥有饭店 543 家。1996 年，摩洛哥加强基础设施建设，计划建 17 家饭店。国家资助 39 个旅游项目，建设投资约为 16.97 亿迪拉姆。另外，还有 31 个扩大和整修旅游设施的计划，总投资在 5.61 亿迪拉姆。1998 年，摩洛哥接待外国游客 201 万人次，旅游外汇收入约 14 亿美元。1999 年，外国旅游者人数达 382 万人次，其中法国旅游者 81 万人次、德国旅游者 22 万人次、西班牙旅游者 25 万人次。由于有几十万摩洛哥的侨民在欧洲工作，因此摩洛哥侨民回国旅游也是摩洛哥旅游业的主要内容之一。1999 年，摩洛哥侨民回国旅游人数达到 147 万人次。1999 年摩洛哥旅游收入达到 19 亿美元。

进入 21 世纪，旅游业已经成为摩洛哥一个最重要的外汇来源和主要的就业部门。为加快摩洛哥旅游业的发展，摩洛哥政府在 2000～2004 年的五年经济和社会发展计划中，把发展旅游业作为重点之一。摩洛哥政府提出开发旅游资源，以旅游带动国民经济发展的战略目标。还制定旅游业发展战略，计划在 10 年内兴建一批新的旅游设施，到 2010 年，旅游客房由现在的 3.5 万间增加到 11.5 万间，旅游接待能力由目前的 250 万人次扩大到 1000 万人次，旅游收入将由现在的每年 20 多亿美元增长到 80 亿美元。为达到上述目标，政府采取一系列措施：修改投资法，向投资者提供价格优惠和免税的地皮；鼓励投资者、特别是鼓励外国投资者到摩洛哥投资旅游业；鼓励全国各地增加旅游业方面的投资；开辟新的旅游景点，如山地旅游、高山滑雪旅游和生态旅游等，吸引更多的游客；扩大海滨和沙漠旅游，重点开发山区和林区的旅游，以旅游带动当地传统手工工业的发展，促进整个落后山区乡村的经济发展。从 2000 年起，摩旅游部门专门拨出一笔资金，向西欧等地做广告，推销和宣传摩洛哥的旅游产品。2002 年，政府对到摩洛哥投资旅游项目的外国企业提供 50% 的资金补贴、享受前 5 年免交企业税和随后 5 年减半的优惠政策。2003 年，摩洛哥政府允许私营企业和外国公司对城市规划和领土整治及海滨浴场进行投资。这些新举措吸引了大批外国投资者，比利时、西班牙和海湾国家的投资较多，预计到 2010 年对摩洛哥的旅游投资将达到 20 亿美元。2004 年，摩洛哥政府又制定"进一步开发旅游资源、发展郊区旅游设施、以旅游促进经济加速发展"的新战略。

据摩洛哥旅游、手工业与社会经济部统计，2006 年，摩洛哥共接待游客 655 万人。抵境游客量比 2005 年增长了 12%，其中将近一半为摩洛哥旅居海外的侨民。摩洛哥全年登记游客过夜量达 1632 万，比 2005 年增长了 11%，超出 2001 年的历史最高纪录近 30%。马拉喀什以近 600 万的游客过夜量位居全国最受欢迎旅游目的地榜首。摩洛哥旅游业的最大游客来源国是英国，英国游客全年在摩洛哥旅店过夜量达 34.4 万人次，与 2005 年相比，增长 49%；西班牙游客以 17% 的增幅紧随其后。总之，旅游业为摩洛哥带来了近 530 亿迪拉姆（约合 60.25 亿美元）的收入，同比猛增了 29.2%，创历史最高纪录；摩洛哥侨汇达 477 亿迪拉姆（约合 54.23 亿美元），同比增长 17.2%[1]。

随着摩洛哥政府相关法律的出台和完善，航空市场开放，旅游航空子公司成立，摩洛哥旅游业将进一步蓬勃发展。

二　旅游资源

摩洛哥发展旅游业具有很大的资源优势，主要的旅游资源有如下几项。

---

① 中国商务部网站资料（2007 年）（http：//ma. mofcom. gov. cn）。

1. 古迹和古城

摩洛哥是一个历史悠久的古国，古迹和古城遍布全国，政府已经逐步将其开放为旅游区。摩洛哥主要的古城有：首都拉巴特，古城塞拉，古老的港口城市丹吉尔，古文化中心得土安，"经济首都"卡萨布兰卡，新兴旅游城市阿加迪尔，古都梅克内斯，古都非斯和历史文化名城马拉喀什。

2. 阿特拉斯山自然风景区

摩洛哥政府为发展阿特拉斯山风景区的旅游业，投巨资建筑进山公路。在山区修建避暑山庄、溜冰场、滑雪场、跑马场、狩猎场及温泉疗养院。此外，还建有歌舞剧场、音乐厅等娱乐场所。

3. 温泉资源

摩洛哥政府充分利用温泉资源，积极开展旅游。开发温泉，将其建成避暑、疗养和治病的中心，主要有：位于非斯郊区的赛义迪·易哈拉兹姆温泉，拉巴特到非斯公路旁边的穆莱·雅古卜温泉，拉巴特至梅克内斯城公路的终点的奥勒马斯温泉。

4. 人造旅游区

摩洛哥政府在各文物保护区和风景区投入大量的资金，建立各种的博物馆、高尔夫球场、赛马场、狩猎场、钓鱼场、航空俱乐部、帆船俱乐部、溜冰场和滑雪场等。

博物馆。摩洛哥全国各大城市有各类博物馆，收藏丰富，向旅游者开放，主要有：拉巴特的古迹博物馆，奥达亚博物馆；非斯的达尔·白塔海博物馆，兵器博物馆；梅克内斯的盖席拉、贾米阿艺术博物馆；阿赖什的古迹博物馆；得土安的艺术博物馆，古迹博物馆；丹吉尔的盖萨卜博物馆；马拉喀什的达拉西·赛伊德古迹博物馆；苏维腊的西迪·穆罕默德博物馆。

高尔夫球场。主要有：马拉喀什高尔夫球场，卡萨布兰卡皇家高尔夫球场，穆罕默迪亚高尔夫球场，拉巴特的苏伊士高尔夫球场和达尔·塞拉姆高尔夫球场及梅克内斯高尔夫球场。

赛马场。摩洛哥盛产良马，在每个城市、乡村、旅游区都有赛马场与赛马俱乐部，全年开放。

狩猎场。摩洛哥的狩猎场只对游客开放，禁止当地居民入内。进入狩猎场的游客必须持有狩猎证。主要狩猎场有：苏维腊狩猎场、韦赞狩猎场、奥勒马斯狩猎场、马阿穆拉狩猎场、梅克内斯狩猎场和马拉喀什狩猎场。

钓鱼场。在摩洛哥沿海的各大城市、河流两岸或山上的湖泊四周都建有钓鱼或捕鱼场所，游客可在这些地方钓鱼和捕鱼。

航空俱乐部。摩洛哥在全国各地建有 12 家航空俱乐部和跳伞训练场。

帆船俱乐部。摩洛哥共有 8 家帆船运动俱乐部，分布在大西洋沿岸。

溜冰滑雪场。摩洛哥的滑雪场主要分布在阿特拉斯山的四周，设备齐全，有空中索道把游人从山脚直送到山顶。主要有 4 个滑雪场：大阿特拉斯山的奥基迈丹滑雪中心、中阿特拉斯山的迈希勒范滑雪中心和哈·卜拉山滑雪场[①]。

三 旅 游 设 施

目前，全国直接和间接从事旅游业的人口超过 40 万。全国共有各级旅馆 590 家，总床位 15.8 万张；其中有 14 家五星级饭店，有 12 家四星级饭店和 5 家三星级饭店，主要集中在拉巴特、卡萨布兰卡、马拉喀什、阿加迪尔、丹吉尔、非斯、梅克内斯和乌瓦扎扎特。

为适应旅游业的发展，国内建设了 12 所旅游职业培训学校。摩洛哥国家旅游局在国外设立了 17 个代表处。

---

① 梁国诗：《新崛起的旅游王国——摩洛哥》，《阿拉伯世界》1992 年第 3 期。

摩洛哥有三家旅行社，在拉巴特有两家，在卡萨布兰卡有一家。在卡萨布兰卡的旅行社是摩洛哥上海旅行社，这是摩洛哥境内唯一由中国人办的旅行社。主要经营中国游客在摩洛哥的休闲旅游、商务考察及协助安排会议、展览、贸易等商务活动，受理客房和车辆等预订业务①。

四　旅游城市

摩洛哥比较著名的城市有：拉巴特、丹吉尔、卡萨布兰卡、阿加迪尔、非斯、梅克内斯、马拉喀什、得土安和塞拉等，其中有拉巴特、非斯、马拉喀什、梅克内斯等四个曾经成为帝都的城市。1997 年 12 月，世界遗产委员会第 21 次全体会议在意大利那不勒斯举行，摩洛哥的两处古迹——公元前 3 世纪古罗马城池遗址沃吕比利斯和北部城市得土安的麦迪纳古城被会议批准列入《世界遗产名录》。本书第一章第五节中的"主要城市和古迹"已选择其中几座城市加以介绍。

第八节　国民生活

独立以来，摩洛哥政府通过全面实施适合本国特点的经济发展与振兴战略，改变了原有的具有殖民地性质的经济结构，经济取得一定的增长，使国民经济有了巨大的发展，人民的生活水平也得到了显著的提高。这样，从振兴经济、增加就业、改善医疗卫生及其它社会服务政策，到采取抑制物价、提高工资、发放生活救济金，逐步缩小社会差别，提高低收入者生活水平等方面，全面反映了摩洛哥社会的发展与变化。

---

① 中国驻摩洛哥大使馆经参处材料（2006）（htttp：//ma. moftec. gov. cn）。

一 物价

20 世纪 80 年代，摩洛哥政府对基本生活资料实行补贴制度，从而使摩洛哥的物价指数和实际生活费用有所下降。1980 年，摩洛哥的物价指数上升 9.2%，生活费用上涨 9.68%。到 1989 年，物价指数上升 2.8%，较 1980 年有大幅度下降。

20 世纪 90 年代，摩洛哥政府执行经济政策，对生活必需品给予部分补贴，物价指数的上涨程度呈下降趋势，通货膨胀率从 1991 年的 10% 下降到 1999 年的 0.9%，人民生活水平相对有所提高。（见表 4 – 18）

表 4 – 18　2001～2003 年摩洛消费物价上涨幅度

单位：%

	2001	2002	2003（1 季度）	2003（2 季度）	2003
食　　品	- 1.0	4.8	- 1.7	2.9	0.6
非 食 品	2.0	1.6	0.9	1.0	0.9
消费品合计	0.6	2.8	- 0.3	1.7	0.7
通货膨胀率	1.0	1.3	0.7	0.4	0.5

资料来源：数据由摩洛哥政府统计局提供，预测由摩洛哥经济预测部下属经济预测研究中心提供。见中国驻摩洛哥大使馆经商处网站资料（2004 年）（http：//ma. mofcom. gov. cn）。

2000 年摩洛哥消费物价指数上涨 1.9%，高于上一年度的 0.7%，其中，食品价格上涨 1.5%，交通与通信上涨 5.2%，服装上涨了 2.4%，住房上涨 1.7%，医疗上涨 0.2%，文化娱乐及其它分别上涨 2.2% 和 2.1%。1997～2001 年度摩洛哥的通货膨胀率为 1.4%，大大低于 1991 年的 10%。

　　根据摩洛哥计划高级专署提供的数据，与 2004 年同期相比，2005 年 10 月份摩洛哥物价指数上涨了 1%；2005 年前 10 个月，摩洛哥物价指数上涨了 0.8%，各大城市上涨程度在 0.1% 和 1.4% 之间，涨幅最大的是阿加迪尔（1.4%）、拉尤恩（1.2%）和马拉喀什（1.2%），涨幅最小的是肯尼特拉（0.6%）、梅克内斯（0.5%）和非斯（0.1%）。

　　到 2003 年，摩洛哥家庭年平均支出 46339 迪拉姆，其中 43.1% 用于食品，21.4% 用于住房，10.7% 用于娱乐，6.9% 用于医疗卫生，6.5% 用于交通和通信，5.5% 用于服装，3.8% 用于家用设备，2% 用于其它支出。

　　2005 年，摩洛哥的通货膨胀率为 2%。总体来说，20 世纪 90 年代以后，摩洛哥的物价指数一直是呈下降趋势。

　　二　劳动就业

立以前，摩洛哥人民生活在殖民者的统治下，农民失去赖以生存的土地，工人从事苦力劳动或找不到工作，失业现象非常普遍。

　　独立以后，摩洛哥人民的劳动就业率有所提高，但是失业人口仍在 50 万左右（20 世纪 50 年代末）。1982 年，摩洛哥政府对基本生活资料的物价进行补贴，为 4.3 万人提供就业机会。

　　1982～1993 年，摩洛哥就业年增长率为 3%。但自 1994 年以来，摩洛哥就业市场劳务需求增长减弱甚至停滞，1994～2003 年 10 年间就业平均年增长率下降为 2.3%。失业人数增长明显，特别是在城镇地区。1960 年，摩洛哥的就业率为 51.8%，1994 年就业率增长至最高点为 54.8%，而 2003 年则下降至 51.9%。（见表 4－19）

表 4 – 19　1998 ~ 2000 年摩洛哥就业与失业人口统计

城　市	1998	1999	2000	农　村	1999
就业人口比例(%)	48.1	48.1	49.30	就业人口比例(%)	63.1
其中:男性	75.1	74.6	75.70	其中:男性	85.5
女性	22.3	22.8	24	女性	40.9
失业率	19.1	22.0	21.5	失业率	5.4
其中:男性	17.5	20.3		其中:男性	7.0
女性	24.4	27.6		女性	2.1

　　资料来源:中国驻摩洛哥大使馆经参处网站（2001 年）（http://ma. mofcom. gov. cn）。

　　由于人口增长较快、经济规模较小，摩洛哥的就业压力不断增大，劳动力人口的失业比例相对比较高，其中，妇女的失业率更高。另外，在摩洛哥政府统计并公布的数据中，就业人口的年龄从 15 岁算起，并非如国际通行的从 18 岁算起，这也在相当程度上影响了摩洛哥的就业率。

　　针对日益严峻的就业问题，摩洛哥政府积极发展职业教育，希望通过这种方式使待业和失业者适应经济发展的需要，帮助他们就业和再就业。摩洛哥的职业教育采取两种方式:一是传统形式，即开办职业学校、夜校和学习班;二是新的职业教育形式，包括交替式培训和合同式培训。同时，摩洛哥政府还规定所有企业按其工资总额的 1.6% 向国家缴纳职业培训税，该税成为国家职业教育经费的主要的来源 (2/3)。为鼓励企业进行在职的职业培训，政府对企业实行培训补贴制度。

　　除了国家进行职业培训教育外，摩洛哥政府积极推动私人职业教育。全国约有私人职业学校 1000 多所，在校学生人数占职业学校学生总数的 40%。

　　摩洛哥政府通过改革教育体制，从根本上改变教育与劳务市

场需求脱节的现状。经过政府的不懈努力，摩洛哥的失业率有所下降，就业率有所提高。就业市场情况发生了一些变化，主要表现在三个方面。

首先，妇女就业率提高。2003年妇女就业率为21%，男子就业率为72.6%。虽然城市妇女受传统文化的影响，许多人主要从事家务劳动，造成妇女就业率远低于男子就业率，但是，近年来，随着工商业的发展和社会的进步以及教育程度的普遍提高，摩洛哥妇女就业的比例还是不断上升的，妇女就业状况有显著的改善。

其次，乡村人口就业增长率高于城镇人口就业增长率。2003年底，乡村人口就业率为84.3%，而城镇人口就业率仅为37.3%。

第三，摩洛哥劳动人口整体学历水平在逐步提高，失业人口学历水平也在逐步增高，"无学历"劳动力就业率在下降，由1987年的64.2%下降至2003年的36.7%。2003年，拥有小学和初中文化程度的就业人口占全部就业人口的比例上升至55.4%，而拥有高等文化程度的就业人口占全部就业人口的比例也由1987年的2.6%上升为2003年7.6%[①]。

据2003年统计，摩洛哥现有劳动力人口1050万人，其中男性占74.11%，女性占25.89%，劳动力人口中城市占47.36%，农村占52.64%。2003年劳动力人口的失业情况不容乐观，比往年增长了4.8%，失业总人数达到137万人。劳动力人口失业率达到12.8%[②]。

到2006年，摩洛哥又新增加了30万个就业岗位，全部集中在非农产业，其中90%以上集中在城市，尤其是建筑业和服务

---

① 中国商务部网站（2006年）（http：//ma. mofcom. gov. cn）。
② 中国商务部网站（2004年）（http：//ma. mofcom. gov. cn）。

业，分别增加了 15.6% 和 6.4%。因此，该年度，摩洛哥的失业人口共减少 13.5 万，全国平均失业率由 2005 年的 11.1% 降至 9.7%，其中，城市人口失业率由 2005 年的 18.4% 降至 15.5%；但是，农村人口失业率则由 2005 年的 3.6% 略增为 3.7%。

2006 年，摩洛哥 15 岁以上（含 15 岁）的劳动力人口增至 1099 万，比 2005 年增长了 1.5%，其中城市和农村劳动力人口分别增长了 2.4% 和 0.7%。就业率基本稳定，由 2005 年 51.5% 略减至 2006 年的 51.3%[①]。

三 工资

独立以前，摩洛哥工人的工资低于法国工人的最低工资的 1/5 至 1/6，工作条件十分艰苦，每天工作 12～14 个小时，每月工资只有 8000～10000 法郎，女工和童工还要少 30%～50%，不能维持最低限度的生活。根据 1952 年的统计，摩洛哥国民收入约为 4530 亿法郎，占摩洛哥人口 5% 的欧洲人却夺取了其中的 50%，其余为占人口 95% 的摩洛哥人所有。欧洲人每人每年平均收入为 59 万法郎，摩洛哥人每人每年只有 3.1 万法郎，相差近 20 倍。

独立以后，摩洛哥人民的工资状况逐渐改变。1980 年，摩洛哥人的最低月工资，工业工人为 489 迪拉姆，农业工人为 317 迪拉姆。1982 年 5 月，政府将最低工资提高 15%。1983 年 8 月再次将最低工资提高 20%，最低日工资，工业工人为 3.26 美元（1 美元约等于 9.54 迪拉姆，1984 年），农业工人为 2.10 美元。到 1989 年，最低工资每月为 1086.8 迪拉姆。政府通过提高最低工资额，使摩洛哥人民的工资水平不断上升。

到 20 世纪 90 年代，政府继续上调最低工资额。1990 年，

---

① 中国商务部网站资料（2007 年）（http：//ma. mofcom. gov. cn）。

工、商、农业人口的最低工资平均增加 10%。1991 年和 1992 年，政府两次将最低工资上调 15%，同期物价上涨 6.7%，工资的上调率高于物价的上涨率。1993 年，政府冻结工资，农业部门的日工资为 34.18 迪拉姆，其他经济部门的工资为每小时 6.6 迪拉姆。1995 年，人均月工资为 6789 迪拉姆。1996 年 8 月，私营部门最低工资增加 10%，每月为 1650 迪拉姆。公务、行政人员的工资也有所提高；农业部门的日工资为 41.36 迪拉姆，其他经济部门的工资为每小时 7.98 迪拉姆。政府通过几次对工资的调整，使人民的生活水平有很大的提高。

2000 年 7 月起，政府对行业最低工资标准再次作了调整，摩洛哥各行业的最低保证工资为 8.78 迪拉姆/小时和 1860 迪拉姆/月。工作时间为每天 8 小时，每周 48 小时，一年 2496 小时。调整后的各行业工资（含收益奖金、资历工资、各种补贴的平均工资）为：普通工人 8.78～9.35 迪拉姆/小时，熟练工人 9.30～10.40 迪拉姆/小时，半技工 10.40～10.83 迪拉姆/小时，技工 12.04～12.98 迪拉姆/小时，班组长 14.85～16.77 迪拉姆/小时，工头 2750～3630 迪拉姆/月，工程师、管理干部 6600～11000 迪拉姆/月。加班工资为：5：00～22：00，每小时增发工资的 25%；22：00～5：00，每小时增发工资的 50%；周末及公假日，在加班工资额的基础上加倍。以上工资水平因不同工业行业而异，并且加上社会保险费。另外对长期雇员，雇主给补助金，其比例为：工作满 2 年，不论连续与否，增发工资的 5%；工作满 5 年，不论连续与否，增发工资的 10%；工作满 12 年，不论连续与否，增发工资的 15%；工作满 20 年，不论连续与否，增发工资的 20%[1]。雇主还须支付社会保险费，其中包括：职业培训税，为工资总额的 1.6%；支付国家社会保险基金（CNSS）中的家庭补助金，为

---

① 　中国商务部网站资料（2006 年）（http：//ma. mofcom. gov. cn）。

月工资的 8.87%，短期补助（月工资的）0.66% 中的 0.44%，长期补助（月工资的）9.12% 中的 6.08%①。年度带薪的假日②为每月 1.5 个工作日（不足 18 岁者，休 2 天）。

四 居住状况

独立以前，摩洛哥人民生活艰难，大多数的城市劳动者住在以破油桶和旧铁皮搭建成的"铁罐区"，其中，在卡萨布兰卡的五个"铁罐区"内就住了 20 万人。

1982 年，政府开始在城市大力兴建住房。20 世纪 90 年代，摩洛哥的住宅建设迅速发展，1995 年，摩洛哥人的住房拥有率达到 48%。但是缺乏经济型住房，特别是城市经济型住房需求缺口较大。因此，摩洛哥政府以加快住房建设的发展来解决住宅、特别是城市住宅的不足，但因资金问题而减缓了国有住房的建设进度。政府希望私营部门参与住房建设，为此在大城市拨出 200 公顷的土地用于私人房地产开发。1997 年，美国国际发展机构（USAID）批准了一项 1000 万美元和 8000 万美元的取代棚户区和改进低标准住房的计划。

五 福利状况

摩洛哥的社会保障制度主要有养老保险、疾病与生育保险、工伤保险和家属补贴等。

1. 养老保险
1959 年首次颁布有关养老保险的法律，1972 年和 1981 年修

---

① 预先支付的长、短期补助按月工资最高不超过 5000 迪拉姆计算。
② 带薪法定节假日为：独立宣言日（1 月 11 日）、劳动节（5 月 1 日）、国王登基日（7 月 30 日）、EDDAHAB WADI 回归日（8 月 14 日）、国王与人民革命日（8 月 20 日）、青年节（国王生日，8 月 21 日）、绿色进军节（11 月 6 日）、独立日（11 月 8 日）、回历新年、开斋节、宰牲节和先知生日（宗教节日）。

改后使用至今。公共健康部负责监管养老保险事宜。全国社会保险基金会管理年金方案。

享受养老保险的范围为工人、雇员和学徒；商业、农业、森林、合作社和自由职业中的雇员。独立劳动者除外。政府雇员和其他人员享受其它保险项目。

养老保险的基金来自受保人的收入（1.68%）和雇主所交的费用（总额的3.36%）。政府不负担保险资金。养老保险包括养老金①和抚恤金。保险1080天，含最近1年108天（非职业性事故，无最低合格期限规定）。

遗属恤金是受保人年金的50%，支付给遗孀或年满50岁的受供养的鳏夫，或伤残者。支付给12岁（学徒18岁，学生或伤残者21岁）以下的孤儿的遗属恤金额为受保人年金的25%，支付给父母双亡的孤儿的遗属恤金额为受保人年金的50%。最高遗属恤金为受保人年金的100%。丧葬费为6000迪拉姆②。

2. 疾病与生育保险

1959年首次颁布关于疾病与生育保险法。1972年和1981年修改后使用至今。该法规定，保险金仅以现金的方式支付。公共健康部负责监管这一保险项目。全国社会保险基金会监管疾病与生育保险方案。

保险的范围是工业雇员和学徒，商业、农业、森林、合作社和自由职业中的雇员和学徒。独立劳动者除外。政府雇员和其他人员享受其它保险项目。

疾病与生育保险的基金来源于受保人的收入（0.22%）和雇主所交的费用（总额的0.44%）③。政府不负担保险资金。享

---

① 年满60岁或55岁、在井下工作5年或5年以上的矿工。
② 馨芳等编译《世界各国的社会保障制度》，北京，中国物资出版社，1994，第204～208页。
③ 交纳保险费和享受疾病与生育补助的收入最高限额为每月3000迪拉姆。

受这项保险的条件是：疾病保险金以现金支付①。非职业性事故没有最低合格期规定；生育保险金以现金支付。

疾病保险金的支付标准为投保金额的 50%，至多支付 26 周。7 天审核后支付。最低支付金额为最低工资的 50% ~66.6%。生育保险金为收入的 50%；支付 10 周（含产后至少 6 周）。

3. 工伤保险

1927 年首次颁布工伤保险法。1963 年修改后使用至今。私营企业，通过私营保险公司强制保险。就业部通过其工伤服务机构实施有关的法律。法院负责监管支付工伤补助金。

工伤保险范围是独立劳动者，政府雇员除外。

工伤保险基金来源于雇主交纳的全部费用，受保人不交纳，政府也不负担保险资金。享受工伤补助的人其收入最低限额为一年 11856 迪拉姆。最高收入限额为年收入 38905 迪拉姆。

工伤保险没有最低合格期限的规定。保险领取标准为：①支付临时残疾保险金，前 28 天为投保额的 50%；此后为 66.67%。从负伤的第一天起支付，直至痊愈或定为永久残疾。②永久残疾恤金为：完全残疾为全国平均收入的 100%。部分残疾分为两种情况，一是丧失能力程度在 10% ~50% 之间者，为全国平均收入乘以残疾部分的 1/2；二是丧失能力程度超过 50% 者，全国平均收入乘以残疾部分的 1.5。经常护理补贴的补贴数额是残疾恤金的 40%，最低为 9810 迪拉姆。③医疗补助包括：医疗、外科和医院护理，药物以及交通的费用。④遗属恤金：60 岁以下的遗孀支付给受保人收入的 30%；超过 60 岁的支付 50%。支付给孤儿的标准为前两个孤儿支付收入的 15%，其他每一位 16 岁（学生 21 岁，伤残者不限）以下孤儿支付收入的 10%；父母双

---

① 首次申请，最近 6 个月交纳保险费 54 天（继续在同一疾病基础上申请 18 天）。

亡的孤儿支付收入的 20%。其他合格遗属为父母、祖父母和其他后人。最高遗属恤金为受保人收入的 85%。由雇主支付所有丧葬费。

4. 家属补贴

1942 年和 1959 年颁布家属补贴法，1972 年和 1988 年修改后使用至今。家属补贴属于就业关联制度范畴。公共健康部是其管理机构，负责一般监督。全国社会保障基金会管理家属津贴方案。基金会授权雇主直接向其雇员支付津贴。

补贴范围是工业雇员及学徒、商业、农业、森林、合作社和自由职业中的雇员、学徒及有 1 个或几个子女的社会保险受益人。农业和森林工人除外。政府雇员和某些其他类别的人员享受其他保险项目，不享受此项补贴。

基金来源于雇主支付工薪的 10%，受保者不交纳，政府不负担保险资金。

补贴享受条件范围是：在 12 岁以下的子女。父（母）必须在最近 6 个月交纳保险费满 108 天，且月收入至少为 80 迪拉姆；或平均月收入至少为 80 迪拉姆的季节工人；或为社会保险受益人。

补贴的标准为：从第 1～3 个子女，每人每月 54 迪拉姆；第 4～6 个子女，每人每月 36 迪拉姆。另有医疗补助，其标准为：第 1 个子女，最多支付 300 迪拉姆的实物，其余每一个子女，每人最多 100 迪拉姆的实物，最多支付 6 个子女。

第五章

军　事

摩洛哥作为一个独立的国家实体，已有 1200 多年的历史。自 1660 年以来，一直由阿拉维王朝统治。1956 年，在结束法国对"保护国"的殖民统治后，摩洛哥不仅要应付来自内部的安全问题，应付来自对哈桑二世国王王权的威胁和社会动乱，还要应付与邻国阿尔及利亚和利比亚的军事冲突；同时，陷入为争夺西撒哈拉而引发的战争。摩洛哥国王依靠军队保卫国家主权、领土的完整和安全，维护公共秩序和抗击来自国内外对王权的威胁。

第一节　概述

一　建军简史

1. "保护国"以前的军队情况

早在 16 世纪，萨阿德王朝时期，苏丹阿卜杜拉·马利克为了保卫中央集权，成立一支常备军——"杰士"军事部落集团，实行义务兵役制。这一军事部落集团采用免征赋税和分给土地的办法，招募一批现役军人，组成一支享有特权、

有服兵役义务的士兵。随后，他又组成了摩洛哥第一支警备军——舍拉加警备军。他的继承人曼苏尔艾哈迈德·萨迪加强了部落军事联盟，他依靠这支部队，制止部落叛乱，保持国内长时期的稳定，不仅抵抗西班牙人的入侵，还收复被葡萄牙人夺去的沿海地区。

17世纪70年代，在王位继承的争斗中，阿拉维王朝第二代统治者穆莱·伊斯梅尔取得统治地位。他改变完全依赖部落力量的军事制度，以黑奴作为国家军队的来源，建立了一支由政府直接指挥的、拥有15万人的强大的黑奴兵团①。这支军事力量为巩固阿拉维王朝做出了巨大的贡献，击溃了欧洲列强的武装入侵，统一了摩洛哥，收回了大部分被外国占领的摩洛哥领土，维护了民族主权。

19世纪，为了抵御外国侵略和巩固国家的独立，苏丹穆莱·穆罕默德开始从欧洲购买新式武器，以建立正规军。苏丹穆莱·哈桑子承父业，继续组建新式正规军。首先，他整顿部落军队，改革征兵制度，裁减常备军，从比利时、法国、英国、德国和西班牙等国聘请军事教官，派高级军官到欧洲学习军事。其次，购买新式武器，包括欧洲的大炮。在他统治的末期，摩洛哥炮台数量增加，已拥有150门大炮。此外，建立了兵工厂；还成立了海军。

2. "保护国"时期的军队情况

法国在摩洛哥建立"保护国"后，摩洛哥的军队由两部分组成：一是摩洛哥传统的军队——摩洛哥皇家卫队，二是由法国

---

① 穆莱·伊斯梅尔将苏丹黑人士兵的后裔集中在迈什拉赖迈勒，为王朝生儿育女。男孩从10岁起开始学习手艺，两年内得到赶骡或石匠的职业。第四年开始学习骑马、射箭、打火枪等军事技术。女孩则学习家务劳动，其中最美丽的女孩要学习音乐。男孩到15岁时编入近卫军部队，并让他们与黑人女孩成婚。他们的儿子也将从军，女儿也将嫁给黑人士兵。这使摩洛哥获得了稳定的常备军兵源和盲目效忠的军队。参见顾明远著《世界教育事典》，南京，江苏教育出版社，2000，第215页。

招募的摩洛哥军队。皇家卫队主要是作为皇家仪仗队。法国人招募军队的任务是维护法国当局的统治、维持摩洛哥的秩序。军队中的一部分摩洛哥人在法国军校受过训练，还有一些摩洛哥士兵加入到法国在国外的军队中。在第一次世界大战中，有一部分摩洛哥士兵在法国军队中服役。在第二次世界大战中，约有 30 万摩洛哥人与协约国一起参加北非战役，为反法西斯斗争的胜利做出了贡献①。

摩洛哥独立前，大约有 8.5 万名法国军队和 6 万名西班牙军队驻扎在摩洛哥。摩洛哥本国只有一支人数不多的皇家卫队。另外，还有约 5 万摩洛哥人在法国和西班牙的军队中服役。

1955 年，争取独立的民族主义者成立了"民族解放军"。

3. 摩洛哥独立后的军队情况

1956 年 3 月 2 日，摩洛哥获得独立后，由穆罕默德五世国王亲自领导的军事委员会开始筹建摩洛哥正规军。该委员会包括哈桑王储、内阁大臣、法国军官和来自法国的摩洛哥高级军官。此后不久，穆罕默德五世国王宣布成立国防部和总参谋部。同年 5 月 14 日，建立一支由 1.4 万人组成的摩洛哥陆军部队，其中包括由法国移交的前法国陆军中的摩洛哥部队（包括法国军士和军官），共有 13 个步兵营，1 个骑兵营，1 个装甲团、1 个炮兵团和 1 个工兵营等；还有约 5000 人的原摩洛哥民族解放军。军队总司令是穆罕默德五世国王，参谋长是穆莱·哈桑王储。到 11 月中旬，摩洛哥军队迅速扩大，武装部队的兵力达 3 万多人。1956 年和 1960 年，摩洛哥先后组建摩洛哥空军和海军。这三支部队统称"摩洛哥皇家武装部队"（The Royal Armed Forces, FAR）。1960 年，三军共有约 3.5 万人，其中陆军 3.3 万多人，空军 1000

---

① Harold D. Nelson: *Morocco: a country study*, pp. 17 – 20, the American University, Washington D. C., 1985.

多人，海军 200 多人，另外有辅助武装力量 2 万人，宪兵 2000 人。

建军初期，加入皇家武装力量的人有法国军官和曾经在西班牙和法国军队中服役的柏柏尔人。但是，摩洛哥缺乏训练有素的指挥员，1956～1960 年间，有 745 名法国军官以督导员的身份在摩洛哥的军队中服务，他们在梅克内斯皇家军事学院中任教和督导，领导培养行政干部的摩洛哥参谋中心和内务部干部学校。在新军队中，军事骨干是摩洛哥人（主要是柏柏尔人），他们是战后在欧洲占领军中服役的法国军队的军官，其中多数人是法国最近几次殖民战争（印度支那、阿尔及利亚）中的老兵。另一部分人是皇家武装部队成立后曾在法国圣西尔和西班牙托列多的军事学院受训的军官。

1961 年，哈桑二世继位。他着手建立和发展摩洛哥的军队。他强调要建设一支有助于国家稳定的军队，提出"真主、国王和国家"的口号。这一时期，摩洛哥军队除继续接受法国和西班牙的武器和训练外，还从美国和苏联等国引进了大批的现代化军事装备。

摩洛哥军队经历几次改组。1959 年，将全国按地域划分为 16 个军区，近似于省级行政辖区，委派经过短期训练的高级军官在那里任职。1965 年，又将全国分为 3 个军区和 1 个独立区，由经过训练的高级军官任职。1971 年，改为 6 个军区，由具有司令官头衔的将军指挥。1971 年和 1972 年发生两次针对哈桑二世国王本人的军事政变失败后，哈桑二世国王开始大规模改组军队，撤销军区，军事权力更加集中于国王本人。1979 年，哈桑二世国王成立国防委员会。

经过多年的军队建设，摩洛哥军队的兵力逐年增强，1975 年达到 5 万人，1980 年发展到 11.65 万人。不仅如此，摩洛哥军队还通过同西撒哈拉人阵进行的多年作战、同邻国军队发生的边界冲突及派部队参加中东战争、联合国维和行动等取得了实战经验。

摩洛哥空军组建于 1956 年，摩洛哥的第一架战斗机由伊拉克提供。1961 年，苏联提供米格 15 和米格 17 战斗机。此后，摩洛哥空军的大多数飞机和其它设备由法国和美国提供。到 20世纪 80 年代，摩洛哥空军扩大，拥有 106 架战斗机。

摩洛哥皇家海军建立于 1960 年。法国提供给摩洛哥海军所需的大多数装备和技术训练，还有一些援助来自西班牙。海军的主要职责是负责沿海的防卫。20 世纪 80 年代，摩洛哥海军有6000 人左右。此后，摩洛哥海军发展较快，到 2000 年，海军达到 1 万人，其中包括 1500 人的海军陆战队。

目前，摩洛哥皇家武装部队已是一支拥有近 20 万人、配备先进武器装备和训练有素的现代化军队。

二 国防体制

摩洛哥宪法规定，国王为武装力量最高统帅兼总参谋长。陆、海、空三军由大臣级将军任总督，直接对国王负责，由国王直接指挥。另设内阁大臣及军队领导人组成的最高防务委员会和由政党组成的国家安全委员会，作为国王的国家安全咨询机构。武装力量由正规军和准军事部队组成。正规军分为陆、海、空军三个军种。国王在军队总协调员（由王储兼任）和国防行政机构秘书长的协助下，直接领导和指挥全国武装力量，包括陆、海、空三军和其他武装力量。

摩洛哥无国防部，只设国防行政管理机构，负责军队的行政管理事务。

三 国防预算

摩洛哥独立以后，国防预算在年度财政预算中所占的比重变化不大，但国防预算呈增长的趋势。目前尚无摩洛哥国防开支的完整资料，但从以下一些资料数据中，可显示摩

洛哥独立以来国防开支的情况：1957 年，国防预算为 163.9 亿法郎[①]，在各项预算中排在末位。但是到了 1964 年，国防预算开始增长，为 2.898 亿迪拉姆，占预算总额的 14.82%。1971 年，根据国际货币基金组织提供的数字，国防类开支估计占中央政府开支的 13.5%。1979 年，摩洛哥占领西撒哈拉 2/3 的领土后，国防开支和有关战争的费用增长。到 1980 年，国防预算达 16.7 亿美元，占当年财政预算的 22.5%。1987 年，国防预算为 8.6 亿美元，占当年财政预算的 16.5%，有所下降。到 20 世纪 90 年代，国防预算稍有上升，但在 1990~1997 年之间，国防预算基本上保持在 11~15 亿美元之间。1999 年，摩洛哥的国防预算增加到 17 亿美元，这主要是用于维护王室统治和控制西撒哈拉地区（摩洛哥在西撒哈拉驻军达 10 万人）。到 21 世纪，摩洛哥的国防预算缩减，2000 年为 14 亿美元，但是到 2003 年国防预算上升，为 18 亿美元[②]。虽然摩洛哥的军事开支不断增加，但是没有自己的军事工业。由此，军事装备的对外依赖性很强。（见表 5-1）

表 5-1　国民经济与军费开支

单位：亿美元

	国内生产总值	军费预算	军费开支
2000 年	330	14	14
2001 年	320	13	13
2002 年	368	15	15
2003 年	437	18	18
2004 年	517	20	

资料来源：陈坚主编《世界各国军事力量手册》，北京，解放军出版社，2006，第 130 页。

---

① 1959 年，摩洛哥才开始流通本国新的货币——迪拉姆。
② 陈坚主编《世界各国军事力量手册》，北京，解放军出版社，2006，第 130 页。

第二节 军种与兵种

三 军总兵力 19.63 万人；预备役为 15 万人；宪兵和辅助部队 4 万人。

一 陆军

1. 陆军实力

现 役 17.5 万人。包括由 1500 人组成的皇家卫队，编有 1 个营和 1 个骆驼营。

2. 陆军编制

2 个军区：南部军区、北部军区。3 个机械化步兵旅、1 个轻型警卫旅、2 个空降旅、8 个机械化 – 摩托化步兵团。

11 个独立装甲营、1 个独立防空大队、3 个独立骆驼兵营、2 个独立骑兵营、1 个独立山地步兵营、39 个独立步兵营、7 个独立工兵营、9 个独立炮兵营、7 个独立突击分队、2 个独立空降营。

皇家卫队 1500 人，编成 1 个营、1 个骑兵中队。

3. 陆军主要装备

主战坦克：M – 48A5 型 224 辆、M – 60 型 420 辆（包括 Al 型 300 辆、A3 型 120 辆）、T72 型 100 辆。

轻型坦克：SK – 105 型 100 辆。

装甲侦察车：EBR – 75 型 16 辆、AMX – 10RC 型 80 辆、AML – 90 型 190 辆、AML – 60 – 7 型 38 辆。

步兵战车："拉特尔" 60 辆（"拉特尔" – 20 型 30 辆、"拉特尔" – 90 型 30 辆）、VAB – VCI 型 45 辆、AMX – 10P 型 10 辆。

装甲输送车：M – 113 型 420 辆、VAB – VTT 型 320 辆。

压制火炮：L – 118 型 105 毫米榴弹炮 30 门、M – 101 型 105

毫米榴弹炮 20 门、M‒1950 型 105 毫米榴弹炮 36 门，M‒46 型 130 毫米加农炮 18 门、M‒114 型 155 毫米榴弹炮 20 门、FH‒70 型 155 毫米榴弹炮 35 门、M‒198 型 155 毫米榴弹炮 26 门；MK‒61 型 105 毫米自行榴弹炮 5 门、F‒3 155 毫米自行榴弹炮 98 门、M‒109A1 型 155 毫米自行榴弹炮 44 门、M‒44 型 155 毫米自行榴弹炮 20 门，M‒110 型 203 毫米自行榴弹炮 60 门；BM‒21 型 122 毫米多管火箭炮 26 门，M‒1979 型 122 毫米多管火箭炮 14 门。

81 毫米迫击炮 870 门、"勃兰特"式 120 毫米迫击炮 600 门（其中 VAB 装甲车载自行式 20 门）。

反坦克导弹："龙"式 440 具、"米兰"式 80 具、"陶"式 150 具（包括 M‒901 型装甲自行式 80 具）、A‒3 "耐火箱"式 50 具。

无坐力炮：M‒40A1 型 106 毫米 350 门。

反坦克炮：M‒56 型 90 毫米 28 门、SU‒100 型 100 毫米自行式 8 门。

高射炮：共 257 门，其中 M‒167 型 20 毫米 40 门、M‒163 "火神"式 6 管 20 毫米自行式 60 门，ZU‒23‒2 型双管装 23 毫米 140 门、KS‒19 型 100 毫米 17 门；另有 ZPU‒2 型 14.5 毫米高射机枪 200 挺、ZPU‒4 型 14.5 毫米高射机枪 20 挺。

地空导弹：M‒54 "小檞树"式自行式 37 具、SA‒7 型 70 具。

无人驾驶飞机：R4E‒50 "天眼"式。

二　海军

1. 海军实力

现役 7800 人，包括由 1500 人组成的海军陆战队。编有 2 个两栖陆战营。

2. 海军主要装备

护卫舰 2 艘："穆罕默德"级导弹护卫舰（法制"弗洛雷亚尔"级）1 艘，排水量 2600 吨（标准）至 2950 吨（满载），装备 100 毫米舰炮 1 座，MM－38 "飞鱼"式舰舰导弹发射装置 2 座，AS565 "黑豹"式直升机 1 架。"埃尔哈马尼中校"级导弹护卫舰（西班牙制"侦察"级）1 艘，排水量 1233 吨（标准）至 1666 吨（满载），装备 76 毫米舰炮 1 座，四联装"捕鲸叉"式舰舰导弹发射装置 2 座，八联装"海麻雀"式舰舰导弹发射装置 1 座（备弹 24 枚），40 毫米舰炮 2 座，三联装 324 毫米鱼雷发射管 2 座，双联装 375 毫米反潜弹发射装置 1 座。

巡逻与小型战舰 27 艇："埃尔·卡塔比舰长"级导弹（西班牙"拉扎格"58 型）4 艘，装备 76 毫米舰炮 1 座，MM－38 "飞鱼"双舰舰导弹发射装置 4 座。

"奥克巴"级海岸巡逻艇（法制 PR－72 型）2 艘，"拉比"级海岸巡逻艇（西班牙制 B－200D 级）6 艘，"艾尔·海希克"级海岸巡逻艇（丹麦制"鹗"级）4 艘，"拉斯·巴加"级海岸巡逻艇 5 艘，"艾尔·瓦希尔"级海岸巡逻艇 6 艘。

两栖登战舰 4 艘："本·艾查"级运输登陆舰（法制"巴特拉尔"级）3 艘，排水量 750 吨（标准）至 1330 吨（满载），可载士兵 140 名，12 台车辆，通用登陆艇 5 艘，机械化登陆艇 15 艘；"希迪·穆罕默德·本·阿布杜拉"级坦克登陆舰（美制"新港"级）1 艘。另外，还有坦克登陆舰 1 艘。

支援辅助舰船 4 艘：其中，后勤补给船 2 艘，运输船 1 艘，海洋调查船 1 艘。

3. 海军基地

4 个海军基地，它们是卡萨布兰卡、阿加迪尔、胡塞马、达赫拉（西撒哈拉）和丹吉尔。

4. 海军航空兵

装备 AS565 "黑豹" 式直升机 5 架。

三　空军

1. 空军实力

现役 1.35 万人。编为 6 个中队，其中，2 个攻击战斗机中队、1 个战斗机中队、2 个防暴机中队和 1 个侦察机中队。

2. 空军主要装备

战斗机：F－5A 型 8 架、F－5B 型 3 架、F－5E 型 24 架、F－5F 型 4 架、"幻影" F－1EH 型 14 架、"幻影" F－1CH 型 15 架。

侦察机：C－130H 型 2 架（装备侧视雷达）。

观察—校正机：OV－10 型 4 架。

电子战飞机：C－130 型 2 架、"猎鹰" 20 型 2 架。

加油机：波音 707 型 1 架、KC－130H 型 2 架。

运输机：C－130H 型 12 架、CN－235 型 7 架、DO－28 型 2 架、"猎鹰" 20 型 2 架、"猎鹰" 50 型 1 架（专机）、"湾流" II 型 2 架（专机）、"空中国王" 100 型 4 架、"空中国王" 200 型 3 架。

攻击直升机：SA－342 型 24 架。

运输直升机：CH－47 型 7 架、SA－330 型 29 架、AB－205A 型 29 架、AB－206 型 20 架、AB－212 型 3 架。

教练机：AS－202 型 8 架、CAP－10 型 2 架、CAP－230 型 4 架、T－34C 型 10 架、T－37B 型 14 架、"阿尔法喷气" 式 23 架。

联络机："空中国王" 200 型 2 架、"黑鹰" UH－60 型 2 架。

空空导弹：AIM－9B"响尾蛇"式，R－530 型、R－550"魔术"式若干枚。

空地导弹：AGM－65B"小牛"式空地导弹，"霍特"式机载反坦克导弹若干枚。

3. 空军基地

10 个空军基地，它们分别是阿杰迪尔、卡萨布兰卡、非斯、盖尼特拉、阿拉伊什（拉腊歇）、阿永（西撒哈拉）、马拉喀什、梅克内斯、拉巴特、西迪苏莱曼①。

四　准军事部队

摩洛哥警察部队是一支准军事部队，共有 5 万人，其中皇家宪兵 2 万人，辅助部队 3 万人（包括机动干预部队 5600 人）。摩洛哥是国际刑事警察组织（International Criminal Police Organization，INTERPOL）的成员。

1956 年独立后，摩洛哥参照法国的模式组建了警察部队，作为执法、维护社会治安和保障国家安全的武装力量。20 世纪70 年代初，摩洛哥发生两次军事政变后，哈桑二世国王对警察体制进行重大改革，国王亲自控制警察部队，改革警察的招募、训练和福利待遇等制度②，并加强了宪兵的力量。

摩洛哥的警察体制实行中央集权制。警察部队有三个组织：国家警察、皇家宪兵队和辅助部队。这三支警察部队分属三个管理系统，由国王统一指挥，国王任命指挥官并批准重大方针政

---

① International Institute for Strategic Studies：*The Military Balance 2004 ~ 2005*，p. 132 ~ 133，Oxford University Press，London，2004.

② 改革措施包括：工资、奖金和福利待遇以及社会地位等方面提高到与皇家军队相同职务的水平，还享受住房补贴、家庭补贴、危险职务和超时工作补贴，专门为警察及其家庭设置医疗中心，提供医疗保险、养老金和残疾抚恤金。

策。警察部队的职责是：负责维护治安、努力预防和消除对王位造成干扰和威胁的各种因素、保障国家安全。

除以上三种警察组织外，摩洛哥还有皇家警卫队，由国家警卫队司令指挥，向国王负责，负责保卫国王和王室的安全。

1. 国家警察

在"保护国"时期，摩洛哥警察部队就已经确立①。当时，警察是殖民者手中镇压人民的工具。1956 年独立后，根据王室法令建立了摩洛哥自己的国家警察部队，归内务部管理，由警察总监控制和指挥，其组织结构、工作程序、业务职责均参照法国的模式；在体制和职责上基本没有大的改变。其职能保留法国式的城乡分工格局。1965 年，卡萨布兰卡暴乱发生后，国家警察从内务部分离出来，成为一个独立的组织，由警察总监控制和指挥并直接对国王负责。

警察总部设在拉巴特，在各大城市均设有分部。

国家警察的主要职责：在全国主要城镇行使基本的警察职责，即维护公共安全和社会治安，与皇家宪兵队共同承担公路巡逻和交通管理，与皇家军队、皇家宪兵和辅助部队共同担负边境守卫任务。作为反颠覆的国家机构，它可以在全国从事公开和秘密的活动，如刑事侦察，反暴乱，搜集分析持不同政见者和暴乱组织的情报等。警察部队的另一项特殊职能是监视在摩洛哥境内的外国人和侨民的活动，监视在摩洛哥领海和领空上的外国船只和飞机的活动；在移民和海关事务方面承担有关的警务工作。

警察机构的设置：国家警察总局下设 6 个局，即行政管理局、公共安全局、国家安全局、文献与法规局、刑事警察局和监

---

① 在《非斯条约》中规定：允许法国在摩洛哥驻军，负责训练警察和执行警察任务。

察与训练局。有三个基本的警察部队，即城市警察、机动干预部队和刑事警察，另有国家保安局。全国分 10 个警区，各区的警察由 1 名警察总监负责。国家警察部队的基本情况为：

（1）城市警察。身着制服，人数占国家警察部队的多数。负责维护城市和主要城镇的公共安全和社会治安任务，包括巡逻、交通管理、维持大型公共集会的秩序等，在某些特殊的情况下，与机动干预部队或刑事警察相互合作。巡逻方式为步行、骑自行车、乘摩托车和汽车等。

（2）机动干预部队。身着制服，是一支机械化的警察部队。负责防暴、反暴乱和维护大型公共集会的秩序，在发生自然灾害时进行紧急救援；与皇家宪兵共同承担主要公路干线的巡逻任务。机动干预部队中的摩托车队还是国家的仪仗队。

（3）刑事警察。不穿制服，由检察长及其助手负责技术指导。负责刑事侦察工作，即承担在向法院提起公诉之前的一切工作，其中包括侦破所有的犯罪案件和逮捕罪犯，是刑事诉讼的重要组成部分。

（4）国家保安局。国家保安局是警察情报机构，由警察总监直接领导。其绝大多数的工作是秘密进行的。负责向刑事警察提供情况，但不执行逮捕和审问，由刑事警察继续追踪、执行逮捕和提起诉讼。该局设有 4 个处：①反颠覆处，主要负责监视政党和群众团体的活动；②反间谍处，负责监视外国使馆、贸易代表团、商业公司和社团组织的活动；③能动处，负责处理国内处和反间谍处承担以外的事务，包括内务安全等其它事务；④科技处，负责提供通讯和技术手段。

国家警察还设有移民和侨民处，负责管理移民和侨民，这部分业务归文献与法规局领导。主要任务是：通过颁布各种法规和公告，管理移民和侨民；掌握禁止入境的人员名单；监控在摩洛哥领域内活动的飞机、轮船；驱逐不受欢迎的外国人；审核签证；掌握在摩洛哥死亡、出生的外籍人员和与摩洛哥人通婚的外籍人员的情况。

国家警察装备有手枪和电警棍。机动干预部队装备有步枪、手枪、冲锋枪、轻机枪、手榴弹、催泪弹和高压水龙头及各种类型的警用车辆，先进的通讯器材、通讯枢纽、飞机和侦破技术设备。国家保安局所辖的科技处，拥有船舶、轻型飞机和直升机等。

国家警察的成员向社会招募。经过考试合格者方可录用。必须精通阿拉伯语或法语，年龄在 21～35 岁之间，无犯罪前科。

2. 皇家宪兵队

1971 年和 1972 年，摩洛哥发生陆军和空军的一些军官的未遂政变。1980 年，哈桑二世国王组建皇家宪兵队，归属皇家部队和内务部。皇家宪兵受皇家军队的领导。由国王直接控制，宪兵司令统帅全国宪兵，直接向国王负责。皇家宪兵由 1 个旅、4 个机动大队、1 个空降中队、1 个航空中队和海岸预备分队组成。装备有 18 艘小艇、2 架固定翼飞机和 22 架直升机。皇家宪兵队的总部设在拉巴特，下设若干个总队，分布于全国各地。

皇家宪兵队的主要职责：实施民法、军法、政府的特别法令和戒严令。主要负责农村和边境地区的安全，摩托车支队负责公路的巡逻和交通管理；吉普车支队负责在重要的农村地区巡逻；未配备机动车辆的支队在小村庄设置巡逻岗哨。同时，皇家宪兵还经常帮助政府其他部门的工作，如协助教育部阻止学生逃学，帮助财政部在农村地区收税，帮助交通部处理高速公路上的交通事故等。皇家宪兵所辖的快速反应部队，负责在中心地区发生骚乱和紧急特殊情况时，做出快速反应，配合国家警察迅速控制事态。

皇家宪兵队的设置为：中央设宪兵司令部，下设若干支队，

支队为基本的实战单位。支队分摩托车支队和吉普车支队。

皇家宪兵队装备有步兵的轻重武器、军用车辆、通讯器材和设备。

皇家宪兵队的成员需要在军警联合学校受训。军官是军事学校的毕业生。绝大多数中级以上的军官来自皇家军队,其他人员是经过挑选的、服役 5 年的志愿兵。应征宪兵和宪兵军官的军衔的级别与军队相似。

3. 辅助部队

归属皇家部队和内务部,其编制分为两种:一种是不着装的行政管理部队,另一种是着装的机动部队。行政管理部队受地方当局和内务部的双重领导。机动部队,平时由地方当局管理;参与平息骚乱时,在城市接受警察总监的领导,在农村接受宪兵司令的领导。

辅助部队的职责:负责守卫重要建筑物、桥梁,在市场巡逻,调解民事纠纷,必要时配合穿制服的国家警察工作。机动部队负责在主要的边境地区巡逻;作为后备机动警力,在发生其他警察组织无法处置的紧急情况时发挥作用,反对恐怖主义活动、处置突发事件,如平息叛乱、骚乱和暴力游行示威等。该部队主要部署在边境地区和案件多发区。

辅助部队的设置包括省和地方的护卫队伍。

辅助部队的装备类似于国家警察,有些地区使用骆驼在沙漠巡逻。

辅助部队的成员为军队和宪兵队的退伍士兵,有一定的实战经验①。

---

① 参见 Harold D. Nelson:*Morocco:a country study*,Chapter 5. National Security:Police and Intelligence Services,Washington D. C.,the American University,1985.

五　反政府武装

在摩洛哥的南部有反政府的武装——波里萨里奥解放阵线，约有 3000 ~ 6000 人，他们以营为单位编组；主要装备有：T - 55 型和 T - 62 型主战坦克 100 辆，BMP - 1 型步兵战车 50 多辆，装甲侦察车 20 辆，122 毫米榴弹炮 25 门，122 毫米多管火箭炮 15 门，120 毫米迫击炮 20 门，AT - 3 "耐火箱"式反坦克导弹，23 毫米高射炮 50 门，AS - 6/ - 7/ - 8/ - 9 型地空导弹[①]。

第三节　军事训练和兵役制度

一　军事训练

1. 摩洛哥武装部队的军事训练

摩洛哥的军官主要是在本国的几所军事学院里培养，还有一些军官去外国的军事学院学习。

摩洛哥主要有两所军事学院：一所是皇家武装部队军事学院，选拔优秀军官进行培训，结业后担任高级军官；另一所是皇家军事学院，是培养陆军军官的学校，毕业后再分配到各类专科学校受训。1992 年 10 月 25 日，以摩洛哥皇家军事学院院长穆罕默德·贝勒哈吉率领的摩洛哥军事代表团应中国人民解放军总参谋部邀请访华。这是两国建交 34 年以来，第一个摩洛哥军事访华团。

陆军还有各类专科学校，主要有步兵学校、炮兵学校、工程

---

① 陈坚主编《世界各国军事力量手册》，北京，解放军出版社，2006，第 132 页。

和通信学校、装甲骑兵中心等。

空军有皇家空军基地学校。该校下设皇家空军学校、皇家航空航天预科高中及各类的士官学校，其中皇家空军学校培养飞行员、工程师、机械师和地勤专业人员，学制 3 年，毕业后授予相当于工程学士的学位[①]。

海军有皇家海军学院，1969 年成立，培养海军军官、领航员、机械师和海军陆战军官等。

另外，摩洛哥还有皇家军医学校，位于拉巴特。培养军队的医务人员。主要科系有内科和牙外科。毕业后可获得中尉军医证书。

2. 摩洛哥的警察训练

在摩洛哥未建立警察学校之前，警察在工作岗位上接受在职训练或者被派到法国、联邦德国、英国和美国的警察学校接受培训。20 世纪 60 年代中期，在法国的帮助下，摩洛哥建立了两年制的警察学校。一所是位于卡萨布兰卡附近的西迪·奥特梅，属于基础训练学校，训练项目有使用摩托车、紧急情况逃生及援助技巧等；另一所是位于拉巴特郊区的塞拉，属于特殊训练学校。1965 年，在梅克内斯附近建立了国家警察学院，有来自法国的警察顾问，所使用的设备大多也来自法国。

皇家宪兵队的军官在梅克内斯附近的皇家军事学院、马拉喀什的皇家宪兵专业学校及一些负责特殊训练的地方训练中心接受训练。

二 兵役制度

洛哥宪法[②]中明确规定，所有国民都要为保卫国家而出力。1966 年 7 月，摩洛哥正式颁布兵役制。

---

① 参见赵国忠《简明西亚北非百科全书》（中东），北京，中国社会科学出版社，2000，第 766 页。

② 1996 年摩洛哥宪法第一章第 16 条。

摩洛哥实行义务兵和志愿兵相结合的兵役制度，凡年满 18 岁的摩洛哥男性公民需服役 18 个月，但实际入伍者多为志愿兵。

三　军衔

摩洛哥的军官军衔分 4 等 13 级。将官 4 级：上将、中将、少将、准将。校官 4 级：大校、上校、中校、少校。尉官 3 级：上尉、中尉、少尉。准尉 2 级：一级准尉、二级准尉。

第四节　国防科技和国防工业

摩洛哥独立后，没有军事工业，摩洛哥皇家军队的最初装备是法国和西班牙留下的武器和装备。因此，摩洛哥不得不依靠外国提供武器和其它设备。目前，摩洛哥有较小规模的国防工业，生产部分小型武器、弹药和军事装备零部件，以及对一些武器装备进行维修、保养和改装。

第五节　对外军事关系

独立后，摩洛哥与世界其他国家的军事关系着重于两个方面：一是摩洛哥向国外购买武器装备或接受外国军事援助；二是摩洛哥向国外提供军事援助。与摩洛哥军事关系密切的国家主要是美国、法国和西班牙等欧美国家，还有沙特阿拉伯等亚洲国家及一些非洲国家。摩洛哥武装部队的装备主要来源于法国和美国，另外还有一些来自约旦、荷兰、南非、瑞士和英国等国。

摩洛哥作为北非的一个国家，积极投入到国际事务中，致力

于维护世界的和平，参加联合国的维和活动。目前，驻波黑的部队约有 800 人及 1 个摩托化步兵营，驻刚果（金）的部队有 805 人和观察员 1 人，驻南联盟科索沃的部队 279 人，驻科特迪瓦维和部队 734 人。

为了解决西撒哈拉问题，联合国派 203 名军事观察员驻西撒哈拉，分别来自 25 个国家。

一 摩洛哥与法国的军事关系

独立后，由于历史原因，摩洛哥与法国的军事合作关系密切。摩洛哥大多数武器装备由法国提供，军事训练也主要依靠法国。

1982 年 1 月，哈桑二世国王访问法国，法国答应摩洛哥延期偿付 20 亿法郎的军费贷款。1982 年 11 月和 12 月，摩洛哥和法国军队先后在卡萨布兰卡附近和地中海摩洛哥一侧的海域举行联合军事演习。法国向摩洛哥提供大量的军事装备。1990 年，法国总统密特朗坚持要把援助与民主挂钩，两国关系风波迭起，但法国仍向摩洛哥提供援助。1992 年，摩洛哥和法国关系有所改善。法国同意把摩、法关系从援助关系转为伙伴关系。1997 年 12 月，法国总理若斯潘访问摩洛哥，两国签署合作协议，摩洛哥向法国购买法国舰艇和战斗机。

2003 年 5 月，法国总统希拉克专门就卡萨布兰卡爆炸事件与摩洛哥国王通电话，表示慰问，并派遣反恐专家组赴摩洛哥协助侦破工作。

二 摩洛哥与美国的军事关系

摩洛哥与美国的军事关系始于第二次世界大战期间。根据 1948 年法国和美国达成的协议，美国在摩洛哥建立 11 个军事基地。摩洛哥独立后，美国撤出一部分空军基地，

但仍保留海军通讯联络中心等设施。1978年4月，摩洛哥和美国达成协议，美国撤出全部在摩洛哥的基地。9月底，美国军事人员全部撤出摩洛哥。美国向摩洛哥提供军事援助，用于购买武器，1981年达4500万美元。

1982年2月，摩洛哥和美国成立联合军事委员会，每年开会一次讨论双方的军事合作问题。4月，在摩洛哥召开该委员会的第一次会议。5月，哈桑二世国王访问美国，签署为期6年的军事合作换文，规定摩洛哥为美国空军在紧急需要时提供过境方便。11月，摩洛哥和美国举行联合军事演习。双方军事合作稳步前进。里根任美国总统后，宣布将向摩洛哥出售价值1.82亿美元的军事装备，其中包括108辆坦克、26架先进的侦察机和战斗机。1983年5月，两国草签协定，摩洛哥原则同意摩洛哥向美国快速部队提供过境便利。作为回报，1984年，美国向摩洛哥提供6200多万美元的军事援助。1986年3月和1987年2月，两国签署协定，摩洛哥允许美国航天飞机在紧急情况下使用卡萨布兰卡穆罕默德五世机场和本古里空军基地。1988年，美国国防部长和负责非洲事务的副国务卿先后访问摩洛哥。1989年，美国开始在穆罕默迪耶建立一座战略油库为美国第六舰队提供补给。这一时期，美国每年向摩洛哥提供的军事援助达1.31亿美元。

1998年5月和9月，美国驻欧部队总司令、北约盟军军事指挥官克拉克及国防部长科恩先后访问摩洛哥。

进入21世纪，摩洛哥与美国仍保持密切关系。2000年2月和4月，美国国防部长科恩和美军参谋长联席会议主席谢尔顿先后访问摩洛哥。2003年5月，卡萨布兰卡市发生恐怖爆炸事件后，布什总统打电话给摩洛哥国王表示慰问并表达共同反恐的意愿。

美国有160名和平队员在摩洛哥工作。

三　摩洛哥与西班牙的军事关系

摩洛哥和西班牙有着传统的交往。虽然，摩洛哥与西班牙有领土争端，但是，两国领导人互访不断。摩洛哥认为西班牙占领的休达和梅利利亚以及在地中海沿海的几个岛屿属于摩洛哥的领土，要求西班牙归还；西班牙则认为这些领土主权属西班牙。尽管如此，双方均表示不以武力解决。西班牙向摩洛哥提供军事援助，摩洛哥从西班牙那里购买一部分武器。

1991年，西班牙国王和首相同时访问摩洛哥，两国签署《西班牙摩洛哥友好、睦邻与合作条约》，这是西班牙首次与一个阿拉伯国家签署的这类条约。

2003年5月，卡洛斯一世国王专门就卡萨布兰卡恐怖爆炸事件与穆罕默德六世国王通电话表示慰问，同时，派反恐专家组赴摩洛哥协助侦破工作。

四　摩洛哥与阿拉伯国家和非洲国家的军事关系

摩洛哥与沙特阿拉伯、扎伊尔①和毛里塔尼亚的军事关系比较密切。沙特阿拉伯每年向摩洛哥提供大量的财政援助。1976年，摩洛哥与毛里塔尼亚"分治"西撒哈拉，并签订军事同盟条约。1977和1978年，摩洛哥两次派兵到扎伊尔，支持扎伊尔抗击雇佣军的入侵。20世纪80年代，摩洛哥在赤道几内亚有300人的部队。

---

①　现改国名为刚果（金）。

第六章

教育、科学、文化、卫生、体育

第一节　教育

摩洛哥政府把教育作为国家发展的根基，努力实现教育普及化、教材统一化、教师摩洛哥化和教学阿拉伯化。摩洛哥宪法中规定所有国民在寻求教育和就业方面享有平等的权利。为此，摩洛哥政府每年投入大量资金用于教育事业，每年教育预算约占国家预算总支出的 1/4。政府几次改革教育制度，以减少地区性的教育不平衡和保证普及教育。1963年，摩洛哥义务教育的范围是 7～13 岁的儿童。1990 年，调整教育体制，义务教育的年限延长为 9 年基础教育和 3 年中等教育。全国文盲率已从 1960 年的 87% 降至 2000 年的 43%。到2004 年，摩洛哥有小学 4350 所，中学 1168 所，高等学校 70所。2001 年儿童入学率为 94%。2003～2004 学年，6 岁儿童入学率为 95%，6～11 岁儿童入学率为 94%，12～14 岁少年入学率为 73%。小学在校学生 410 万，小学教师 13.28 万；中学在校生 180 万，中学教师 8.68 万名；大学在校学生 28.6 万，正式教师 9773 人，兼职教师 405 人，助教 68 人。国家外派留学生 8513 人，研究生 600 人，职业培训 12 万人，干部培训 8500

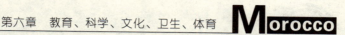

人。国立中、小学教师已全部摩洛哥化，大学教师 97% 为摩洛哥人①。

一　教育简史

早在中世纪时，摩洛哥的教育就比较发达，公元 859 年，在非斯城，建立了摩洛哥第一所大学——卡拉维因大学，它被认为是世界上最早的大学之一。卡拉维因大学开设伊斯兰神学课，设立语言、文、史、哲和自然科学等课程，有来自西亚、非洲的学者和求学者。可以说，当时摩洛哥的教育受到伊斯兰教的很大影响。

1. 摩洛哥的近代教育

15~19 世纪以来，摩洛哥先后遭受法国、西班牙等殖民主义者的入侵和统治，民族文化遭受严重摧残，教育事业发生了重大变化，文化教育开始受到西方的影响，并且这种影响越来越深。

摩洛哥近代教育开始于 19 世纪。当时存在两种教育方式：一是欧洲殖民者的教育；一是摩洛哥本国的教育。

（1）欧洲殖民者在摩洛哥办教育。1864 年，犹太人摩西·哈易姆·蒙提夫约尔在摩洛哥创办法语学校和希伯来语学校②，成为当时摩洛哥最先进的教育③。

（2）摩洛哥本国的教育。早期，摩洛哥的教育仍以传统的宗教教育为主，遍布全国各地的新、老苏非教团成为向穆斯林大众传授宗教文化知识的重要渠道。19 世纪下半叶，伊斯兰现代

---

① 中国外交部网站资料（2006 年）（http://www.fmprc.gov.cn）；王成家主编《世界知识年鉴 2004/2005》，北京，世界知识出版社，2005，第 451 页。
② 他是世界犹太人协会的成员，穆罕默德·本·阿卜杜·拉赫曼苏丹批准他创办这两所学校。
③ 陶荣杰：《摩洛哥的现代教育》，《阿拉伯世界》1998 年第 4 期。

主义思潮经埃及传入摩洛哥后，传统教育思想发生变化。在现代主义者阿尔·杜卡里（1878～1937年）推动和协助下，凯鲁万大学①采取一些改革措施，增设自然科学和宗教历史课程。除了传统教育外，苏丹认为摩洛哥遭受外国入侵的主要原因是欧洲列强拥有现代科学技术。为振兴民族，摩洛哥开始对教育体制进行改革，并向欧洲派遣留学生。

2. 摩洛哥的现代教育

摩洛哥的现代教育开始于法国"保护国"时期。随着摩洛哥民族国家的建立，摩洛哥的教育开始从殖民性质的教育逐步走向民族教育。

（1）法国"保护国"时期的教育。1912年，摩洛哥沦为法国的"保护国"。在"保护国"时期，法国殖民当局开始推行殖民教育，摩洛哥的传统教育开始出现衰退。

当时，摩洛哥的学校保持传统教育，小学一般为经文学校，中等学校以马德拉萨为主，高等教育主要集中在非斯的凯鲁万大学。摩洛哥的宗教教育，在教学方法和课程设置上采取伊斯兰传统的教育体制。1955年，传统学校的在校生为4233人②。

"保护国"当局采取的教育政策是挽救和鼓励传统教育，阻止摩洛哥学生接受阿拉伯东方的文化教育；分社会阶层建立伊斯兰本地教育，在山区建立专门的柏柏尔人学校，建立法国侨民学校。法国殖民者大力发展法式教育，曾建立两所法国式的学校，学校教育严格按照法国的方式进行，同时还赞助那些实施法国人与摩洛哥人子女混合教育的学校。在混合学校中，以法语为教学语言，而阿拉伯语则作为一种"外语"来教授。另外给予犹太

---

① 非斯的凯鲁万清真寺大学是摩洛哥传统教育的最高学府，其历史比开罗的爱资哈尔大学还要悠久。
② 陶荣杰：《摩洛哥的现代教育》，《阿拉伯世界》1998年第4期。

人足够的关注，教育预算高出欧洲同类学校的一倍以上。法国殖民者还利用教育和管理的手段，在山区建立专门的柏柏尔人学校，分裂讲柏柏尔语的穆斯林少数民族与讲阿拉伯语的穆斯林之间的关系。殖民教育导致传统宗教教育的衰退，到第一次世界大战爆发前夕，全摩洛哥只有794名穆斯林在校生。

1925年，摩洛哥爆发里夫地区人民的大起义，形成早期的民族解放运动，伊斯兰教育改革运动也开始出现。1927年，一批在法国求学的摩洛哥学生提出教育改革的方案，开放经文学校，以此与法国人和西班牙人的学校抗衡。他们改革传统教育的内容，用阿拉伯语教授各种现代科目。教育改革运动得到受摩洛哥王室支持的独立党人的参与和实施。20世纪30年代，教育改革运动有较大发展，第二次世界大战期间曾一度停滞，战后又恢复了发展势头。

1944年，摩洛哥的民族运动逐渐转为要求独立、反抗殖民主义奴化教育的运动。到1948年，穆斯林学校已超过100所，学生人数超过国立学校。穆斯林学校使用阿拉伯语编写的教科书，用阿拉伯语教学。在这种情况下，法国殖民当局被迫调整教育政策，主要表现在以下几个方面：①放弃在沙漠地区与山区推行殖民教育。②在城市中，采取"精英教育"，但这一政策未改变殖民教育的实质。1912～1945年，在为摩洛哥人开办的学校里，小学生约有2.33万人，中学生仅608人；在专门为欧洲人开办的学校里，在校生超过3.4万人；在犹太人的学校里，在校生是1900人。到1944年，在摩洛哥人中，仅培养了3名医生，6名工程师，60名农技师。1945年，摩洛哥学龄儿童的入学率不超过2.7%。1945～1955年，城市中摩洛哥人的入学率有所上升①。但是，由于沙漠地区的人口占摩洛哥总人口的95%，因

---

① 1950年为7%，1954年为11%。

此，整个失学率仍高达 90%。在摩洛哥的西班牙占领区的教育也是这样。1948 年，该区的西班牙籍学生有 9300 人，而摩洛哥学生只有 4200 人，教学语言全部用西班牙语，阿拉伯语被列为"外语"，整个占领区只有一所中学。1955 年，在摩洛哥从事小学教育的人数为 7772 人，摩洛哥人为 811 名；在中学教员中，法国人有 151 名，而摩洛哥人仅 47 名；在担任教学管理职务的人中，摩洛哥人的比例不超过 3.5%。③允许少数摩洛哥人进入欧洲人的学校①，一部分贵族子弟接受中高等教育，大多数人则没有进一步深造的机会。1955 年，在校生共有 6100 人，其中小学生 4600 人，中学生 1560 人。而摩洛哥传统学校的在校生仅4233 人②。④允许开设私立学校。一些受过现代教育的摩洛哥人纷纷投入教育事业，开设私立学校，传播爱国主义和民族文化。来自贫困阶层和中等阶层的学生有机会进入学校，入学人数有较大提高，1947 年约为数千人，1955 年达 2 万多人。

摩洛哥独立前，伊斯兰教育不受重视，传统教育得不到发展。据 1953 年统计，在公立学校学习的阿拉伯人有 19.04 万人，欧洲人 7.91 万人，犹太人 3.81 万人③。据 1952～1953 年的统计，摩洛哥有伊斯兰小学 1200 所，中学 9 所，高等学校 3 所④。有大学生 8500 人。全国文盲率占居民的 93%⑤。

（2）独立初期的摩洛哥教育。1956 年独立后，摩洛哥政府

---

① 当时，摩洛哥只有在专为欧洲人开办的学校才提供现代教育，其毕业生有可能进入高等院校继续深造，最终跻身上层社会。

② 陶荣杰：《摩洛哥的现代教育》，《阿拉伯世界》1998 年第 4 期。

③ 《世界知识手册》编辑委员会编辑《世界知识手册 1957 年》，北京，世界知识出版社，1957，第 647 页。

④ 《世界知识年鉴》编辑委员会编辑《世界知识年鉴 1958 年》，世界知识出版社，北京，1958，第 304 页。

⑤ 《世界知识手册》编辑委员会编辑《世界知识手册 1957 年》，北京，世界知识出版社，1957，第 647 页。

提出在教育领域实现"普及化、统一化、阿拉伯化和摩洛哥化"的目标①。为此，1957 年，设立了"皇家教育改革委员会"，负责执行政府的教育计划，解决教育发展中的问题，在全国开展大规模的扫盲运动。到 1956 年底，有 20～30 万人参加业余学习。1959 年，有 25 万成人参加扫盲学习。

　　摩洛哥政府采取的具体措施是：①普及义务教育。改革殖民时期的不平等的教育政策，开展普及义务教育。政府加紧实施初级教育，采取了两班轮流上课、每班超额招生和速成法培训等措施。②统一全国教育模式。摩洛哥政府确立世俗教育的地位，传统教育放到次要位置，统一殖民时期遗留下来的不同教育体制。③教育的阿拉伯化。1958 年，摩洛哥国王在议会发表施政演说，强调教育要贯彻"摩洛哥的思想、阿拉伯的语言和伊斯兰教的精神"的原则。1960 年 11 月，开始阿拉伯化运动，在学校中进行教学改革，恢复民族语言的价值，以阿拉伯语代替法语作为教学语言。教育部门以小学一、二年级学生为普及对象，推广采用阿拉伯语教学，再普及到高小和初中阶段的学生。1962 年普遍以阿拉伯语为教学语言。在教育事业的重建过程中，教育部门克服了许多困难，使穆斯林教育状况有了很大改观。到 1962 年，包括小学、中学和技校的穆斯林学生总数已达 116 万人。④摩洛哥化。为了解决师资匮乏，摩洛哥政府从国外引进大批师资和对本国具有一定文化水平的人进行师范培训，以满足公立学校的师资需求，实现学校中教员和教育行政人员的摩洛哥化。新建一所最高职业师范学校和摩洛哥第一所大学——拉巴特大学。

　　（3）20 世纪 60～70 年代的摩洛哥教育。这一时期，摩洛哥教育出现两种情况。

---

① 摩洛哥教育部制定了"循序渐进"的教育发展政策，1957 年和 1959 年通过《教育改革法案》，教育和文化法案得以确认。

一是在 20 世纪 60 年代，摩洛哥的教育事业长足发展，新建了几所大学，学生的入学人数有所增加。1962 年，拉巴特大学在非斯和卡萨布兰卡建立了两所分校，在校生共 4000 名，其中有女生 600 名。在 20 世纪 60 年代以前，非斯的凯鲁万大学还只是个高等专科学校，讲授阿拉伯语和伊斯兰教课程。1962 年正式改为大学，并在得土安和马拉喀什设立两所分校，学生总数约450 人。学校增加后，为了提高教育质量，注重师资培训工作。1961 年，有 1100 名师范专科学生毕业后成为教师，另有数千名在职教师完成进修学业。随着讲阿拉伯语教师队伍的不断壮大，学校的教学语言开始发生变化。这一时期，政府加大对教育的投入。1967 年，教育经费在独立后的 10 年间增长了 3 倍，占国家预算的 21%。此外，通过修改与法国的文化协议，规定在法国人办的学校里开设阿拉伯语课程；学校的行政管理权逐渐移交给摩洛哥人。1963～1969 年，摩洛哥在校学生总人数为 133.9 万人，其中小学生 120 万人，有女生 30 万；中学生 13 万人，大学生 7000 人，还有 2500 人在国外接受高等教育。

二是摩洛哥教育在某些方面出现倒退的现象，教育状况不容乐观。主要表现在两个方面：①阿拉伯语的普及工作出现反复和绝大多数的儿童失去受教育的权利。摩洛哥政府原定小学一、二年级的教学全部用阿拉伯语，小学阶段的算术课也使用阿拉伯语。但 1967 年教育部又规定，初中一年级的教学用语不再限定阿拉伯语。结果，小学和初中的教学既用阿拉伯语，又用法语，造成语言上的混乱。同时，只有少数学龄儿童入学，入学率不断下降。据统计，20 世纪 70 年代初，小学注册生约为 11.7 万人，只有 9% 的学生能完成他们的初期教育。在升入中学的学生中，30% 的学生能毕业，36% 的学生需重修，34% 的学生中途退学，只有 10% 的学生读到高中。高等教育的情况堪忧，各高等院校失学率近 2/3。②外籍教员的数量逐年增加。独立初期为 6000

人，1970 年达到 9000 人，教育部预算的 40% 用于支付外籍教员的工资。

为解决以上问题，摩洛哥政府提出"教育普及化"和"民族化"等方针，后又采取"教育一体化"和"机会均等"的政策，希望建立阶层教育体系，即让沙漠地区和城市中的社会底层民众进入伊斯兰私塾和不正规的低级学堂，中等阶层进入公立或私立正规学校，而资产阶级和贵族阶级进入法国留学生机构或其他高等学府，而此类学校使他们有资格最终成为国家的领导精英。

（4）20 世纪 80 年代以来的摩洛哥教育。从 20 世纪 80 年代起，摩洛哥的教育事业进入恢复和发展的时期。政府加大对教育事业的投入，提供了大量的人力、物力和长期的财政保证。1984 年，教育经费预算为 8.2 亿美元，约占国家预算支出的 16.3%。1988～1989 年，教育经费预算为 11.27 亿美元，占国家预算支出的 23%。1990 年虽有下降，但仍占政府财政预算的 10.6%。2000 年以来，每年教育预算占国家总支出的 1/4。

20 世纪 90 年代以来，摩洛哥政府认识到，在追求科学技术的同时，继承和弘扬传统美德和优秀价值观同样极其重要，因此，制定并实施一系列旨在迅速推动本民族教育发展的方针政策，如统一教育体制、教员的摩洛哥化与教育的阿拉伯化等。其效果显著。

一是学校数量明显增多。自 1987 年至 2004 年，小学由 3372 所增至 4350 所；中学由 911 所增至 1168 所；高等学校由 28 所增至 46 所，其中大学 24 所。

二是学生人数不断上升。自 1984 年至 2004 年，小学生由 255 万人增至 402.9 万人；中学生由 105 万人增至 161.1 万人；大学生由 9.96 万人增至 28.84 万人。

三是师资队伍逐步扩大并实现摩洛哥化。由于师范教育的发展，摩洛哥本国的教师队伍迅速壮大。1987年，国立中小学教师全部摩洛哥化，大学教师占到92.04%；至1994年，摩洛哥大学的教师中，摩洛哥人所占的比例达97%。自1982年至2004年，小学教师由6.55万人增至13.28万人，中学教师由4.27万人（其中外籍教师3624人）增至8.68万人，大学教师由4007人（其中外籍教师934人）增至9773人。

2000～2001年，摩洛哥外派留学生8513人，研究生600人，职业培训12万人，干部培训8500人[①]。

四是职业培训教育迅速发展。1985年，摩洛哥政府开始职业培训的改革，目的是扩大培训范围和组织，设置新的培训课程，调整培训计划以适应经济和社会实际生产部门的需求，提供更有效的职业培训。20世纪90年代，摩洛哥全国共有职业培训学校166所，包括59所应用技术学校，86所职业资格中心和24家培训中心。1993～1994年，注册学生达11.85万人，其中7.48万人在公共部门，4.37万人在私营部门。1994年，毕业人数达4.92万人，他们中有1.57万人受到专门训练，占毕业人数的32%，1.79万人得到专业资格证书，占毕业人数的36%，1.56万人被培训为技术员，占毕业人数的32%[②]。

二　教育体制

1. 教育行政管理体制

摩洛哥教育由中央政府管理，中央设教育部，下设初等和中等教育局及高等教育局。由国民教育大臣领导，两名秘书长分管这两个局的工作，具体业务由局以下的职能司

---

① 王成家主编《世界知识年鉴2002/2003》，北京，世界知识出版社，2002，第467页。

② 摩洛哥政府网站材料（2003年）（http://www.mincom.gov.ma）。

（处）负责。另外还设职业教育装备和干部培训部，负责非大学性质的高等教育学校及职业培训机构；设社会事务和手工业部，负责成人扫盲、初级的职业教育及群众基础教育活动；设青年和体育部，负责职业院校的体育活动及职业训练。由政府其他部委及一些独立机构负责本部门的专业院校的职业技术教育。地区和省的两级地方教育机构行使初等、中等教育和干部培训的管理监督。

国民教育大臣负责制定全国的教育政策，各省的教育局负责领导本省的各项工作并负责中、小学教育政策的贯彻与实施。教育部负责确定中、小学的课程设置，检查各省的中、小学教育的能力和效果。

2. 教育体制

摩洛哥的教育体制分正式教育体制和非正式教育体制。正式教育体制包括学前教育、初等教育、中等教育和高等教育，另外还有职业技术教育。非正式教育包括扫盲教育。摩洛哥的学制为：公立学校学制为小学 6 年，中学 6 年（初中 4 年，高中 2 年）；初中阶段为普通教育，高中阶段实行分科和专业定向教育。摩洛哥的教育经费来源于教育部预算，政府拨发全部的公共教育经费，也给私立学校提供一定数量的经济补助。

摩洛哥的学前教育学制为 2 年，分托儿所和幼儿园两种制度。一般 5 岁开始进入古兰经学校和伊斯兰幼儿学校学习。主要的教学内容包括体育、益智性游戏、简单的读写和计算、宗教和伊斯兰道德的启蒙教育。

摩洛哥法律规定儿童 7 岁入学，接受初等教育，这一阶段的学生为 7～13 岁的儿童。学校的学制为 6 年。学习的课程包括《古兰经》、阿拉伯语、算数、科学、历史、地理、绘画、手工、体育、音乐和法语①。学生完成规定的所有课程并考试及格后，

---

① 三年级开始学习法语，作为外语学习科目。

获得初等学校毕业文凭。学生年龄不超过 15 岁可进入初中学习，超过 15 岁的学生可进入职业技术学校学习。

小学毕业后，基础教育结束，学生可继续接受中等教育。中等教育的学制为 6 年。初中的课程侧重于语言和理科，特别是数学的学习。伊斯兰宗教教育和社会教育占有重要地位。法语和阿拉伯语每周课时均为 6 个学时。初中 4 年级的学生都将获得中等教育证书，持该证书可升入高中学习或进入职业学校学习。

高中是大学的预科阶段教育。高中一年级文理分科，高中二年级专业定向。设置数学与技术、数学、实验科学、经济学、现代文学等专业方向，学生任选一种。课程的设置因专业而定①。学生完成规定的课程后，获得中学毕业证书，可进入大学或高等专业院校深造，也可以继续普通或职业教育。

高等教育包括大学和高等专业院校。大学归教育部领导，经费独立。高等专业院校归相关部委或独立机构领导。凭中学毕业证或得到承认的同等的资格证书可进入大学。在法律专业，未取得中学毕业证、但完成高中教育和职业训练的学生，学习 2 年后可取得有关从事法律工作的证书。在医学专业，获得中学毕业证的学生，必须通过竞争性的入学考试。高等教育分四个阶段：

第一阶段是基础学习阶段，授予文学学习大学证书（CUEL）、法学学习大学证书（CUED，法学）、科学学习大学证书（CUES）或经济学学习大学证书（CUEE）。在工艺院校学习 2 年后授予工艺学大学文凭。在法学院、经济和社会科学学院学习 2 年后授予大学司法、经济和社会学大学文凭。

---

① 如实验科学的课程为宗教、阿拉伯语、公民、法院、第二外语、史地、数学、工业制图、体育、普通哲学、穆斯林思想、物理和化学。

第二阶段是深入培训学习并授予学士学位（Licence）的阶段。在艺术和法学专业，第一阶段和第二阶段的 2 年中都要进行考试。文科专业的学生必须撰写论文，其分数与他们在学年结束时参加考试所得的分数一起计算。理论和实践课的课程学习是必修课。取得学士学位后，1 年之内可取得高等师范学校文凭①。

第三阶段是颁发文科、理科、法学和经济学的高等学习文凭（DES）的阶段。在第 2 或第 3 年的学习结束时授予，学习内容包括课程和独立的研究工作以及提交一篇学位论文。在文科和理科专业，对已经通过入学考试、获得学士学位的学生授予高等（大学）学习证书（CEUS）。

第四阶段是授予国家博士学位。通过论文答辩、获得高等学习文凭的学生，在文科、理科、法学、经济学和教育学专业，获得高等学习文凭后，至少要经过 2 年的学习，才能授予国家博士学位。在法学、理科和文科专业，论文的研究可能会更长。职业性博士学位的授予，如：牙科学的牙科博士文凭要学习 5 年，药学的药学博士文凭要学习 6 年，医学的医学博士学位要学习 7年②。

1984 年，摩洛哥政府开始实施大规模的职业技术教育发展计划，全国职业培训局负责具体指导。职业技术学校招生对象为初中毕业生，学制一般为 3 年，还招收一部分普通高中分流来的学生，学制一般为 2 年。学生完成学习后，获得技术文凭，进入高等专业院校学习或就业。

---

① 这一水平的新学位包括：电子和机械工程专业的国家机械工程师文凭，授予在国立电力与机械高等学校学习 5 年的学士学位持有者，或经过 3 年的进一步学习，同时持有高级和专门数学预备课程文凭的申请者。翻译或口译高等文凭，授予在法赫德国王翻译高等学校毕业的学生。

② 联合国教育科学文化组织编著《世界高等教育指南》，中国国务院学位委员会办公室组译，北京，高等教育出版社，1998，第 490～493 页。

近年来，摩洛哥政府采取措施加强高中阶段的职业技术教育，课程设置更加多样化，在高中阶段工业技术类的课程包括：阿拉伯语、法语、第二外语、体育、数学、电工、机械、建筑和建筑技术、制造技术、自动化、理论课、车间操作、装备学、电工工艺学、实验课、电子学和电子工艺学等。

3. 教学语言

教学语言采用阿拉伯语和法语。社会科学、人文科学、神学、教育学和伊斯兰法律的教学用阿拉伯语。精密科学、医学和工程专业的教学使用法语。法学用阿拉伯语，部分用法语教学。经济学用法语教学，但经济术语、经济地理、摩洛哥的经济、阿拉伯世界和马格里布地区使用阿拉伯语进行教学。

4. 教师的培养

摩洛哥政府设置小学教师培训中心，负责培训小学教师，从获得中学毕业证的学生中招收学员，学制 2 年。课程有阿拉伯语、法语、数学和教育心理学等，接受现代教学的方法，特别是视听教学法教育。

摩洛哥政府设置地区教育中心，负责培训初中教师，从获得高中毕业证的学生中招收学员，学制 2 年；另从完成第一阶段学习的大学生中招收学员，学制 1 年，接受专业训练和教学法训练。

摩洛哥政府建立高等师范学校，培养高中教师，从受过中学理科训练并接受过理论和实践教育培训的高考合格毕业生中招收学员，学制 4 年；还招收在教育方面受过一年专业培训的理学士和文学士，学制 1 年。

三 摩洛哥主要大学的情况

摩洛哥的主要大学有：拉巴特的穆罕默德五世阿哥达勒大学（Mohammed V University, Agdal）、拉巴特的穆

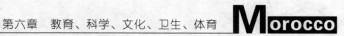

罕默德五世苏伊西大学（Mohammed V University，Souissi）、卡萨布兰卡的哈桑二世·艾因·乔克大学（Hassan II University，Ain Chock）、非斯的穆罕默德·本·阿卜杜拉大学（Mohammed Ben Abdellah University）、马拉喀什的卡地·阿亚德大学（Cadi Ayad University）、乌季达的穆罕默德一世大学（Mohammed I University）、梅克内斯的穆莱·伊斯梅尔大学（Moulay Ismail University）、艾尔加迪达（El Jadida）的楚艾卜·杜卡里大学（Chouaib Doukkali University）、阿加迪尔的伊本·左尔大学（Ibn Zohr University）、得土安的阿卜杜勒马勒克·萨阿迪大学（Abdelmalek Saadi University）和盖尼特拉（Kenitra）的伊本·托法依勒大学（Ibn Tofail University）。还有一所位于非斯的宗教大学——卡拉维因大学（Qaraouyine University）。以下介绍其中的几所大学。

1. 穆罕默德五世阿哥达勒大学

位于拉巴特。创建于 1957 年，是一所国立大学。教员 1200 名。学生 39000 名。教学用语为阿拉伯语和法语。下设文学院、法律及经济学院、理学院、医学院、穆罕默德工学院和师范教育学院。主要科系有伊斯兰研究系、法国语言文学系、西班牙语言文学系、阿拉伯语言文学系、英国语言文学系、历史系、哲学系、心理学及社会学系、私法系、公法系、经济系、物理系、化学系、数学系、生物系、地质系、循环系统系、泌尿学系、消化系统系、内分泌学系、呼吸系统系、耳神经学及眼科系、社会医学系、基础医学系、肌肉系统系、儿科系、妇产科系、外科学系、电机工程及电子工程系、土木工程系、采矿工程系、机械工程系、现代语言系、自然科学系、教育系、地理系。主要附属机构有阿拉伯化研究所、国立教育学研究所以及专门从事地理语言学、人类学研究的科学研究所。本科学制 4～7 年，可授予博士学位。

2. 哈桑二世大学

位于卡萨布兰卡，创建于 1976 年，教员 942 名，学生 28326 名。下设医药学院、牙科学院、理学院、人文学院和法律、经济与社会学院。主要科系有医学、外科学、生物学、呼吸器官学、儿科学、耳眼神经学、内外科急诊、临床生物学、病理学与治疗学、牙面部矫形外科学、牙周病学、整形术、牙科学、生物学和基础教材学、公法、私法、经济学、数学、物理、化学、生物、地质、阿拉伯语言和文学、英国语言和文学、法国语言和文学、伊斯兰研究、历史、地理、西班牙语言和文学及德国语言和文学。本科学制 4~7 年，可授予博士学位。

3. 穆罕默德·本·阿卜杜拉大学

位于非斯，建于 1980 年，是一所国立大学。教学用语为阿拉伯语、法语、英语和西班牙语。该大学下设 4 所分院：①非斯的文学院，1961 年建立时为穆罕默德五世大学的一部分，1975 年并入该大学。馆藏图书 7.16 万册。教员 245 名，学生 8714 名。主要科系有阿拉伯语系、英语系、法语系、西班牙语系、历史系、地理系、哲学系、心理学及社会科学系和伊斯兰研究系。②非斯的理学院，学生 3200 名。主要科系有生物系、地质系、数学系、物理系和化学系。③非斯的法律、经济及社会科学学院，建于 1974 年。教员 118 名，学生 4500 名。④梅克内斯的文学院，建于 1982 年。馆藏图书 4000 册。教员 50 名，学生 900 名。主要科系有公法系、私法系、政治系、经济系、伊斯兰研究系。本科 4~7 年，可授予博士学位。

4. 穆罕默德一世大学

位于乌季达，建于 1978 年。教员 351 名，学生 7000 名。下设文学院、理学院、法律及经济学院。

5. 卡地·阿亚德大学

位于马拉喀什，创建于 1978 年。教学用语为阿拉伯语和法

语。下设 3 个学院：①人文科学学院，教员 94 名，学生 5375 名。②自然科学学院，教员 286 名，学生 5858 名。③司法、经济及社会科学学院，主要科系有阿拉伯语言与文学、英国语言与文学、法国语言与文学、历史与地理、公法、私法、经济学、公证、企事业管理、物理—化学、数学—物理、生物—地质、化学、生物学和地质学。教员 80 名，学生 3094 名。本科学制 4 年。授高等教育毕业证书。

6. 卡拉维因大学

位于非斯，创建于公元 859 年，11 世纪扩建，1963 年重新组建。是一所国立宗教大学。馆藏图书 2.21 万册，各类手稿 5157 份。教员 90 名，学生 5000 名。下设阿拉伯研究学院、神学及哲学学院、语言学院以及两所法学院①。

四　图书馆

洛哥拉巴特国家图书馆（Rabat National Library）1919 年建立，当时是私立图书馆。1924 年，改为国家图书馆。目前，成为摩洛哥最大的图书馆。馆内设阅览室和书库等。藏书 25 万多册，手稿 1 万多篇。该馆主要任务：收集、整理国内外有价值的书刊资料；为专家、学者、教授、研究人员及普通读者提供阅览、资料等服务；举办书展；开展对外业务，与外国有关图书机构建立交流关系②。

---

① 参见《非洲教育概况》编写组编《非洲教育概况》，北京，旅游出版社，1997，第 232～237 页；白晓忠编译《世界各国教育概况》，江苏教育出版社，1985，第 277～280 页；联合国教育科学文化组织编著《世界高等教育指南》，中国国务院学位委员会办公室组译，北京，高等教育出版社，1998，第 490～493 页。

② 中国艺术研究院外国文艺研究所编《外国文化艺术机构概况》，北京，文化艺术出版社，1992，第 169 页。

第二节　科学

早在 10～13 世纪，摩洛哥的科学和艺术就达到很高的成就。

在自然科学领域，摩洛哥的科学家曾取得过重要的成就。在地理方面，13 世纪，有两位地理学家，一位是艾布·哈桑，他确定了北非 41 座城市的经纬度，并把研究成果写在《开始与终极》一书中；另一位是伊本·班纳（1256～1321 年）。在物理学和化学方面，在 12 世纪上半叶，塞维利亚人赫贝尔做了前人从未做过的实验，发表了批评托勒密的文章。在医学方面，著名的医生阿维森纳（980～1037 年），其影响延续了几个世纪；还有著名的外科医生科尔多瓦的阿尔布卡西斯、阿威罗伊（1126～1198 年）和塞维利亚的伊本·祖赫尔（死于 1107 年）。

另外，在阿尔摩哈德王朝时期，还有一批著名的科学家：医师阿布尔·埃拉·朱尔·阿卜德·马立克·穆罕默德（西方学者称之为阿波利）和其子阿布·马尔万［约 1092（5）～1161 年］；科学家伊本·鲁米亚，草药专家阿什夏布（死于 1239 年）；兽医专家伊本·拜塔尔（死于 1248 年）；12 世纪最主要的天文学家贾比尔·阿弗拉赫、比特鲁贾和扎尔卡利①。

现代，摩洛哥的科学家仍取得了伟大的成就。2001 年，摩洛哥成功发射第一颗科学卫星。2005 年，摩洛哥加入欧盟"伽利略"卫星导航计划，成为第一个加入该计划的非洲和阿拉伯

---

① 联合国教科文组织编写，D. T. 尼昂主编《非洲通史》第四卷《十二世纪至十六世纪的非洲》，北京，中国对外翻译出版公司，1992，第 51 页。

国家，也是继中国、印度、以色列、乌克兰后第五个加入该计划的非欧盟国家①。

同时，摩洛哥政府也比较重视社会科学，成立以社会科学为主的摩洛哥皇家科学院，作为国家级研究机构，另外还有一些政府各部和院校所属的研究机构，各综合性大学均开设有关社会科学的院系或与政府部门合办的研究机构。

摩洛哥的主要研究机构有以下几家。

1. 摩洛哥皇家科学院

1980 年 4 月成立，设在拉巴特。摩洛哥国王重视科学研究工作，亲自领导科学院，现由穆罕默德六世国王领导。常务秘书长（副院长）由国王委任，负责主持日常工作。皇家科学院的研究范围包括自然科学、社会科学和人文科学，主要学科有自然科学、数学、医学、工业、城市规划、实验性及非实验性科学、行政学、神学、哲学、美学、法学、文学、艺术、史地、教育、外交、行政、经济、工业和语言等。科学院聚集了国内外的卓越人才。科学院的管理机构由三部分组成：办公署，行政委员会和工作委员会。全院共聘任了 60 名院士，由 30 名摩洛哥常任院士和 30 名来自世界各国的外籍院士组成，还聘任了 30 名通讯院士。规定院士需经科学院提名、国王批准后才能获得，其称号为终身制。中国社会科学院前副院长、著名国际问题专家宦乡和中国社会科学院顾问、著名国际问题专家浦寿昌先后被聘为摩洛哥皇家科学院通讯院士。按规定每年举行一次院士会议，其中包括一次公开会议和四次普通会议，对一些重要的课题进行研讨。该院是摩洛哥重要的国家级的研究机构，在研究领域代表国家学术水平，其科研活动对摩洛哥的学术研究有较大的影响。

---

① 中国外交部网站资料（2006 年）（http：//www.fmprc.gov.cn）。

2. 拉巴特法学经济学与社会科学院

1956 年成立，设在拉巴特。隶属于国民教育部和穆罕默德五世大学。主要从事法律、经济与其他社会学科的调查与统计、报告与研究。主要进行研究、培训和开展各项文学工作；出版杂志、论文集和专著；每月举办学术研讨会，每年召开 1～2 次大型专题讨论会。共有 379 人，其中 181 名研究人员。附设一个藏书 10 万册的图书馆。出版《摩洛哥法律、政治与经济杂志》（半月刊）。

3. 国家应用统计学与经济学研究所

1961 年成立，隶属于国家计划部，是公立非营利性学术组织。主要从事有关经济方面的研究与统计工作，如摩洛哥的经济发展与预测、工商业和对外贸易的统计与分析、马格里布各国的经济问题等课题，以及有关应用经济学的研究，为促进与发展人口统计学、经济学、统计学、计算机科学和社会学而进行研究工作。重点研究的领域是：摩洛哥地区的经济预测，国际移民，应用经济学，工业，贸易与外贸方面的课题。该所向社会提供统计资料和咨询服务，并担负教学和培训专业人员的任务。现有专业研究人员 39 人，文献工作人员 6 人和管理人员 43 人。主要进行研究和培训活动；开展计算机文献信息工作；出版《国家应用统计学与经济学研究杂志》和专著。

4. 非斯经济学与社会科学院

1974 年成立，设在非斯。隶属于国民教育部和穆罕默德·本·阿卜德拉大学。主要从事有关经济学科、司法和社会问题的研究，并担负教学和培训专业人员的任务。现有 105 名专业研究人员，14 名研究辅助人员和 104 名其他工作人员。附设一个藏有 3.5 万册书的图书馆。开展研究与教学活动；出版物《法律与经济杂志》（半年刊）。每年举办 8～10 次学术交流会和研讨会，摩洛哥的教授和学者参加。

5. 社会科学与文学院

设在梅克内斯。该院隶属于国民教育部和穆罕默德·本·阿卜杜拉大学。主要从事的学术研究与教学领域是：穆斯林学，法国文学与阿拉伯文学，英国的语言、文学、历史与地理学。附设一个藏有 2.7 万册书籍的图书馆。主要进行研究与教学活动，出版杂志与论文集，开展各项文献工作；每年 4 月份举办有关文学与翻译论题的学术研讨会。出版物为《文学院评论》（年刊）。

6. 摩洛哥未来研究协会

1979 年成立。创始人是马迪·艾曼杰拉。宗旨与任务是发展和鼓励未来研究，唤起公众舆论、政府和私人机构对未来问题的关心，为研究者提供一个交流学术思想的场所。协会组织有关社会、文化和经济发展的全国性讨论会和交流会；进行研究工作，研究的课题是：人类资源和科学技术的发展，摩洛哥社会的物质需要和提高生活质量问题，文化类型及其发展模式对社会、文化、经济和政治的影响问题。出版物是《通讯》（季刊）。

第三节　文学艺术

一　文学

1. 古代文学

摩洛哥是北非地区古国，有着悠久的文学发展史。在众多的文学作品中，最著名的是由中世纪伟大的旅行家伊本·白图泰口述、伊本·朱齐笔录的《异境奇观》（即《伊本·白图泰记》）。在书中，白图泰详细记述他游历北非、中亚、印度、黑非洲、格林纳达和中国的情况，是一部包括历史、地理、人文等方面内容的巨著，具有极大的历史价值。诗歌在摩洛哥的文学中占有很重要的地位。伊本·赫尔东介绍了最古老的诗文，1376

年，他客居非斯时，撰写《柏柏尔人史》。贝克里著的《语言学概论和地理概论》，在书中记载了有关历史和人种学的宝贵资料①。

2. 近代文学

在近代，摩洛哥社会长期处于封闭状态，文化停滞不前。19世纪后半期，地中海东部沿岸诸国开始现代阿拉伯文学复兴（又称"觉醒文学"）。但是，这一复兴对摩洛哥的影响较晚。1865 年，非斯开办了摩洛哥第一家印刷厂——石印厂。在 1889 年以前，摩洛哥没有阿拉伯文的报纸。

在 20 世纪的前 20 年中，摩洛哥诞生了一批作家，他们的著作以阿拉伯古典诗歌的古老形式和传统的学术著作为主，如：关于法律与礼拜仪式的论文，经文注释，当地历史和圣徒的传记文学等著作。在此期间，代表性的作家有穆罕默德·阿里－纳萨里（1835～1897 年）和穆罕默德·阿里·卡塔尼〔1858（9）～约1927 年〕。1894 年，穆罕默德·阿里－纳萨里出版《摩洛哥历代编年史通鉴》，这是一部揭示摩洛哥历史的经典巨著，上自穆斯林征服摩洛哥，下至作者所处的时代。该书对摩洛哥人的民族觉悟产生了深刻的影响。1899，穆罕默德·阿里·卡塔尼发表《安慰灵魂和论说有关葬于非斯的圣人学者的智慧》，这是一部非斯圣人的传记辞典②。

3. 现代文学

1912 年，摩洛哥沦为法国的殖民地，到第二次世界大战时，阿拉伯和欧洲的学者、诗人和作家纷纷来到摩洛哥，促进摩洛哥文坛的多样化。摩洛哥现代民族文学在汲取外国文学精华的基础上逐步发展。"麦卡玛特"说唱韵文成为摩洛哥民族文学的主要

---

① 〔法〕亨利·康崩著《摩洛哥史》，上海外国语学院法语系翻译组译，上海，上海人民出版社，1975，第 68～76 页。

② 〔美〕克莱茵（Klein, L. S.）主编《20 世纪非洲文学》，李永彩译，北京，北京语言学院出版社，1991，第 143～147 页。

形式，摩洛哥文学的鉴赏范围扩大，出现文学批评，摩洛哥文学呈现繁荣景象。摩洛哥现代文学界分为诗人和作家，传统保守派与效法欧洲文学样式和风格的改革派两部分。摩洛哥的文学主要表现在六个方面：一是文史，二是戏剧，三是诗歌，四是短篇小说，五是散文，六是期刊。

（1）文史。这一时期，摩洛哥出现一批新的历史学作家，他们试图在传统和现代的阿拉伯历史编纂之间搭建桥梁。其中较著名的作家是阿卜杜·阿里－伊本·扎伊丹，他的著作《根据京城麦克尼斯的最佳纪录介绍最博学的人士》（五卷本，1929～1933年版）是一部历史著作，它与阿里－纳萨里的《摩洛哥历代编年史通鉴》一起具有强化摩洛哥人的民族和历史意义的作用。

（2）戏剧。摩洛哥最早出现真正的现代文学形式就是戏剧。1923年，埃及一家剧团到摩洛哥进行巡回演出，获得巨大的成功。此后，摩洛哥出现了最早的剧本，如阿卜杜·阿拉赫·阿里－贾拉里（生于1905年）的《美德》（20世纪20年代中期在非斯演出）和阿卜杜·阿里－卡里克·阿里－塔里斯的《正确战胜错误》（1933年被搬上舞台）。这些剧本在20世纪30年代中期至50年代中期成为摩洛哥占主导地位的民族主义文学的先驱。

（3）诗歌。20世纪20年代，诗歌不仅表达个人感情，而且开始表达民族感情与国家命运。一种被称为"反抗诗"的诗歌①得到发展，在摩洛哥人民争取民族独立的斗争中，成为民族主义者的标语口号。这一阶段，摩洛哥诗歌界分为两代。第一代是直接沿袭摩洛哥独立前的传统的诗人，他们顺其自然发展的趋势，后来分为两派：传统派和跨越两个时代派。第二代是以浪漫主义为主的诗人。

---

① 按照古典诗的格律写成的诗歌，这种诗歌表现了斗争、自我牺牲和确立平等公正的新主题。

　　第一代诗人中，在形式和内容两方面都恪守早期诗歌传统风格，其代表是阿卜杜拉·加农①，他的作品有《摩洛哥在阿拉伯文坛上的崛起》（文艺理论作品）、《诗的肖像》（诗集）、《摩洛哥现代文学讲义》、《摩洛哥名人传》（丛书）和《摩洛哥史入门》等。另一位是穆罕默德·阿拉勒·法西②，他汲取西方文化，传播民族主义思想，提倡恢复阿拉伯语在摩洛哥的地位，其作品有：《摩洛哥农民》、《记住我》、《前往耶路撒冷的行程》、《巴勒斯坦的挫折》等。这一时期还有一些较著名的现代诗人：阿卜杜·卡迪尔·哈桑、穆罕默德·赫拉威、阿卜杜·卡里姆·本·萨比特、阿卜杜·马吉德·本·加龙（他在小说方面的成就超过了诗歌）、穆罕默德·哈比比·伏尔岗尼、穆斯塔法·密阿达威、穆罕默德·穆罕默德·欧尔米等人。

　　第二代诗人中主要有哈桑·穆罕默德·图雷白格③和阿卜杜·卡里姆·塔巴勒④。图雷白格被认为是奠定现代摩洛哥诗歌模式、内容创新的先驱诗人之一，出版的诗集有：《孤寂荒野上

---

① 伊历 1326 年诞生于得土安，对伊斯兰经学、史学、阿拉伯语言、文学都有研究，是摩洛哥知名学者，曾任摩洛哥学者协会主席，开罗语言学会会员。

② 他是诗人、思想家、学者，又是民族战士、政治领袖，其生平就是摩洛哥现代史的缩影。1910 年，法西出生于非斯，1930 年毕业于卡拉维因清真寺大学。法西长期居住埃及，后又迁往麦加，伊斯兰正统教育对法西的思想影响很大，他笃信宗教，热爱祖国，热心于社会与宗教改革，不排斥吸收与宗教原则没有抵触的西方文化中的有益部分。从麦加回国后，建立爱国社团，投身反帝反殖的民族解放运动。1936 年任民族联盟主席，1937～1946 年被流放至加篷。回国后，参加筹建摩洛哥独立党，并一直担任该党总书记。摩洛哥独立后，继续活跃在政界与文坛。

③ 1938 年生于摩洛哥西部沿海城市克比尔堡。1958 年开始参与摩洛哥的文学活动，在刊物上发表诗作。1962 年，荣获摩洛哥作家协会诗歌奖。

④ 1931 年生于温莎。1953 年获卡拉维因大学学士学位，后到得土安的高等学院潜心研究伊斯兰文化和文学，1956 年毕业，同年被派往埃及深造，因苏伊士战争爆发而中断他的留学计划。他任中学教师后，从事诗歌写作。

的沉思》、《荒野远处》，诗剧《代表的悲剧》和《马哈齐思峪》；其代表作是《串珠吟》、《光明》和《咏梅》。阿卜杜·卡里姆·塔巴勒的诗歌以浪漫主义情调为主，并有社会现实的内容和思想。其作品有《人生之旅》和《破碎的东西》①。

（4）短篇小说。早期中、长篇小说的问世及读者对刊物的关心加速短篇小说的出现，文学渐渐独立于思想文化而自成一类载体，它们主要是在刊物上重新发表。在民族主义运动时期，分为用阿拉伯语写作和用法语写作的两类作家。用阿拉伯语写作的代表作家及作品有：阿赫麦德·班南尼的《忠于非斯，忠于爱情》（1940 年）和阿卜杜·阿里－马吉德·本－热伦（生于1919 年）的《血谷》（1948 年），这些作品对摩洛哥社会进行简洁明了的描写，构成独立运动主体的非斯的资产阶级成为描写的对象。用法语写作的代表作家及作品有阿赫默德·塞夫里奥伊的《琥珀念珠》（1949 年），他的短篇小说展现了浪漫的和爱国的情感。

（5）散文。20 世纪 40 年代，摩洛哥开始发行阿拉伯文报纸，现代散文逐渐形成风格。摩洛哥作家受西方小说、特别是法国小说的影响，还受埃及、叙利亚和黎巴嫩小说的影响，创作出一些有故事情节的散文。代表作家及作品有穆罕默德·本·阿卜杜拉·穆瓦格特的《摩洛哥游记》和《现代问题明镜》、阿拉勒·贾米欧的《创建》、阿卜杜拉·伊卜拉欣的《玛丽亚贞女》、穆斯塔法·格里巴威的《命运与决心的奇迹》、马立克·法西的《牺牲》以及阿米娜·鲁瓦、艾哈迈德·白卡里、阿卜杜·阿齐兹等人。

（6）文学刊物。这时出现一些阿拉伯语的刊物，如《马格里布》、《阿特拉斯》、《萨阿达》和《萨拉姆》等，这些刊物成

---

① 参见周顺贤著《摩洛哥现代诗歌》，《阿拉伯世界》1997 年第 3 期。

为摩洛哥作家的文学论坛。阿卜杜·阿拉赫·桂诺恩（生卒年代不详）和阿赫麦德·巴赫尼尼（？～1971年），他们在刊物上发表以文化为主题的论文；穆罕默德·阿里－夸巴吉（生卒年代不详）和阿赫麦德·西亚德（生卒年代不详）发表文学批评；阿拉里·阿里－法西（后来成为民族主义运动的领导人）、穆赫塔尔·阿里－苏西（生卒年代不详）和阿卜杜·阿里－夸迪尔·哈桑（生卒年代不详）等人发表了一些爱国诗篇、有韵故事和散文故事。

4. 当代文学

第二次世界大战后，摩洛哥文学呈现活跃景象。摩洛哥作家用阿拉伯语和法语两种形式写作。摩洛哥独立后，在独立运动中起领导作用的资产阶级，在政治、经济和思想各领域中扩展其势力范围，涌现一批小资产阶级的作家；同时，还有其他阶级的一些作家，他们在文化界各占一席之地。这一时期，摩洛哥出现了中、长篇小说，诗歌的创作也有新的发展，文学批评处于萌芽状态。各种报刊相继登载诗歌、短篇小说、"麦卡玛特"和文学评论文章。

（1）中、长篇小说。摩洛哥小说起步很晚，其创作落后于诗歌和短篇小说。20世纪50年代，摩洛哥没有现代意义上的小说。第二次世界大战后，出现用法语写作的小说。代表作家及作品有：德里斯·什拉伊比（生于1926年），他是一位住在巴黎的摩洛哥化学工程师。1954年，发表第一部长篇小说《简单的过去》，表现出他对摩洛哥伊斯兰传统社会的憎恶与抵制。1955年，发表《公山羊》，1962年发表《简单的过去》的续篇《无人领取的遗产》。另外，还有本·加龙，1957年出版了《童年》。

20世纪60年代，摩洛哥的年轻人使用同样的题材进行创作，显示出反对摩洛哥传统价值观念的造反精神。代表人物是先

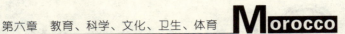

锋派诗人兼小说家穆罕默德·卡伊尔－埃迪尼（生于 1941 年·），其长篇小说《阿加迪尔》（1967 年）和《阴性物体》（1968 年）被摩洛哥的批评家称为"野性文学"。还有一些年轻的摩洛哥小说家力图反映社会及社会各阶层力量的冲突，揭示真实生活，提高人们认识现实，培养价值观，接受新生事物，反对和抵制一切落后事物。其代表人物和作品有：卜杜·阿拉威的《乡愁》、阿卜杜·卡里姆·盖拉布的《我们埋葬过去》（1966 年）和《阿里师傅》（1971 年）、白克里·艾哈迈德·西巴伊的《生命的熔炉》（1966 年）和《阵痛》（1972 年）、穆巴拉克·拉比阿的《善人们》（1972 年）、穆罕默德·阿齐兹·哈巴比的《饥渴的一代》（1967 年）和《生命的精髓》（1974 年）、穆罕默德·齐夫扎的《人行道和墙》及艾哈迈德·麦地尼的《出生与成年之间的阶段》等①。

（2）诗歌。诗歌在摩洛哥的文学中占重要的地位。摩洛哥出现第三代诗人，他们主要由青年诗人组成。他们不满阿拉伯古诗的格律，改革诗歌的音乐观念，用象征和神话的手法来表达，同时引进西方新文学的创作方法。这一代诗人是在浪漫主义转向社会现实主义的过渡时期进行创作实践，他们把摩洛哥社会、阿拉伯世界和当代人结合在一起，受到东方和西方文化潮流的影响。他们利用历史素材、神话故事和现实材料进行创作，其代表人物和作品有：青年诗人阿卜杜拉·拉吉阿的诗集《向下游城市迁徙》；独立后摩洛哥诗坛主要的先驱者之一、诗人穆罕默德·梅木尼的《爱情的诞生》、《坟墓与旅程》和《最后的荒年》；诗人艾哈迈德·密阿达维的《赛卜特》和《死者的话》，他是当代摩洛哥诗歌倾向的主要代表。

（3）文学批评。穆罕默德·阿拔斯·格巴杰是摩洛哥文学

① 参见周顺贤著《摩洛哥中长篇小说》，《阿拉伯世界》1997 年第 1 期。

批评的奠基人，他曾在《马格里布》杂志上开辟摩洛哥诗歌的
评论专栏。

二　电影

洛哥的电影事业分为三个时期：殖民主义时期的电
影、独立后的国产电影和 20 世纪 70 年代以来的"新
电影"。

1. 殖民主义时期的电影

这一时期，摩洛哥人没有自己的电影。但是，摩洛哥得天独
厚的自然条件吸引了欧洲的电影商到摩洛哥拍摄电影，他们主要
拍摄一些宣传片和短故事片。1907 年，法国摄影家米兹吉什拍
摄了一部侵略者的宣传纪录片。1919 年，法国人拍摄了短故事
片《马克图布》。

1944 年，法国殖民当局在拉巴特成立"摩洛哥电影中心"，
法国国民银行资助建立西尤绥电影制片厂，从事短片和纪录片的
生产。到 20 世纪 50 年代中期，在拉巴特、卡萨布兰卡和丹吉尔
三个大城市有近 20 家本国和外国的独立制片公司，欧洲电影商
在摩洛哥共拍摄了 20 多部短片或纪录片，包括：《第七个门》、
《沙漠婚礼》、《茉莉花》和《开罗鞋匠的盛情》等短故事片，
其中《沙漠婚礼》参加当年的威尼斯国际电影节并获得评委奖，
成为第一部获国际电影节奖的阿拉伯电影。

2. 独立后的国产电影

1956 年，摩洛哥获得独立，摩洛哥政府的新闻部接收原
"摩洛哥电影中心"和西尤绥制片厂。西尤绥制片厂改名为摩洛
哥制片厂，成为摩洛哥政府的唯一的电影企业。摩洛哥的电影开
始走向国产化的道路。

1956～1968 年，摩洛哥本国生产一些纪录片并与外国电影
公司合拍短故事片。在法国人导演和拍摄的《潜网》、埃及人导

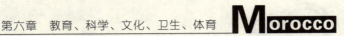

演和拍摄的《安达鲁西亚》和《男人之家》这三部电影中，摩洛哥人开始担任演员。

到 20 世纪 60 年代末，在国外学习电影的摩洛哥第一代电影工作者开始自拍自制影片。1968 和 1969 年，摩洛哥生产出最早的、摩洛哥人自己导演的三部国产长故事片：1968 年，阿卜杜勒·阿齐兹·拉姆丹导演了《当椰枣熟了的时候》，这是摩洛哥第一部国产长故事片；1968 年，穆罕默德·塔齐导演了《生活就是斗争》；1969 年，拉蒂夫·拉哈路导演了《春天的太阳》。这三部影片的题材都取自于摩洛哥人的现实生活，其表现手法受 20 世纪 60 年代欧洲"新浪潮派"的影响，以激情塑造人物，在画面的设计上，出现新的时空差。

20 世纪 70 年代，摩洛哥电影艺术有新的发展。随着变革潮流的涌入，摩洛哥人的价值观念发生变化，这在某种程度上给电影创作提供了新的题材。在欧洲高等电影学府受过专门训练的第二代摩洛哥电影工作者开始进入拍片领域。他们运用世界现代电影语言，反映变革中的社会现实，拍摄了一些题材和风格新颖、艺术性和现实性兼备的优秀电影：1970 年，哈米德·白纳尼自编自导了长故事片《足迹》，这是摩洛哥生产的第一部最成功的现实主义影片。1972 年，苏海尔·本·巴拉卡拍摄了《一千零一只手》；1975 年，拍摄了《石油没有发生》；1982 年，拍摄了《杀人狂》，这部影片在 1983 年的莫斯科电影节上获得金奖，成为摩洛哥第一部获得国际电影节大奖的国产影片。1975 年，莫艾敏·塞米西拍摄了《沉默》，在 1976 年的迦太基电影节上，该片获银像奖。1976 年，穆斯塔法·德卡威拍摄《无关紧要的事件》。1978 年，艾哈迈德·马努尼拍摄《日子》，当年，这部影片代表摩洛哥参加戛纳国际电影节和迦太基国际电影节，分别获得评委会奖和处女作奖；1979 年，又在第一届大马士革国际电影节上获得电影评论家奖，这部电影是摩洛哥获奖最多的一部

影片。自 1956 年到 1982 年，摩洛哥共生产 26 部故事片，其中绝大部分影片的生产是由国家电影中心资助，主要在法国和意大利完成制作工序。

20 世纪 80 年代后，摩洛哥电影工作者拍摄了几部新的故事片。其中，1980 年，年轻的电影导演阿卜德·阿休白拍摄的故事片《古基尼》，在摩洛哥第八届电影节上受到好评。2001 年 3 月，在非洲最大的影展、第十七届泛非影视展（FESPACO）上，摩洛哥导演艾尤奇（Nabil Ayóuch）以描写非洲弃儿的感人电影《Ali Zaoua》，夺下影展大奖：叶尼佳奖（Yennenga Stallion）。

3. 电影现状

摩洛哥没有专业电影演员，参加电影演出的演员大多数是摩洛哥话剧演员及聘请的少数外国演员。摩洛哥本国的电影明星是穆罕默德·哈布什。

目前，摩洛哥有两家国营电影制片厂：一个是国家电影中心在拉巴特建立的制片厂，生产短片和纪录片；一个是摩洛哥电视台在卡萨布兰卡建立的制片厂，生产电视短片和纪录片。

摩洛哥政府对电影发行的审查较严，由本国和外国的电影公司控制电影发行。到 20 世纪 70 年代初，摩洛哥共有 20 多家摩洛哥人经营的电影发行公司，还有法国和美国的电影公司在摩洛哥设立的代表处，他们在摩洛哥发行自己的电影。外国电影在摩洛哥发行由摩洛哥电影发行商和外国电影制作人或发行商签订合同进行，该合同须征得摩洛哥电影中心的同意。

摩洛哥的电影放映机构全部由私人电影院的老板掌握。到 20 世纪 70 年代末，摩洛哥共有 250 多家电影院，最大的电影院可容纳 3000 多名观众；每年进口大约 500 部外国电影[①]。

---

① 张文建著《阿拉伯电影史》，北京，中国电影出版社，1992，第 251 页。

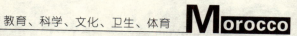

三 音乐舞蹈和美术

摩洛哥的近代文化艺术受到西班牙和法国的影响。在其民间音乐和舞蹈中，受安达卢西亚（西班牙）艺术的影响；在其造型雕刻艺术和舞台艺术上，明显留有法国艺术的痕迹。

1. 音乐舞蹈

摩洛哥的音乐舞蹈有两种形式，一是乡村民间音乐，一是安达卢西亚音乐。

（1）乡村民间音乐舞蹈。这是一种流行于乡村和山区的歌舞。由十多名佩带头饰、腰饰和脚系响铃的妇女演出。她们边舞边唱，拍手跺脚。高潮时，有两个人走出集体行列一起对舞，剧烈地扭腰、摇头、尖叫和挥手。旁边是相同人数的男的乐手伴奏，乐器有手鼓、唢呐、长号和响器等。

（2）安达卢西亚音乐。这是一种摩洛哥人最喜爱的音乐。出现于公元 13 世纪，创始人是一位波斯裔的奴隶、宫廷音乐家齐里亚卜，这是在西班牙安达卢西亚一带广为流行的音乐。在西班牙建立的格拉纳达王国①覆灭后，逃出来的摩洛哥音乐家把这一音乐带回摩洛哥。后来，这一音乐经过充实和发展，成为一种独特的音乐，即阿拉伯—安达卢西亚音乐，其特点是和缓、悠扬。它的形成对中东音乐产生了巨大的影响。安达卢西亚音乐还用在摩洛哥人的结婚典礼上，人们请安达卢西亚乐队前来演奏助兴。

（3）主要音乐舞蹈团体。摩洛哥有自己独特的艺术节、文化节、音乐周，还有各种民间歌舞团。其中，摩洛哥民间歌舞艺术

---

① 中世纪阿拉伯人在伊比利亚半岛南部格拉纳达一带建立的国家。公元 8 世纪为阿拉伯人的一个军事领地。1238 年独立，建立伊斯兰教王国，首都格拉纳达城。1492 年被西班牙占领。

团（Morocco Folk Art Ensemble）是由政府创办的艺术团体，归文化部领导。1986 年成立，全团有演员 60 多人。其目的是抢救民间艺术，振兴古老文化。其具体任务是：整理、集中和提炼民间艺术，在保持民间传统的同时，体现当代艺术的特色。它通过创作、排练和演出丰富多彩的农村歌舞节目来丰富劳动人民的生活，还组织艺术团到全国各地巡回演出，参加国内外举办的艺术节、文化节和音乐周等活动①。

摩洛哥还有一些专门教授音乐和舞蹈的院校，摩洛哥主要的音乐学院有：丹吉尔音乐学院（Conservatoire de Tanger）、卡萨布兰卡国立音乐学校（Ecole Nationale de Musique-Casablanca）、盖尼特拉国立音乐舞蹈学院（Institut National de Musique et de Dansekenitra）和拉巴特音乐、舞蹈和戏剧艺术学院（Conservatoire National de Musique, de Danse, etd'art Dramatique-Rabat）。其中拉巴特音乐、舞蹈和戏剧艺术学院是以培养西方音乐、东方音乐和摩洛哥音乐的专门人才的学校。学生分属三个乐队：古典音乐乐队、东方音乐乐队和安达卢西亚传统音乐乐队。课程有安达卢西亚音乐和摩洛哥音乐②。

2. 美术

摩洛哥建有几所美术和艺术学校，主要的几所学校有：

（1）美术学校（Ecole des Beaus-Arts）于 1950 年成立，位于卡萨布兰卡。设有艺术、书画刻印艺术、设计装潢专业（学制 3 年）和应用艺术教育专业（学制 5 年）。

（2）得土安传统艺术学校（Traditional Art School of Tetuan）于 1925 年在得土安省成立，是摩洛哥最古老的艺术学校，由文

---

① 中国艺术研究院外国文艺研究所编《外国文化艺术机构概况》，北京，文化艺术出版社，1992，第 168 页。
② 薛艺兵：《世界各国音乐院校名录》，北京，人民音乐出版社，1996，第 333 页。

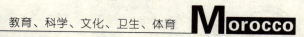

化部领导。设有木器、雕刻、陶瓷、石膏、金属镶嵌、绘画、刺绣、地毯、皮革等专业。学制 7 年。目的是培养具有阿拉伯传统的艺术人才。入学条件为新生必须具备小学文化程度，年龄在 12 ~ 14 岁之间。学生首先学习文化课及各专业基本知识。然后，结合实际操作和训练。学生结业后授予结业证书。该艺术学校已培养许多优秀艺术人才。

四 文化艺术机构与设施

1. 文化艺术机构

洛哥主要的文化艺术机构和组织有：

（1）摩洛哥文化部（Ministry of Cultural Affairs）是政府行政机构，其前身是国民教育部的文化艺术局。1967 年，为了更有效地管理、指导、规划和发展全国文化工作，文化艺术局从国民教育部分出，成为直属于内阁领导的文化部。下设大臣办公厅，负责大臣的活动，代表大臣发布指令；文化艺术教育厅，下分文化司、图书馆和出版司、艺术教育司；文物古迹办公厅，下分博物馆文物司、古迹和古建筑司；文化清理局、行政司和条款处等。在各省设置文化局，负责地方文化工作。主要官员有文化大臣、秘书长、办公厅主任和司局长等。主要任务是执行政府制定的文化政策，继承和弘扬民族文化，提高人民文化水平，活跃人们的文化生活，监督各地文化协会，鼓励文学创作，组织报告会、座谈会、文艺演出等，开展国际文化交流和执行对外文化合作协定。设立摩洛哥写作奖、哈桑二世手稿文献奖，授予在文化方面有突出贡献的人士。

（2）摩洛哥电影中心（Centre Cinematographique Marocain）。摩洛哥政府重视电影事业，1944 年在拉巴特设立摩洛哥电影中心，负责管理电影事业，并组织了摩洛哥电影制片人协会，以推动全国的电影事业。电影中心是政府机构，隶属于新闻部，中心主任负责管理，财政独立。1963 年和 1967 年先后颁布实施制度。1977 年重建，设置管理委员会，负责具体工作。经费来自税收、电影收入、政府资助和社会捐赠等。中心主要任务是监督电影各项制度和措施的执行情况，签发执照和许可证，制定电影生产、发行和放映进出口的管理法规，协同财政部门监督电影院的收入情况，建立和发展电影企业，与有关部门联合举办电影专业培训班，为电影界输送电影专业人才，举办全国性或国际性的电影节等活动，处理、仲裁所属企业、公司之间的争执和纠纷等案件，协同文化部做好电影传播和宣传工作和负责电影审查工作。其主要活动是每年召开 2 次管理委员会会议，审议工作执行情况，制订年度预算计划，解决有关问题。

（3）摩洛哥电影制片人协会（Association Marocaine de Producteurs de film）。该协会是全国性的民间团体，总部设在卡萨布兰卡。其宗旨是推进全国电影企业的发展，为制片人拍摄优秀影片创造条件。根据规定：凡是从事电影制作的人员都可申请入会。会员须履行有关义务并享有权利。协会主要任务是为制片人拍片寻求机会，解决困难，确保会员制片的自由与权利，召开制片会议，交流经验，商讨重大问题，与外国相应机构建立合作关系，开展对外电影交流和参加国际性的电影活动。

（4）摩洛哥作家协会（Writers Association of Morocco）。这是一家全国性的民间文化团体，总部设在拉巴特，在各省市设立分会。发表过文学作品的作家都可以申请入会，会员要遵守一切规章和制度，并享有规定的权利。其宗旨是发展民族文化、活跃文化创作。其主要任务是保护会员自由创作的权利和物质利益；召开文学座谈会，商讨有关问题；为会员提供创作、生活等方面的服务；开展对外活动，与外国有关机构交流业务。

（5）摩洛哥大阿特拉斯协会（Association of High Grand Atlas）

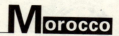

是一家全国性的民间组织。总部设在马拉喀什。1985 年，哈桑二世国王号召全国大企业家、实业家、富商资助发展文化事业。4 月，正式成立大阿特拉斯协会。下设文化委员会、经济委员会等。国王的卫队长任主席，另有执行主席等。主要成员为大企业家、知名人士等。其宗旨是发展全国文化事业，以文化发展促进经济发展。主要任务是研究大阿特拉斯地区的文化特点，发展民族音乐。每年 7 月在马拉喀什举办国际音乐节。

2. 文化设施

（1）文化设施概况。摩洛哥拥有丰富多彩的文化，每一地区都有各自的特征，拥有众多的民族文化遗产，这些遗产和历史遗迹都受到摩洛哥政府的保护。

独立以来，特别是在 20 世纪后半期，摩洛哥社会和文化发生巨大变化。摩洛哥地方议会筹措资金提供支持，政府将地方议会支出的 1% 用于每个辖区或省区建立一个文化设施，包括一家剧院和建立两个剧团。

（2）学院。摩洛哥现在有高等戏剧和文化活动学院，建在拉巴特。专门培养演员，设置培养演员、舞台艺术和文化活动三个专业。学制 4 年。

（3）博物馆。摩洛哥的博物馆是一个比较年轻的机构，目前，摩洛哥有三种类型的博物馆：考古、人种和其它博物馆。在拉巴特、非斯、梅克内斯、得土安、索维拉、马拉喀什、拉腊歇、萨菲和丹吉尔等地建有 15 家博物馆。

摩洛哥最早的博物馆建于 20 世纪初。1915 年，在非斯和拉巴特建立了考古和人种博物馆。1920 年，摩洛哥政府在梅克内斯建立了地区博物馆，在拉巴特建立了考古博物馆。1928 年，建立了得土安人种博物馆和丹吉尔考古博物馆。1930 年，在南部城市马拉喀什附近，建立了地方博物馆。1939 年，在得土安建立了考古博物馆。20 世纪 80 年代以后，建立了一些具有地方

特色的博物馆。2004 年，在梅克内斯开放一家博物馆，专门展出来自里夫地区的陶瓷。另外，还有拉腊歇考古博物馆、非斯"武器"博物馆、萨菲国立陶器博物馆和丹吉尔的当代艺术博物馆等①。摩洛哥是国际博物馆协会（International Council of Museums-ICOM）的成员国②。

第四节　新闻出版

独立以前，摩洛哥的新闻出版业落后，只有几种法国殖民主义者和摩洛哥民族主义政党办的报纸，没有本国的通讯社、电台和电视台。

独立以后，摩洛哥通过的第一部宪法中规定，"宪法保障全体公民享有言论自由、以各种方式表示意见的自由和集会自由"。1956 年 10 月，摩洛哥成立了新闻部，由内政大臣兼管，下设秘书长。新闻部包括研究、计划和资料司，通讯和新闻司及总事务司。新闻部负责制定和实施有关新闻方面的各项政策，反映政府的观点；向本国记者和外国记者发放记者证，帮助他们联系采访单位，为记者提供参加大型活动的各种便利。另外，新闻部还负责管理摩洛哥的广播台、电视台和阿拉伯马格里布通讯社、摩洛哥电影中心、新闻学院、摩洛哥著作权局和广告公司。

近年来，摩洛哥政府强调阿拉伯化，摩洛哥的图书出版、报纸杂志的发行工作都有很大发展，阿拉伯文的图书、报纸杂志如雨后春笋般地发展起来，数量大增。摩洛哥新闻出版还有一个特点，除少数官方报刊外，还有许多各党派出版的报刊。

---

① 摩洛哥政府网站材料（2005 年）（http：//www.mincom.gov.ma）。

② 参见中国艺术研究院外国文艺研究所编《外国文化艺术机构概况》，北京，文化艺术出版社，1992，第 166 ~ 169 页。

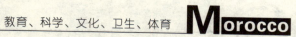

一 报纸与通讯社

1. 报纸杂志

独立初期，摩洛哥主要有法国殖民主义者办的两种法文日报：《小摩洛哥人报》（Le Petit Marocain）和《摩洛哥前哨报》（La Bigie Marocain）。还有摩洛哥民族主义政党办的三种法文报纸：摩洛哥独立党的机关报《独立报》（周报）、摩洛哥独立民主党的机关报《民主报》（周报）和摩洛哥劳工联合会的机关报《先锋报》（Al Talia）；一种阿拉伯文的摩洛哥独立党的机关日报《旗帜报》（Al Alam）。

独立以后，摩洛哥本国的报纸发行逐步发展，据不完全统计，目前摩洛哥全国出版的报刊共 560 多种，其中阿拉伯文版 370 多种，法文版 180 多种①。

（1）报纸。摩洛哥的主要报纸有：

《旗帜报》（Al Alam） 阿拉伯文日报，创刊于 1946 年 9 月。由摩洛哥独立党兴办的一种综合性报纸，是该党的阿拉伯文机关报。在摩洛哥人民争取民族独立的斗争中，该报起过重要的作用。在法国保护国时期，该报经常受到新闻审查。1952 年 12 月至 1955 年 11 月被迫停刊。摩洛哥独立后，该报主张国家经济独立，提出教育及行政管理阿拉伯化。发行量约 5 万份。

《舆论报》（L'opinion） 法文日报，创刊于 1962 年。由摩洛哥独立党兴办的一种报纸，是该党的法文机关报。原名《非洲革命》，1965 年改为现名。报纸主要内容来自摩洛哥国家通讯社、路透社和法新社。该报是摩洛哥几家发行量最大的报纸之

---

① 葛公尚主编《万国博览：非洲卷》，北京，新华出版社，1998，第 729 页；赵国忠主编《简明西亚北非百科全书》（中东），北京，中国社会科学出版社，2000，第 766 页。

一。星期日，在报纸中插入两版西班牙文文章，为西班牙语的读者服务。读者范围广泛，在法国和比利时移民中也有一部分读者。发行量7万份。

《新闻报》（Al Anbaa）阿拉伯文日报，创刊于1963年12月24日。前身是《新时代报》，由摩洛哥新闻部出版的一种报纸。资金来源主要是国家资助和收取广告费。报纸的主要内容涉及国内官方及非官方的活动和国际时事，包括政治、社会和文化等方面的消息，如王室和政府官员的重要活动、官方公报、政府采取的一些行政措施，还刊登过中国的特稿。每周还有宗教、妇女、电影、体育和文化专版，并出体育副刊。读者中2/3是摩洛哥国内读者，1/3是摩洛哥在海外的侨民。发行量3.5万份。

《撒哈拉和马格里布晨报》（Le Matin du Sahara et du maghrb）法文日报，创刊于1971年11月，在《小摩洛哥人》晨报停刊后创办。该报是摩洛哥晚报股份有限公司（私营）出版发行的一种综合性报纸，该报不隶属于任何政党，但它是一种亲政府派的报纸。该报的经费来源为三部分，一是广告收入，二是出售报纸所得，三是与摩洛哥其它全国性的日报一样，每年享受国家一笔津贴（相当于报纸纸张费用的10%）。报纸的主要内容包括国内、国际、体育和社会新闻。读者范围广泛，主要是职员、官员、商人、大学生及其他阶层人士。发行量8.4万份，是摩洛哥日报中发行量最大的一种报纸。

《摩洛哥晚报》（Maroc Soir）法文晚报，创刊于1971年11月1日。该报是摩洛哥晚报股份有限公司出版发行的一种综合性报纸。它是在《摩洛哥瞭望岗》晚报停刊后出版发行的一种报纸。读者范围广泛，有大学生、国家工作人员和职员等。发行量为5万份。

《今日宣言报》（Bayane Al Yaom）阿拉伯文日报，创刊于

1972 年，最初为每周出版一期，1975 年改为日报。是摩洛哥进步与社会党发行的一种综合性报纸，是该党的机关报。办报的经费来源分为两部分：一是摩洛哥进步与社会党出资，一是来自出售报纸和刊登广告所得的收入。办报的宗旨是配合进步与社会党进行摩洛哥无产者事业、坚持爱国主义、发扬进步和民主思想、反对帝国主义的斗争。读者主要是普通阶层人士。发行量为 1.5 万份。

《宣言报》（**Al Bayane**）法文日报，创刊于 1972 年 11 月。由摩洛哥进步与社会党发行的一种综合性报纸，是该党的机关报。开始是周刊，1975 年改为日报。办报的经费来源是靠进步与社会党出资和出售报纸及收取广告费。报纸宣布是为捍卫摩洛哥无产阶级事业、实现爱国主义、进步和民主思想及反帝国主义而诞生。现在该报成为受到人们相当重视的一种报纸。读者主要是社会中层及上层人士，包括政府官员、知识分子，政治、经济等领域的决策人物。发行量为 2.5 万份

《马格里布报》（**Almaghrib**）法文日报，创刊于 1976 年。由摩洛哥全国自由人士联盟出资兴办的一种综合性报纸。报纸国际版的主要内容来自外国通讯社，但该报注意客观报道。读者主要是知识分子阶层。发行量为 1 万份。

《民族宪章报》（**Al Mithaq Alwatani**）阿拉伯文日报，创刊于 1976 年。是摩洛哥全国自由人士联盟兴办的一种该党的机关报（还有一种是《马格里布报》）。读者较《马格里布报》更为大众化。发行量为 3 万份。

《民主斗争报》（**An-Nidal Addimokrati**）阿拉伯文日报，创刊于 1983 年。当时，全国民主党为参加议会选举做舆论而兴办的一种报纸。发行量为 3000 份。

《民族使命报》（**Rissalat El Ouma**）阿拉伯文日报，创刊于 1983 年。摩洛哥宪政联盟为参加 1984 年的议会选举的需要而兴

办的一种报纸。目前，该报仍受到宪政联盟的经济资助。发行量
2 万份。

《社盟报》（Al Itihad Al Ichtiraki） 阿拉伯文日报，创刊于
1983 年。是摩洛哥人民力量社会主义联盟发行的一种日报。前
身是该党的机关报《解放报》，1981 年受到审查之后，为配合
1984 年的议会选举而酝酿出版。该报作为反对派的报纸，主要
内容是宣传民族主义，主张国家的经济独立。读者主要是知识分
子、大学生、人民力量社会主义联盟的支持者和其他基层人士。
发行量近 6 万份。

《撒哈拉报》（Assahara） 阿拉伯文日报，创刊于 1989 年 1
月。是摩洛哥晚报股份有限公司发行的 4 种日报之一，其它 3 种
日报是：《撒哈拉和马格里布晨报》（法文）、《摩洛哥晚报》
（法文）和《晨报》（西班牙文）。读者约有 15 万人，主要是职
员、高级官员、商人、学生和无业者。发行量 3.3 万份①。

（2）杂志。摩洛哥的杂志比较少，主要是：

《自由杂志》 （Le Liberal） 法文刊物，创刊于 1987 年 10
月。在摩洛哥《民族使命报》（已停刊）的一些记者和其他记者
及教师的帮助下出版了第一期刊物，当时取名为《新使命报》②，
后改为《自由杂志》。是一种月刊。该杂志不属于任何党派；不
享受任何津贴，因此被称为独立刊物。当时，该杂志所反映的是
中间偏右的政治和经济的观点。杂志有一些独特之处：在内容
上，重点是在马格里布范围内；在人员的组成上，由 4 人组成的
领导班子中，有 3 人是女性，这一点在摩洛哥很少见；读者主要
是教师、大学生和一些决策人物及其他关心马格里布事务的人

---

① 参见孙宝玉主编《世界新闻出版大典》，北京，中国档案出版社，1994，第
205～208 页。
② 宪章联盟主席马蒂·布阿比德对《新使命报》提起公诉，控告他们窃取名
称。

士。发行量 1.5 万份。

2. 通讯社

摩洛哥有一家官方通讯社，即马格里布阿拉伯通讯社
（L'Agence Maghreb Arabe Presse，M. A. P.，简称马通社）。创建
于 1959 年 11 月 18 日①，是一家拥有 20 万迪拉姆（约合 2.5 万
美元）的股份有限公司。1977 年 9 月 28 日，宣布为国家通讯
社，成为摩洛哥对世界各国进行官方联系的正式新闻机构，逐步
在阿拉伯、伊斯兰和非洲等地区的通讯社中产生影响。通讯社的
座右铭是"新闻是神圣的，评论是自由的"。

马通社受新闻部监督。马通社设正、副社长，下辖新闻、技
术、消息、对外关系、行政和财政事务 5 个部门，下面再分 30
个科室。其中，有 17 个是编辑科室，5 个是技术科室。马通社
的总部在首都拉巴特，在全国 9 个城市设立地区分社，在非洲、
欧洲、美洲和阿拉伯世界开设 15 个国外分社②，现有记者 247
名。每天用阿拉伯文、法文、英文和西班牙文四种文字播发新
闻。马通社出版两种日刊：《马通社－时事》和《马通社－经
济》，还有一种月刊《马通社－资料》，在国内的主要订户是报
纸、广播电台、电视台、政府部门和驻摩洛哥的大使馆，在国外
的主要订户是通讯社和大使馆。马通社是阿拉伯非洲通讯联盟和
阿拉伯通讯联盟的成员，与阿拉伯国家各通讯社都建立了供稿关
系，与新华社、法新社、美联社和塔斯社等都签订有新闻交换协
定，与世界上 60 多个通讯社签有合作协定。马通社的抄收能力
不断扩大，现在每天可抄收 100 万字的新闻③。

---

① 这天是摩洛哥独立三周年纪念日，马通社正式运转发稿。
② 马通社在马德里、巴黎、布鲁塞尔、伦敦、华盛顿、罗马、莫斯科、纽约、
墨西哥、突尼斯、开罗、达喀尔、波恩、吉达和阿尔及尔开设分社。
③ 孙宝玉主编《世界新闻出版大典》，北京，中国档案出版社，1994，第
205 ~ 206 页。

摩洛哥

二　广播和电视

1. 摩洛哥的广播电台

摩 洛哥有两家广播电台：摩洛哥广播电台和地中海国际广播电台。

（1）摩洛哥广播电台（Radiodiffusion Marocaine）创建于1928年4月15日，已经有70多年的历史。当时，摩洛哥广播电台是邮电局所属的有关部门。1959年成为国家管理的电台。1961年7月1日，归并到新闻、美术和旅游综合部。1972年12月26日，摩洛哥广播电台和电视一台由新闻部直接领导，国家下拨统一预算。摩洛哥广播电台的节目包括文化、社会、教育、宗教、科技、体育、音乐等，每逢全国性节日或宗教节日，播出特别节目。

摩洛哥广播电台总部设在首都拉巴特，在全国设有卡萨布兰卡广播台、非斯广播台、马拉喀什广播台、瓦吉达广播台、阿加迪尔广播台、丹吉尔广播台等9个地区性电台。用阿拉伯语、法语、西班牙语和英语播音，此外还用柏柏尔语的三种方言向边远山区播音，每天大约播送93个小时。全台共有143名记者。摩洛哥95%的人口能够收听到长波节目，84%的人口能够收听到中波的节目，46%的人口能够收听到调频的节目[1]。在摩洛哥可以直接收听西班牙广播。

（2）地中海国际广播电台（Radio-Mediterranee inernational，简称R. M. I.）创建于1980年7月，是在哈桑二世国王倡议下、由摩洛哥与法国合作成立的一家私营电台。地中海国际广播电台面向整个马格里布地区及地中海南、北两岸的国家。该电台的资金来自摩洛哥和法国的一些私人公司和银行。电台的节目设置多

---

① 葛公尚主编《万国博览：非洲卷》，北京，新华出版社，1998，第730页。

样化，侧重于时事新闻，每天阿拉伯语和法语的长、短新闻节目达 30 次，还有时事评说、通讯、每日专题和体育等栏目。地中海广播电台用阿拉伯语和法语两种语言播音，一般两种语言节目穿插进行。该电台的广播网包括两个长波发射台和两个短波发射台，短波发射台主要是面向中东和黑非洲法语地区的国家。在摩洛哥主要城市设有调频发射台，在摩洛哥全境都可收听到调频节目。总部设在丹吉尔，有近百名工作人员，在摩洛哥北部港口城市纳祖尔发射台有 30 多名工作人员。在国外，地中海国际广播电台的通讯网遍布马格里布国家、欧洲国家和美国的首都。

2. 摩洛哥的电视台

摩洛哥有两家电视台，它们是摩洛哥电视台和摩洛哥电视二台。

（1）摩洛哥电视台（La Television Marocaine，Radiodiffusion Television Marocaine，简称 TVM，又称摩洛哥电视一台）。1960 年 6 月开始筹备，1962 年 3 月 3 日正式运营①。总部在拉巴特，全国各主要大城市都设有转播站。该电视台是国家电视台，隶属于新闻部领导，是全国最主要的传播媒体。经费主要由政府提供。其内部主要分为广播和电视两大部门。它自创办以来，覆盖面和收视率都不断扩大，1972 年开始播放彩色电视节目，建有 64 个转播站，平均每天播放 12 小时，一半以上的节目是摩洛哥自己制作的，内容包括新闻、体育、文化、教育和宗教等，大部分节目用阿拉伯语播出，另一部分用法语播出。总部设在首都拉巴特，有记者、技术人员和通讯员 1500 人左右。全国 84% 的人可收看电视。

（2）摩洛哥电视二台（2 M International）。1989 年 3 月 3 日正式开播，是当时非洲国家中第一家、也是唯一的一家私营的商

---

① 这一天是哈桑二世国王登基一周年纪念日，哈桑二世国王首次在电视台，面对摄像机发表讲话，并为电视台剪彩。

业性电视台；其经济后盾是北非信托公司。1996 年，政府收购其 70% 的资本。摩洛哥电视二台用法语和阿拉伯语播出，其中法语节目占 70% 左右，阿拉伯语节目占 30% 左右，每天播出 14 小时的节目。电视节目以文化娱乐为主，有动画片、电影（占播出总时间的 1/4，主要是欧美国家的影片）、电视连续剧、有奖智力竞赛、音乐欣赏、宗教节目、文艺演出、体育节目和时事新闻等栏目。它与阿拉伯国家建立业务联系，不断扩大国际交往活动。

三　图书期刊

随着经济的发展，摩洛哥的图书出版业也迅速发展。目前，除了政府出版机构和印刷厂外，私人出版社、印刷厂遍及全国。图书发行量也在不断增长。摩洛哥的主要出版公司有芬尼克出版公司（Editions le Fennec）和奥卡德出版公司（Editions Okad）。奥卡德出版公司设在拉巴特，其主要业务是出版百科全书、综合性图书、教科书。该出版公司是摩洛哥出版业的权威企业，在出版、印刷和销售方面提供完善的服务。芬尼克出版公司的经理部设在卡萨布兰卡，其主要业务是出版各类文学作品，包括小说、诗歌、戏剧和散文集等，还有电影剧本、旅游图书和社会科学类的图书。

第五节　医药卫生

一　医疗卫生发展状况

独立以前，摩洛哥的医疗卫生水平很低，缺医少药。全国只有 200 名医生，1/3 的人患有肺病，儿童的死亡率极高。

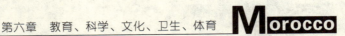

独立以后，摩洛哥政府重视发展医疗卫生事业，建立了一套健康体系，包括私人诊所和公立诊所两部分，以提高人民的身体健康和社会福利。在摩洛哥政府的积极努力下，从 1956 年 11 月到 1957 年 11 月，全国共增加病床 1964 张，兴建 10 家医院、15 家诊疗所和医疗站。1959 年，摩洛哥的医生人数达 1238 人，其中摩洛哥人约 100 人左右；建有 45 所医院、193 家诊疗所和诊疗站，病床达到 16776 张。每人每年平均有 600 法郎用于医药。

20 世纪 80 年代末，摩洛哥医疗卫生事业发展迅速，医疗卫生水平有很大提高。1986 年，全国有医生 4358 人，其中 2100 人在公立医院工作，1727 人在私立诊所工作。1987 年，全国医务工作者的人数大幅度上升，有医生 5000 人，护士 2 万人，其他医务工作者 2 万多人。有 88 家公立医院，5 所军队医院，13 所综合性医院，83 所私人医院，1500 个医疗中心和医疗诊所，达到每个省都有卫生中心，全国平均每 1.5 万人有 1 个医疗诊所。全国共有病床 3 万张。到 1989 年，医疗卫生事业又有新的发展，有 247 名牙科医生，私人医院增加到 102 所，医疗中心和医疗诊所 1360 家，地方医院 81 家，产院、计划生育中心 443 个，大学医务中心 2 所。摩洛哥还建立了 1 所全国抗癌中心，该中心是非洲大陆唯一的 1 家研究、诊疗癌症的机构。当年摩洛哥的卫生预算为 25.82 亿迪拉姆（1 美元 = 8.339 迪拉姆），占该年预算的 4.06%。

摩洛哥的医疗卫生事业发展较快，不断取得新的成绩。但是，摩洛哥医疗条件仍较落后，总体医疗水平不高，医疗卫生事业发展不平衡，主要的医院、病床、医生都集中在西部沿海和中部的几个大城市，东部、东南部、南部荒漠和半荒漠地区长期缺少医疗卫生保健，医疗卫生体制上存在资金短缺、贫困地区人口缺少基本医疗保障等问题。近年来，为解决医疗卫生体制上存在的问题并尽快发展本国的医疗卫生事业，摩洛哥政府在两方面做

了一些努力。

一是采取改革措施。下放医疗卫生权力，利用欧美资助的2000万欧元，在全国16个大区设立各大区的卫生局，并根据各自的实际情况制定自己的医疗卫生制度，包括医疗计划、财政预算和人力资源管理。

二是利用外资和各种途径发展摩洛哥的医疗卫生事业。为了利用外资，2005年9月，摩洛哥与沙特阿拉伯签署两项借款协议，沙特阿拉伯发展基金向摩洛哥提供总额为2.64亿迪拉姆（1美元＝8.4迪拉姆，2004年）的资金援助，帮助摩洛哥建设和装备马拉喀什和非斯两所大学医院，以改善当地的医疗卫生条件，为医生和护士提供再教育。另外，利用外援合作办医疗这一发展途径。中国和摩洛哥医疗卫生合作已有30年的历史。1975年，中国卫生部委托上海市卫生局负责组队，首次向摩洛哥派遣医疗队，开始两国的医疗卫生合作[①]，中国共向摩洛哥派遣了19支（次）医疗队，1200多名医疗队员。31年来，中国医疗队共救治门诊、急诊病人464万人次，收住病人44万人次，实行手术26万人次[②]。目前，中国在摩洛哥有12支医疗队，共121人，在摩洛哥的12家医院工作。

二 医疗卫生体制

1. 医疗卫生政策

摩洛哥政府实行公共卫生机构与私人卫生机构共同发展、医疗和医药分开管理的政策。1996年，政府制

[①] 医疗队在中国驻摩洛哥大使馆经商处领导下，在摩洛哥进行援助医疗卫生的工作，使馆和摩洛哥卫生部每两年签署一次医疗卫生合作议定书，确定医疗点和相关科别人员的设置。

[②] 《胡锦涛亲切会见中国援助摩洛哥医疗队队员》，2006年4月27日《人民日报》第三版。

定一项计划，发展医疗卫生事业，主要包括：发展农村特别是贫困、缺少医疗设备和人员的地区医疗卫生；加强预防，与传染病作斗争；合理利用可利用的资源，改进医疗设备的管理水平；增加财政部门的能力，实施强制性的健康保险；增加公立医院的收支以提高公立医院的医疗水平；增加已有的医疗设备的效率，制定第四个医疗设备保养政策。

2. 医疗卫生机构

摩洛哥的医疗卫生由卫生部负责管理，卫生部拥有 10 个司局级机构、30 个处级单位和 90 个科级机构，各机构实行垂直领导的体制。

摩洛哥的公共卫生机构分为：乡村诊所、乡村卫生中心、乡村妇幼卫生中心、城市卫生中心、地区医院、医院、综合性医院及专科医院。乡村诊所，不配备专职医生，采取流动医疗服务的措施。乡村卫生中心，设置在乡中心，负责日常医疗服务，提供妇幼保健等服务。乡村妇幼卫生中心，设置在乡中心，配备医生，有病床 4~8 张。城市卫生中心，负责日常医疗服务，提供妇幼保健、内科、儿科和产科门诊。

摩洛哥的私人卫生机构分为：私人医院、私人诊所、私人实验室和私人药房等。

根据摩洛哥统计局的统计，截至 2001 年底，摩洛哥共有各级公共医疗机构 2467 家，其中乡村诊所 635 家，乡村卫生中心 818 家，乡村卫生、妇产中心 271 家，城市卫生中心 570 家，地区医院 53 家，综合性医院 87 家和专科医院 33 家。有部队医院 6 所。综合性医院和专科医院共有病床 25571 张，其中综合性医院 18549 张，专科医院 7022 张。有医生 12955 人，其中，公立部门 6160 人、私营部门 6795 人。摩洛哥有药房 5820 家，其中公立部门 84 家，私人部门 5736 家，私人部门中有 95 家是外国人经营的药房。准医疗人员，即从医学院毕业，但尚未获得行医资格的人员，他们都在公立部门，人员为 26389 人。现在，摩洛哥总人口为 2917 万人，平均每 16.86 万人拥有 1 家医院，1140 人拥有一张病床，2250 人拥有 1 名医生[①]。

三 摩洛哥的医药状况

1. 摩洛哥传统医药的状况

洛哥是世界主要的药用植物出产国之一，香精油用植物的产量占有重要地位。摩洛哥的北部山区、地中海沿海地区的药用植物种类繁多，盛产可加工提取香精油和香料的草本植物和柑花蕾[②]、角豆树和蘑菇等，特产弥迭香和一些蒿属植物等药用植物。摩洛哥国内种植的药用植物种类有茉莉、玫瑰、马鞭草、熏衣草、老鹳草、柑橘属、罗勒、雪松和桉树等。据不完全统计，摩洛哥本国的居民 75% 使用过草药，已经利用的药用植物约 850 多种。

虽然摩洛哥本国的传统医药有着悠久的历史且潜力很大，但是，摩洛哥本国传统医药的使用并不普及。原因有三：一是作为法国和西班牙的前殖民地，受其影响，在摩洛哥的正规医院中，大多数使用西药和现代医学的治疗方法。二是摩洛哥政府缺乏对传统医药的组织和长期规划，没有专业的种植机构。三是在传统医药的使用上，一直缺乏系统、科学的研究和整理，产品未进行深加工，产品质量未提高。目前，摩洛哥只能出口附加值很低的原料，草药的采摘和粗加工的传统医药交易大多在老城进行，在正规药店几乎买不到草药。

为了开发和发展摩洛哥本国的传统医药，2001 年，摩洛哥政府成立国家药用及香料用植物研究所（Institut National des

---

① 中国商务部网站资料（2006 年）（http：//ma. mofcom. gov. cn）。
② 调味用原料，产量占世界总产量的 25%。

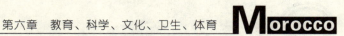

Plantes Médicinales et Aromatiques），划拨专款，负责收集和整理摩洛哥本国的草药使用资料，研究和发展基于草药为原材料的药品深加工，推动摩洛哥药用植物领域的研究和发展，协调大学、地方团体、企业和非政府组织间在草药利用方面的合作，培训草药使用方面的医生和药剂师，鼓励中小企业进行草药商业化种植，为传统医药生产企业（包括合资企业）提供咨询和指导服务。目前，该研究所有 20 名工作人员。

2. 药品生产

摩洛哥卫生部下设药品药房管理司，负责药品生产的检查、监督和管理；还设立药品采购处，负责药品的采购、存储和向全国各地医院、公立诊所分发。

摩洛哥对进口药品的质量和使用的安全性有严格的要求和监管。国内所有的药品生产商都是私营企业。政府不允许设立外国独资药品企业，外国投资者必须与摩洛哥当地企业合作，设立合作企业，才能在药品领域进行投资。摩洛哥政府还规定外国投资所占企业的股份不能超过 50%，必须在摩洛哥卫生部进行企业和产品注册，所生产的药品需经有关药品实验室进行一系列的严格检查，合格后才能进入市场。现在，摩洛哥全国有 24 家合资药品生产企业，其中包括美国、法国、意大利、西班牙和比利时等国。这些企业生产一般药品，也根据授权生产部分特许生产的药品，经济效益良好。

近几年，摩洛哥的药品生产和产值及进口都呈上升趋势。2000 年，摩洛哥药品生产为 1.8 亿个药品单位，其产值为 40 亿迪拉姆（约合 3.6 亿美元）；其中，83% 的药品是本国生产，17% 的药品是进口，主要是从欧洲和美国等发达国家进口药品。摩洛哥进口药品约 13 亿迪拉姆（约合 1.2 亿美元），从中国进口药品总值为 2160 万迪拉姆（约合 196 万美元），占当年摩洛哥进口药品总量的 1.63%。2001 年，摩洛哥进口药品约 16.5 亿

迪拉姆（约合 1.5 亿美元），从中国进口药品总值为 2871 万迪拉姆（约合 270 万美元），占当年摩洛哥进口药品总量的 2%，达到摩洛哥进口中国药品总值的历史最高[①]。

四　卫生健康措施

为保障本国人民的卫生健康，摩洛哥政府采取了两项措施：一是医疗保险；二是卫生防疫。

1. 医疗保险

摩洛哥实施全民互助医疗保险。目前，参加全民互助医疗保险的人数占总人口的 17%，主要参保人是政府部门的公务员、办事员、大型国有和私营企业的雇员等。摩洛哥政府计划在 5 年内将参保人数的比例提高到 35%，要求有固定工作的人都要参加全民互助医疗保险。对农村地区和城市中无收入或低收入的人，摩洛哥政府采取建立救济基金的措施，通过接受富人的捐赠来实施免费医疗。

2. 卫生防疫

摩洛哥比较流行的疾病有结膜炎、结核、沙眼、麻疹和急性风湿性关节炎等。

摩洛哥的卫生防疫由卫生部管理，实行两条线疫情预警管理机制，一是由地方卫生部门报卫生部，一是由地方行政部门报首相府。报纸、电台和电视台等媒体发布有关卫生防疫的消息。1987 年，摩洛哥政府实施国家接种计划，目标是使所有 2 岁以内的儿童和城乡育龄妇女接受免疫。60% 的育龄妇女接受了破伤风的免疫。98% 的 12 和 13 岁的儿童接受了肺结核的免疫，85%以上的儿童接受破伤风、百日咳、麻疹、白喉和小儿麻痹症等 5 项致死传染病的免疫。

---

① 中国商务部网站资料（2006 年）（http：//ma. mofcom. gov. cn）。

第六节 体育

一 体育发展及其成就

第二次世界大战结束后不久，摩洛哥就派出了自己的体育代表团，参加了第 14 届奥运会（1948 年）。

1956 年独立后，摩洛哥政府开始发展体育事业，在中、小学开设体育课程，开展各项体育活动。1959 年，摩洛哥奥委会被国际奥委会承认。从 1960 年起，除 1976 和 1980 年以外，摩洛哥参加了其余各届奥运会的拳击、摔跤、柔道、田径和足球等项目的比赛，摩洛哥运动员在其中一些比赛中获得良好成绩。摩洛哥的足球和田径等项目具有较高的水平，在国际比赛中取得良好成绩。

1. 足球

足球是摩洛哥最热门的体育运动，摩洛哥是非洲足球强国之一。摩洛哥足球队是非洲有史以来第一支进军世界杯的队伍。摩洛哥足球队的队服为红衣、白短裤和红袜。

摩洛哥的足球历史并不长。1955 年，成立摩洛哥足球协会。1956 年加入国际足球联合会。20 世纪 60 年代，摩洛哥足球水平还不高，只是在 1968 年，摩洛哥皇家武装部队进入非洲俱乐部冠军杯半决赛。20 世纪 70 年代后，摩洛哥足球水平不断提高。1970 年，夺得世界杯竞赛阶段的参赛权。1972 年，在奥运会上，摩洛哥足球队进入第二轮的比赛。1972 年和 1978 年两次进入非洲杯决赛圈。1976 年在非洲足球锦标赛上夺得冠军。

20 世纪 80 年代以后，摩洛哥足球队有了惊人的进步。球队从在法国和瑞士等国踢球的一批摩洛哥球员中选拔队员，聘请巴西教练指导，组建了一个最强阵容的球队。该队依照法国的模式

建立，具有很强的攻击力。1980 年，摩洛哥足球队获得非洲国家杯第三名。1985 年，在第 21 届非洲俱乐部冠军杯赛上，摩洛哥皇家武装部队夺得冠军，该队的球星蒂莫米被选为非洲最佳运动员，荣获非洲金球奖。1986 年，在世界杯赛中，摩洛哥足球队获小组冠军，进入复赛，是唯一进入前 8 名的亚非国家足球队。在后来的比赛中，以 0∶1 败给前联邦德国队。摩洛哥队在世界杯赛中取得的重大突破，标志着非洲足球的突飞猛进，在世界足坛引起极大关注。在 1997 年的非洲国家杯和 1998 年世界杯预赛中，摩洛哥足球队都保持不败纪录。伴随着摩洛哥足球事业的发展，1962 年 2 月 1 日，摩洛哥足球体育彩票公司开始发行足球彩票。1992 年最低奖金 50 迪拉姆，最高奖金 60 万迪拉姆。1991 年、1992 年的集资额均为 5000 万迪拉姆（约 1470 万美元），大多数购买者为 20 岁以上的男性足球爱好者[①]。

2. 田径

摩洛哥的田径运动发展很快，主要集中在中、长跑等项目上。20 世纪 60 年代以来，在各种国际比赛中，摩洛哥的田径运动员获得了卓越的成绩。

1962 年，在第 17 届奥运会上，摩洛哥运动员拉·本·阿布德塞勒姆获得马拉松赛银牌，为摩洛哥夺得第一块奖牌。1983 年 8 月，在赫尔辛基举行的第一届世界田径锦标赛上，赛义德·奥伊塔获第三名。9 月，在摩洛哥的卡萨布兰卡举行的第九届地中海运动会上，他夺得了 1500 米和 800 米两枚金牌，被评为非洲最佳运动员。1984 年，在第 23 届奥运会上，赛义德·奥伊塔获得 5000 米跑冠军[②]，以 13 分 05 秒 59 的成绩打破了该项目的

---

① 张宏等编著《足球迷世界》，北京，东方出版社，1988，第 116 ~ 118 页。

② 赛义德·奥伊塔是男子 5000 米、2000 米、1500 米和 2 英里 4 项长跑的世界纪录保持者。

世界纪录，成为摩洛哥历史上第一个获得奥运会冠军和创造世界纪录的男子运动员。同时，摩洛哥运动员纳·艾穆塔瓦基（Nawal outawakil）获得 400 米女栏的金牌，以 54 秒 61 的成绩刷新了奥运会在该项目的纪录。在 1985 年的竞赛中，杜·本·阿布德赛勒姆刷新了 1500 米和 5000 米赛跑的世界纪录。1987 年，赛义德·奥伊塔垄断了三个项目的世界纪录：5 月在都灵，他打破了 2000 米赛跑的世界纪录，成绩为 4 分 50 秒 81；7 月 16 日在巴黎，他创造了 1500 米的世界纪录，成绩为 3 分 29 秒 46；7 月 22 日，在罗马奥林匹克体育场举行的田径赛上，奥伊塔打破了他本人保持的男子 5000 米世界纪录，成绩为 12 分 58 秒 39，突破 13 分大关；9 月，在第二届世界田径锦标赛上，他又夺金牌，成绩为 13 分 26 秒 44[①]。他被誉为世界"中长跑之王"。1988 年在汉城奥运会上，摩洛哥运动员布·布泰布创造 1 万米长跑的世界纪录，成绩为 27 分 1 秒 46，还夺得两枚铜牌，摩洛哥代表队奖牌数排第 27 名。1992 年，在巴塞罗纳奥运会上，摩洛哥运动员共夺得三枚奖牌，卡利德卡斯赫夺得男子 1 万米长跑金牌，成绩为 27 分 47 秒 30；拉·埃－巴齐尔夺得男子 1500 米跑银牌，成绩为 3 分 40 秒 62；穆·阿希克夺得拳击 54 公斤级并列第三名。摩洛哥代表队奖牌数排第 31 名。在 24 届奥运会上，摩洛哥运动员获 1 枚金牌，2 枚银牌。1994 年 4 月，摩洛哥代表队获得马拉松公路接力赛的冠军，成绩为 1 小时 57 分 56 秒。1996 年 3 月，在巴塞罗纳国际田径赛上，摩洛哥运动员拉比尔获得 1 万米长跑金牌。同年 8 月，在布鲁塞尔田径赛上，摩洛哥运动员萨拉赫·希索打破 1 万米长跑世界纪录，成绩为 26 分 38 秒 08。1997 年 8 月，希查姆·埃尔·奎罗伊获得 1500 米世界冠军，成绩为 3 分 26 秒；在 1 英里的比赛中，获得冠军，成绩为 3

---

①　中国奥委会网站资料（2004）（http：//www.olympic.cn）。

分 43 秒 13；9 月，在 2000 米的比赛中，他又获得冠军，成绩为 4 分 44 秒 79。当年，比多亚尼获得世界田径锦标赛女子 400 米跨栏冠军。1999 年、2001 年和 2003 年，在世界田径锦标赛上，奎罗伊都获得冠军。1999 年，希索获得世界田径锦标赛男子 5000 米冠军。2001 年，里莫获得世界田径锦标赛男子 5000 米冠军，比多亚尼获得世界田径锦标赛女子 400 米跨栏冠军。2002 年，布拉希姆·布拉米获得 3000 米障碍赛的冠军，成绩为 7 分 53 秒 17。2003 年，在世界田径锦标赛上，加里布获得马拉松赛冠军。

1995 年 8 月，在第五届世界田径锦标赛上，摩洛哥运动员获得 4 枚奖牌，其中 3 枚银牌（1500 米、15000 米和 1 万米），获得 5000 米铜牌，奖牌数排第 15 位。

在拳击项目上，摩洛哥运动员也取得了较好的成绩。1996 年，在突尼斯举行的非洲锦标赛中，摩洛哥运动员夺得 3 枚金牌、3 枚银牌和 1 枚铜牌。1998 年，摩洛哥运动员卡利德·赖洛（Khalid Rhilou）获得超重量级世界冠军。1996 年 3～4 月，在泰国举行的世界泰拳赛中，摩洛哥运动员夺得 1 枚金牌、2 枚银牌。1996 年 5 月，在拉巴特举行的世界锦标赛中，摩洛哥运动员夺得 66.68 公斤级的冠军。9 月，在贝莱斯布鲁塞尔举行的世界锦标赛中，摩洛哥运动员赢得 95 公斤级的冠军。

二 体育设施和体育组织

1. 体育设施

摩洛哥政府重视发展体育事业，投入大量资金用于体育设施的建设。2003 年，摩洛哥政府投入总额为 20 亿迪拉姆（1 美元 = 10 迪拉姆）用于建设丹吉尔、马拉喀什和阿加迪尔三个体育场。目前，摩洛哥在全国主要的大城市，建设了许多体育馆、运动场和体育中心等现代化的运动设施。

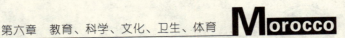

中国政府还以经济援助的形式为摩洛哥建设了一些体育设施，其中包括拉巴特综合体育设施。1981 年 5 月 6 日奠基，1983 年 7 月 7 日建成移交，总投资 8500 万元人民币，由中国政府提供无息贷款支付。它包括一个拥有 8000 个座位的体育馆和一个有 6 万个座位的体育场，以及篮球、足球和网球等训练场，总建筑面积 73600 平方米。建成后深受摩洛哥政府的赞赏和人民的喜爱，在此举办大型体育活动。1995 年 8 月 7 日，中国和摩洛哥两国政府换文同意利用 1988 年和 1992 年的两笔贷款，在马拉喀什、盖尼特拉和非斯三座城市各建设一座小型游泳馆。2000 年 5 月 19 日，双方签订设计合同；2000 年 5 月 29 日，签订项目施工合同；2002 年 6 月 20 日，项目正式开工。2004 年 3 月 30 日，盖尼特拉游泳馆竣工；5 月 6 日，交付摩方；7 月 28 日，开馆投入使用。2004 年 9 月，非斯游泳馆竣工；9 月 28 日，交付摩方；12 月 15 日，开馆投入使用。2005 年 2 月，马拉喀什游泳馆竣工并交付摩方；3 月 23 日，开馆投入使用。[①]

2003 年，为成功申办世界杯赛，摩洛哥决定在阿加迪尔、马拉喀什和丹吉尔 3 个城市兴建综合体育中心，同时对拉巴特、卡萨布兰卡、非斯等现有的体育中心进行改造。摩洛哥政府已决定分别拨款 15 亿迪拉姆和 2 亿迪拉姆（1 美元 = 10 迪拉姆），用于新的体育中心的建设和现有场馆的改造。

2. 体育组织

摩洛哥是非洲最高体育理事会的成员国，是国际大学生联合会、地中海运动会和国际军事体育理事会的成员国。同时，摩洛哥的各单项体协参加了 24 个与其相应的国际体育组织。其中，1955 年，成立摩洛哥足球协会。1956 年，参加国际足球联合会。

----

① 中国商务部网站资料（2005 年）（http：//ma. mofcom. gov. cn）。

3. 体育交流

摩洛哥的群众体育活动很普遍，并为促进体育事业的发展，在摩洛哥和埃及倡导下、在阿拉伯联盟的赞助下，筹备创办泛阿拉伯运动会（Pan-Arab Games）。1953 年举行了第一届阿拉伯运动会。此后，摩洛哥举办了两届阿拉伯运动会。1961 年，第三届阿拉伯运动会在卡萨布兰卡举行，摩洛哥运动员夺得 22 枚金牌，奖牌数名列第三位。1985 年，第六届泛阿拉伯运动会在拉巴特举行，摩洛哥运动员夺得 57 枚金牌，奖牌数名列第二位。

2003 年 5 月，为申办 2010 年世界杯足球赛，摩洛哥决定成立 2010 年世界杯协会，负责申办所需的所有技术文件，摩洛哥国王穆罕默德六世任命萨德·凯塔尼将军为申办委员会主席。5 月 21 日摩洛哥正式提出申办 2010 年世界杯赛。

第七章

外　交

　　摩洛哥外交的首要任务是维护国家的独立、主权和领土完整，对外始终遵循不结盟政策，其外交战略服务于国家的安全战略和经济发展战略。

　　在冷战时期，这里一直是美、苏争夺的地区之一，其地缘政治地位和国际地位得到抬升。在双边关系领域，摩洛哥在不结盟的旗帜下周旋于东西方两大集团之间，并在两大集团的内部为自己谋取政治和经济利益。摩洛哥与西方一直保持非常密切的关系，尤其重视发展与法国和美国的关系。摩洛哥与非洲、阿拉伯的国家之间的关系也是其对外关系的一个重点，以此在国际政治斗争中共同反霸和维护发展中国家的集体权益。作为北非的一员，摩洛哥积极参与马格里布的建设。摩洛哥国王哈桑二世在世时，作为耶路撒冷委员会主席，支持巴勒斯坦人民的正义斗争，在中东和平进程中发挥着独特的作用。穆罕默德六世继位后，继任其父耶路撒冷委员会主席一职，继续为中东和平进程而工作。摩洛哥在推动联合国重视发展中国家的发展问题、反种族歧视斗争和维护和平等方面发挥积极的作用。

　　冷战后，国际形势发生变化，摩洛哥适时地调整对外政策，提出了"无经济之发展，政治主权即属奢谈"的论点，呼吁各

国建立起相互信任的平等关系，将不结盟运动的方针转为发展和建立相互信任的关系。在维护国家安全的前提下，其外交服务于经济建设和国家的发展战略。

摩洛哥是许多国际和地区组织的成员国，在国际和地区事务中发挥重要的作用。现在摩洛哥与 115 个国家建立了外交关系。

第一节　外交政策

摩洛哥外交政策的发展变化大致可划分为三个时期：独立初期、哈桑二世国王时期和穆罕默德六世国王时期，每一个时期的外交政策因时代和领导人的不同而各有其特色。

一　独立初期的外交政策（1956～1961 年）

摩洛哥独立时的临时宪法规定，摩洛哥在外交方面奉行"不依赖"的政策，忠于万隆原则，忠于阿拉伯联盟和联合国宪章，竭尽全力执行卡萨布兰卡会议的宪章及其通过的关于缔造非洲统一以及为反对种族隔离和一切形式的殖民主义而斗争的各项决议。外交政策围绕着争取完全独立和国家统一的中心任务而展开。

为了争取和维护国家的完全独立和主权，摩洛哥通过各种外交途径要求撤出外国军队和收回被占领的领土。

独立后，为了扩大外交影响和提高国际地位，摩洛哥政府努力发展多边外交，于 20 世纪 50～60 年代参加了一系列的国际组织，1956 年 11 月 12 日加入联合国，在联合国大会上支持各国人民的正义事业；1958 年，摩洛哥王国成为阿拉伯国家联盟（LAS）成员国，开始全面参与阿拉伯国家的事务；1961 年 1 月倡议并参加了在卡萨布兰卡举行的非洲国家首脑会议。另外还参加了不结盟运动、联合国贸易和发展会议（UNCTAD）、联合国工业发展组织（UNIDO）、联合国粮食及农业组织（FAO）、国际货币基金组织（IMF）、国际复兴开发银行（世界银行）（IBRD）、国际开发协会（IDA）、世界贸易组织（WTO）、世界知识产权组织（WIPO）和伊斯兰发展银行（IDB）等国际组织。

摩洛哥迅速发展与各国的双边关系，同社会主义国家建立贸易关系；在坚持国家独立与主权的前提下，巩固和发展与前宗主国法国和西班牙的传统关系；继续保持与其他欧洲国家的外交关系，发展和加强与美国的外交关系，同时积极发展与第三世界国家的友好关系。

二 哈桑二世国王的外交政策（1961～1999 年）

1961 年 3 月 3 日，哈桑二世继承王位，其统治经历了国际形势风云变幻的冷战和后冷战两个时期。

1. 冷战时期的外交政策

冷战时期，摩洛哥的外交政策既是独立初期外交政策的延续，又随着时代的发展而出现了适时的变化。这一时期的外交政策主要是：坚持独立自主和不结盟原则，不参加巴格达军事条约，反对强权政治和霸权主义，为争取国际关系中的平等地位和经济发展的自主权而积极斗争。主张实现全人类的和平，与一切国家友好合作。参加不结盟运动。支持非洲民族解放运动，积极参与非洲事务，致力于非洲地区的和平与稳定。1992 年 1 月 1 日至 1993 年 12 月 31 日，摩洛哥任联合国安全理事会非常任理事国（10 个理事国之一，任期 2 年）。

在双边外交领域，摩洛哥坚持不结盟政策，面对冷战时期复杂的国际形势，周旋于东西方两大集团之间，为自己谋取政治和经济利益。同社会主义国家建立了贸易关系。在坚持国家独立与

主权的前提下，巩固和发展与前宗主国法国的传统关系。发展和加强与美国的外交关系，最大限度地获得摩洛哥经济发展所需的资金和军事援助，争取法、美两国对摩洛哥的领土要求的支持，并以美国这一力量来平衡与法国的关系。保持与西班牙的密切关系。积极发展与中国的友好关系，在国际事务中相互支持。

在多边外交领域，发展与非洲和阿拉伯国家之间的关系，在国际政治斗争中共同反霸和维护发展中国家的集体利益。摩洛哥积极参与马格里布的建设。哈桑二世国王作为耶路撒冷委员会的主席，支持巴勒斯坦人民的正义斗争，在中东和平进程中发挥独特的作用。

2. 冷战结束后的外交政策

冷战结束后，世界格局发生重大变化。苏联势力的衰落使摩洛哥丧失在两极间周旋的地位，地缘政治的价值削弱和经济全球化的进程又使摩洛哥的边缘化和经济依附性日益明显。在这种新的挑战面前，摩洛哥适时地调整对外政策，开始执行一条新的现实主义的、多样化的外交政策，试图建立和发展与世界各国的新型外交关系，提出"无经济之发展，政治主权即属奢谈"的论点，呼吁各国建立起相互信任的平等关系，将不结盟运动的方针转为发展和建立相互信任的关系。在维护国家安全的前提下，其外交政策主要是服务于经济建设的国家发展战略。

三　穆罕默德六世国王的外交政策

19 99 年，哈桑二世国王去世，其长子穆罕默德六世继位。随着穆罕默德六世国王的进一步发展的新的外交政策，摩洛哥的外交进入了一个新时期。

穆罕默德六世国王在尊重伊斯兰传统的基础上，继承先父遗愿，对外开展了更加积极的、全方位和多样化的外交政策，为摩洛哥赢得了国际社会的大力支持，尤其是为解决西撒问题和国内经济建设创造了有利的国际环境。美国和西方国家调整了在西撒哈拉问题上对摩洛哥的政策，鼓励摩洛哥自己解决西撒哈拉的冲突；同时，增加了与摩洛哥的贸易往来和投资，并减免摩洛哥的债务。摩洛哥与欧盟建立地中海自由贸易区的谈判也进展迅速[1]。

在双边外交领域，摩洛哥的外交重点是与海湾产油国发展关系，保持和发展与美国、法国等西方国家的密切关系，注重与欧盟发展关系；重视同阿拉伯、非洲和亚洲各国的友好关系及经济合作与发展，特别是将目光转向经济高速持续增长的中国。主张和平与合作，通过和平协商方式解决与其他国家发生的分歧和争端。"9.11 事件"后，摩洛哥的国际地位有所提升，美国开始加强与摩洛哥在反恐斗争中的合作。

在多边外交领域，摩洛哥继续尊重和遵守联合国宪章所规定的原则、权利和义务，积极参与国际事务，在推动联合国重视关于发展中国家的发展问题、反种族歧视问题和维护和平等方面发挥积极的作用。作为阿拉伯和非洲的国家，摩洛哥致力于促进阿拉伯国家和非洲国家的稳定和发展、缩小非洲与世界其他地区的差距；主张非洲和阿拉伯的国家之间应加强团结，维护民族独立、国家主权和领土完整；同时，摩洛哥积极参与马格里布的建设。穆罕默德六世国王接任耶路撒冷委员会主席一职后，继续支持巴勒斯坦人民的正义斗争，在中东和平进程和伊斯兰世界中发挥积极的作用。摩洛哥的全方位外交政策，使摩洛哥在国际和地区事务中发挥着越来越重要的作用。

---

① 〔美〕爱德华多·屈:《西方对北非的变化开始热情起来》，1999 年 8 月 10日《基督教科学箴言报》。

四　对当前重大国际问题的态度

1. 关于国际形势

认为当今世界仍处在政治和经济的不断演变中，世界格局朝着多极化发展，国际关系中存在着紧张和冲突的因素，威胁人类安全、稳定和主权的冲突层出不穷。世界经济全球化导致世界经济发展的失衡，引发贫富差距的进一步扩大，从而使发展中国家处于极不平等的地位，这些都成为威胁全球稳定的根本因素。主张加强南北对话和南南合作，要求发达国家向发展中国家提供资金和技术援助，大幅削减发展中国家的债务，帮助其实现人力资源的可持续发展，并通过技术转让来缩小与发达国家之间正在日益扩大的数字鸿沟。

2. 关于联合国的任务和安理会改革

支持所有旨在加强联合国的地位和权威、提高效率的倡议，认为调整联合国机构或使其开支合理化的改革，首先要考虑发展中国家所关心的问题，特别是其面临的经济和社会问题以及为此提供所需的物质和技术帮助。建议修改联合国宪章，并赋予其新的内容，以满足时代需要。安理会扩大问题需要协商一致并考虑各大洲代表性的合理平衡，安理会的构成及其作用，应随着世界深刻而快速的变化进行相应调整，使之成为一个公正、有效、具有广泛代表性的维护联合国宪章的机构。

3. 关于中东和平进程

摩洛哥在阿以冲突中具有独特的地位，已故哈桑二世国王曾担任耶路撒冷委员会主席一职，其子穆罕默德六世国王继任耶路撒冷委员会主席。摩洛哥支持阿拉伯国家、尤其是巴勒斯坦人民在巴民族权力机构主席阿巴斯领导下，为建立与以色列和睦相处的、独立的巴勒斯坦国而进行的斗争，反对将其与恐怖主义相等同。认为实现真正和平的前提是巴勒斯坦建立以东耶路撒冷为首都的独立国家，建立公正、全面的和平，确保收复全部阿拉伯被占领土；同时，还要保证以色列的安全。冲突各方应通过谈判达成永久、全面、公正的协议，推动中东和平进程沿着正确的轨道前进。

4. 关于伊拉克问题

摩洛哥反对美国和英国对伊拉克的军事打击和占领，呼吁和平解决伊拉克危机，欢迎美国向伊拉克临时政府移交主权。摩洛哥政府多次向伊拉克提供人道主义的物资援助。认为2005 年 1 月底在伊拉克举行的多党选举是伊恢复完全主权的重要一步，希望伊拉克人民尽快实现国家统一、稳定和进步的合理愿望。支持国际社会为使伊拉克人民在安全稳定的民主国家内获得国家的完全主权、保持国家统一和领土完整而作的努力。

5. 关于打击恐怖主义

摩洛哥谴责并坚决打击任何形式的恐怖主义活动。2003 年 5 月 16 日，摩洛哥卡萨布兰卡发生恐怖爆炸案后，摩洛哥迅速出台 "反恐法"。在反恐怖主义的问题上，一方面，同西方国家密切协调配合；另一方面，反对西方国家将恐怖主义与伊斯兰教混为一谈，拒绝歪曲和妖魔化伊斯兰教的企图。认为恐怖主义与伊斯兰教义相悖，不能将伊斯兰教极端分子的恐怖活动与伊斯兰教相提并论，而应根据国际法的原则来确定恐怖主义的概念。主张从总体上采取行动，标本兼治，铲除恐怖主义的根源，在国际关系中实现公平、平等与正义，强调各种宗教与文化和平共处以及各种文明间的对话。

6. 关于马格里布联盟的建设

摩洛哥强调马格里布国家要联合自强，共同战胜未来的挑战；主张加强马格里布联盟的自身建设，完善其机构的设置。同时，认为只有解决西撒哈拉问题，马格里布联盟的建设才能顺利

进行。2003 年 2 月 17 日，马格里布联盟成立 14 周年，穆罕默德六世国王致电马格里布联盟各国元首，表示愿在尊重现有条约的基础上重启马格里布联盟的建设。

第二节　摩洛哥与法国的关系

摩洛哥和法国有着特殊的关系。摩洛哥曾是法国的"保护国"，基于这一历史原因，法国对摩洛哥的影响并未随着摩洛哥的独立而消失，法国十分重视摩洛哥的战略地位和在北非及阿拉伯世界的事务中所发挥的日益重要的作用，希望保持法国在摩洛哥的经济利益。摩洛哥则坚持在维护独立自主的前提下发展同法国的关系。两国在政治、经济、文化等方面的关系始终密切。

独立初期，摩洛哥坚持国家独立与主权，通过谈判解决与法国的一系列问题。1956 年 3 月 2 日，摩洛哥与法国签订联合议定书，废除《非斯条约》，法国承认摩洛哥独立；与法国就建立摩洛哥陆军问题达成协议，摩洛哥组建了自己的军队；双方签订外交协定，摩洛哥实现外交的自主权。1957 年，两国签订技术和行政合作协定及文化协定、司法协定和司法互助协定，摩洛哥拥有自己的行政、司法、公安机关。1960 年，摩洛哥政府要求法国撤出在其领土上的军队并限制法国的特权，法国拒绝撤军，两国关系一度恶化，法国中断了对摩洛哥的援助。在摩洛哥的强烈要求下，1961 年，法国从摩洛哥撤军，两国关系得到改善，法国恢复对摩洛哥的援助。1962 年 7 月 7 日，摩、法签订长期贷款协议，法国恢复对摩洛哥的财政经济援助，1962~1964 年，法国对摩洛哥的财政经济援助达 2.1 亿美元。20 世纪 60 年代，哈桑二世国王曾先后三次访问法国。

20 世纪 70 年代，在维护国家独立与主权的基础上，摩洛哥巩固和发展与法国的关系，争取法国对摩洛哥的政治支持和经济援助，包括得到其经济发展所需的资金和获得支持其对西撒哈拉的领土要求。两国关系由经济领域扩大到政治领域。1970 年 9 月，签署两国政府间委员会协议。1975 年，签订《财政协定议定书》，法国向摩洛哥提供 7 亿法郎的贷款，为摩洛哥的无线电通讯、广播电视台、海军建设、港口建设和石油化学工业等方面的计划提供资金。两国领导人开始互访，1975 年法国总统德斯坦访问摩洛哥，1976 年和 1979 年摩洛哥国王哈桑二世两次访问法国。1977 年，两国签署关于财政援助的新协定，法国向摩洛哥提供总数大约 12 亿法郎的担保贷款，以帮助摩洛哥实现其发展计划。摩洛哥得到法国在西撒哈拉问题上保持中立立场的承诺。

20 世纪 80 年代，摩洛哥加强与法国在政治、经济和军事等方面的联系。1982 年 1 月，哈桑二世国王对法国的访问，为进一步发展两国关系奠定了基础，法国宣布在马格里布地区执行一项平衡政策，恢复并增加对摩洛哥的财政经济和军事援助，法国对摩洛哥的援助逐年上升，从 1982 年的 5.1 亿法郎增加到 1988 年的 8.18 亿法郎。1984 和 1985 年，法国总统和摩洛哥国王先后互访，协调两国在国际问题上的立场和发展双边合作，巩固两国之间的关系。1989 年 11 月，两国签署了总额为 4.68 亿法郎的财政援助议定书。

20 世纪 90 年代初，密特朗当选总统后，提出"民主与经援挂钩"的政策并借人权问题干涉摩洛哥内政，同时在西撒哈拉问题上与摩洛哥的意见存在分歧；摩洛哥则抨击法国借口人权问题干涉摩洛哥内政，致使两国之间龃龉不断。1992 年，法国总理和外长分别访问摩洛哥后，法国同意将两国关系由援助关系转为伙伴关系，并允诺向摩洛哥提供长期的优惠贷款，为摩洛哥向世界银行、欧洲开发银行及海湾私人资本贷款提供担保，两国关

系走向缓和。

1995 年 5 月，希拉克当选总统后调整对外政策，强调非洲的稳定，希望利用摩洛哥在北非和阿拉伯国家中的地位与作用，达到保持与法国隔海相望的马格里布地区的安全和稳定，从而保障法国自身的安全的目的。7 月希拉克访问摩洛哥，双方签署法国向摩洛哥提供总额为 21.5 亿法郎的无息、低息和长期贷款的协议，希拉克表示法国支持哈桑二世国王倡导的"温和伊斯兰教义"，肯定其实行的"轮流执政"的多党制政治，双方同意在欧盟—地中海对话、中东局势以及在维护波黑、南部非洲和索马里和平等方面进行合作。这次访问使两国关系进入"持续的政治对话"阶段。1996 年西迪·穆罕默德王储和哈桑二世国王先后访法，决定两国首脑轮流在两国首都每年会晤一次。法国同意为摩洛哥在法发行 15 亿法郎的债券提供担保。1997 年 12 月，法国总理若斯潘访问摩洛哥，两国签署了法国在摩洛哥投资 18 亿法郎建电厂、向摩洛哥提供 2 亿法郎贷款和摩洛哥购买法国舰艇、战斗机等多项政治、经济、军事领域的合作协议。1999 年 7 月，哈桑二世国王访问法国，同月，法国总统希拉克赴摩洛哥出席了哈桑二世国王的葬礼。

穆罕默德六世国王执政后，摩洛哥仍把发展与法国的关系摆在极其重要的地位。摩洛哥深化与法国业已存在的政治和经济领域的友好关系，两国关系更加密切。随着两国领导人的互访，两国在加强双边关系、国际反恐斗争、巴以局势和南北合作等问题上达成一定程度的共识。与此同时，法国增加了对摩洛哥的经济援助。2000 年 3 月，穆罕默德六世登基后第一个出访的国家便是法国，法国决定将摩洛哥欠法国的 7 亿法郎债务转为投资，并提供 1 亿法郎的援助。两国领导人愿意在政治、经济和社会等方面发展为"良好的合作伙伴关系"，使两国关系达到一个新的阶段。2001 年和 2002 年，两国领导人互访增多。2002 年 11 月，

两国签署教育、文化、卫生领域等多项协定，法国向摩洛哥提供 1000 万欧元的援助，并同意将摩洛哥欠法国 250 亿法郎债务中的 14 亿法郎转化为法国在摩洛哥的投资①。

2003 年 5 月，法国总统希拉克就摩洛哥卡萨布兰卡爆炸事件与穆罕默德六世国王通电话表示慰问，并派出反恐专家赴摩洛哥帮助侦破工作。随后，法国总理拉法兰访问摩洛哥，两国决定建立全面合作伙伴关系，把两国间业已存在的友好合作关系扩大到各个领域，建立"政治、战略和安全对话机制"，协调两国在地中海和欧洲事务中的立场，并以两国的合作为基础推动非洲和欧洲的合作。两国签署《文化和发展合作伙伴关系议定书》，法国将重点帮助摩洛哥实现经济现代化和亲民政策两大战略目标，两国将重点加强在打击恐怖主义、有组织犯罪、毒品走私和非法移民等方面的合作。2004 年，穆罕默德六世国王夫妇赴法国出席普罗旺斯登陆战役 60 周年纪念活动，摩洛哥外交与合作大臣出席在法国召开的地中海论坛部长级工作会议，并与法国、西班牙和阿尔及利亚外长举行 4 方会谈。同年，法国内政部长、外长和陆军参谋长分别访问摩洛哥。

法国是摩洛哥的第一位贸易伙伴，两国贸易额约占摩洛哥外贸总额的 1/4。2004 年，法国对摩洛哥的出口占 33.1%，进口占 17.9%②。法国又是摩洛哥的最大的债权国。两国军事关系密切，摩洛哥军队的大部分装备由法国提供。目前，摩洛哥在法国有 60 万侨民，还有 2.5 万名留学生，法国在摩洛哥有 2.7 万侨民。

---

① 王成家主编《世界知识年鉴 2002/2003》，世界知识出版社，北京，2003，第 469 页；王成家主编《世界知识年鉴 2003/2004》，北京，世界知识出版社，2004，第 455 页。

② 英国经济学家情报社编《2006 年国家概况：摩洛哥》，伦敦，英国经济学家情报社，2006，第 70 ~ 71 页。（Economic Intelligence Unit, *Country Profile 2006: Morocco*, p. 7071, London: EIU, 2006.）

第三节　摩洛哥与美国的关系

摩 洛哥与美国的关系可追溯到美国刚一独立。1787 年，两国在摩洛哥的马拉喀什签署了和平友好条约①。第二次世界大战时，美英军队在摩洛哥登陆。1950 年根据美法签订的军事协定，美国获得在摩洛哥派驻军队和建立军事基地②及充分自由行动的特权，美军在摩洛哥建立了军事基地，美国垄断资本也随之大规模进入摩洛哥。

独立后，摩洛哥与美国在各方面一直保持着良好的关系。摩洛哥的主要目的是获取美国的经济援助和要求美国撤出在摩洛哥的军事基地。1956 年 5 月 28 日，两国达成外交协定，摩洛哥政府对美国在摩洛哥领土上的军事基地采取保留态度，不承认根据 1948 年美、法关于美国使用摩洛哥军事基地的协定而建立的 5 个美国军事基地的地位，要求与美国单独谈判军事基地问题和缔结直接协定。1959 年，双方最终签署协议，在 1963 年底以前美军撤出摩洛哥③。

独立后，摩洛哥积极发展与美国的政治和经济关系，将从美国那里获得的经济援助用于农业发展和工业计划。1956 年 1 月，摩洛哥政府表示，在保持摩洛哥独立的条件下，欢迎美国的投资。1957 年 3 月，美副总统尼克松访问摩洛哥；4 月，两国签订贷款协定，美国向摩洛哥提供 2000 万美元援助④，摩洛哥接受

①　Harold D. Nelson：*Morocco*：*a country study*，p. 33，the American University，Washington D. C，1985.

②　美国先后在盖尼特拉等地建有 11 处军事基地。

③　实际上，直到 1978 年才全部撤离。

④　《世界知识年鉴》编辑委员会：《世界知识年鉴 1958》，北京，世界知识出版社，1958，第 300 页。

美国和平队。此后，美国逐年增加对摩洛哥的经济援助，1961
年达到 5200 万美元①。1962 年，美国对摩洛哥的援助减少。
1963 年，哈桑二世国王访问美国。自独立到 1964 年，摩洛哥接
受美国的经济技术、赠款和剩余农产品的援助达 4.1 亿美元，美
国派"经济合作代表团"在摩洛哥常驻，负责具体审批和监督
赠款的用途。

　　哈桑二世登基后，为了借助美国的势力争取在与法国的交往
中取得主动权，支持美国对非洲的政策，曾多次访问美国，两国
之间形成特殊关系。摩洛哥得到美国的武器及其它军事物资并促
使美国在 1963 年开始撤出在摩洛哥的美国军事基地。随着美、
苏扩大争夺在全球的势力范围，摩洛哥成为他们在非洲争夺的对
象。摩洛哥开始与美国建立军事合作，1978 年 4 月，两国签订
建立摩洛哥空防体系的协定。摩洛哥成为美国援助的主要国家之
一，从 1949 年到 1979 年，美国向摩洛哥提供经援总额为 9.73
亿美元，其中贷款为 5.54 亿美元，赠款为 4.19 亿美元②。

　　20 世纪 80 年代，两国关系逐渐加强和发展。摩洛哥逐步加
强和扩大与美国在军事领域和国际事务中的合作关系。摩洛哥在
国际事务中采取温和的立场，是支持美国中东政策的阿拉伯国家
之一。因此，摩洛哥争取到美国政府在西撒哈拉问题上采取中立
态度，美国允许摩洛哥在西撒哈拉使用从美国购买的武器，两国
进一步加强军事合作。1980 年里根任总统后，美国增加对摩洛
哥的军事和经济援助，向摩洛哥出售价值 1.82 亿美元的军事装
备。1982 年，摩洛哥与美国签订文化教育协定，摩洛哥每年派
遣 200～600 多名学生到美国留学。美国向摩洛哥提供约 2 亿美

① 《世界知识年鉴》编辑委员会：《世界知识年鉴 1961》，北京，世界知识出
　　版社，1961，第 315 页。
② 《世界知识年鉴》编辑委员会：《世界知识年鉴 1982》，北京，世界知识出
　　版社，1982，第 331 页。

元的购粮贷款。两国设立经济合作委员会，成立两国联合军事委员会和两国混合军事委员会，商定在紧急情况下，美军可以使用摩洛哥军事设施。同年5月，哈桑二世国王第五次访问美国，成立摩洛哥—美国基金会，哈桑二世国王与美国总统里根分别担任名誉主席，以推动两国科技、文化和社会方面的交流。1983年5月，摩洛哥与美国草签一项协定，摩洛哥原则同意为美国快速反应部队提供过境的一切方便条件。11月，两国在摩洛哥沿海举行联合军事演习。1985年，两国签署一项军事合作协议，美国在摩洛哥领土上建立美国空军基地。1986年，美国防部长访摩洛哥，此后，美国开始通过举行联合演习等措施向摩洛哥提供军事援助并帮助摩洛哥实现其军事现代化。1987年两国签署协定，双方商定在紧急情况下，摩洛哥允许美国航天飞机使用卡萨布兰卡穆罕默德五世机场和本古里基地。1989年，美国开始在摩洛哥的穆罕默迪耶修建战略油库，其目的是向美国第六舰队提供补给。至此，两国在军事领域的合作不断加强和扩大。到1988年，美国每年向摩洛哥提供经济援助和军事援助1.31亿美元，提供约2亿美元的购粮款，美国取代法国成为第一小麦供应国[1]。

冷战结束后，摩洛哥与美国开展更加广泛而密切的联系，两国关系涉及政治、经济、军事、对外关系和文化等许多领域。两国首脑互访增加，1991年9月，哈桑二世国王访问美国，双方就双边关系、中东和平进程和西撒哈拉问题进行会谈；美国继续支持摩洛哥在西撒哈拉的政策。两国在军事上的合作也进一步扩大。美国在摩洛哥的影响涉及文化领域，在丹吉尔修建了美本土之外最大的"美国之音"转播站。摩洛哥每年向美国派遣留学生和进修生200~300名。美国有160名和平队员在摩洛哥工作。

---

① 《世界知识年鉴》编辑委员会：《世界知识年鉴1990/1991》，北京，世界知识出版社，1991，第358页。

摩洛哥与美国的经贸关系也取得重大进展，签署多项协议，其中包括 1994 年 9 月的关税贸易总协定乌拉圭回合的最终条例、1995 年 3 月哈桑二世国王访美时签署的《美国在摩洛哥投资保护协议》、《摩美贸易与投资框架协议》和《摩美贸易与投资委员会框架协议》。美国成为摩洛哥最大的贸易伙伴之一。1999 年 7 月，克林顿总统赴摩洛哥出席了哈桑二世国王的葬礼。在哈桑二世国王的葬礼上，摩洛哥新国王穆罕默德六世和美国总统克林顿均表示愿进一步巩固两国的合作伙伴关系。

穆罕默德六世国王执政后，为发展国内经济，创造一个和平安定的国际环境，同美国继续保持密切和友好的外交关系，两国进入新型的战略伙伴关系。摩洛哥对美国的外交政策既是哈桑二世国王外交政策的延续，又有其新的内容，即在建立良好的政治关系的同时，为应对全球化的挑战，在 1995 年签署的两国贸易投资框架协议（TIFA）范围内，加大与美国建立经济合作的战略伙伴关系的力度。2000 年 2 月和 4 月，美国防部长科恩和美军参谋长联席会议主席谢尔顿先后访摩洛哥。6 月，穆罕默德六世国王访问美国，实现协调双方在中东和平进程及在美国和北非（摩洛哥、突尼斯和阿尔及利亚三国之间）建立经贸合作伙伴区问题的立场，加强相互对话，密切两国关系。

"9.11 事件"发生后，美国和英国开始对阿富汗实施军事打击，摩洛哥在支持国际社会的反恐斗争的同时，认为应该从"外交、人道、经济和社会"等各个方面考虑产生恐怖主义的原因，反对把恐怖主义同伊斯兰教联系起来。此后，摩洛哥与美国继续加强军事合作，摩洛哥军队参加了美国在科索沃和波黑等地的联合军事行动。

2002 年 4 月，穆罕默德六世国王再次访问美国，促成两国开始有关建立双边自由贸易区的谈判及决定两国在多项国际协议的框架内建立地区合作伙伴的关系。摩洛哥与美国的经济关系的

加强，也促进了两国政治关系的发展。2003年5月，在发生卡萨布兰卡恐怖爆炸事件后，布什总统打电话给穆罕默德六世国王，表示慰问，同时表达了共同反对恐怖主义的意愿。9月，穆罕默德六世国王出席第58届联合国大会，期间会晤布什总统。随后，美国防部长国际安全事务助理和国务卿鲍威尔及摩洛哥外交与合作大臣相继互访。这一年，两国就关于建立自由贸易区举行谈判，基本达成一致。2004年，穆罕默德六世国王和杰图首相分别访问美国，拉希德亲王代表穆罕默德六世国王赴美参加前总统里根的葬礼。同年，美国负责中东事务的助理国务卿波恩斯两次访问摩洛哥。6月，美国总统布什宣布给予摩洛哥非北约成员主要盟国的地位。11月，摩洛哥成为美国设立的千年挑战基金2005年度受援国。摩、美签署了自由贸易协定。

第四节　摩洛哥与西班牙的关系

与摩洛哥有着传统关系的另一个国家是直布罗陀海峡对岸的西班牙王国。1912年11月27日，摩洛哥与西班牙签订《马德里条约》，从此摩洛哥北部狭长地区和南部的伊夫尼地区沦为西班牙的"保护地"。1956年，西班牙承认摩洛哥独立，归还北部保护地，但仍占据南部的伊夫尼等地。基于这样的历史原因和地缘政治的需要，摩洛哥长期以来与西班牙保持着特殊的密切联系。一方面，两国在政治、经济和安全上有着密不可分的利益关系，西班牙是仅次于法国的摩洛哥第二大贸易伙伴；另一方面，两国常常因领土问题而关系紧张。摩洛哥对西班牙的外交政策始终围绕着维护国家的主权、收复被占领土和争取西班牙的经济援助而展开。

独立初期，西班牙仍占领摩洛哥的休达、梅利利亚、伊夫尼和西撒哈拉等领土。摩洛哥政府把收回西属地区、实现国家统一作为首要任务。1956 年 4 月 7 日，摩洛哥通过与西班牙谈判，废除 1912 年建立的保护制度，西班牙承认摩洛哥的独立和充分的主权，包括外交自主权和建立军队的权利。1957 年 2 月 11 日，双方签订一项外交和司法协定。同年 6 月 5 日，宣布废除 1861 年的商业条约，摩洛哥可以自由制定关税政策。7 月 7 日，两国又签订币制统一、行政技术援助、文化合作和贸易等四个协定。1958 年 4 月 2 日，两国达成协议，西班牙将占领摩洛哥南部的保护地——塔尔法交还摩洛哥。1959 年，摩洛哥摆脱了西班牙的殖民统治，获得部分被占领的土地，西班牙放弃了一部分所占领的土地。4 月，两国政府决定成立摩洛哥—西班牙常设混合委员会，解决两国悬而未决的问题。

20 世纪 60 和 70 年代，领土问题及西撒哈拉问题妨碍了两国关系的正常发展。1967 年 12 月，联合国大会通过要求西班牙在西撒哈拉举行一次公民投票的决议，两国在西撒哈拉问题上开始出现分歧。摩洛哥多次要求收回被西班牙占领的休达、梅利利亚及地中海沿岸的一些小岛。随着 1969 年摩洛哥收回伊夫尼地区和 1976 年 2 月西班牙从西撒哈拉的撤出，两国关系有了较快发展，特别是经济和贸易关系得到加强，西班牙成为摩洛哥的一个重要的贸易伙伴。摩洛哥给予西班牙在摩洛哥海上的捕鱼权，西班牙开始卖给摩洛哥大量的军事装备。双方关系涉及政治、军事和经济等方面。

20 世纪 80 年代，摩洛哥在不同的场合多次重申决心收复被西班牙占领的领土及对西撒哈拉的立场，两国还就领土问题开展谈判，但是，在西撒哈拉问题上仍未达成共识，这成为影响两国关系的一个障碍。1982 年和 1989 年，哈桑二世国王两次对西班牙进行正式访问，就双边关心的问题广泛地交换意见。1986 年 3 月，西班牙国王卡洛斯一世赴摩洛哥参加哈桑二世国王登基 25 周年的庆祝活动，两国关系有所缓和，开始在军事、渔业、卫生

和科技等方面进行合作，特别是经济合作关系不断发展。1983
年，两国签署海洋捕鱼长期协定，举行了联合军事演习，西班牙
还向摩洛哥提供了军事装备。1988 年 10 月，西班牙要求摩洛哥
与萨基哈姆拉和里奥德奥罗人民解放阵线直接对话，摩洛哥对此
非常不满。哈桑二世国王为此而推迟了访问西班牙的日期。1989
年，费利佩·冈萨雷斯首相和哈桑二世国王进行互访，签署防卫
协议，包括联合军事演习、技术转让和每年举行一次双边最高级
会议，两国关系又出现了转机。

冷战结束后，基于自身利益的考虑，两国都把将具有战略意
义的西地中海建成一个繁荣稳定的地区作为共同的愿望，为了加
强经济合作和共同发展，两国首脑互访频繁。1991 年，西班牙
国王和首相相继访问摩洛哥，两国签署《西摩友好、睦邻与合
作条约》，将首相级会晤制度化，这是直布罗陀海峡两岸遥遥相
对的两个王国之间首次签订这种条约，也是西班牙首次与一个阿
拉伯国家签署此类条约。1992 年两国签署农业、渔业合作协议
和科技研究、技术援助协定及架设海底电缆协定。

到 20 世纪 90 年代中期，农业和渔业及领土问题的矛盾给两
国外交事务带来阴影。但是，这并未影响两国在其它方面的合作
关系。1996 年，西班牙首相冈萨雷斯访摩，双方签署 1996 ~
2000 年西班牙向摩洛哥提供 12 亿美元贷款、赠款的财政协定，
并决定在各自首都建立设有热线电话的常设委员会[1]。1997 年，
摩洛哥王储西迪·穆罕默德、首相和内政大臣相继对西班牙进行
访问，双方讨论了两国关系、欧洲地中海关系和地区形势等问题
及两国在反毒品、非法移民等方面的合作。由于两国之间的领土
问题仍未解决，因此摩洛哥继续要求收复被西班牙占领的休达、

---

① 《世界知识年鉴》编辑委员会：《世界知识年鉴 1996/1997》，北京，世界知
识出版社，1997，第 379 页。

梅利利亚及地中海沿岸的一些小岛，西班牙则认为这些领土主权属于西班牙。尽管如此，双方都表示不以武力方式解决问题。

穆罕默德六世国王执政后，继续推进两国之间的传统友谊和合作关系，捍卫国家主权，维护领土完整，通过各种渠道解决双方的矛盾。针对两国仍在西撒哈拉和西班牙在摩洛哥的飞地等问题上僵持不下，摩洛哥建议两国成立联合思考小组，通过对话寻求既维护摩洛哥的主权，又保护西班牙的经济利益的解决办法。但西班牙认为上述地方为其领土，拒绝考虑。此外，在渔业捕捞权、加那利群岛的石油开发、毒品走私和非法移民等问题上也存在一系列分歧。2000年9月，穆罕默德六世国王为消除隔阂和发展两国关系访问了西班牙。

2001年4月，摩洛哥与欧盟渔业协定的谈判失败[1]，从而中止与欧盟的渔业合作，导致西班牙数以千计的渔工歇业，西班牙首相公开指责摩洛哥的强硬立场，两国关系趋于紧张。2002年7月又发生了直布罗陀海峡的雷拉岛（西班牙称佩雷希尔岛）之争[2]，

[1] 摩洛哥与欧盟经过多轮磋商，在2001年3月26日欧盟规定的最后期限前，双方仍未达成新的捕鱼协议，欧盟宣布终止谈判。双方分歧主要集中在欧盟向摩洛哥支付费用以及摩洛哥向欧盟渔船发放捕鱼许可证的问题上。其结果是对欧盟成员国，特别是对西班牙和葡萄牙等国的渔业生产将产生直接影响。

[2] 佩雷希尔岛位于西班牙在摩洛哥北端的"飞地"休达市旁11公里处，距离摩洛哥地中海北岸只有180米，面积1平方英里。该岛的历史十分复杂，两国一直对该岛的主权归属存在争议。1581年之前，属于葡萄牙。这一年在葡萄牙宣布独立后，该岛就归属于西班牙。1668年，西班牙与葡萄牙就这个小岛的归属正式签订了一个条约。1779年前，该岛无人居住，1808年，英国为控制法国船队通过直布罗陀海峡，在岛上构筑了防御工事。1813年，西班牙国王费尔南多七世要求英国撤出军事设施和军队。英国人撤出。1848年后，该岛重新恢复其无人居住的荒岛面貌。在整个19世纪，雷拉岛的主权归属一直在西班牙、英国和摩洛哥之间进行着激烈的争夺。1912年，英国最终放弃了对该岛的主权要求。但西班牙和摩洛哥仍对此岛的主权有争议。为表示西班牙对雷拉岛拥有主权，从1912年开始，西班牙在该岛上派驻了5名军人。但到20世纪70年代，西班牙将军人从岛上撤出。

引发两国的军事对峙和这两个国家所在的地区联盟组织之间在此问题上的对立，欧盟支持西班牙，阿拉伯联盟支持摩洛哥，两国关系再次处于紧张状况。摩洛哥希望通过雷拉岛问题同西班牙展开一系列的谈判。而西班牙政府却避而不谈。在国际社会的调解下，该岛恢复了争端前的状况，争端暂告平息。12 月，西班牙与摩洛哥政府就两国关系正常化问题达成协议，在联合公报中，宣布两国政府将建立一个联合的专门工作小组来处理一些与两国关系有关的具体问题。

尽管两国在领土和渔业等方面纠葛不断，但是在经济、金融方面的合作发展顺利。2002 年底，摩洛哥与西班牙达成协议，允许因油轮泄露而遭受损失的西班牙渔民在摩洛哥海洋专属经济区捕鱼。摩洛哥希望与西班牙的关系日趋升温，以达到在西班牙担任联合国非常任理事国期间，就解决西撒哈拉问题与摩洛哥进行积极合作。2003 年 1 月，两国复交后，西班牙加大了对摩洛哥的援助，其援助总额达到 1350 万欧元，比 2001 年增长 35%。摩洛哥成为接受西班牙政府援助最多的阿拉伯国家。同年 5 月，卡萨布兰卡爆炸事件发生后，卡洛斯一世国王打电话慰问穆罕默德六世国王，西班牙还派出反恐专家前往摩洛哥协助侦破工作。

2004 年，发生了西班牙马德里"3.11"恐怖袭击事件，穆罕默德六世国王打电话给西班牙首相表示慰问，并派代表赴马德里出席遇难者追悼仪式，还派专家组协助调查 3 名摩洛哥国籍的涉案嫌疑人的身份。4 月，穆罕默德六世国王与卡洛斯一世国王通过电话，就发展两国战略伙伴关系交换了意见。新任首相萨帕特罗等西班牙政府高级官员先后访问摩洛哥，摩洛哥外交与合作大臣也访问了西班牙。互访期间，双方均表示愿意将两国关系纳入"战略伙伴关系"框架内，重申西撒哈拉问题应通过各方谈判找到一个双方一致同意的、公正的、最终的政治解决办法。

第五节 摩洛哥与欧盟的关系

摩洛哥与欧洲隔海相望，其地理位置和历史原因对它与欧盟的关系产生了很大的影响。摩洛哥与欧盟国家关系密切，摩洛哥对欧盟依赖较大，其蔬菜、瓜果和鲜花主要向欧洲出口，与欧盟的贸易约占摩洛哥外贸总额的 60%。

20 世纪 70 ~ 80 年代，摩洛哥加强与欧共体的经济往来，摩洛哥与欧共体的关系基本稳定。1976 年，摩洛哥与欧共体签订了《合作协定》，欧共体向摩洛哥提供的财政援助达 11.16 亿欧元。但是，欧共体的保护条款等限制了双方贸易的发展。为获得欧共体对其西撒哈拉政策的支持和增进贸易往来，1986 和 1987 年摩洛哥两次申请加入欧洲共同体，均被驳回。

20 世纪 90 年代，摩洛哥希望借助欧盟的经济实力和高新技术，发展本国经济，通过与欧盟建立特殊关系和在巴塞罗纳会议上推动欧洲—地中海合作的机会，提高摩洛哥在该地区的国际地位。欧盟则不满美国在冷战结束后在中东事务中独揽主导权，希望通过与地中海国家建立新型伙伴关系，召开巴塞罗那会议与美国分庭抗礼，以此来扩大欧盟在这一地区的影响。摩洛哥与欧盟的这种共同政治意愿，促使双方弥合分歧，摩洛哥与欧盟在许多方面（除渔业方面外）的合作进展顺利。为了维护和更好地利用本国的海产资源，保护本国的利益，1993 年 4 月，在与欧盟签订的渔业协议期满后，摩洛哥提出了一系列新的权益要求，并与欧盟举行多次谈判，希望与欧盟建立起真正互惠的合作伙伴关系。1994 年，摩洛哥参加了在西班牙巴塞罗纳举行的第一届欧洲—地中海会议。1995 年，欧盟 15 个国家开始同地中海南岸的 12 个国家实施建立欧盟—地中海伙伴关系的战略，摩洛哥率先与欧盟签订"联系协定"，该协定规定，欧盟逐步减少在摩洛哥

水域作业的捕捞船只的数量和吨位，向摩洛哥提供约 6.5 亿美元的渔业补偿和发展渔业科研、人员培训的资金。1996 年 2 月 26 日，摩洛哥与欧盟正式签署《欧洲—地中海联系国协定》①。1996 年，双方签署新的"渔业协定"，摩洛哥与欧盟的合作出现新的实质性的进展。同年 12 月，欧盟向摩洛哥提供约 1.56 亿美元的赠款，以支持摩洛哥调整经济结构。摩洛哥和欧盟的政治关系更加密切，1997 年欧共体成员国部长访问摩洛哥。政治关系的发展带来经济援助，摩洛哥得到欧盟提供的无偿财政援助和欧洲投资银行提供的贷款，资助摩洛哥发展社会经济项目。这样摩洛哥成为最早享受欧盟同地中海国家合作计划援助款项的国家之一。摩洛哥与欧盟签署一系列的协议，欧盟对摩洛哥的发展项目涉及基础教育、卫生、体育和农村发展等领域。

　　穆罕默德六世继位后，继续发展与欧盟的关系，加强政治对话和经济合作，双方的关系得到巩固与发展。虽然摩洛哥与欧盟在渔业方面仍存在分歧，未能达成新的渔业协议，但是，双方在政治、西撒哈拉问题和经济等方面的合作不断加强。欧盟在谋求东扩的同时，也在试图巩固和加强与地中海国家的战略伙伴关系。2001 年和 2002 年，欧盟委员会主席普罗迪和欧盟负责外交和安全政策的高级代表索拉纳相继访问摩洛哥，他们表示欧盟支持联合国秘书长安南最近提出的关于政治解决西撒哈拉问题的报告，称赞摩洛哥作为欧盟的联系国为最终实现与欧盟的自由贸易而倡导建立地中海沿岸阿拉伯国家自由贸易区，加强与欧盟的经贸合作，在有利于摩洛哥与欧盟国家的战略伙伴关系的巩固和加强等方面所作的努力。此后，摩洛哥同欧盟签署了 3 项协定，根

---

① 内容包括政治对话，加强经济、科技、社会和文化等诸领域的合作，在最长为 12 年的过渡期内逐步建立相互间的自由贸易区，加强财政合作。规定在欧洲－地中海自由贸易区的框架内，于 2010 年与欧盟实现自由贸易。1996 年 2 月 26 日新华社布鲁塞尔电。

据这些协定，欧盟将向摩洛哥提供援助，用于摩洛哥的金融、卫生和社会住房等方面。

第六节 摩洛哥与阿拉伯国家的关系

一 摩洛哥与马格里布其他国家的关系

马格里布国家①指的是北非地区的摩洛哥、阿尔及利亚、突尼斯、毛里塔尼亚和利比亚5个阿拉伯国家。摩洛哥与这4个马格里布国家同属阿拉伯世界，在历史上有着良好的关系，各国人民为反对殖民主义进行了共同的斗争。1989年2月17日，5国签署了阿拉伯马格里布联盟条约，宣布成立阿拉伯马格里布联盟，决定在尊重各成员国政治、经济和社会制度的前提下，协调经济、社会发展的立场、观点和政策，在外交和国防等领域协调立场，进行合作；大力发展经济互补合作，优先实现经济一体化，提出1995年实现关税同盟和2000年建立经济共同体。穆罕默德六世继位后重视稳定、发展和建立与马格里布国家的战略性关系，在立足于解决历史问题的同时，重视发展经济关系。

1. 摩洛哥与阿尔及利亚的关系

摩洛哥与阿尔及利亚同属阿拉伯世界，在历史上有着良好的关系，特别是摩洛哥沦为法国的"保护国"、阿尔及利亚沦为法国的海外省以后，两国人民为反对殖民主义进行了共同的斗争。

独立后，摩洛哥支持尚在殖民主义统治下的阿尔及利亚人民争取独立的斗争，主张和平解决这一问题，允许其领土作为阿尔及利亚民族解放军的后方基地，提供军事、经济和政治援助。

---

① 马格里布在阿拉伯语中意为最远的"西方"。

1957 年，在联合国大会上，摩洛哥重申支持阿尔及利亚的主张。

阿尔及利亚独立后，摩洛哥在坚持领土主权的条件下，采取积极的态度缓和并努力发展与阿尔及利亚的关系。

20 世纪 60 年代，两国之间因一段未划定的边界——科隆布—贝沙尔和廷杜夫地区①及两国在殖民主义者遗留下来的西撒哈拉的归属问题上立场相左，导致阿尔及利亚独立后，两国在边界地区不断发生冲突，造成双边关系长期不和。摩洛哥对西撒哈拉的政策在相当程度上影响两国的关系。1963 年 3 月，哈桑二世国王访问阿尔及利亚，两国签订了包括外交、司法、文化、经济和技术合作等 8 项协定，摩洛哥还赠送给阿尔及利亚一批军事物资。但是，10 月两国边境发生了武装冲突。1964 年 2 月，两国签署了建立一个划定非军事缓冲区的协定。1969 年，两国又签署友好、睦邻和合作条约，两国关系开始密切。

20 世纪 70～80 年代，两国关系极不稳定。虽然 1972 年 6 月两国签订了边界走向协议和开发廷杜夫铁矿的条约（但未被摩洛哥议会批准）。但是，由于阿尔及利亚一贯反对摩洛哥占领西撒哈拉，1976 年，因西撒哈拉的归属和地位问题发生纠纷及阿尔及利亚支持西撒哈拉人阵和承认西撒哈拉国，两国关系再度紧张，以至断交。1982 年两国关系有所缓和，双方人员往来较多。1983 年，在摩洛哥和阿尔及利亚两国首脑举行会晤后，两国边界重新开放。1984 年，因摩洛哥与利比亚签署《阿拉伯非洲联盟条约》，摩洛哥和阿尔及利亚两国之间的关系再度紧张。1988 年 5 月，两国才恢复外交关系。6 月，哈桑二世国王访问阿尔及利亚。1989 年 2 月，阿尔及利亚总统沙德利访问摩洛哥，就进一步发展双边关系、加强经贸合作及共同关心的国际问题广泛交换了看法。5 月 14 日，摩洛哥议会批准《摩洛哥—阿尔及利亚

---

① 该地区藏有大量优质（57%）铁矿，还有很多的石油和天然气资源。

边界条约》，早期悬而未决的边界问题得以解决，两国关系开始改善。

20 世纪 90 年代，摩洛哥着重改善与阿尔及利亚的关系。由于阿尔及利亚继续支持西撒哈拉人阵和坚持对西撒哈拉的立场，两国关系仍处于不稳定状态。1991 年 5 月，哈桑二世国王率王储和王子访问阿尔及利亚，推动了两国关系的发展，两国在西撒哈拉实行公民投票程序上达成共识，重开边境。1992 年 1 月，曾客居摩洛哥 28 年之久的布迪亚夫回国担任阿尔及利亚最高国务委员会主席后，两国关系一度有所改善。同年 6 月布迪亚夫遇刺后，两国关系趋冷。1994 年 8 月，由于马拉喀什事件①和西撒哈拉争端，两国关系再度恶化。1999 年 4 月，布特弗利卡当选阿尔及利亚新总统后，即表示，"西撒问题应根据联合国、非统组织的计划和决议，以及休斯敦协议②予以解决"，"阿尔及利亚与摩洛哥的关系应建立在睦邻基础之上"。哈桑二世国王随即致电祝贺布氏当选，强调要"恢复和加强摩阿两国人民间的兄弟关系"。在双方的努力下，长期不和的摩洛哥和阿尔及利亚关系开始解冻。1999 年，哈桑二世国王在逝世之前，准备同布特弗利卡总统举行会晤。同年 7 月，布特弗利卡总统出席了哈桑二世国王的葬礼。

穆罕默德六世继位后，继续其父的外交政策，力主与阿尔及利亚建立正常的外交关系，直到举行公民投票以决定西撒哈拉的归属。两国的关系出现进一步改善的迹象，双方均表示尽快实现两国关系正常化和共同致力于地区合作的意愿。但是阿尔及利亚指责摩洛哥给伊斯兰反对派提供避难所及在西撒哈拉问题上的争

① 1994 年 8 月，阿尔及利亚人和阿裔外国人参与了摩洛哥马拉喀什残杀外国游客事件。
② 1997 年 9 月，摩洛哥与西撒哈拉人阵达成的一项协议。

执,不但未缓和两国关系反而加重了关系的紧张。2000年中,陆地边界仍然关闭。为了共同的发展,特别是为了共同建设马格里布经贸联盟,摩洛哥表示愿意解决它与阿尔及利亚之间尚存在的一切分歧,特别是阻碍两国关系顺利发展的一大障碍——西撒哈拉问题和边界问题。2001年,摩洛哥向阿尔及利亚受灾地区提供人道主义援助,两国关系出现转机。

2003年6月,发生卡萨布兰卡爆炸事件后,摩洛哥外交与合作大臣穆罕默德·本·伊萨访问阿尔及利亚,表示摩洛哥政府决心应对各种形式的恐怖主义威胁,有诚意恢复相互信任,开展双边合作。双方同意成立三个双边委员会,分别讨论涉及两国共同利益的政治问题、经济问题以及处理两国侨民的领事问题。9月,两国元首在出席第58届联合国大会期间会晤。

2004年4月,布特弗利卡蝉联阿尔及利亚总统,穆罕默德六世国王致电祝贺。随后,两国领导人实现了互访。7月30日,摩洛哥重新给予赴摩洛哥的阿尔及利亚公民免签证待遇(该待遇曾在1994年被取消)。9月和12月,阿尔及利亚提出关于西撒哈拉问题的提案,在联合国大会非殖民化委员会和联合国大会分别以投票表决方式获得通过,摩洛哥方面认为该提案违反了协商一致的原则,指责阿尔及利亚挑起事端,应对西撒哈拉冲突负责。两国关系又趋紧张。

2. 摩洛哥与利比亚的关系

1969年利比亚发生军事政变,卡扎菲在利比亚执政,摩洛哥与利比亚的关系逐渐恶化且长期不和。

20世纪70年代,两国关系严重对立。1971年,摩洛哥发生被认为是由利比亚策划和支持的未遂政变。同时,利比亚还支持西撒哈拉人阵并向其提供武器(占其武器的80%)。1980年,利比亚承认阿拉伯撒哈拉民主共和国,由此导致了摩洛哥于1980年与利比亚断交。

　　20 世纪 80 年代，两国关系一直处于不稳定的状态。1983 年 6 月，利比亚总统卡扎菲访问摩洛哥。1984 年 8 月，两国为了共同抗衡阿尔及利亚、突尼斯和毛里塔尼亚的三国条约，摆脱各自在马格里布的孤立处境，正式签署《摩洛哥—利比亚联盟条约》（又称《达乌季条约》)①，两国关系进入一个新的发展时期。摩洛哥希望以此得到经济实惠和阻止利比亚在西撒哈拉问题上支持西撒人阵；利比亚希望摩洛哥改变在乍得问题上的立场，停止对乍得哈布雷政府的支持。但是，两国无论在国体、意识形态，还是在外交政策上差异极大，最终导致联盟的解体。1986 年，哈桑二世国王单方面宣布废除《联盟条约》，但是，卡扎菲总统称摩洛哥单方面废除条约是无效的。虽然在 1989 年卡扎菲总统和哈桑二世国王互访后，两国关系有所改善，但是由于利比亚支持西撒哈拉人民自决，两国关系一直笼罩着阴影。1989 年 8 月底，哈桑二世国王应邀访问利比亚并出席"九·一"革命节庆典。

　　20 世纪 90 年代，摩洛哥在参与有关利比亚问题的国际事务过程中，积极推动问题朝着公正、合理的方面进展。1992 年，摩洛哥参加阿盟 7 国调解委员会，调解利与美、英、法在"洛克比"空难事件上的纠纷，反对国际社会对利比亚制裁的立场，对安理会制裁利比亚的 748、883 号决议投了弃权票，但表示执行安理会的决议；认为因洛克比问题对利比亚实行制裁，损害了利比亚人民的利益和利比亚周边国家的经济发展，希望以协商方式加以解决。

　　穆罕默德六世继位后，与利比亚继续保持良好的关系，以保证其周边地区的稳定。2001 年 1 月，穆罕默德六世国王访问利

---

① 　条约共有 16 条，规定：两国在国际方面进行友好协商和密切的外交合作；在防务方面保卫各国的独立，对两国中一方的入侵，就是对另一方的入侵；在经济和文化方面进行合作。

比亚，两国政治往来不断。

摩洛哥和利比亚在政治上的分歧并未影响两国的经贸关系，两国是北非马格里布阿拉伯国家中经贸关系最活跃的国家，两国贸易额占摩洛哥对马格里布联盟出口额的一半。

3. 摩洛哥与毛里塔尼亚的关系

摩洛哥与邻国毛里塔尼亚的外交关系，侧重于西撒哈拉的领土问题和发展两国在各个方面的合作。

冷战时期，摩洛哥在经济和领土问题上与毛里塔尼亚合作。两国关系经历了密切—紧张—对立的变化过程。

20世纪70年代，摩洛哥加强和发展与毛里塔尼亚之间在多方面的友好合作，两国签署了贸易、渔业、邮电交通、经济、文化和科学技术等方面的合作协定。1975年，两国签署具体划分两国边界的协定，"分治"西撒哈拉。1976年，两国就西撒哈拉问题签订军事同盟条约。1977年，两国还签订共同防御条约。1979年，毛里塔尼亚与西撒人阵签订《阿尔及尔和平协议》，在毛里塔尼亚决定放弃对西撒哈拉的领土要求并撤出后，摩洛哥军队立即占领西撒哈拉全境，两国关系开始紧张和对立。

20世纪80年代，摩洛哥与毛里塔尼亚的关系仍处于不稳定状态。1981年3月，毛里塔尼亚军队领导人指责摩洛哥参与毛里塔尼亚未遂政变，两国断交。1984年，毛里塔尼亚武装部队参谋长塔亚发动政变上台后，两国关系有所缓和。1985年4月两国复交。同年8月、10月和11月塔亚总统连续三次应邀访问摩洛哥。1986年2月，塔亚总统再次访问摩洛哥，促进了两国在各个领域的友好合作关系的发展。

冷战后，摩洛哥改善与毛里塔尼亚的关系。1991年10月，两国签署了卫生协议。

穆罕默德六世继位后，2000年4月，毛里塔尼亚总统塔亚访问摩洛哥。6月，尤素福首相访问毛里塔尼亚。2001年9月，穆罕默德六世国王登基后首次访问毛里塔尼亚，也是自毛里塔尼亚 1960 年独立后，摩洛哥国王的首次访问。双方首脑的成功互访，推动了两国关系的深入发展。

二 摩洛哥与巴勒斯坦的关系

摩洛哥一直支持巴勒斯坦人民的正义斗争，早在 1967 年 6 月的阿—以战争中，摩洛哥政府就表示支持阿拉伯人民反犹太复国主义的事业①。1974 年 3 月 3 日，哈桑二世国王在其登基 13 周年时，重申支持巴勒斯坦人民为恢复民族权利而进行的斗争，表示"我们决心在任何情况下都继续并加强对他们的支持，使正义事业获得胜利。希望我们的巴勒斯坦兄弟尽早实现他们的正当和合法的要求"。摩洛哥对阿拉伯事务奉行的政策的主要特点是：无条件地支持全体阿拉伯人民的要求和权利以及他们认为有助于实现他们的目标的办法。1979 年 1 月，摩洛哥首相再次强调：要公正、全面和持久地解决中东危机，以色列必须从它自 1967 年战争以来占领的所有领土上撤走，巴勒斯坦人民必须能够行使自己的权利，包括拥有自己的国家的权利。

20 世纪 80 年代，哈桑二世国王是黎巴嫩三方委员会和巴勒斯坦被占领土起义委员会的主席，在解决巴以冲突和中东和平进程中起着积极的作用，他被西方政府认为是一个"中立的"阿拉伯领导人。哈桑二世国王在阿拉伯联盟事务上起了积极的作用，为解决巴勒斯坦问题做过许多工作并提出过多项主张。1980 年 4 月，他提出巴勒斯坦解放组织和以色列应相互承认，通过谈判单独解决巴勒斯坦问题。1982 年 9 月 8 日，在非斯，哈桑二

---

① *The Middle East and North Africa 1970 – 71*, pp. 531 – 532, Europa Publications Ltd. London, 1970.

世国王主持召开了第 12 届阿拉伯国家首脑会议，会后通过一项解决巴勒斯坦和中东问题的阿拉伯法案，成立了"七方委员会"。1983 年 1 月，又主持召开耶路撒冷委员会和七方联席会议，通过非斯计划，该计划被认为是解决中东问题的基础。1986 年 7 月，哈桑二世国王会见应邀到访的以色列总理，就中东问题和双方共同关心的问题交换了看法。他提出巴勒斯坦的存在是事实，以色列应正视巴勒斯坦解放组织的存在，与它直接对话，进行谈判，以非斯阿拉伯会议通过的"和平计划"为基础，和平解决中东问题。1988 年 11 月 15 日，巴勒斯坦宣布建立独立的巴勒斯坦国之后，摩洛哥当即予以承认。

20 世纪 90 年代，摩洛哥展开大规模的外交活动，支持巴勒斯坦人民的正义斗争。哈桑二世国王与阿拉法特总统多次会晤，讨论巴勒斯坦事业、耶路撒冷和被占领土等问题。同时，争取国际社会对巴勒斯坦人民的正义斗争给予支持。1990 年 4 月，哈桑二世国王访问联合国安理会的五个常任理事国，试图劝说美国政府不要承认耶路撒冷为以色列的首都①。1991 年和 1992 年，摩洛哥以观察员身份参加"中东和会"，谴责苏联政府向被以色列占领的地区大量移民，并谴责美国参议院承认以色列将耶路撒冷定为首都的决定，主张阿以对话，根据联合国 242、338 号决议解决中东问题。1993 年 9 月，巴以达成了加沙—杰里科自治协议，摩洛哥对此表示欢迎，称此举使中东地区形势进入一个新的时代。

1995 年 1 月，哈桑二世国王出席耶路撒冷委员会的会议。在会议的最后公报中强调：只有实施联合国安理会有关决议和以土地换和平的原则，才能在中东地区实现公正、全面的和平；呼

---

① Joanne Maher: *The Middle East and North Africa 2001*, p. 914, Europa Pub., London, 2002.

吁安理会，特别是美国和俄罗斯，采取一切必要措施，迫使以色列停止建立居民点，不再推行耶路撒冷犹太化计划，并且不再对圣城耶路撒冷进行任何地域或人口方面的更动①。3 月，哈桑二世国王访问美国，与美国总统克林顿会谈，呼吁中东和平进程有关各方抓住机遇，争取中东和谈取得突破，以便使中东地区早日实现"真正和持久的和平"。4 月 28 日，以色列政府在东耶路撒冷巴勒斯坦人的土地上建造犹太居民点，遭到巴勒斯坦人的强烈反对。5 月 6 日，哈桑二世国王以伊斯兰会议组织和该组织耶路撒冷委员会主席的双重身份，就此事向以色列总理拉宾提出"强烈抗议"，还派出高级特使前往埃及、阿尔及利亚、沙特阿拉伯、叙利亚等中东和北非 7 国以及巴勒斯坦自治领土，向各国领导人提议召开阿拉伯小型首脑会议，商讨中东和平进程面临的危险形势和阿拉伯国家应该采取的对策。摩洛哥认为中东和平进程因以色列政府拒绝履行所有已经达成的协议而陷入僵局，国际社会应采取必要措施，促使以色列遵守安理会的决议。在尊重本地域各国主权的条件下，实现全面、公正、持久的和平，保证该地区各国的安全。

穆罕默德六世国王接任耶路撒冷委员会主席后，坚持原有的立场，支持巴勒斯坦人民的合法斗争，呼吁各方通过谈判达成永久、全面、公正的协议；主张在国际法和已经签订的协议的基础上，建立独立的巴勒斯坦国；反对将巴勒斯坦人民的正义斗争与恐怖主义相等同。2000 年和 2001 年，穆罕默德六世国王以耶路撒冷委员会主席的身份主持召开会议，支持巴勒斯坦对东耶路撒冷拥有主权，呼吁各国在巴勒斯坦宣布建国时予以承认，呼吁巴

---

① 耶路撒冷是伊斯兰教三大圣地之一。1967 年被以色列占领。几十年来，以色列在圣城推行犹太化政策，企图抹掉圣城的阿拉伯和伊斯兰特性，并拒绝将圣城归还给巴勒斯坦人，遭到阿拉伯和伊斯兰世界各国人民的反对。

以双方恢复谈判，避免中东局势进一步恶化。在巴以冲突爆发后，召回驻以色列代表，关闭以色列驻摩洛哥代表处。

2001 年 8 月 6 日，穆罕默德六世国王对来访的巴勒斯坦民族权力机构主席阿拉法特表示，摩洛哥将继续支持巴勒斯坦人民收回被占领土和争取合法权利的正义斗争，积极支持巴勒斯坦人民建立以圣城耶路撒冷为首都的独立国家。12 月 12 日，穆罕默德六世国王向来访的美国负责中东事务的助理国务卿威廉·伯恩斯表示摩洛哥的立场：巴勒斯坦民族权力机构是巴勒斯坦人民的合法代表，任何旨在打击和消灭巴勒斯坦民族权力机构的企图，都将对本地区的和平与安全"构成更大的威胁"。

2002 年 1 月 21 日，摩洛哥外交和合作大臣穆罕默德·本·伊萨发表声明，摩洛哥欢迎和支持沙特阿拉伯关于解决中东问题的新建议，并希望中东地区冲突能够尽快得到合理解决。呼吁中东冲突有关各方继续和国际社会一起做出努力，使中东问题早日走出目前的困境。3 月 13 日，联合国安理会通过由美国提议的关于解决中东问题的 1397 号决议①，摩洛哥表示欢迎并重申支持建立独立的巴勒斯坦国的立场。

三　摩洛哥与其他阿拉伯国家的关系

摩洛哥作为一个阿拉伯国家，重视发展与阿拉伯各国的关系，坚决主张与阿拉伯国家建立密切联系，认为阿拉伯国家在任何情况下都必须团结一致、协调立场，避免阿拉伯世界的分化。

独立后，摩洛哥政府就立即表示：摩洛哥是伊斯兰教国家，拒绝参加分裂阿拉伯国家的巴格达条约。1958 年 10 月 1 日，摩

---

① 这项决议首次提到了"在安全的、得到承认的边界之内建立巴勒斯坦国"的问题。

洛哥加入阿拉伯联盟。摩洛哥支持阿拉伯国家的民族解放斗争，积极发展和阿拉伯国家的关系。1960 年 1 月 22 日，穆罕默德五世国王访问了沙特阿拉伯、约旦、科威特、伊拉克和黎巴嫩等国，同沙特阿拉伯缔结友好条约，同黎巴嫩签订了文化协定。

摩洛哥积极发展与海湾诸国的密切关系。1985 年 11 月和 1986 年 1 月，阿拉伯联合酋长国（简称阿联酋）总统两次访问摩洛哥。1986 年，摩洛哥与阿联酋达成向阿联酋派军事人员的协议，加强阿联酋的国防力量。1991 年 6 月，沙特阿拉伯王储访问摩洛哥，就进一步发展两国在各个领域的友好关系进行了谈判。12 月，沙特阿拉伯第二副首相应邀访问摩洛哥，沙特阿拉伯政府决定免除摩洛哥所欠的 28 亿美元的债务，而且无偿赠送摩洛哥所需 40% 的石油①。

摩洛哥同大部分阿拉伯国家保持良好关系，与埃及和约旦等国的关系密切。摩洛哥积极参与阿拉伯事务，为阿拉伯国家的团结和地区稳定发挥了重要的作用。摩洛哥支持埃及将苏伊士运河收归国有，并促成埃及回归阿盟。1982 年，摩洛哥派军队参加驻黎巴嫩多国维持和平部队，为调解黎巴嫩各方冲突做了大量的促进工作，并取得良好效果。1989 年参加阿盟最高级会议，哈桑二世国王与沙特阿拉伯的法赫德国王和阿尔及利亚的沙德利总统一同被任命为有关黎巴嫩的阿拉伯三方委员会的首脑，寻求黎巴嫩冲突的解决办法。

在 1990 年的海湾危机期间，摩洛哥强烈谴责伊拉克入侵同为阿拉伯国家的科威特，要求恢复科威特的主权与合法政府，坚持要伊拉克从科威特撤军，支持解放科威特，并向沙特阿拉伯派出武装部队，参加多国部队行动。是年 11 月哈桑二世国王要求

---

① 《世界知识年鉴》编辑委员会编《世界知识年鉴 1993/1994》，北京，世界知识出版社，1994，第 341 页。

召开阿拉伯首脑紧急会议，调解海湾危机，主张在阿拉伯范围内和平解决冲突。在所有外交努力失败后，摩洛哥在阿拉伯最高级会议上投票支持谴责伊拉克的行径，支持捐款给泛阿拉伯军队保卫沙特阿拉伯的决议。为此，哈桑二世国王向沙特阿拉伯派了一支 1500 多人的部队，并获得沙特阿拉伯提供的 28 亿美元的无偿援助，从而使摩洛哥与阿拉伯国家之间的关系得以改善。

1992 年，哈桑二世国王开始其在位 30 年中对阿拉伯国家进行的最广泛的访问。他访问了沙特阿拉伯、阿拉伯联合酋长国、约旦、叙利亚和埃及，就阿以和谈、阿拉伯国家间关系等问题交换意见。1997 年 11 月，摩洛哥外交部就伊拉克武器核查危机发表公告，呼吁通过对话和协商和平解决分歧。

穆罕默德六世继位后，重申摩洛哥的外交政策和对国际事务的关注与态度并开展积极的活动，摩洛哥与阿拉伯国家的领导人互访增多。1999 年 3 月和 9 月，突尼斯总统本·阿里和总理卡鲁伊先后访问摩洛哥。12 月，穆罕默德六世继位后首次出访沙特阿拉伯、阿拉伯联合酋长国和突尼斯，接着于 2000 年 5 月访问了埃及和突尼斯。1999 年 7 月和 2000 年 3 月，约旦国王阿卜杜拉二世两次访问摩洛哥。2001 年 4 月，叙利亚总统巴沙尔访问摩洛哥。7 月，突尼斯总统本·阿里访摩洛哥。摩洛哥尊重伊拉克的主权和领土完整，欢迎联合国同伊拉克达成的"石油换食品"协议，以缓解伊拉克人民的苦难。2001 年 5 月 8 日，穆罕默德六世国王倡议埃及、约旦、摩洛哥和突尼斯等 4 国建立自由贸易区，向建立"大阿拉伯自由贸易区"迈出第一步。这 4 个阿拉伯国家的外长在摩洛哥的阿加迪尔签署协议，主要内容是在 2010 年前建立自由贸易区，该贸易区将包括地中海沿岸的阿拉伯国家，同时也将对其他阿拉伯国家开放，包括阿尔及利亚、利比亚、毛里塔尼亚、叙利亚、黎巴嫩和巴勒斯坦等。自由贸易区建成后将对阿拉伯国家与其贸易伙伴欧盟的关系产生重要的影

响。协议还规定 4 国将分别派出专家定期会晤，就组建过程中的技术细节进行磋商。

摩洛哥对阿拉伯国家友好的外交政策，给自身带来经济利益，特别是沙特阿拉伯向摩洛哥提供大量财政援助，摩洛哥 40% 以上的石油靠沙特赠送。1997 年沙特阿拉伯在摩洛哥投资 5 亿美元，伊斯兰开发银行同摩洛哥签署关于向摩洛哥提供 500 万美元贷款的协议。1998 年，阿拉伯经济和社会发展基金会向摩洛哥提供 5 亿迪拉姆（约合 53 万美元）贷款的协定。伊斯兰发展银行自 1976 年成立以来到 2000 年，向摩洛哥提供总计 3.26 亿美元的贷款。这些贷款用于摩洛哥关乎国计民生的重点行业，包括农业、灌溉和能源等项目的建设。

第七节 摩洛哥与以色列的关系

摩洛哥与以色列有较深的历史渊源。第二次世界大战期间，摩洛哥王室为保护犹太人做出贡献。在以色列约有 60 万摩洛哥裔犹太人（2001/2002 年）。两国关系一直较密切。

摩洛哥是世界犹太人的主要聚居地之一。以色列建国后，摩洛哥对境内犹太人的移居政策比较宽松。据统计，以色列籍的摩洛哥犹太人（包括他们的子女），迄今已有 70 万之多，其中不乏政要，如曾经担任沙米尔政府和内塔尼亚胡政府外长的利维·戴维，就是 1956 年移居以色列的摩洛哥犹太人。摩洛哥政府在对以的总政策上与阿拉伯各国相同，并经常发挥它的独特的作用。

20 世纪 70 年代，哈桑二世国王慎重地保持与以色列领导人的联系。摩洛哥成为第一个在以色列设立"联络处"的阿拉伯国家。1976 年，以色列总理拉宾访问摩洛哥。1977 年 10 月，达

扬外长访问摩洛哥。哈桑二世国王先后与以色列总理拉宾和外长达扬举行秘密会谈。

20 世纪 80 年代，摩洛哥继续发展与以色列的外交关系。1984 年 5 月 15 日，摩洛哥为调解巴以关系，在摩洛哥建立摩洛哥犹太人协会，由于摩洛哥公开邀请以色列代表团访问，从而在阿拉伯国家中产生强烈反响。摩洛哥表示奉行独立的外交政策，摩洛哥有条件地充当巴勒斯坦和以色列的中间调解人，即以色列必须保证在未来的巴以谈判中做出让步。1985 年佩雷斯任以色列总理后，哈桑二世国王建议同佩雷斯总理就和平解决中东问题直接会谈，条件是佩雷斯总理必须提出"认真的建议"，两国开始秘密接触。后来哈桑二世国王否定了这一建议，主张苏联回到中东和平进程中来。1986 年 3 月，哈桑二世国王再次建议，根据 1982 年非斯会议中有关和平计划的精神，阿以直接对话。哈桑二世国王因会晤以色列总理佩雷斯，导致辞去阿拉伯国家首脑会议主席职务。7 月，佩雷斯访问摩洛哥，哈桑二世国王与佩雷斯总理会谈，努力拯救中东和平进程。他因此成为自埃及总统安瓦尔·萨达特以来第一个会见以色列领导人的阿拉伯国家首脑。阿拉伯国家对此反映不一：叙利亚马上中止与摩洛哥的外交关系，利比亚谴责摩洛哥；但是，埃及、科威特和约旦支持这一创举。由于受到批评，哈桑二世国王辞去阿拉伯联盟主席一职。

20 世纪 90 年代，摩洛哥与以色列的关系有了进一步的发展。1990 年 9 月以色列总理拉宾在拉巴特停留，与哈桑二世国王会谈。1994～1995 年，两国在特拉维夫和拉巴特互设利益代表处，摩洛哥继埃及和约旦之后，成为在以色列设立代表处的第三个阿拉伯国家。两国商业联系向旅游、银行、水力、农业、油页岩能源和信息技术等方面发展。两国的政治关系也在增强。随着以色列和巴勒斯坦解放组织签署和平协议，以色列总理拉宾和外交部长沙龙访问拉巴特，与哈桑二世国王会谈。除埃及以外，摩洛哥是阿拉伯世界唯一接待两位以色列领导人的国家。1994年10月，摩洛哥实业家代表团访问以色列，这是摩洛哥第一个正式访问以色列的代表团。1995年初，哈桑二世国王多次强调在缔结完全的中东和平决议后，实现两国之间的完全正常化。1996年2月，摩洛哥—以色列商会在特拉维夫开设。

1997年2月，当中东和平进程陷于僵局之时，哈桑二世国王拒绝以色列总理内塔尼亚胡访问摩洛哥。3月，哈桑二世国王作为主席在拉巴特召开非洲统一组织耶路撒冷委员会的会议，要求以色列政府停止在有争议的东耶路撒冷郊区建立犹太人定居点。1998年双边关系实际上处于零点的状态。10月，摩洛哥拒绝以色列总理在拉巴特中途停留，但是，欢迎阿拉法特对摩洛哥首都做短暂访问。1999年7月，以色列新总统巴拉克参加了哈桑二世国王的葬礼。

穆罕默德六世继位后，继续与以色列保持外交关系。2000年1月，以色列外长利维访问摩洛哥。9月底，巴以发生暴力冲突后，摩洛哥召回驻以代表，关闭以色列驻摩洛哥代表处。2001年4月，摩洛哥强烈谴责以色列对中东地区阿拉伯国家的军事打击，呼吁国际社会立即采取措施，迫使以色列停止对黎巴嫩、叙利亚和巴勒斯坦的军事侵略，撤出其在巴勒斯坦、叙利亚和黎嫩占领的领土，并根据联合国有关决议和国际法准则重新回到和平进程的正确轨道。2002年3月，以巴紧张局势加剧后，穆罕默德六世国王打电话给以色列总理沙龙，呼吁以立即停火并撤出巴勒斯坦被占领土。10月，为了坚定支持巴勒斯坦人民正义斗争及和平进程的双重承诺，摩洛哥决定同时关闭以色列驻摩洛哥联络处和摩洛哥驻以色列联络处[①]。

---

① Joanne Maher: *The Middle East and North Africa 2001*, pp. 919 – 923, Europa Pub. Lications Ltd, London, 2002.

第八节　摩洛哥与撒哈拉以南
非洲国家的关系

摩洛哥作为一个北非国家始终同非洲大陆保持着良好的关系，一直支持非洲民族解放运动。

冷战时期，摩洛哥积极参与非洲事务，致力于非洲地区的和平与稳定。1977 年和 1978 年，摩洛哥曾两次派军队去扎伊尔〔刚果（金）〕，支持蒙博托政府抗击"雇佣军"的入侵。1978 年 11 月，哈桑二世国王表示，如果安哥拉总统要古巴军队撤出，摩洛哥愿意组织一支由两万人组成的泛非军队来保卫安哥拉的边界。

20 世纪 80 年代，摩洛哥先后与承认西撒哈拉国的安哥拉、多哥、佛得角和尼日利亚等国复交，积极参与非洲事务。1984 年由于非统组织接纳"西撒哈拉国"为其成员国，摩洛哥宣布退出非统组织，但仍努力发展同非洲国家的双边关系。1984 年西撒哈拉出席非洲统一组织第 20 届首脑会议时，扎伊尔〔刚果（金）〕支持摩洛哥抵制此次会议，宣布退出会议。1985 年 6 月，乍得总统应邀访问摩洛哥。9 月，摩洛哥为争取安哥拉彻底独立全国联盟①提供训练营地。10 月，赤道几内亚总统应邀访问摩洛哥。1988 年 12 月，摩洛哥派一支 1250 人的部队到索马里支持"军事演习恢复希望"。1989 年，摩洛哥积极调解扎伊尔〔刚果（金）〕与比利时的争端，终于使两国达成谅解，签署了《和解协议》。

---

① 20 世纪 50 年代中期成立。70 年代初，成为安哥拉国内三支有组织的争取民族独立的武装力量之一。1975 年，安哥拉独立后，政府和反对派力量"争取安哥拉彻底独立全国联盟"一直处于断断续续的内战中。

冷战后，摩洛哥为和平解决非洲问题，消除紧张局势和冲突，继续进行反对种族主义和种族隔离的斗争，为协调非洲国家之间的团结和加强共同利益而进行的合作做出积极的努力。1990 年，摩洛哥调解利比亚与乍得的冲突。1991 年 6 月，马里总统应邀对摩洛哥进行国事访问。1997 年，摩洛哥支持维护苏丹和扎伊尔领土完整，希望这两个国家尽快实现和平与稳定。摩洛哥政府宣布从 1998 年 1 月开始，它将允许非洲最不发达国家的工农业产品进入摩洛哥市场，并享受优惠关税待遇。

摩洛哥积极参与联合国的维和工作，致力于非洲的稳定，为实现非洲一体化而努力。20 世纪 90 年代末，摩洛哥进一步加强同非洲国家的友好关系，改变单纯以西撒哈拉问题画线的做法，同承认西撒哈拉的非洲国家建交或复交。摩洛哥在非洲有 21 个大使馆和两个总领事馆，负责摩洛哥与 40 多个非洲国家的外交事务。摩洛哥政府还计划在非洲，特别是在非洲的东部和南部国家设立新的大使馆。1998 年 8 月刚果（金）爆发战争后，虽然冲突各方签署卢萨卡停火协议，联合国安理会也通过了一系列有关决议，但是冲突一直未能平息。2000 年，联合国安理会决定向刚果（金）派遣维和部队，解决刚果（金）危机。2001 年，摩洛哥向刚果（金）派遣维和部队，执行维和使命，摩洛哥表示愿和刚果（金）人民一道建立和维护和平并愿意认真履行其国际义务，支持一切和平努力。

第九节　摩洛哥与中国的关系

中国和摩洛哥两国相距遥远，但是两国友好交往历史悠久。根据中国古典文献记载，早在公元 8 世纪，中国唐朝的杜环曾经到达摩洛哥。14 世纪时，摩洛哥伟大的旅行家

伊本·白图泰和中国的大旅行家汪大渊几乎在同一时期"互访"。[1] 中国古代文明的许多成就,如造纸术和火药等,均由摩洛哥传至欧洲。在近代史上,两国都遭受西方殖民主义者的欺凌和侵略,饱受国家主权被外族践踏的痛苦。在现代史上,两国都十分珍惜各自获得的独立、主权和领土完整。摩洛哥和中国建交48年来,摩洛哥对中国的外交政策的基点是巩固和发展两国友好合作关系,两国关系发展的重要基础是政治上的相互信任和支持。两国的政治关系基本平稳,在许多重大国际和地区事务中一直相互理解和支持,共同维护发展中国家的权益。双方在经贸、文化和卫生等领域积极开展合作,取得了显著成果。

独立后,摩洛哥与中国的关系主要集中在政治方面,后来逐步扩大到经济、文化、卫生和国际事务等多方面。1957 年,摩洛哥在联合国大会上支持恢复中国的合法地位。1958 年 11 月 1日,继埃及之后摩洛哥成为第二个同中国建交的非洲国家,两国签署了第一个政府间《贸易协定》,摩洛哥人民对中国人民的革命和建设事业给予极大的道义上的支持。两国共同支持战后世界各国人民的国家独立和民族解放运动。1963 年 12 月,周恩来总理和陈毅副总理率团正式访问摩洛哥,加强了两国的政治往来,两国还签署一系列贸易及援助协定。

到 20 世纪 80 年代,两国领导人互访频繁,促使两国在文化、教育、科学、卫生、体育、出版和新闻广播等方面开展广泛的交流和合作。1982 年 2 月,摩洛哥首相率团访问中国,这是两国建交以来第一位摩洛哥政府首脑访问中国,访问期间双方签订了《文化协定》。在经贸领域,两国坚持平等互利、优势互补的原则,积极开展合作,取得了显著成果。1983 年,成立中国—摩洛哥经济贸易和技术合作混合委员会。1988 年 11 月,中

---

① 汪大渊在其《岛夷志略》一书中对此有所记录。

国政府向摩洛哥提供 3000 万元人民币的无息贷款①。80 年代末，中国水产总公司和上海等多家地方水产公司先后同摩洛哥方面开展合作，投资组建合资公司。

冷战后，面对全球化的挑战，摩洛哥调整对中国的外交政策，保持与中国在政治、经济和科技等领域的传统友好合作关系，着重扩大在经贸方面的合作。在政治上，摩洛哥继续在包括人权在内的诸多方面与中国保持良好的合作，支持中国加入世界贸易组织，坚持一个中国的立场，不同台湾发生任何官方关系②。两国政府首脑多次互访。1991 年 11 月，西迪·穆罕默德王储访问中国。1992 年 6 月杨尚昆主席和 1999 年 10 月江泽民主席访问摩洛哥，推动两国友好合作关系迈上新的台阶。在经济上，两国合作领域扩大，合作项目明显增多，两国签署多项协定，其中包括 1992 年 6 月的《中国和摩洛哥政府经济技术合作协定》、1995 年的《经济和贸易协定》、《投资保护协定》和1996 年的《民事和商事司法协助协定》。1996 年，两国签署一项协议，决定在两国外交部之间建立定期政治磋商制度，进一步加强双边政治关系和促进两国经贸合作。到 20 世纪 90 年代末，经贸关系成为两国友好合作关系的一个重要组成部分。两国合作领域扩大，合作项目明显增多。中国与摩洛哥的贸易总额由1990 年的 1.13 亿美元增长到 1999 年的 3.093 亿美元③。

进入 21 世纪后，随着中国综合国力的增强和国际影响力的

① 《世界知识年鉴》编辑委员会编《世界知识年鉴 1990/1991》，北京，世界知识出版社，1991，第 358 页。
② 摩洛哥与台湾有贸易往来，台湾在摩洛哥的卡萨布兰卡市设有贸易发展协会。
③ 《世界知识年鉴》编辑委员会编《世界知识年鉴 1991/1992》，北京，世界知识出版社，1992，第 340 页；《世界知识年鉴》编辑委员会编《世界知识年鉴 2000/2001》，北京，世界知识出版社，2000，第 463 页。

提高，摩洛哥与中国以相互尊重为基础，建立了一种新的协商对话机制。在继续保持特殊友好关系的条件下，摩洛哥积极探求与中国建立互利合作的新途径和新方法，致力于建立两国形式多样的伙伴关系，尽快使两国的经济合作与文化交流跟上两国政治关系的发展步伐。

两国高层领导人互访频繁，既显示了两国关系平稳发展，又推动了两国友好合作。特别是 2002 年 2 月，穆罕默德六世国王对中国的访问，是两国建交 40 多年来首位访华的摩洛哥国王，极大地推动了两国关系的发展。在经济上，为适应经济全球化的大趋势，两国经贸合作关系提高到一个新的水平。两国政府间成立经济、贸易和技术混委会。中国加入世贸组织后，为双方的经贸合作提供了更多的机会，两国政府和企业在更深的层次上参与摩洛哥的经济发展进程，推动了摩、中双边关系进一步发展。在经贸关系和经济技术合作方面，两国进出口贸易有较大幅度增长；2005 年双边贸易额达 14.84 亿美元，同比增长 28.2%，其中中方出口约 12.06 亿美元，进口约 2.77 亿美元，同比分别增长 27.9% 和 29.6%。2006 年上半年中、摩双边贸易额达 8.92 亿美元，同比增长 23.1%，其中中国出口 7.21 亿美元，进口 1.71 亿美元。

据摩洛哥外汇管理局统计，2006 年摩洛哥对中国出口总额约为 9.47 亿迪拉姆（约合 1.08 亿美元），同比增长 41.34%（2005 年摩洛哥对中国出口总额为 6.7 亿迪拉姆）。其中出口额排在前两位的商品分别是废铜（约为 5163 万美元）、绿肥和化肥（约为 2744 万美元），共占出口总额的 73.5%。从中国进口总额约为 110.63 亿迪拉姆（约合 12.58 亿美元），同比增长 17.6%。与 2005 年相比，增幅下降了近 25 个百分点（2005 年摩洛哥从我国进口总额约为 93.99 亿迪拉姆，较 2004 年增长 42.13%）。排在前三位的商品分别是各类机械设备（约合 1.56 亿美元）、通讯电话设备（约合 1.44 亿美元）及茶叶（约合

0.88 亿美元），共占进口总额的 30.8%①。

两国在文化交流的基础上进一步发展双边文化合作。2002 年 5 月，摩洛哥政府与中国政府签署《中摩政府文化合作协定 2002～2004 年执行计划》。8 月，双方签署《中华人民共和国政府和摩洛哥王国政府经济技术合作协定》、《关于中华人民共和国政府向摩洛哥王国政府提供无偿援助的换文》、《中华人民共和国政府和摩洛哥王国政府关于对所得避免双重征税和防止偷漏税的协定》、《关于摩洛哥地球化学填图项目的换文》和《中华人民共和国建设部与摩洛哥王国领土整治、城建、住房与环境部合作协议书》等。2005 年，南京小红花艺术团、中国青年民族艺术团赴摩洛哥访问演出。摩洛哥画家、民间艺术家来华参加中国文联双年展及南宁民歌艺术节。12 月，中国国际广播电台代表团访问摩洛哥。

2004 年 2 月 24 日，摩洛哥北部地区发生强烈地震造成重大人员伤亡，国家主席胡锦涛致电穆罕默德六世国王，表示慰问。中国政府向摩洛哥政府提供 500 万元人民币紧急人道主义物资，中国红十字会向摩洛哥红新月会提供 3 万美元的人道主义援助。驻当地的中国医疗队也参加了救援工作。

2006 年 4 月，胡锦涛主席访问摩洛哥，就双边关系和共同关心的国际及地区问题交换了意见。胡锦涛主席特别强调中国将在三个方面加强与摩洛哥合作：一是保持高层往来，扩大两国政府、议会和政党之间的交流，加强在国际和地区事务中的磋商与配合，全面推进两国友好合作。二是采取措施扩大双方贸易规模，拓宽合作领域，重点加强科技、通讯、农业、油气资源开发、劳务承包及人力资源培训领域的合作，鼓励双方企业相互投资。三是进一步推进两国教育、文化、卫生和旅游等领域的合

① 中国商务部网站资料（2007 年）（http://ma.mofcom.gov.cn）。

作，增进双边人员往来。两国签署了经贸、科技、文化、卫生和
旅游等领域合作协议。

第十节　边界争端——西撒哈拉问题

一　西撒哈拉问题的由来与发展

西撒哈拉是历史遗留下来的复杂问题。西撒哈拉地处非
洲西北部，北接摩洛哥，东北接阿尔及利亚，东南和
南部与毛里塔尼亚为邻，西濒大西洋。西撒哈拉面积 26.6 万平
方公里，绝大多数地区为沙漠地带，但磷酸盐矿储藏丰富。

在近代，该地区居民的大多数是阿拉伯人和阿拉伯化的柏柏
尔人，他们以游牧部落为基本的社会形式。公元 7 世纪，阿拉伯
人来到西撒哈拉。8 世纪，阿拉伯人在摩洛哥建立第一个王
朝——伊德里斯王朝。公元 11 世纪时，这一地区曾为摩洛哥阿
尔摩拉维王朝疆土的一部分。但是，对于游牧民族来说，统治是
对部落而非领土。从 15 世纪中叶起，葡萄牙、西班牙和法国等
西方列强先后侵入。19 世纪 80 年代，摩洛哥苏丹穆莱·哈桑曾
两次远征塞内加尔河畔，沿途接受西撒哈拉地区一些部落的效
忠。1886 年，西班牙将西撒哈拉划为"保留地"，从此，这一自
然疆界变成了明确固定的人为边界。在对马格里布的争夺中，法
国也不甘落后。在征服阿尔及利亚后，1901 年，法国与摩洛哥
缔结一项条约，详细规定摩洛哥和阿尔及利亚两国对西撒哈拉地
区应行使的主权及西撒哈拉的划界。1912 年，法国又划了一条
从特尼埃萨西到科隆布—贝沙尔地区之间的边界线，即"瓦尼
埃线"。1928 年，摩洛哥被迫承认"瓦尼埃线"为其行政和税收
的边界线。从历史上看，摩洛哥与西撒哈拉的联系比该地区任何
一个国家都密切，而西撒哈拉争端与西方殖民统治时期划定的不

合理的人为边界有相当大的关系。

摩洛哥独立后，多次提出调整与阿尔及利亚在西撒哈拉地区的边界，提出解放西撒哈拉的主张，要求西班牙归还其占领的领土。1958 年西班牙将西撒哈拉设为"海外省"。西撒哈拉人民为摆脱西班牙的殖民统治开始武装斗争，得到了摩洛哥、独立后的阿尔及利亚和毛里塔尼亚三国的支持。20 世纪 60 年代，摩洛哥先后三次向联合国提出对西撒哈拉行使主权的要求。西班牙则将另一个非洲国家毛里塔尼亚拉到西撒哈拉问题中来。1966 年，西班牙与毛里塔尼亚就"西属毛里塔尼亚"问题举行谈判，从此，毛里塔尼亚认为西撒哈拉是其领土的一部分。阿尔及利亚对此表示支持。这三个与西撒哈拉有共同边界的国家都介入到了这一争端中。1958 年 9 月 19 日，阿尔及利亚共和国临时政府成立，摩洛哥马上予以承认。1961 年 7 月 6 日，两国缔结了关于边界问题的秘密协定，规定：摩洛哥政府支持阿尔及利亚人民争取民族独立和国家统一的斗争；阿尔及利亚临时政府允诺通过谈判解决西撒哈拉问题。1962 年 7 月 2 日，阿尔及利亚宣布独立，其后，两国在有争议的科隆布—贝沙尔地区多次发生冲突。在非洲多国领导人的调解下，两国于 1963 年 10 月 30 日签订停火协定。1964 年 2 月 20 日，在非洲统一组织的调解下，双方签署一项新的协定，规定非军事区。经过多次会议，1967 年 11 月，双方签署条约，规定：双方在发生争端时，保证不付诸武力，同意将悬而未决的问题交给双方代表人数相等的委员会并于 1970 年 5 月组成该委员会。

1970 年 9 月，摩洛哥、毛里塔尼亚和阿尔及利亚三国举行最高级会议，讨论西撒哈拉摆脱西班牙的殖民统治，成立三方协调委员会，重申三国将加强密切合作，遵照联合国的有关决议，加速该地区的非殖民化。1972 年，联合国大会就西撒哈拉问题通过决议，要求该地实行自决。1973 年 5 月，在阿尔及利亚的

支持下，萨基亚哈姆拉和里奥德奥罗人民解放阵线（简称西撒人阵或波里萨里奥阵线，POLISARIO）宣布成立，决定通过武装斗争实现西撒哈拉独立。1974年7月，西班牙宣布在西撒哈拉实行自治并于1975年举行公民投票以确定西撒哈拉的前途。摩洛哥表示反对这一行动并再次向联合国提出对西撒哈拉的主权问题。1975年11月，摩洛哥组织绿色进军，与西撒哈拉人阵发生冲突。同月，西班牙、摩洛哥和毛里塔尼亚三国签订《马德里协议》，规定西班牙于1976年2月撤离西撒哈拉。1976年2月27日，西撒哈拉人阵宣布成立阿拉伯撒哈拉民主共和国。阿尔及利亚积极支持西撒哈拉人阵争取独立的武装斗争。摩洛哥和毛里塔尼亚宣布同阿尔及利亚断交。4月，摩洛哥和毛里塔尼亚签订分治西撒哈拉协定①。该协定遭到阿尔及利亚的谴责。1977年5月，摩洛哥和毛里塔尼亚签订共同防务协定，共同对付西撒哈拉人阵的武装袭击。此后，摩洛哥和毛里塔尼亚同西撒哈拉人阵之间的武装冲突不断发生，西撒哈拉地区的归属问题久拖不决。1979年8月，毛里塔尼亚同西撒人阵签订和约，宣布放弃对西撒哈拉南区的领土要求和行政管理权并退出西撒哈拉战争。摩洛哥立即派兵接管原毛里塔尼亚占领的地区，宣布它为摩洛哥的一个省并不断向西撒哈拉腹地推进。到1987年，摩洛哥几乎控制了西撒哈拉的全部领土，在西撒哈拉筑起总长2720公里的防御性沙墙，派驻数万军队并设立行政管理机构。

西撒哈拉争端造成有关各方在人力和财力上的重大损失，严重影响地区的和平与稳定。自20世纪70年代以来，为和平解决因西撒哈拉归属问题而引起的武装冲突，非统组织和联合国进行了积极的斡旋并通过多项决议，但均未取得任何效果。

20世纪80年代后，在国际社会的努力下，西撒哈拉问题出

---

① 摩洛哥占领北部17万平方公里，毛里塔尼亚占领南部9万平方公里。

现转机。1980 年 3 月 4 日，哈桑二世国王到西撒哈拉的乌埃台
德·达伯省（Oued Eddahab）达黑莱市。1981 年 6 月，哈桑二
世国王接受第 18 届非统首脑会议关于在西撒哈拉举行公民投票
并成立西撒哈拉问题实施委员会的决议。1985 年 3 月 10 日，哈
桑二世国王再次到西撒哈拉的阿尤恩。与此同时，联合国也通过
多项决议并在西撒哈拉投入巨大的人力和财力，在摩洛哥和西撒
哈拉人阵之间不遗余力地调停、斡旋，但终因冲突双方分歧太
大，未能达成妥协。1989 年在联合国主持下提出"解决西撒哈
拉争端的和平计划"——联合国派驻西撒哈拉特派使团监督停
火和组织公民投票。

20 世纪 90 年代初，在联合国多方调停下，1991 年联合国安
理会决定通过公民投票确定西撒哈拉前途①及派遣联合国特派
团②进驻西撒哈拉，摩洛哥与西撒哈拉人阵宣布正式停火，结束
了长达 10 多年的西撒哈拉战争。但是，由于摩洛哥和西撒哈拉
人阵在参加公民投票的选民资格问题上各持己见，互不相让③及
摩洛哥坚持在西撒哈拉的主权归属，致使原定于 1992 年初举行
的西撒哈拉公民投票无限期推迟，联合国安理会多次通过决议延

---

① 1991 年 4 月 29 日，安理会一致通过 690 号决议，决定成立"联合国西撒哈
　　拉公民投票观察团"（United Nations Mission For The Referendum in Western
　　Sahara-MINURSO），规定：自联合国通过特派团预算之日起 16 周内，宣布
　　在西撒哈拉停火；停火后第 20 周举行公民投票。
② 1991 年 4 月 29 日根据安理会第 690 号决议建立。目前该团只有 202 名军事
　　人员。其任务是监督投票，让该地区的居民选择是独立还是和摩洛哥统一。
　　1997 年 9 月 29 日，联合国安理会通过决议，决定将特派团任期延长并分两
　　个阶段进行，第一阶段任期至 1997 年 10 月 20 日，以帮助恢复中断的公民
　　身份查验。
③ 西撒哈拉人阵坚持以 1974 年西班牙统治时期的人口统计为准，而摩洛哥提
　　出的选民名单上还包括 10 万不住在西撒哈拉的摩洛哥人，西撒哈拉人阵对
　　此拒不接受。双方都力图通过此次公民投票而合法地拥有西撒哈拉主权，都
　　只愿接受对自己有利的公民投票方案。

长西撒哈拉特派团任期。

进入 21 世纪，联合国继续调停西撒哈拉问题，安理会多次延长特派团任期。2000 年，联合国安理会首次提出在执行联合国《解决计划》的同时，寻求一切途径和方法解决西撒哈拉争端，最终导致摩洛哥与西撒哈拉人阵代表在柏林的会晤。由于摩洛哥和西撒哈拉人阵各执己见，会议无果而终。2002 年 7 月 30 日，联合国再次通过决议，将联合国特派团的任期延长至 2003 年 1 月 31 日。

2003 年 7 月 31 日，联合国安理会通过决议，支持安南秘书长和他的私人特使贝克为和平解决西撒哈拉问题提出的计划，并决定将联合国西撒哈拉公民投票特派团的任期延长三个月，至 2003 年 10 月 31 日。根据这一计划，西撒哈拉将实行自治，经过 4 ~ 5 年的过渡期后，在联合国的监督下就西撒哈拉最终地位举行全民公决。

二　对西撒哈拉的政策及其影响

摩洛哥政府一贯坚持对西撒哈拉领土的主权要求，但在国际和地区形势的变化及其国内的要求下，不同时期其政策也出现了一些变化，影响西撒哈拉问题的解决及其地区政策，影响了摩洛哥的政治和经济发展及摩洛哥与马格里布国家之间的关系。

1956 年，摩洛哥获得国家独立后，坚决要求西班牙归还其占领的领土，包括西撒哈拉。摩洛哥的领土要求，影响它与邻国毛里塔尼亚和阿尔及利亚的关系。

20 世纪 70 年代，摩洛哥对西撒哈拉的政策开始变化，摩洛哥开始利用外交途径和军事手段达到占领西撒哈拉的目的。哈桑二世国王表示，摩洛哥"决心收复被占领的撒哈拉部分"，拒绝西班牙决定在西撒哈拉搞"自治政权"的计划。摩洛哥通过外交手段争取国际社会和其邻国对摩洛哥解决西撒哈拉问题所作努力的支持，同突尼斯和毛里塔尼亚就西撒哈拉问题重新接触。1975 年 11 月 14 日，与毛里塔尼亚在该地区的未来划分上达成秘密协议并签署《马德里协议》，两国关系趋于良好。为阻止不结盟运动接纳撒哈拉民主共和国，摩洛哥开展了一场世界范围的外交攻势。一方面，摩洛哥将其在西撒哈拉的控制区扩展到与毛里塔尼亚接壤的西北角。另一方面，哈桑二世国王派特使出访亚洲国家，向这些国家的元首阐明摩洛哥在西撒哈拉问题上的立场。1976 年，西班牙从西撒哈拉撤出，摩洛哥同阿尔及利亚和西撒哈拉人阵对西撒哈拉的地位发生争端。哈桑二世国王率领25 万摩洛哥人举行了目的地为西撒哈拉的"绿色进军"，并任命摩洛哥驻西撒哈拉的总督。为此，阿尔及利亚把 3 万多名摩洛哥侨民驱赶出境，摩洛哥和阿尔及利亚关系趋于恶化。摩洛哥还强调他将同任何承认撒哈拉的国家断交。到 20 世纪 70 年代末，有12 个国家承认阿拉伯撒哈拉民主共和国，有 30 多个国家承认波里萨里奥作为西撒哈拉人民的唯一合法代表。国际社会（包括埃及、沙特阿拉伯、塞内加尔、伊拉克、叙利亚和突尼斯等国）试图调停西撒哈拉的冲突遭到失败，联合国、阿拉伯联盟和非洲统一组织的类似的努力也失败了。摩洛哥与西撒哈拉人阵的战斗在继续。1978 年，在国际社会的压力下，摩洛哥对西撒哈拉的政策发生变化，摩洛哥外交大臣提出解决西撒哈拉问题的方案[①]，哈桑二世国王接受非统主席、苏丹总统尼迈里的建议，由几内亚、科特迪瓦、马里、尼日利亚、坦桑尼亚和苏丹六个非洲国家的首脑组成一个"贤人"委员会，在这场争端中充当调停人。

[①]　方案包括四个方面：1. 寻找原因；2. 在合作、互通有无和磋商的基础上，根据阿拉伯与马格里布经济、社会和政治团结的原则行事；3. 尊重有关国家毛里塔尼亚、阿尔及利亚和摩洛哥的领土完整；4. 制定一项能为各方接受的在各方面举行合作的总计划等。

　　20 世纪 80 年代，摩洛哥对西撒哈拉的政策再次变化，由强硬变为较灵活。80 年代初，摩洛哥扩大对西撒哈拉领土的控制，与西撒哈拉人阵经常发生武装冲突，与阿尔及利亚的关系恶化，反对非统组织西撒哈拉问题特别委员会的决议。哈桑二世国王重申，只要非统组织的章程没有得到遵守，摩洛哥就将不参加非统组织召开的任何会议。但是，在非洲统一组织最高级会议上，哈桑二世国王第一次同意依据非统组织的建议举行公民投票，显示摩洛哥对西撒哈拉问题的态度开始改变。但是，摩洛哥坚决反对西撒人阵参加非统首脑会议、拒绝西撒人阵直接谈判，坚持"撒哈拉各省是摩洛哥不可分割的一部分"的立场，希望尽快举行公民投票，在最短期限内摆脱冲突，避免摩洛哥与阿尔及利亚之间的任何直接冲突。80 年代中期，国际上承认西撒哈拉民主共和国的国家不断增加，由 1985 年的 26 个增加到 1988 年的 71 个国家，摩洛哥显得日益孤立。1984 年，非统组织接纳阿拉伯撒哈拉民主共和国为成员国，摩洛哥退出非洲统一组织最高级会议以示抗议，成为离开该组织的第一个国家。在这种情况下，摩洛哥对西撒哈拉的政策再次发生变化，在联合国大会上，哈桑二世国王宣布，如果在其管辖范围内的领土没有受到侵略的条件下，在西撒哈拉单方面停火，并准备于 1986 年 1 月在该地区举行公民投票。哈桑二世国王重申"西撒哈拉是摩洛哥的，它将是摩洛哥的一部分。"

　　20 世纪 90 年代，摩洛哥对西撒哈拉的政策随着国际形势的发展而变化，摩洛哥改变政策，寻求与西撒人阵正式停火并与联合国合作。1991 年 9 月，在联合国干预下①，摩洛哥与西撒人阵

---

①　1991 年 4 月，根据联合国安理会第 690 号决议成立 "联合国西撒哈拉公民投票观察团" （United Nations Mission For The Referendum in Western Sahara-MINURSO），负责观察西撒哈拉公民投票进程。

宣布正式停火，结束西撒哈拉归属问题引发的长达十多年的战争，同意通过公民投票决定西撒哈拉前途。双方的停火虽为政治解决西撒哈拉问题创造了条件，但双方在选民资格问题上始终存在分歧，距西撒哈拉问题的最终解决尚有一段距离。1993 年，摩洛哥与西撒人阵虽然直接会谈，但无实质性的协议。90 年代中期，摩洛哥继续在西撒哈拉问题上与联合国合作，争取按联合国提出的方案，实施旨在解决西撒哈拉未来地位问题的公民投票。联合国在西撒哈拉投入了巨大的人力和财力，在摩洛哥和西撒人阵之间不遗余力地调停、斡旋；但是，摩洛哥与西撒人阵的分歧难以弥合，和平计划搁浅。1996 年 5 月，联合国安理会通过决议，决定中止为实现西撒哈拉公民投票而进行的选民资格验证，西撒哈拉公民投票陷入僵局。由于摩洛哥在军事上已经控制着西撒哈拉的大部分领土，所以对于西撒哈拉问题的发展前景似乎并不忧虑。但西撒哈拉领土纠纷可能会引发武装冲突，因此它仍是国际社会关注的一个焦点。90 年代末，在联合国的调解下，摩洛哥政府和西撒人阵在里斯本举行第四轮直接谈判，就西撒哈拉归属举行公民投票相关事宜达成协议，西撒哈拉领土争端在20 年风雨坎坷之后露出一线解决的希望。

穆罕默德六世登基后，西撒哈拉问题出现对摩洛哥有利的态势。自 1992 年以来，联合国一直力促西撒哈拉公民通过全民公决来决定是独立还是归属摩洛哥。但是，由于摩洛哥政府和西撒人阵在公民资格等问题上存在的严重分歧，公民投票始终未能按计划举行。在联合国秘书长安南的积极推动下，1999 年 5 月，摩洛哥与西撒人阵达成协议，同意重新启动选民验证和申诉工作，曾全力支持西撒人阵的阿尔及利亚也转变态度，表示希望尽快执行联合国决议，并愿意接受公投的"任何结果"。西撒哈拉问题如能得到解决，摩洛哥将有更多的精力可以用于解决国内问题。2001 年，穆罕默德六世国王访问西撒哈拉，表明摩洛哥对

这个有争议的领土有控制权。但此举受到西撒人阵的谴责。

2002 年 11 月 6 日，穆罕默德六世国王表示，在西撒哈拉问题上，联合国倡导的通过全民公决决定其归属的解决方案行不通，因为此方案"已经过时"；摩洛哥认为，应采取政治方式使西撒哈拉回归摩洛哥，越来越多的国家已认同摩洛哥的这一立场。

2003 年 7 月 31 日，联合国安理会通过决议，支持安南秘书长和他的私人特使贝克为和平解决西撒哈拉问题提出的计划，并决定将联合国西撒哈拉公民投票特派团的任期延长 3 个月，至 2003 年 10 月 31 日。根据这一计划，西撒哈拉将实行自治，经过 4~5 年的过渡期后，在联合国的监督下就西撒哈拉最终地位举行全民公决。决议呼吁摩洛哥和西撒人阵立即按照国际法的规定释放所有战俘，并与国际红十字会合作处理好冲突中失踪人员的有关事宜。

主要参考文献

1. 专著

（1）中文

彭树智主编《阿拉伯国家简史》，福州，福建人民出版社，1999。

郭应德著《阿拉伯史纲》，北京，经济日报出版社，1997。

张文建著《阿拉伯电影史》，北京，中国电影出版社，1992。

联合国教科文组织编写《非洲通史》第四卷《十二世纪至十六世纪的非洲》，北京，中国对外翻译出版公司，1992。

联合国教科文组织编写《非洲通史》第七卷《殖民统治下的非洲：1880～1935年》，中国社会科学院西亚非洲研究所译，北京，中国对外翻译出版公司，1991。

〔美〕伦纳得·S.克莱茵主编《20世纪非洲文学》，李永彩译，北京，北京语言学院出版社，1991。

关百钧主编《世界林业》，北京，中国林业出版社，1989。

张宏等编著《足球迷世界》，北京，东方出版社，1988。

联合国教科文组织编写《非洲通史》第二卷《非洲古代文明》，北京，中国对外翻译出版公司，1984。

联合国教科文组织编写《非洲通史》第一卷《编史方法及非洲史前史》，北京，中国对外翻译出版公司，1984。

〔苏〕M. Б. 高农、Г. Н. 乌脱金著《摩洛哥：自然地理和经济地理概要》，西北大学地理系翻译组译，西安，陕西人民出版社，1977。

〔法〕亨利·康崩著《摩洛哥史》下册，上海外国语学院法语系翻译组译，上海，上海人民出版社出版，1975。

〔法〕马塞尔·佩鲁东著《马格里布通史》，上海师范大学《马格里布通史》翻译组译，上海，上海人民出版社，1974。

裴文中著《第二次大战前后世界各地对于人类化石的新研究》，北京，科学出版社，1954。

（2）英文

Harold D. Nelson：*Morocco：a country study*，the American University，Washington D. C，1985.

C. R. Pennell：*Morocco：from Empire to Independence*，Oxford，Oneworld Publications，2003.

Institute for Strategic Studies：*The Military Balance 2004 ~ 2005*，Oxford University Press，London，2004.

Economic Intelligence Unit，*Country Profile 2005：Morocco*，London：EIU，2005.

Economic Intelligence Unit，*Country Profile 2006：Morocco*，London：EIU，2006.

Economic Intelligence Unit，*Country Profile 2007：Morocco*，London：EIU，2007.

2. 论文

（1）中文

潘蓓英：《摩洛哥的经济发展与政治改革》，载《外交学报》2002 年第 2 期。

爱德华多·屈：《西方对北非的变化开始热情起来》，载〔美国〕1999 年 8 月 10 日《基督教科学箴言报》。

陶荣杰：《摩洛哥的现代教育》，载《阿拉伯世界》1998 年第 4 期。

周顺贤：《摩洛哥现代诗歌》，载《阿拉伯世界》1997 年第 3 期。

周顺贤：《摩洛哥中长篇小说》，载《阿拉伯世界》1997 年第 1 期。

梁国诗：《新崛起的旅游王国——摩洛哥》，载《阿拉伯世界》1992 年第 3 期。

3. 工具书

（1）中文

陈坚主编《世界各国军事力量手册》，北京，解放军出版社，2006。

王成家主编《世界知识年鉴 2004/2005》，北京，世界知识出版社，2005。

王成家主编《世界知识年鉴 2003/2004》，北京，世界知识出版社，2004。

王成家主编《世界知识年鉴 2002/2003》，北京，世界知识出版社，2002。

唐双宁主编《在华外资银行概览》，北京，中国金融出版社，2001。

王成家主编《世界知识年鉴 2001/2002》，北京，世界知识出版社，2001。

安国政主编《世界知识年鉴 2000/2001》，北京，世界知识出版社，2000。

王晓民主编《世界各国议会全书》，北京，世界知识出版社，2000。

顾明远主编《世界教育事典》，南京，江苏教育出版社，2000。

赵国忠主编《简明西亚北非百科全书》（中东），北京，中国社会科学出版社，2000。

联合国教育科学文化组织编著《世界高等教育指南》，中国国务院学位委员会办公室组译，北京，高等教育出版社，1998。

葛公尚主编《万国博览：非洲卷》，北京，新华出版社，1998。

《非洲教育概况》编写组编《非洲教育概况》，北京，旅游出版社，1997。

《世界知识年鉴》编辑委员会《世界知识年鉴 1996/1997》，北京，世界知识出版社，1997。

薛艺兵：《世界各国音乐院校名录》，北京，人民音乐出版社，1996。

编辑委员会编《世界知识年鉴》，《世界知识年鉴 1993/1994》，北京，世界知识出版社，1994。

馨芳等编译《世界各国的社会保障制度》，北京，中国物资出版社，1994。

孙宝玉主编《世界新闻出版大典》，北京，中国档案出版社，1994。

吴念鲁主编《各国银行概览》，北京，世界知识出版社，1993。

中国艺术研究院外国文艺研究所编《外国文化艺术机构概况》，北京，文化艺术出版社，1992。

《世界知识年鉴》编辑委员会编《世界知识年鉴 1991/1992》，北京，世界知识出版社，1992。

唐松波编译《世界警察大全》，北京，警官教育出版社，1992。

《世界知识年鉴》编辑委员会编《世界知识年鉴 1990/1991》，北京，世界知识出版社，1991。

中国银行国际金融研究所编《世界货币手册》，北京，中国金融出版社，1991。

《世界知识年鉴》编辑委员会编《世界知识年鉴 1989/1990》，北京，世界知识出版社，1990。

唐进修、蒙宪谟主编《世界节日纪念日辞典》，北京，中国对外翻译出版公司，1990。

李毅夫、王恩庆等编著《世界各国民族概览》，北京，世界知识出版社，1989。

地图出版社编辑部编《非洲地图集》，北京，地图出版社，1985。

白晓忠编译《世界各国教育概况》，江苏教育出版社，1985。

《世界知识年鉴》编辑委员会编《世界知识年鉴 1982》，北京，世界知识出版社，1982。

中国银行国际金融研究所编《各国货币手册》，北京，中国财政经济出版社，1980。

世界知识出版社编辑《国际条约集》（1956~1957），北京，世界知识出版社，1962。

《世界知识年鉴》编辑委员会编《世界知识年鉴 1961》，北京，世界知识出版社，1961。

《世界知识年鉴》编辑委员会编《世界知识年鉴 1959》，北京，世界知识出版社，1959。

《世界知识年鉴》编辑部编《世界知识年鉴 1958》，北京，世界知识出版社，1958。

《世界知识手册》编辑委员会编《世界知识手册1957》，北京，世界知识出版社，1957。

（2）英文

The Middle East and North Africa 1970 – 71，Europa Pubications Ltd，London，1970.

Joanne Maher：*The Middle East and North Africa 2001*，Europa Pub.，London，2002.

4. 包含有摩洛哥相关材料的国内外网站

中华人民共和国外交部：http：//www. fmprc. gov. cn

中华人民共和国商务部：http：//ma. mofcom. gov. cn

中国人口网站：http：//www. fpc. ln. gov. cn

中华涉外网：http：//www. cxinfo. com

中国奥委会：http：//www. olympic. cn

摩洛哥政府：http：//www. maroc. ma

美国中央情报局：http：//www. cia. gov

联合国粮农组织：http：//www. fao. org

非洲投资网：http：//www. invest. net. cn

《列国志》已出书书目

2003 年度

吴国庆编著《法国》

张健雄编著《荷兰》

孙士海、葛维钧主编《印度》

杨鲁萍、林庆春编著《突尼斯》

王振华编著《英国》

黄振编著《阿拉伯联合酋长国》

沈永兴、张秋生、高国荣编著《澳大利亚》

李兴汉编著《波罗的海三国》

徐世澄编著《古巴》

马贵友主编《乌克兰》

卢国学编著《国际刑警组织》

2004 年度

顾志红编著《摩尔多瓦》

赵常庆编著《哈萨克斯坦》

张林初、于平安、王瑞华编著《科特迪瓦》

鲁虎编著《新加坡》

王宏纬主编《尼泊尔》

王兰编著《斯里兰卡》

孙壮志、苏畅、吴宏伟编著《乌兹别克斯坦》

徐宝华编著《哥伦比亚》

高晋元编著《肯尼亚》

王晓燕编著《智利》

王景祺编著《科威特》

吕银春、周俊南编著《巴西》

张宏明编著《贝宁》

杨会军编著《美国》

王德迅、张金杰编著《国际货币基金组织》

何曼青、马仁真编著《世界银行集团》

马细谱、郑恩波编著《阿尔巴尼亚》

朱在明主编《马尔代夫》

马树洪、方芸编著《老挝》

马胜利编著《比利时》

朱在明、唐明超、宋旭如编著《不丹》

李智彪编著《刚果民主共和国》

杨翠柏、刘成琼编著《巴基斯坦》

施玉宇编著《土库曼斯坦》

陈广嗣、姜俐编著《捷克》

2005 年度

田禾、周方冶编著《泰国》

高德平编著《波兰》

刘军编著《加拿大》

张象、车效梅编著《刚果》

徐绍丽、利国、张训常编著《越南》

刘庚岑、徐小云编著《吉尔吉斯斯坦》

刘新生、潘正秀编著《文莱》

孙壮志、赵会荣、包毅、靳芳编著《阿塞拜疆》

孙叔林、韩铁英主编《日本》

吴清和编著《几内亚》

李允华、农雪梅编著《白俄罗斯》

潘德礼主编《俄罗斯》

郑羽主编《独联体（1991～2002）》

安春英编著《加蓬》

苏畅主编《格鲁吉亚》

曾昭耀编著《玻利维亚》

杨建民编著《巴拉圭》

贺双荣编著《乌拉圭》

李晨阳、瞿健文、卢光盛、韦德星编著《柬埔寨》

焦震衡编著《委内瑞拉》

彭姝祎编著《卢森堡》

宋晓平编著《阿根廷》

张铁伟编著《伊朗》

贺圣达、李晨阳编著《缅甸》

施玉宇、高歌、王鸣野编著《亚美尼亚》

董向荣编著《韩国》

2006 年度

李东燕编著《联合国》

章永勇编著《塞尔维亚和黑山》

杨灏城、许林根编著《埃及》

李文刚编著《利比里亚》

李秀环编著《罗马尼亚》

任丁秋、杨解朴等编著《瑞士》

王受业、梁敏和、刘新生编著《印度尼西亚》

李靖堃编著《葡萄牙》

钟伟云编著《埃塞俄比亚　厄立特里亚》

赵慧杰编著《阿尔及利亚》

王章辉编著《新西兰》

张颖编著《保加利亚》

刘启芸编著《塔吉克斯坦》

陈晓红编著《莱索托　斯威士兰》

汪丽敏编著《斯洛文尼亚》

张健雄编著《欧洲联盟》

王鹤编著《丹麦》

顾章义、付吉军、周海泓编著《索马里 吉布提》

彭坤元编著《尼日尔》

张忠祥编著《马里》

姜琍编著《斯洛伐克》

夏新华、顾荣新编著《马拉维》

唐志超编著《约旦》

刘海方编著《安哥拉》

李丹琳编著《匈牙利》

白凤森编著《秘鲁》

2007 年度

潘蓓英编著《利比亚》

徐人龙编著《博茨瓦纳》

张象、贾锡萍、邢富华编著《塞内加尔 冈比亚》

梁光严编著《瑞典》

刘立群编著《冰岛》

顾俊礼编著《德国》

王凤编著《阿富汗》

马燕冰、黄莺编著《菲律宾》

李广一主编《赤道几内亚 几内亚比绍 圣多美和普
　林西比 佛得角》

徐心辉编著《黎巴嫩》

王振华、陈志瑞、李靖堃编著《爱尔兰》

刘月琴编著《伊拉克》

左娅编著《克罗地亚》

张敏编著《西班牙》

吴德明编著《圭亚那》

张颖、宋晓平编著《厄瓜多尔》

田德文编著《挪威》

郝时远、杜世伟编著《蒙古》

2008 年度

宋晓敏编著《希腊》

王平贞、赵俊杰编著《芬兰》

刚果

张　象　车效梅　编著
2005 年 4 月出版　24.00 元
ISBN 7-80190-399-4/K·107

刚果是刚果共和国的简称，习惯上被称为刚果（布），它位于非洲中部，1960 年独立以前被称为中央刚果，是法国的殖民地。刚果（布）是一个位于赤道附近的郁郁葱葱的国度，隔刚果河与刚果（金）为邻。公元 1 世纪班图人在此建文明古国。近代成为法属赤道非洲的政治、经济、文化中心。1960 年独立后凭着石油、木材经济成为中等收入的发展中国家。1964 年与我国建交后关系一直很好。仅我国派往刚果的医疗队就达 17 批，坚持 40 年。

尼日尔

彭坤元　编著
2006 年 7 月出版　23.00 元
ISBN 7-80230-010-X/K·231

尼日尔是尼日尔共和国的简称。它位于非洲撒哈拉沙漠南缘，是有名的"阳光灼热之国"。尼日尔是世界上最穷的国家之一，在联合国经济人文综合发展指数排行榜中名列倒数第二。《尼日尔》一书的作者彭坤元研究员是非洲史专家，书的内容翔实可靠。《尼日尔》是目前我国有关尼日尔的资料最全的一本书，是了解这个国家的较好的参考书。

阿尔及利亚

赵慧杰 编著

2006 年 4 月出版　32.00 元

ISBN 7-80230-004-5/K·225

　　阿尔及利亚位于非洲西北部，南接毛里塔尼亚、马里和尼日尔，西临摩洛哥和西撒哈拉，东部与突尼斯和利比亚毗连，北濒地中海，隔海与西班牙、法国相望。阿尔及利亚是非洲通向地中海的门户之一，亦是非洲连接阿拉伯世界的重要纽带。阿尔及利亚与中国 1958 年正式建交，在其争取民族解放战争的最后阶段，中国政府提供了最大的道义及物质支持。在阿独立后的 40 年里，两国的政治关系牢固可靠，经济关系不断发展。

几内亚

吴清和 编著

2005 年 6 月出版　24.00 元

ISBN 7-80190-622-5/K·142

　　几内亚是一个富有鲜明民族个性的国家，20 世纪 50 年代在法属黑非洲率先宣布独立。在当代非洲几经大动荡的年代，几内亚长期保持政治的基本稳定，特别是国内 20 多个部族能和平共处，独立和 40 多年来政权仅更迭一次，这在非洲国家中是罕见的。几内亚是撒哈拉以南非洲第一个与我国建立外交关系的国家，建交 40 余年来，中几两国同舟共济，友好合作关系一直平稳发展。

安哥拉

刘海方　编著

2006 年 10 月出版　35.00 元

ISBN 7-80230-256-0/K·030

　　安哥拉位于非洲大陆西海岸，是非洲大陆上最早被西方殖民者入侵的国家。自从 20 世纪 60 年代初安哥拉人民掀起独立运动的起义风暴之后，安哥拉的战争连绵了 40 年有余。纵有极为优美的自然风光，域外人士也只能对其摇头叹息，望而却步。而今，该国战事刚刚尘埃落定，各国商家便蜂拥而至。究其原因，是它盛产钻石和"黑金"——石油。那么，安哥拉何以又呈现给世人如此悲惨与不发达的形象呢？这个拥有辉煌文化和历史的国度什么时候才能恢复她那美丽富饶的本来面目呢？

突尼斯

杨鲁萍　林庆春　著

2003 年 8 月出版　25.00 元

ISBN 7-80149-918-2/K·129

　　系统地介绍了突尼斯国家发展的历史，包括政治、经济、军事、外交、文教等各方面情况，对于了解当今突尼斯国家有重要参考价值。

社会科学文献出版社网站
www.ssap.com.cn

1. 查询最新图书　　2. 分类查询各学科图书
3. 查询新闻发布会、学术研讨会的相关消息
4. 注册会员，网上购书

　　本社网站是一个交流的平台，"读者俱乐部"、"书评书摘"、"论坛"、"在线咨询"等为广大读者、媒体、经销商、作者提供了最充分的交流空间。

　　"读者俱乐部"实行会员制管理，不同级别会员享受不同的购书优惠（最低 7.5 折），会员购书同时还享受积分赠送、购书免邮费等待遇。"读者俱乐部"将不定期从注册的会员或者反馈信息的读者中抽出一部分幸运读者，免费赠送我社出版的新书或者光盘数据库等产品。

　　"在线商城"的商品覆盖图书、软件、数据库、点卡等多种形式，为读者提供最权威、最全面的产品出版资讯。商城将不定期推出部分特惠产品。

咨询/邮购电话：010-65285539　　　邮箱：duzhe@ssap.cn

网站支持（销售）联系电话：010-65269967　　QQ：168316188　　　邮箱：service@ssap.cn

邮购地址：北京市东城区先晓胡同 10 号　社科文献出版社市场部　邮编：100005

银行户名：社会科学文献出版社发行部　　开户银行：工商银行北京东四南支行　　账号：0200001009066109151

图书在版编目（CIP）数据

摩洛哥/肖克编著．－北京：社会科学文献出版社，2008.4
（列国志）
ISBN 978 - 7 - 5097 - 0129 - 4

Ⅰ．摩…　Ⅱ．肖…　Ⅲ．摩洛哥－概况　Ⅳ．K941.6

中国版本图书馆 CIP 数据核字（2008）第 044851 号

摩洛哥（Morocco）　　　　　　　　　　·列国志·

编 著 者／肖　克
审 定 人／温伯友　陈宗德　程　涛

出 版 人／谢寿光
总 编 辑／邹东涛
出 版 者／社会科学文献出版社
地　　址／北京市东城区先晓胡同 10 号　　（邮政编码：100005）
网　　址／http：//www.ssap.com.cn
网站支持／（010）65269967
责任部门／《列国志》工作室　　　（010）65232637
电子信箱／bianjibu@ ssap.cn
项目负责人／杨　群
责任编辑／李正乐
责任校对／王玉珍
责任印制／盖永东

总 经 销／社会科学文献出版社发行部
　　　　　（010）65139961　65139963
经　　销／各地书店
读者服务／市场部　（010）65285539
排　　版／北京中文天地文化艺术有限公司
印　　刷／三河市尚艺印装有限公司

开　　本／880×1230 毫米　1/32
印　　张／13
字　　数／317 千字
版　　次／2008 年 4 月第 1 版
印　　次／2008 年 4 月第 1 次印刷

书　　号／ISBN 978 - 7 - 5097 - 0129 - 4/K·0010
定　　价／39.00 元

本书如有破损、缺页、装订错误，
请与本社市场部联系更换

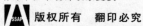 版权所有　翻印必究

《列国志》主要编辑出版发行人

出 版 人　谢寿光

总 编 辑　邹东涛

项目负责人　杨　群

发 行 人　王　菲

编 辑 主 任　宋月华

编　　辑　（按姓名笔画排序）

　　　　　孙以年　　朱希淦　　宋月华

　　　　　李正乐　　周志宽　　范　迎

　　　　　范明礼　　赵慧芝　　袁卫华

　　　　　黄　丹　　魏小薇

封 面 设 计　孙元明

内 文 设 计　熠　菲

责 任 印 制　盖永东

编　　务　杨春花

编 辑 中 心　电话：65232637

　　　　　网址：ssdphzh_cn@sohu.com